岩波現代文庫／学術 361

日本国憲法の誕生 増補改訂版

古関彰一

岩波書店

はじめに

本書の最初の版の「あとがき」を書いていたのは、昭和が終わり平成へと元号が変わる頃のことであった。思えば、最初の版の原稿を書き始めた時から数えるとすでに三〇年が過ぎ去っていることになる。

そもそも憲法制定過程を書いてみたいと思い始めた動機は、憲法研究会案の起草者である鈴木安蔵の回想記を読んだときであった。憲法制定過程のそれまでの研究は、ＧＨＱと日本政府の対立という単純な二項対立の構造であったが、鈴木の本を読んでそうでないことを知った。

しかし、だからと言ってそれで憲法制定過程の研究にのめり込んだわけではなく、一連の占領研究のなかで、日本でまったく知られていないコールグローブ文書が、シカゴ郊外のノースウェスタン大学にあることを知って、図書館長に手紙を書いてみたことも大きい。とにかく手紙を書く以外方法がなかった時代である。

これを読んでマッカーサーと米国務省が日本国憲法の制定をめぐって対立関係にあったことを知ったのである。初めての訪問は、一九八一年の冬のことであった。雪深い極寒の街では、寒風が五臓六腑をかき消すように吹き抜け、そんな寒さを経験したことのない著者にとって、途端に虫歯が痛くなったことを思い出す。

それでも温かいもてなしを受けて、日本人が誰も読んでいないと言われて、カートンボックスを四箱ほど出された時は、いささか緊張した。その中には、大山郁夫(早稲田大学教授、労働農民党委員長などを歴任)の手書きの原稿も出てきた。大山は、戦時下に日本から米国に亡命し、コールグローブの下で美濃部達吉が書いた『憲法撮要』(「天皇機関説」と非難され、発禁処分となった)の英訳の仕事を与えられていたのであった。

もちろん、コールグローブが国務省から派遣され、マッカーサーの憲法構想に関する書簡なども出てきた。暗い地下室であった。文書係官と著者と二人だけの毎日が一週間ほど続いた。ほかには誰もいなかった。読み進むうちにアメリカの政府部内でも日本の憲法に対して一様ではなかったことを知った。著者の孤立した研究も「孤ならず、必ず隣あり」と、一面の雪に覆われた凍てつくキャンパスを歩きながら、心が温まる思いに包まれたことを思い出す。

それから憲法制定過程を多角的視点で書いてみたいとの思いが本格化し出した。それは戦後日本を単純な二項対立という冷戦思考で割り切る見方にいや気がさしていた著者にとって、ひょっとすると多面的に見る視点を提供できるかもしれないと思えたのであった。

とは言え、こうした経緯を経て『新憲法の誕生』(中央公論社、一九八九年)は、平成元年に出版させていただくことができたのである。それはたしかに新しい視点を提供できたとは思いつつも、その一方では、史料の不足を痛感していた。なかでも、象徴天皇制と平和主義と言う、まさに日本国憲法の骨格が明確になる資料に欠けていた。そんな折、平成とともに昭和天皇の側近の回想などが出版され、つづいて「戦後五〇年」をきっかけに、長い間秘密扱いであった憲法改正時の『第九十回帝国議会憲法改正特別委員小委員会議事録』が公開され、なにか憲法制定過程の骨幹が見えてきたように感じたのである。

そうこうしているうちに最初の版の改訂という誠にありがたい申し出をいただき、二〇〇九年に岩波現代文庫から『日本国憲法の誕生』として刊行する機会に恵まれたのであった。その当時は、著者としては、「象徴天皇制」も「戦争の放棄」もそれなりに理解できたと満足していたのであったが、それは大きな間違いであった。

世紀を跨《また》いで二十一世紀が始まった頃から、日本を取り巻く社会情勢は大きな転換点を迎えていた。よく考えてみれば、著者のこの研究テーマが「平成」とともに始まったと書いたが、それは同時に日米安保共同宣言(一九九六年)に始まり、いわゆる「周辺事態法」などとともに一連の有事法制のはじまりを意味した。それを著者は十分に知ってはいたが、平成とは「冷戦の終結」というイメージがあまりに強く、東アジアには冷戦の終結は及んでいないという事実を我が物として自覚し、構造化していなかったのである。

そのことを思い知らしめてくれたのが、『昭和天皇実録』であり、外交史の豊下楢彦氏との語らいであった。氏は安保条約や昭和天皇の研究をされてきていて、講和条約や沖縄についての共同の研究を続けてきた。もちろん、こうした研究が憲法制定過程と直結したわけではない。そうではなく、たとえば、丹念に事実を追い、再構成し、構想を練り上げる手法である。そうした手法は著者の旧著を見直すことにもなった。憲法制定直後に米統合参謀本部が日本再軍備計画を企図した文書を、著者は七〇年代半ばに論文で書いていたのであるが、それを「再軍備の問題」としてのみ考え、戦争放棄条項と沖縄の問題とは考えていなかったのであったが、有事法制の問題などを考えていたなかで、ふと、その一見遠方の存在であった問題が俄然近くに見えてきたのであった。

さらに、これもだいぶ以前から気になっていたことではあるが、図書館システムが根本的に変わったことであった。これぞ「革命」である。なにしろ国会図書館でもワシントンの議会図書館でも、著者にとってカタログカードボックスこそが図書館で調査するすべてであった。

なかでも米議会図書館内で延々と続いていたカードボックス、その脇でコンピューターを駆使して本を探してくれた司書。ところがあの広い空間がすべてなくなったのである。調べたい本はOPACで自宅でも見ることができるようになり、ついに国会図書館も国会議事録という衆参両院の本会議や委員会の膨大な「紙」がほぼなくなったのである。

こういうシステムに疎い著者ですら、気分的には「やっと自分も研究者になれた」という気持ちになった程、従来では何時間、何日も、いや時には忘れかかるほど時が経っていた書物が、あっという間に閲覧でき、つぎつぎと新たな事実がわかってきたのである。それは同時に著者が長年悶々としながらなんとなく考えてきたことが、事実となって目の前に現れ、かつての推測が間違っていなかったことを知り、シメシメと一人悦に入ったり、それとは全く逆に、推論が間違っていてペコリと頭を下げざるを得ない結果が出てきたりするようになったのである。

こうしたなかで『平和憲法の深層』(ちくま新書、二〇一五年)を出させていただいたのである。ところが、つぎつぎと新しい事実に出会うことによって、以前から知り尽くしていたような問題が、新しい視点に刺激されたのか、今までとはまったく違った角度から同じ資料が見えてきたのである。あるいはまた帝国議会の議事録をろくに読まずに、先人の作ってくれたレールに沿って、それでも著者としてはかなり先人に反抗して研究をしてきたつもりであったが、無意識のうちに、立法過程のイロハを見てこなかったことや、無名にされてきた人々を知り、あらためて反省させられたのである。

もちろん、著者としては今回の本書で憲法制定過程のすべてが分かったとはまったく考えていない。すでに現状で解明できていない部分は自覚している。それでも、いままでほとんど等閑視してきた議会の議事録によって、立法過程をいくらか明らかにすることができ、「平和国家」とは、「戦争の廃止」がなぜ「戦争の放棄」となったのか、「押しつけ」

とは、「芦田修正」の真相とは、さらには「戦争の放棄」と沖縄の関係などは一定程度の前進はあったと、心のうちで静かに自負している。

なぜ、七〇年も経って、いまどきこんな根源的なことを論じなければならないのか、そんな疑問を抱きつつも、その一端は自分自身にもあることを自省して、読者にとって次世代へのよき「歴史の教訓」となることを願って本書を送り出したい。

目 次

I 「玉砕」から「平和国家」へ

「はじまり」はどこから

明治憲法から日本国憲法へ。その改正をもたらした最大の理由が、日本が第二次大戦に敗れたことであることは論を俟たない。そうであるが故に敗戦と憲法改正との関係を当然に射程に入れて論じなければならない。ところが、ポツダム宣言によって、敗戦とともに占領をもたらし、そのなかで憲法改正に踏み切った連合国と、それに対する日本、つまり大日本帝国が、それをどう受け止め、憲法改正へと動いたのか、その関係は必ずしも単純ではないが、日本側の動きは、破線の如く不分明であり、流れをなしていないように思えてならない。日本の敗戦は、なかでも八・一五以前の戦争末期からその後にいたる動向は、まるで静止画像のごとく、「日本のいちばん長い日」に残る一枚の写真のようではなかろうか。

つまり敗戦は八・一五の直前から突然現われたのではなく、八・一五よりさらに二カ月程遡らなければならないと思えるのである。その理由は、昭和天皇は一九四五年九月四日に勅語を発し、「平和国家の確立」を宣しているからである。この勅語は八・一五から一カ月も経っていない。そんな短い時間で「玉砕」から「平和国家」へと急転直下することができたとは、とても考えられないのである。

「平和国家」という言葉が、昭和天皇によって、しかも敗戦直後に勅語で出されたことは、驚きに値することであるのに、一昨年の二〇一五年に和田春樹によって『「平和国家」の誕生』(岩波書店)が刊行されるまでは、歴史書でもほとんど言及していない。それは敗戦とともに昭和天皇の政治的言動がさして重視されてこなかったからである。

とはいえこの勅語は、九月二日に「降伏文書」が調印された結果、その翌々日の四日の臨時議会で発表されたものであるから、当時の新聞を繙くと、どの新聞も当然のことに大々的に報じている。にもかかわらず、その後、この勅語に言及されることは、新聞も雑誌も、さらには歴史書でも触れられることは、まずなかったのは、確かに八・一五以降の社会では、旧体制は国民の信を失い、それが「詔書」であろうが(「詔書」は天皇の命令として、法的拘束力を持っていたが)、「勅語」であろうが、さして顧みられることが少なくなっていたからである。

しかし、この「平和国家」は、七〇年という歳月を経て依然として、日本の戦後の基底を貫く言葉であるばかりか、その一方では日本国憲法とともに「戦後」の結節点でなにかと顔を出す憲法の基本理念である。昭和天皇のこの勅語が出てからは、政治家、憲法学者が、この「平和国家」を日本国憲法の制定過程から、その後も使っているのである。それに引き換え、ＧＨＱはまったく使っていない。

このように考えてみると、その後の憲法に重要な影響を持った「平和国家」が八・一五から、わずか一カ月も経たないなかで、突然、昭和天皇から生まれ出るとは考えにくい。八・一五とすると、「戦後」のはじまりの起点の八・一五をそれ以前に移して考えてみる必要があることに気付くのである。

六月になにが起きたのか

ここで、重大な事実を教えてくれるのが、二〇一五年に公表された『昭和天皇実録』である。『実録』の記録を八・一五からだいぶ前に戻って、六月に入り、二〇日になるとつぎのような記述に出会うのである。それは、最高戦争指導会議の模様であるが、そこにはつぎのように記されている。

午後、御文庫に内大臣木戸幸一をお召しになり、時局収拾策のその後の経過につき御聴取になる。内大臣は、首相より聴取した一昨十八日の最高戦争指導会議構成員会議の模様として、(阿南)陸相及び(梅津美治郎参謀総長・豊田副武軍令総長の)両総長が本土決戦に挙げ得る戦果の上に平和交渉を行うべきことを論じたものの、平和への機会獲得に努力することに異存はなく、一同の意見が一致した旨を言上する。(以下略)

夕刻、御文庫において参謀総長梅津美治郎に謁を賜い、（中略）その際、（沖縄防衛にあたっている）第三十二軍司令官牛島満よりの最終電報に関し、第三十二軍の奮闘を称えられる。（中略）大本営は……最後の攻勢を実施した旨発表する。[1]（御文庫：戦時下に皇居内につくられた防空壕）

時局収拾の議論の午後、沖縄から「最終電報」が届けられたというのである。それはまた「決別電報」とも言われたようであるが、沖縄の第三二軍司令官である牛島満中将からであり、その内容は、「六月一八日一八時二〇分発信」とあり、「挙軍醜敵《しゅうてき》撃滅ノ一念ニ徹シ勇戦敢闘茲《ここ》ニ三箇月全軍将兵鬼神《きしん》ノ奮励《ふんれい》努力ニモ拘《かかわ》ラズ……皇土沖縄防衛ノ完璧ヲ期センモ……事 志《ことこころざし》 ト違ヒ今ヤ沖縄本島ヲ敵手ニ任セントシ負荷ノ責任ヲ継続スル能《あた》ハス」という沖縄軍の全滅を伝える壮絶な内容であった。[2]

二二日には、「金曜日　午後、内大臣木戸幸一をお召しになる。／午後三時五分、表拝謁ノ間に最高戦争指導会議構成員の内閣総理大臣鈴木貫太郎・外務大臣東郷茂徳・陸軍大臣阿南惟幾・海軍大臣米内光政・参謀総長梅津美治郎・軍令部総長豊田副武をお召しになり、懇談会を催される。天皇より、戦争の指導については去る八日の会議において決定したが、戦争の終結についても速やかに具体的研究を遂げ、その実現に努力することを望む旨を仰せになり、各員の意見を御下問になる」と続く。

こう見てくると、なんと天皇主導の終戦工作は二カ月も前に始まっていたのである。それまでの陸軍を中心にした戦争の「継続」、「玉砕」、「本土決戦」との主張は、この時を境に、天皇からの「戦争の終結」、さらには「終結への実現の努力」の命を受けて急旋回を遂げたのであった。

「日本のいちばん長い日」は、八・一五よりかなり前の「沖縄戦の大敗」であったことに気付くのである。そしてまた、昭和天皇においては、この「沖縄戦の大敗」を受けて、敗戦以降の日本にあって、いかに皇統の継続を護持するのかと思案し、その延長上に「平和国家」が生み出されたと見ることができる。

沖縄戦での大敗から一カ月後の七月二六日には、連合国はポツダム宣言を発し、軍隊の完全武装解除、「国民ノ自由ニ表明セル意思ニ従ヒ平和的傾向ヲ有シ且責任アル政府」などを宣言した。このような宣言の内容は、同時に昭和天皇の国家のあり方を変化させずにはおかなかったのである。

よく知られるように、八・一五へと続く、八月一〇日の、事実上は一一日の未明であったようであるが、深夜に及ぶ御前会議で梅津美治郎参謀総長は部下の河辺虎四郎参謀次長にこう述べたという。「天皇のお気持ちは、昨日から今日にかけての会議論争の帰結として出たものではなくて、既に相当前から、軍の作戦成果に対して、御期待がなくなっており、軍に対する御信頼が全く失われたのだ」と述べたという(3)。

たしかに昭和天皇にとって、ここにいたって軍部への信頼が持てなくなったことは、戦争の「終結」を決断するきっかけになったようである。時の内閣書記官長(いまの官房長官)であった迫水久常は、その時の模様をこう回想している。先の「聖断」の最後で、昭和天皇は陸海軍の行動には「予定と結果が違う」場合が多い、陸軍は本土決戦と言っているが「防備はほとんどできておらず」、「兵士に銃剣すら渡っていない」、これでは「日本民族はみんな死んでしまわなければならなくなる」、「私の任務は、祖先から受け継いだこの日本という国を子孫に伝えることである」と悲痛な決意を述べたという(4)。

このように昭和天皇は、陸軍への不信を根底に持ちつつ、「国を子孫に伝え」、生き残るための終局の選択を迫られたのであった。

こうしていよいよ陸軍は最後を迎える。阿南陸相は、八月一四日午後「課員以上全員」を招集して「御聖断に依りポツダム宣言の大要を受諾することと」なった旨訓辞し、それに答えて吉積正雄軍務局長が「悠久三千年万国に冠絶せる赫々たる伝統は本日を以て実質的に終われり(5)」と述べて、陸軍の終焉を告げた。

軍の解体

戦争が終結して三カ月を過ぎた一一月末、敗戦後二度目の帝国議会を迎え、戦争批判が澎湃として湧き上がる中で、下村定陸軍大臣は今次大戦の軍の行動に関して、国民への謝罪とともに、「軍の解体」を表明する。下村は「軍人として正しきものの考え方を過った」

と述べた後で「殊に許すべからざることは、軍の不当なる政治干与であります(拍手)斯様なことが重大な原因となりまして、今回の如き悲痛なる状態を国家に齎しましたことは何とも申し訳がありませぬ(拍手)私は陸軍の最後に当たりまして、議会を通じてこの点に付き全国民諸君に衷心からお詫びを申上げます(拍手)陸軍は解体します」(6)。

この陸軍大臣下村大将の解体宣言の三日後の一二月一日に、陸軍省とともに海軍省も解体されることになる。ここから二つの問題が生まれてくる。その一は、省庁は解体されても、軍隊の復員業務は残さざるを得ず、その二は、軍隊などが明治憲法上に規定されていた、いわゆる「軍規定条項」をどう処理するのかという問題である。

第一の問題は、陸海軍の復員業務、その後は遺骨収集業務などのいわゆる「援護」業務のために、陸軍省は第一復員省、海軍省は第二復員省に再編されることになる。その復員省に残った旧軍人が、GHQの幕僚部(GⅡ)とともに日本再軍備を画策したことはよく知られているが、それ以前に敗戦から日本国憲法が制定されるまでの間の期間に何があったかについては、さして知られていない。

第二の問題は、まさに明治憲法改正問題である。この点はまったく知られていないことであるが、驚くべきことに軍の解体とともに、第一復員省が、明治憲法の軍規定条項を天皇制の維持を目的として、削除することを考えていたのである。よく考えてみると、明治憲法の基本理念を「護持」する立場にあった指導者たちは、政治家は言うまでもなく、憲法学者も明治憲法の天皇条項と軍条項は「不変」であり、当然なことと見ていたが、ポツダム宣言の、「非軍事化・民主化」要求を考えれば、軍の解体が進むなかで明治憲法の軍規定条項の削除を思考していた者がいたとしても、不思議なことではない。こうした軍部の明治憲法改正の動向が日本国憲法にも影を落としていたことが浮かび上がってきたが、この具体的な点については、幣原内閣の憲法問題調査委員会(松本委員会)のなかで、論ずることにする。

Ⅱ　最初の憲法改正案

敗戦からの出発

憲法改正にいたる道筋を考えてみるとき、連合国には一定の枠組みがつくられていた。その第一は、ポツダム宣言である。ポツダム宣言は、日本がこれを受け入れる条件として、連合国が「茲《ここ》ニ指示スル基本的目的ノ達成ヲ確保スル為占領セラルベシ」と定めていた。

これに基づき、連合国は日本に対し「降伏文書」を手交し、その中で、占領下では「天皇と日本政府は、連合国最高司令官の従属の下に入る」とした。これによって天皇と日本政府は、権力を握った連合国最高司令官の発出する命令に従って法令等の改廃をすることになったのである。

それはまた、連合国最高司令官は、沖縄を除いて、直接に国民を統治するのでなく、天皇と日本政府を通じて国民を統治する「間接統治」をすることを意味した。

このような統治形態のなかで、そもそも国民が憲法改正案を連合国最高司令官のマッカーサーや総司令部(ＧＨＱ)に直接提出して、是非を問うことはできなかったのである。もちろん、後述するごとく知識人のグループが起草した「憲法研究会案」という憲法改正案があり、GHQに提出されていたが、GHQはその案に対して直接批判したり、回答をしたりしていない。

つまり、憲法改正案はそもそも「天皇と日本政府」から提出される構造になっていたのである。そこから、われわれは憲法問題を「日本政府」に、結果的には東久邇宮内閣の副総理であり、天皇の御用掛となった近衛文麿と、そのすぐ後に幣原喜重郎内閣の無任所大臣となった松本烝治とに、関心を集中してきたが、「天皇」という敗戦後も有効であった明治憲法の「統治権の総攬者」の憲法改正問題にはさして関心を注いでこなかった。

昭和天皇は、早くも先の「平和国家」の勅語を発していた直後の九月二七日に、マッカーサーと会見して自己の戦争責任との関係を述べている[1]。ところが、その二日前には、ニューヨーク・タイムズの太平洋方面支局長のフランク・クルックホーン(Frank Kluckhohn)が天皇と会見している。

ここで天皇は「銃剣又は他の武器の使用によっては永遠の平和は確立されるとは考えられない。平和問題の解決には、勝者敗者を問わず、軍備に依存しない自由な人民同士の和解が必要である」と述べたという。

これこそ、さきの「平和国家」の延長であり、ポツダム宣言の基本的再確認である。この天皇・クルックホーンの回想録を論じた歴史学者の松尾《まつお》尊兊《たかよし》は、この天皇の発言からは

「ポツダム宣言には、主権在民、基本的人権の尊重、戦争の放棄の日本国憲法の三本柱がすでに示されていることを忘れてはなるまい」[2]とする戦後への見方を示している。

このように、戦後の出発は、体制内部であってもさまざまな出発があり、選択肢は多様であったのである。

近衛文麿のマッカーサー訪問

憲法改正を最初に口に出したのはマッカーサーだった。一九四五年九月一三日午後五時、東久邇宮内閣の無任所大臣近衛文麿がGHQ本部のある横浜港に近い税関ビルを訪問した。GHQが皇居前の第一生命ビルに移転するのは九月一七日のことであり、まだこの時点では横浜にあり、しかもそれは連合国最高司令官総司令部(GHQ/SCAP)ではなく米太平洋陸軍総司令部(GHQ/USAFPAC)であった。GHQ/SCAPが設立されるのは、一〇月二日である。[3]しかし当時日本側ではこんなことなど知りようもなく、またどうでもいいことであった。とにかく近衛はマッカーサーに会う必要があった。

この訪問を、近衛内閣当時の書記官長でその後も近衛の側近であった富田健治は、「マッカーサーからよばれて」訪問したと述べている[4]が、日本側にとってこの訪問はそんなに単純なものではなかった。政治評論家で近衛のブレーンといわれた岩淵辰雄は「一応日本の事情というものを、日本側からマッカーサーに説明する必要がある」と考え、近衛に

「会見を申し込ませた」[5]と、のちにこの間の事情を説明している。この岩淵の意見には、戦時中から近衛と行動を共にしてきた小畑敏四郎無任所大臣も賛成していた。[6]たしかに東久邇宮内閣にあって近衛はマッカーサーに会見を申し込むという重責を担うには適役であった。京都大学在学中の二五歳で貴族院議員となり、長い政治的経歴の中で約三年にわたって首相を務め、一九一九年のパリ講和会議には全権団の随員として参加し、その後も渡米するなど当時としては破格の豊かな国際経験も持っていた。[7]だからこそ政治経験に乏しい東久邇宮首相の下で副総理格の無任所大臣となったのだった。

こうして近衛はマッカーサーの意向を探りに、いわば日本側を代表したかっこうで、横浜のGHQへ出向いたのであった。それは東条英機はじめ戦犯容疑者への逮捕命令が出された二日後のことであった。しかし、この会談はあまり重要なものとはならなかった。GHQ側の付けた通訳が十分にその役を果たさなかったことが主な原因であるようにいわれているが、ともかく一時間ほどで終わっている。

二回目の会談は一〇月四日にもたれた。場所は東京・日比谷の第一生命ビル。GHQの本部だ。それも六階のマッカーサーの執務室の隣りの応接室であった。今回の通訳は奥村勝蔵。わずか一週間前にマッカーサーと天皇の会見の通訳を務めていた。会見時間は一回目と同様夕方五時であった。ところが二〇分近くも待たされたという。最初はマッカーサーは会わず、サザランド(R. K. Sutherland)参謀長が代わって会うとのことであったが、待たされて部屋に入るとそこにはマッカーサーとサザランド、それにジョージ・アチソン(George Atcheson Jr.)GHQ政治顧問まで控えていた。日本側は近衛と通訳の奥村だけであった。

二〇分遅れた理由を奥村は後年「私の推測では、近衛公の話は、国務省代表の資格で来ていたアチソンも、一緒に聞いた方がよいだろうというので、当時日本橋の三井本社ビルに〔政治顧問〕事務所を開いたばかりのアチソンを、急いで呼び寄せるために、時間がかかったのではないだろうか[8]」と記している。なかなか穿った見方である。日本橋から日比谷まで、連絡を受けてから車で二〇分は妥当な時間とみてよいだろう。しかしこれだけでもないように思える。

この日の午後六時、マッカーサーは日本政府に宛てて重大な指令を発しているからである。一般に「人権指令」と呼ばれるこの指令は、政治犯の即時釈放、特高の廃止、弾圧法規の廃止などを主な内容とするものであり、これにより翌五日に近衛も閣僚の一人である東久邇宮内閣は瓦解し、一〇日には徳田球一らの共産党員を含む三〇〇〇人の政治犯が釈放された。当然マッカーサーは人権指令の決裁をすませて会談に臨んでいた。遅れた理由がこのためではなかったのか、という推測は十分成り立つ。一方の近衛は「人権指令」が会談途中で発せられていることなど知る由もなかった。

いよいよ会談が始まった。奥村によると近衛の方から一方的に話し始めたという。近衛は戦争責任を軍閥とともにマルキストに求めてこう述べたという。「軍閥や国家主義勢力を扶け、その理論的な裏付けをしたものは、マルキシストであり、日本を今日の破局に導いたものは、軍閥勢力と左翼勢力との結合によるものである」(9)。

いかにマッカーサーが反共主義者であるとはいえ、いま自ら釈放せんとしている左翼政治犯に戦争責任があるという近衛の主張を驚きをもって聞いたであろうことは想像に難くない。

ともかく近衛は長々と話したあと「ちょっと調子を変えて」マッカーサーに聞いたという。奥村はこの場面をつぎのように復元している。

「政府の組織および議会の構成について、何かご意見なりご指示があれば、承りたい」

これを聞いて、マッカーサーは、急にキッとなり、特有の軍人口調で、

「第一に、日本の憲法は改正しなければならん。憲法を改正して、自由主義的要素を充分取り入れる必要がある」

と、大きな声で、決めつけるようにいった(10)。

実はこの場面でマッカーサーが「憲法改正」と言ったのか否かが後々大問題となるのであるが、外務省の外交文書(11)をみても、これも奥村の作成と思われるが、「憲法ハ改正ヲ要スル、改正シテ自由主義的要素ヲ十分取入レナケレバナラナイ」とマッカーサーが述べた

と記されている。さらに念のためGHQ側から同席したアチソン政治顧問の一〇月一〇日付国務長官宛て書簡をみても「席上元帥は近衛に憲法は改正されなければならないと述べた」[12]とはっきり書いている。どうやら一〇月四日のこの会見でマッカーサーの側から近衛に憲法を改正するよう持ちかけたことは間違いないようである。帰路の車中で近衛は奥村に「今日はえらいことを言われたね」と言ったという[13]。

このマッカーサーの発言を「えらいこと」と受けとったのは近衛ばかりではなかった。実はアチソンも同様であった。アチソンは事務所へ帰るとワシントンの国務長官に宛てて、急いで手短につぎのように打電した。

「政治に関心を持つ日本人の間で、憲法改正問題がかなり話題に上ってきているので、この問題の最終的な指示をできるだけはやくお願いしたい。またこの問題で米国政府がとっている考え方の方向性を知ることができるよう〔憲法〕草案の概要を打電してほしい」[14]

近衛もアチソンも「えらいこと」になった。憲法改正にむけて本格的に動き出した。とくに近衛は急いでいた。東久邇宮内閣はすでに総辞職しているので次期内閣が成立すれば閣僚の地位を失う。近衛はいまだなんとか閣僚の立場にある一〇月八日、アチソンを訪問した。今度は近衛のそばには当時米国政治史の第一人者であった高木八尺東大教授と戦時下に同盟通信の編集局長を務め、高木とも親交のあった松本重治、それに秘書役の牛場友彦が控えていた。

アチソンは、いまだ国務長官からの返電が手元に届いていなかったが、今回はかなり具体的に、しかし「非公式」とことわることを忘れずに、自己の見解を述べた。これは同席した高木のメモによれば九項目[15]、アチソンの国務長官宛ての報告によれば七項目[16]にわたっており、しかも高木は明治憲法の改正点としてまとめているのに対し、アチソンは明治憲法の特徴点としてまとめているので一見異なっているように見えるが、内容的にはほぼ一致している。

改正の根本は国会は国民によって選ばれた代議機関でなくてはならず、内閣は国会に対して責任を負う、したがって貴族院や枢密院は廃止されるという点にあり、天皇の陸・海軍統帥権をはじめとする大権を縮小し、国会の立法権を拡大し、人権を保障する。警察、教育における中央集権制を廃止する、といった点が主要なものであった。天皇の地位そのものについては、なんら触れられていなかった。

憲法改正権限をめぐって

会談を終えると近衛はさっそく木戸内大臣を訪ねた。ここで木戸と近衛はこの憲法改正作業を内大臣府御用掛として近衛がやることで話をまとめた。幣原内閣の成立は翌日に迫っていた。近衛は高木を伴い、その足で女婿であり秘書でもある細川護貞邸を訪ね、夕食を共にしながら改憲作業の策を練った。この作業は佐々木惣一京大教授にたのむことが決まった。近衛は京大在学時代に佐々木に師事したことがあったからだ。細川は早速、佐々木を迎えに京都に発った。[17]

翌九日、近衛は天皇に拝謁し、この間の行動を説明し、一一日に予定どおり内大臣府御用掛の任命を受けた。ところで、これは正確には一一日の正午のことであったが、その日の夕刻五時には、幣原新首相がマッカーサーを訪問していた。ここでマッカーサーは幣原に俗に「五大改革指令」と呼ばれる指示を出している。翌々日の一三日の朝刊――といっても夕刊はなかったのであるが――を見ると「元帥の見解」として「ポツダム宣言を履行するにあたり日本国民が何世紀もの長きにわたつて隷属してきた社会の秩序伝統を矯正する必要があらう。日本憲法の自由主義化の問題も当然この中に含まれて来るであらう」との判断のあったことが紹介され、その後に五大改革が示されている。

それは一言で言えば、①婦人解放、②労働組合の助長、③教育の自由化・民主化、④秘密的弾圧機構の廃止、⑤経済機構の民主化、ということになる。つまりマッカーサーは憲法改正の必要性をすでに表明しているのに、幣原内閣への五大改革指令にはこれが含まれていない形になっている。しかもこれはトップ記事ではない。トップは天皇が近衛を内大臣府御用掛に任命したとの記事である。もちろん国民はこの記事ではじめて近衛が改憲作業に入ることを知ったのであり、すでに二回に及んだマッカーサー＝近衛会談の内容は知らされていなかったので、この記事を読むかぎり、憲法改正は天皇が近衛に命じ、五大改革はマッカーサーが幣原に命じた、と読みとれる紙面になっている。[18] さてこの激動の一〇月一一日がこのように報道された背景について、高木は後年憲法調査会でつぎのように証言している。

「〔マッカーサーと幣原の会談の〕場合には必ず憲法改正の問題が出るだろうということが予測されたので、その前にわれわれはフェラーズ准将を通して、考え得る予備工作を努めました。即ち来るべき十一日の新しい首相との会見に際して、マッカーサーが要求すると予想される政治諸改革の項目の中に憲法改正問題まで含めて同列に要求するのは好ましくない、憲法の改正ということに言及するのは、別な形によることが望ましい、という点に先方の注意を喚起しマッカーサーの指示する五つの大きな改革の項目、例えば婦人の地位の向上、労働組合の制度、教育制度の改善の問題等とは、同列の要求として扱うのはやめてもらいたいという諒解を得ました。その上で幣原首相が会われました。……自主的に日本の側で憲法改正ということは考慮していたという形を整えることに努めたわけです[19]」

当時の新聞がすべてGHQの検閲下にあったればこそできたことかも知れないが、アメリカ政治史の研究者として、長い間にわたってアメリカ側に人脈を持っていた高木の面目躍如たるものがある。と同時にGHQが、日本側での自主的な憲法改正にきわめて協力的であったことも知ることができる。

幣原はこのマッカーサーとの会談の直後の一三日の閣議で急遽松本烝治国務大臣を委員

長とする憲法問題調査委員会の設置をきめている。したがってこの委員会の設置決定は、マッカーサーとの会談でマッカーサーから「憲法の自由主義化」が言われたためと見られがちであるが、実はそうではなかったようである。後年松本自身が自由党憲法調査会で証言したところによれば、マッカーサーとの会談当日にあたる一一日の閣議の最中(たぶんマッカーサーとの会談直前と思われる)に木戸内大臣から幣原に「近衛公に憲法改正のことを委任する」との電話が入り、一三日、近衛と幣原、松本が会い、松本は、憲法改正を「やるのは内閣を除いてあるべき道理はない。われわれの方もすでにそのことは考えている」と述べたという(20)。

このようにみると幣原内閣が急ぎ憲法問題調査委員会の設置を決定した裏には、近衛に先を越されたくないとの判断があったと思われる。この一三日、近衛の使者細川に伴われて佐々木惣一が上京し、御用掛の勅令を受け荻窪の近衛邸に入った。新聞もそれぞれ社説を掲げ、『朝日』が「欽定憲法の民主化」と題し、『毎日』が「憲法改正の緊要性」と題し、憲法改正を論じていた。

かくして、はやくも一〇月中旬段階で憲法改正にむけて始動する条件が整ったのであった。ただしそれは内大臣府と内閣とが、たがいに競い合うがごとき状態での始動であった。

競い合いが公然たる論争、対立へと発展したのは内閣の側、つまり松本委員長の一〇月一五日の談話に始まる。

「憲法改正は重要な国務である。伊藤〔博文〕公が憲法を起草した当時は宮中府中の別も明かではなく憲法以前であつた。しかし今は憲法が御制定になつてゐるのであるから政府が之を慎重に調査し、大権の発動に輔弼申し上げるのは国務大臣の責である。この重要国務に誰が責任を負ふのであるか、陛下に責任がないのであるからこれは全く国務大臣の責である。内大臣府では近衛公を中心に研究を進められて居られるが、これは政府が改正草案を御聖覧に供したとき調査されるための準備であると思ふ[21]」

これは翌日の各紙に報道されるが、なかでも『毎日』はこの松本談話以上に大きく同主旨の宮沢俊義東大教授と蠟山政道の談話を載せ、「憲法改正問題へ一石」と題していわば特集あつかいにした。ここで宮沢は松本よりきびしく内大臣府の改憲作業を批判し、「政府と内大臣府との双方で各自に憲法改正案を起草するが如きは不穏当なること余りにも明瞭である。欽定憲法といふことを誤解して憲法の改正は政府の輔弼や責任と関係のない楽屋裏でなすべきもののやうに解するのはわが憲法の定むる立憲主義の大原則を無視するものと信ずる[22]」と述べた。

これにたいし佐々木惣一は直ちに『大阪毎日』(一〇月二一日)に反論を寄せた。佐々木は、政府と内大臣府の輔弼の性質は異なる、とつぎのように主張した。「政府が憲法改正に関して輔弼するのは、天皇が憲法改正に関して、現実の行為あらせられるやう、または現実の行為あらせられざるやう、お願ひするのである」。これにたいし「内大臣府において、憲法改正に関して輔弼するのは、天皇が、憲法改正に関して、聖慮を用ひさせ給ふ場合、内大臣府の見るところを上聞に達して、正しく御判断あらせられる為の一助として御参考あらせられるやう、お願ひするのである」[23]。

いずれの主張もその根拠は大日本帝国憲法(明治憲法)七三条の解釈の問題であった。七三条は「将来此ノ憲法ノ条項ヲ改正スルノ必要アルトキハ勅命ヲ以テ議案ヲ帝国議会ノ議ニ付スヘシ」と規定していた。とにかく「不磨の大典」として明治二二(一八八九)年発布以来、一度たりとも憲法改正など問題とならず、否問題とすることすらできず、敗戦によってはじめて問題となったのであるから、「論争」がおきても不思議ではないが、佐々木の解釈が「国務は国民の眼前に於て内閣の責任を以て行はれるべきである」[24]という責任政治の原則にはずれ、内大臣府の制度への批判に欠けるものであったとする指摘はまぬがれないであろう。内大臣府による憲法改正にたいしては『朝日』の「社説」(一〇月一八日)等からも批判が出され、全体として改正権限を内閣に与える主張が多かった。

こうして国内では内大臣府による憲法改正への批判が高まる一方、海外では、とくに米国内で近衛が憲法改正にあたることに対して強い批判があらわれた。一〇月二六日、『ニューヨーク・ヘラルド・トリビューン』紙は、フランク・ケリー記者の東京電でこの事実を伝えたあと[25]、つぎのような社説を掲げてマッカーサーの責任をきびしく追及した。

「極東においてアメリカが犯した馬鹿げた失敗の中で、もっともはなはだしいのは近衛公爵を日本の新憲法の起草者として選んだことである。……もし公爵が戦犯としてすでに獄中にあって裁判を待っているのであれば反対する理由は全くない。彼がアメリカ側から正式に認められて日本の民主憲法の起草者に定められたということは、馬鹿馬鹿しさの極みである」(26)

近衛による憲法改正構想は、その開始とともに内外からの批判に曝されることになった。それでも近衛は佐々木を伴い、改憲作業に入った。それというのもマッカーサーの示唆を受けたという「身分保障」があってのことだった。ところが、これがぐらつき出すのである。

近衛ら草案起草に着手

近衛は佐々木を伴い、いよいよ憲法改正草案作成作業にとりかかった。場所は箱根宮の下の奈良屋別館。その三階を借り切って佐々木と助手の磯崎辰五郎立命館大学教授らが泊り込みで作業をつづけ、近衛も当時、宮の下に近い小田原の入生田《いりうだ》の別荘に住んでいたのでほとんど毎日のように佐々木と改正案について討議を重ねた。

ところで、近衛はなぜ佐々木をひきつれて箱根にこもらなければならなかったのであろうか。さきに松本烝治が内大臣府＝近衛による憲法改正を非難して、今回の改正は明治憲法の制定の時とは異なる、と言ったが、近衛の頭の中には欽定憲法制定のパターンがこびりついていたように思える。明治憲法の草案はいくつかあるが、その中でももっとも明治憲法に近いと言われる草案に「夏島《なつしま》憲法」がある。明治天皇から憲法案起草の命を受けた伊藤博文は、一八八七(明治二〇)年六月、伊東巳代治、金子堅太郎、さらにあとから井上毅を伴い、横浜・金沢の旅館東屋で草案の審議をはじめた。ところがこの東屋に盗賊が入り、草案入りの鞄を盗まれてしまった。鞄の中の金銭は出て来なかったが、幸い草案は近くの畑に捨てられており事なきを得た。伊藤は以後この宿をひき払い、近くの金沢の沖の無人の孤島・夏島につくった別荘(現在は埋立てられ追浜工場団地となっているが、記念碑が建っている)で作業を続け、成案をうる。これが夏島憲法である。(27)

近衛の場合、場所の選定もふくめ、明治憲法の制定を模した行動であったといえよう。

さて、佐々木が箱根で作業を続けている間にあっても、高木は東京でGHQとの接触を怠りなく続けていた。高木は述べている。「〔一〇月〕二十五日に会いましたときには、〝最近ワシントンから来た情報で少し補足する〟ということで、余程詳しい話がありました」(28)。この会談には高木と牛場、GHQ側から、というより国務省側から、と言った方が正確なのかも知れないが、アチソンの下にいたエマーソン(J. K. Emmerson)とフィアリー(R. T. Fearey)が同席した。この会談でエマーソンらが「余程詳しい話」をしたことは当然であった。高木とエマーソンが戦前からの親しい間柄にあったこともさることながら、すでに触れた国務長官からの訓令を一七日に入手しており、エマーソンはこれに基づいて二三日

に自己の見解をまとめ、覚書の形でマッカーサーに報告していたのであった。(29)

国務長官からの訓令は、きわめて簡明につぎのように述べていた。

この問題に関する省内関係者の態度をとりまとめるとつぎのごとくである。

日本の憲法が広範な代表を選ぶ選挙権に基づき、選挙民に責任を有する政府を規定するよう改正することが保障されなければならない。統治の執行部門は選挙民からその権限を発し、かつ選挙民と完全な代議制に基づく立法府とに責任を有するような規定が設けられるべきである。もし天皇制が残されない場合は天皇制に対する憲法上の規制は明らかに不必要であろうが、その場合においてもつぎの諸点が必要である。

(1)財政と予算にたいする議会の完全な統制。

(2)日本人民のみならず、日本の支配下にあるあらゆる人民にたいする基本的人権の保障。

(3)国家元首の行為は、明白に委任された権限にのみ従うこと。

もし、天皇制が残された場合、右に挙げたものに加えて以下の規制が必要となろう。

(1)天皇に勧告と助言を行う内閣は、代議制に基づく立法府の助言と同意によって選ばれ、かつ立法府に責任を負う。

(2)立法機関にたいする拒否権は、貴族院、枢密院のごとき他の機関によって行使されない。

(3)天皇は内閣が提案し、議会が承認した憲法の改正を発議する。
(4)立法府は自らの意思で開会することが認められる。
(5)将来認められると思われる軍のいかなる大臣も文官でなくてはならず、軍人が天皇に直接上奏する特権は除去される。[30]

この訓令を受けて会談に臨んだエマーソンから高木は、憲法改正にあたり最大の焦点となる天皇制に関して「窮局には日本国民の意思によって決せらるべきこと、即ち決して外から強要する筋のものではない」[31]との結論をひき出し、これを近衛に伝えた。

つまりこの時点において、アチソン等を通じてGHQから近衛側がひき出した憲法改正の基本構想は、国民主権の確立であり、その限りにおいての天皇制の改革であった。このGHQ側の改憲構想は、近衛にとっても受け入れうるものであった。これによってともかく「天皇制護持」の見通しはついたのである。

マッカーサー、近衛を解任

ところがGHQは一一月一日夜、突然に「近衛公は連合軍当局によって、この〔憲法改正の〕目的のために専任されたのではない」と声明を発した。この声明は三日付で新聞に報ぜられた。GHQの声明は「近衛公は首相の代理としての資格において日本政府は憲法を改正することを要求されるであろう旨通達されたのである」と述べ、もはや内閣が代わった以上近衛はその任にないとし、「幣原新首相に対し憲法改正に関する総司令部の命令を伝えた(32)」と述べた。

二日午後記者会見した近衛は、一〇月四日にマッカーサーから憲法改正の示唆を受けたことを明らかにしつつも「特に自分個人に命令乃至委嘱をうけたのではない。自分がこの大役を担当するに至つたのはあくまで日本側の決定に基くものである(33)」と述べたが、GHQ声明は近衛側に測り知れない動揺を与えた。高木は牛場とともに新聞発表の翌日の四日、日曜日であるにもかかわらず、エマーソンを訪問した。ところが、牛場によれば、「このときの態度は非常に豹変したのです。非常に豹変しましてね。わずか数分間でもう決裂したのです(34)」。

それもそのはずである。この時、GHQの近衛に対する方針は、百八十度転換していた。すでにアチソンはノーマン(E. H. Norman)に近衛の戦争犯罪に関する調査を命じていた。ノーマンはその報告書を高木らがエマーソンに会った翌五日にアチソンに提出している(35)。

ノーマンは宣教師の息子として一五歳まで日本に滞在、『日本における近代国家の成立』(一九四〇年)をはじめ多くの著書をもつ日本近代史の専門家であり、日本の敗戦とともにカナダ外務省の外交官として民間カナダ人の復員業務に携わるとともにGHQ対敵諜報部調査・分析課長の職にあった。ノーマンはこの、かなり長い報告書の最後をつぎの一文で結んだ。

近衛の公職記録を見れば、戦争犯罪人にあたるという強い印象を述べることができる。しかし、それ以上に、かれが公務にでしゃばり、よく仕込まれた政治専門家の一団を使って策略をめぐらし、もっと権力を得ようとたくらみ、中枢の要職に入りこみ、総司令官に対し自分が現状勢において不可欠の人間であるようにほのめかすことで逃げ道を求めようとしているのは我慢がならない。

一つたしかなことは、かれが何らかの重要な地位を占めることを許されるかぎり、潜在的に可能な自由主義的、民主主義的運動を阻止し挫折させてしまうことである。かれが憲法起草委員会を支配するかぎり、民主的な憲法を作成しようとするまじめな試みをすべて愚弄することになるであろう。かれが手を触れるものはみな残骸と化す。[36]

近衛の運命は大きく暗転し始めていた。九日には戦略爆撃調査団から喚問され、東京湾上に浮ぶアンコン号上で同調査団員のポール・バラン(Paul Baran)から尋問を受ける。中国侵略、日米開戦前夜の政策決定責任について、かなり厳しい尋問がなされているが、近衛はその責をすべて軍部と東条英機に転嫁することに終始した。[37]

しかしこの喚問は近衛にはかなりこたえたようで、ひどく悲観的になり、細川護貞に「米国があういう考え方でやって来るなら、もう日本の皇室は駄目だ」と話したという。[38]

ところで一一月一日のGHQの声明は、一〇月九日の幣原内閣の成立以降も、GHQは近衛側と会い、示唆を与えてきたのであるから、事実に合わないことは明白である。GH

Qは近衛に改憲を示唆したことに対する内外の批判があまりにも厳しいので、政策を急ぎ変更したとしか考えようがない。ところがこの点について、一〇月四日のマッカーサーと近衛の会見で、マッカーサーが憲法改正を説いたのは、あれは通訳の誤訳だった、とする説が占領終了後かなり流布された。その出所はワイルズ(H. E. Wildes)の『東京旋風』(一九五四年)であるようだ。ワイルズは書いている。

「おそらくいちばん有名な翻訳関係事件は憲法に関するものだろう。日本に着いて間もなく、マカーサーは元首相の近衛文麿と協議した。占領軍側のいろいろな要請について話し合っているうち、近衛はマカーサーに《政府の構成》の変更についてなにか意見があるかと尋ねた。という意味は、その場合は、陸海軍大臣と文官との関係をどうするかということだった。ところが通訳は《構成》という言葉を、そのまま英語に直訳して constitution と訳したものである。マカーサーはまたそれを固有名詞だとうけとった。それ以前には、一八八九年の明治憲法を置き代えなくてはならないなどという考えには、ほとんど注意は払われていなかったのであるが、マカーサーは Constitutional change はお説の通り必要だろうと答えた(39)」

なにかいかにもありそうな話である。しかも著者のワイルズがGHQ民政局(GS)の議会・政治課に所属し、のちに「マッカーサー憲法」と称されるGHQ憲法草案の作成メンバーの一人であったことを考えると、ますます信憑性が出てくるのであるが、彼は一〇月四日の会見の際の当事者ではない。当事者たちの記録は先に紹介したごとく、マッカーサーが憲法改正の必要を述べたと、通訳の奥村のみならず、アチソンも書いている。ではワイルズはこの話をどこから聞いたのであろうか。おどろくべきことにこの誤訳説はアチソンから出されている。アチソンは、さきの国務長官あて書簡で「元帥は憲法は改正されなければならないと述べた」と書いてからわずか一カ月も経たない一一月五日(つまりノーマンから近衛戦犯の報告書を受けとったその日)、トルーマン大統領にあて、こう書き送ったのであった。

「合衆国と日本の新聞で批判されている近衛公の行動の背後には奇妙な話があります。私は一〇月四日の近衛自身の申し出によるマッカーサー訪問に同席しましたが、元帥は日本政府の《行政機構》を改革するべきだと述べたのですが、近衛の通訳は(通訳自身があとで私にこの事実を認めたのですが)正確な日本語訳を思いつかず、思いつくままに『憲法は改正されるべきである』と元帥の言葉を訳してしまったのです(40)」

どうやら誤訳説の発生源はアチソンであったと見ていいようである。GSにいたワイルズはなんらかの方法でこのアチソン電を知ったのであろう。つまり近衛に憲法改正をやらせるという判断が誤っていたことを知ったアチソンは、その責任を通訳の誤訳のせいにしてしまったのである。通訳の奥村にとってはなんとも不名誉な、とんだ濡衣であったことがわかる。

近衛の改正要綱

近衛は失意の中でも改正案作成を急いでいた。GHQの近衛に対する態度が急変したこともさることながら、ついに内大臣府そのものが廃止されることが知らされるに至った。しかも近衛と佐々木の憲法改正構想は一致しなかった。高木らの助言を受け、GHQの意向を考慮した改憲案を考えていた近衛と、そうした政治的配慮をきらう佐々木との間で共同の改憲案をつくることも困難となった。そこで近衛は条文化せず、佐々木とは別に「要綱」(近衛案)を作成した。それはまず「第一　帝国憲法改正ノ必要ノ有無」をあげ、「我国今回ノ敗戦ニ鑑ミ国家将来ノ建設ニ資スルガ為ニ帝国憲法改正ヲナスノ要アリ、単ニソノ解釈運用ノミニ頼ルベカラズ」としたあと「改正ノ要点」を九項目列記している。このうち主要と思われるものはつぎのごとくである。

一、天皇統治権ヲ行フハ万民ノ翼賛ニ依ル旨ヲ特ニ明ニス

二、天皇ノ憲法上ノ大権ヲ制限スル主旨ノ下ニ

イ、帝国議会ヲシテ自ラ解散ヲ提議スルヲ得シムルコト、帝国議会ニ代ルベキ憲法事項審査会(両院議員ヲ以テ組織ス)ヲシテ直接天皇ニ召集ヲ奏請スルヲ得シムルコト、及濫リニ解散ヲ繰返スヲ得ザルコト、ス

ロ、緊急命令ニ付テハ予メ憲法事項審議会ニ諮ルコト(以下略)

三、軍の統帥及編制モ国務ナルコトヲ特ニ明ニス（以下略）

四、臣民ノ自由ヲ尊重スル主旨ノ下ニ

イ、現行帝国憲法ニ於ケル如ク臣民ハ法律ノ範囲内ニ於テノミ行動上ノ自由ヲ有スル如キ印象ヲ払拭スルノ要アリ

ロ、外国人モ本則トシテ日本臣民ト同様ノ取扱ヲ受クルモノナルコトヲ特ニ明記ス（以下略）[41]

「大権の制限」、「議会の自立解散」、「自由権に対する『法律の範囲内』という制限の払拭」などに見られるごとく、明治憲法の基本的統治構造を残しつつアチソンからの示唆や国務長官からの訓令の影響が色濃く反映している。

一方、佐々木は完全に条文化した「憲法案」（佐々木案）を作成した。明治憲法を編制の基本に措《す》え、これに「自治」（地方団体の自治）を加え、全一〇〇カ条から成る改正案であった。しかし国家統治の基本構造は、近衛案よりはるかに明治憲法に近い。

第一条　大日本帝国ハ万世一系ノ天皇之ヲ統治ス

第二条　皇位ハ皇室典範ノ定ムル所ニ依リ皇男子孫之ヲ継承ス

第三条　天皇ハ神聖ニシテ侵スヘカラス

第四条　天皇ハ国ノ元首ニシテ統治権ヲ総攬シ此ノ憲法ノ条規ニ依リ之ヲ行フ[42]

この天皇に関する一条から四条は明治憲法と一字一句異ならない。さらに人権条項をみ

ると、たとえば表現の自由は明治憲法が「日本臣民ハ法律ノ範囲内ニ於テ言論著作印行集会及結社ノ自由ヲ有ス」(二九条)とあるのに対し、佐々木案では「日本臣民ハ言論著作印行集会及結社ノ自由ヲ有ス　公益ノ為必要ナル制限ハ法律ノ定ムル所ニ依ル」とあり、明治憲法の法律による全般的留保を公益目的に限定したにすぎず、依然として法律による留保を定めていた。

これは人身(逮捕、捜索)の自由、信書、信教の自由規定についても全く同様である。たしかに「人間必需ノ生活ヲ享受スルノ権利」といった明治憲法には全く見られない生存権規定も見られるが、全体として明治憲法の基本的枠組を出るものではなかったといえよう。

こうして近衛は「要綱」を一一月二二日に天皇に上奏し、佐々木は「憲法案」を二四日に天皇に進講し、ひとまずその目的を果たしたのであった。佐々木が進講した日、内大臣府は廃止された。佐々木の御用掛終了は同時にまた内大臣府そのものの終焉をも意味していた。近衛の運命はさらに過酷であった。一二月六日には戦犯容疑者となり、一六日杉並区荻窪の自宅で青酸カリ自害を遂げる。

前近代の土壌

かくして近衛による改憲構想は挫折した。「戦争犯罪」の大きさを思い知らされた二カ月であった。近衛の側には「戦争犯罪」はおろか、ポツダム宣言を受諾して連合国に占領されている、との認識がきわめて稀薄であった、としか言いようがない。ポツダム宣言には「日本国国民ヲ欺瞞シ之ヲシテ世界征服ノ挙ニ出ヅルノ過誤ヲ犯サシメタル者ノ権力及勢力」の除去、「一切ノ戦争犯罪人」の処罰が明白に掲げられている。それにもかかわらず、近衛は新しい憲法制定権者となる資格があると考えていたのである。天皇制の改革にたいする認識はさらに一層欠落していた。滝川事件の闘士・佐々木にしても、「自由主義者」の高木にしても明治憲法下の天皇制にたいする批判的視点はほとんど持っていなかった。天皇制とは疑う余地なき永劫不変の体制であった。

高木は米国政治史の第一人者であり、近衛の改憲にあたり、GHQの改革構想を引き出した点は、その後の政府の改憲作業、民間諸団体の改憲作業をみても、こうした役割をはたした人物を他に見出すことができないだけに、高く評価されてよいであろう。しかしこの高木にとってすら天皇制は戦後にあっても選択の余地なき不変のものであった。高木は、近衛案が上奏された翌一二月、たぶん外務省で行った講演と思われるが、その中でこう述べている。「コノ制度コソ社会上ニハ我ガ国民生活ノ中心デアリ、政治上デハ我ガ国体ノ基礎、又我ガ憲政ノ中枢ノ理念ヲ為スト云ハザルヲ得ズ。ソノ維持ハ我ガ国民的総意デアルコト疑ヲ容レナイ」(43)。

佐々木にとっても天皇制は不変のものであった。それは佐々木案の天皇に関する主要条項が明治憲法と一字一句変わっていないことからして明らかである。ところがこの佐々木案を護憲派の憲法学者・田畑忍が「反動視するのは許せない」と言うのだから驚く。「もちろん天皇制維持の一線を貫いている点で、佐々木改正案が保守的であることは否定することはできないであろう。しかし立憲主義または民主主義化徹底のために考慮が払われている点がすくなくないこともまた認めなければならない。其の意味でこれを反動視することは許されない[44]」。

田畑は佐々木門下である。佐々木が内大臣府から勅命を受けて近衛の改憲作業を開始したとき、これに真向から反対したのは松本烝治、宮沢俊義ら憲法問題調査委員会のメンバーであった。同委員会の主要メンバーはほぼ東大系で占められていた。田畑にしてみればのちに東大系の憲法学者が佐々木案を「反動視」したことが許し難かったのであろう。

しかも田畑が佐々木案を不必要なまでに高く評価する背景には、この改憲作業がすべて京大系で占められていたという点も見逃すことができない。近衛はもちろん、近衛が改憲の人選を相談した木戸内大臣も、佐々木を迎えに行った細川護貞も、すべて京大出身者であった。高木は東大卒であったが法学部でも政治学科であり、法律学科ではなかった。当時にあって東京と京都には、知的交流はほとんどなく、そこには太平洋の東と西ほどの距離があった。共通の討論の場すらない、一国一城の主が、「全国共通」の憲法をつくろうとしたのであった。日本公法学会という全国共通の学会がつくられるのは一九四八年のことである。近衛による改憲構想ははしなくも日本の憲法学界の前近代性を露呈することになった。

マッカーサーが近衛に憲法改正を示唆したことは、模索のはじまりであった。しかしマッカーサーは相手を間違えていた。と同時に近衛に示唆を与えたことが、本国であれほどまでに反発をかうことになるとは考えていなかったろう。マッカーサーは模索のあとで憲法改正にむけての軌道をいくらか修正し、ガードを固める。本国政府に直結している国務省派遣のアチソン政治顧問を憲法改正問題から除外し始める。

アチソンは一一月七日、国務長官に宛てて書簡を送り、「マッカーサー元帥と元帥の枢密院つまり元老のごとく振舞う幕僚やバターン・クラブのメンバーは、できうることならこの問題から国務省を除外したいと願っています(45)」と書いた。アチソンはこの書簡を電報でなく、航空郵便で送っている。電報のケーブルはすべてGHQに握られているので電文を読まれてしまうからだ。電報をやめて、一週間かかる航空便にしたところに事態の深刻さがうかがえる。このあとマッカーサーは憲法問題をGHQ内で扱う方向へとむかう。

一方日本側は近衛による憲法改正が挫折する中で、政府の憲法問題調査委員会が主導権を握る。内大臣府との競い合いに勝ったわけだが、実はこの時点こそ調査委員会が今後の憲法改正の方向を見定めうる重要な分岐点に立っていたといえよう。近衛側がアチソンらから引き出した改憲構想には、後にGHQが作成したGHQ案に通底する条文がいくつかあったのである。従って松本ら憲法問題調査委員会は、近衛の「要綱」から学ぶ絶好の機会だったのである。それは「要綱」の内容を参酌するばかりでなく、自らの組織のことのみに専念せずに近衛がやってきたように、米国側(国務省であれ、GHQであれ)と交渉を重ねて、政府案を意味した改正案を起草するべきだったのである。松本は、後に述べるように昭和天皇と閣僚以外には、自らが主宰する委員会だけで、誰とも相談することなく起草していたのである。

Ⅲ　民権思想の復権

憲法研究会の誕生

憲法はつねに歴史の転換点に生まれる。その意味では旧勢力の代表者である近衛が憲法を起草すること自体が異例であり、新しい時代を担う人々によって憲法が創られることの方が当然であったといえよう。しかし戦後が革命ではなく、旧勢力が依然政権の座にあったことから、憲法は「官」の創った憲法草案と「民」の創った憲法草案とに分類された。後者は「民間草案」と呼ばれる。

この「民間草案」という言葉がいつから使われ始めたのか、定かではない。日本憲法史上から言えば、明治憲法の草案が創られるより早く、かの自由民権運動の中で創られた草案があるが、これは「私擬《しぎ》憲法案」と呼ばれた。日本の近代化の歴史のなかで日本国憲法の制定過程を考えようとするなら、「民間草案」と呼ぶよりもむしろ「私擬憲法案」と呼んだ方がよいのではないかと思われる。「私擬憲法案」という言葉は、明治憲法制定史のなかから自由民権運動が忘れられたと同様にいまや忘れられてしまっていると言えよう。

たしかに『広辞苑』(第六版)には載っているが、もはや死語なのかも知れない。

明治維新と戦後改革とで、いったいどちらが民衆がより多く国家の変革に携わり、あるいは携わろうとしたか、これを比較することはそう容易ではないと思われるが、民間憲法草案にみる限り、戦後改革は明治維新に及ばない。私擬憲法案は六八あったことが確認されている[1]が、戦後の民間草案は十数種にすぎない。もっとも完全な条文化はできなかったようであるが、児童文学者の寒川道夫が「新日本建設憲法草案」を旧軍需工場の労働組合でつくった[2]、と書いているごとく、いまだ発見されていない無名の憲法草案がある可能性を考えると、ちょうど色川大吉が明治維新から一〇〇年後に「五日市憲法草案」を発見したごとく、これから民間草案が新たに発見されるであろうが、それでも、私擬憲法案を上回ることはなさそうである。その根源には、すでに述べたごとく、占領下で占領軍が先進的に民主化改革を進めていたという構造があったことは否定できないだろう。

民間草案を考える場合、まず忘れてならないことは高野岩三郎の存在である。高野は、一九〇六(明治三九)年東大教授となり統計学を講じていたが、労働運動家の兄房太郎の影響を受けて労働問題に関心を持ち、四〇代で東大教授を辞して、一九二〇(大正九)年大原社会問題研究所をつくり、自ら所長となった。一八七一(明治四)年の生れだから、敗戦をむかえた時はすでに七四歳の高齢であったのだが、圧政から解放されて、水を得た魚のごとく、活動を開始した。九月早々、社会党の再建を目指して安部磯雄、賀川豊彦とともに

よびかけ文を発する一方、民主主義的な社会と文化の建設を目指して「日本文化人連盟」を結成した。(3)

社会党は一〇月二五日、再建のための準備委員全体会議を開催するが、ここではやくも憲法改正問題がとり上げられている。(4)一一月八日に共産党が「新憲法の骨子」を発表しているが、社会党がかなり早い段階で憲法改正に関心を示した裏には高野の努力があったものと思われる。

さらに高野は一〇月二九日、日本文化人連盟の創立準備会の折、議題がほぼ終了したあと、出席していた若い在野の憲法史研究者の鈴木安蔵に近寄って「民間で憲法制定の準備、研究をする必要があるから、やってくれ」と提案する。圧政の下で高野以上に辛酸をなめて憲法史研究を続けてきた鈴木にとって、これはよほど感銘深い提案であったにちがいない。鈴木はその日の日記に「老博士の意気壮とすべし」(5)と記した。これが憲法研究会ができる発端であった。小さな知識人のグループであったが、後にGHQが草案を作成するにあたり、この研究会の起草した草案が多大な影響を及ぼしたことで知られている。

この時鈴木は四一歳。高野とは親子ほどの年齢差があり、しかも初対面であった。そこにはこの二人をひき合わせた人物がいた。評論家の室伏高信である。鈴木が高野の提案を受け入れると、そばにいた室伏が「すぐやろうじゃないか、場所は新生社を提供する」と申し出たと鈴木は後日回想している。(6)

室伏はできたばかりの新生社の顧問をしていた。新生社は千代田区内幸町のビルの一角にあり月刊誌『新生』を敗戦の年の一一月から発行し始めたばかりであった。時代はまさに日本にとって「新生」であった。占領初期の日本の雑誌等を所蔵する米国メリーランド大学マッケルディン図書館で調べてみると、「新生」と名のつく雑誌はなんと二十数種(同人誌、青年サークル誌を含め)にのぼる。(7)名前ばかりでなく本のスタイルも当時としては斬新なA4判の薄手の月刊誌であった。

このようにして若い鈴木を中心にして新生社の会議室を根城に、さらには社長の青山から資金援助を受けて憲法研究会の活動が始まるのであるが、憲法研究会の方向と活動を決定づける要因はこればかりではなかったように思える。鈴木の回想によると高野との関係ばかりが強調されているのであるが、鈴木が当時書いたものを読むと、もう一つ、GHQの線が浮かび上がってくる。鈴木は創刊まもない『新生』に「憲法改正の根本問題」と題する論説を載せ、「私自身、本(憲法改正)問題の深刻さにやゝ愕然としたのは、……前後二回にわたる連合国側人士との会談によることを卒直に告白する」(8)と述べ、「某外交官」と「ウォー・コレスポンデント」(従軍特派員)に会い、憲法改正の根本問題について深く考えさせられたことを述べている。

ここにいう「某外交官」とは、ここでは氏名を伏せているが、近衛戦犯意見書を書いたカナダの外交官であり、当時GHQの対敵諜報部にいたE・H・ノーマンである。ノーマンは九月二二日鈴木宅を訪問している。(9) ここでノーマンは「徹底的に、『国体』の根本的批判をなさしむべきが日本民主主義化の前提と思ふ」と鈴木に述べたという。(10)

その直後に鈴木はノーマンと私的な会談を持つが、そこでノーマンはつぎのような提案をしたという。(11)

一　国体護持を日本国民が希望するにしても、従来、国体の名のもとに、あらゆる反動的勢力が横行し、封建的帝国主義的政策が強行されて来たことを考えるとき、もし依然国体問題が無批判のままに放置するならば、再び国家主義的勢力ないし風潮が、国体護持の名分の下に結集し強化する危険がある。徹底的に、「国体」の根本的批判をなさしむべきが日本民主主義化の前提と思う……。

二　国体護持を認むる結果、日本民族は、依然万国に比類なき優秀民族なりとの根拠なき自負心を捨てず、真に謙虚な国際社会の一員たる再出発をなし得ないと思う。

また「ウォー・コレスポンデント」は誰であるか不明であるが、この特派員は鈴木に、明治憲法第三条の「天皇ハ神聖ニシテ侵スヘカラス」は「改正する要なきやとの質問」をした。これに対して鈴木は「国家の元首に対する規定としては当然であり、特に日本国民の国民的感情からして、本条の改廃はなさゞる方適当と答へた」が、特派員は「新憲法は、天皇をも含めて、一切に対する国民の批判の自由を保障すべきであるにかゝはらず、本条を存置するは矛盾と思ふ」(12)と反論したという。つまり鈴木は、憲法研究会での活動を開始するに先立ってＧＨＱの憲法にたいする基本的な考え方を知る機会を得ていたのである。

一一月五日の憲法研究会の最初の集まりには高野、鈴木、室伏の他に、杉森孝次郎、森戸辰男、岩淵辰雄らが参加した。回を重ねるごとに鈴木義男、今中次麿、木村禧八郎が参加したことはあるが、前記メンバーが主要なメンバーであった。その中でも鈴木安蔵がただ一人の憲法学者――といっても当時はのちに述べるごとく法学界ではとても「学者」にはほど遠い在野の人間にすぎなかったのであるが――だったこともあり、主要中の主要メンバーであった。

鈴木はノーマンに会った直後の一〇月二日の日記に「憲法改正の原稿を書く[13]」と記し、一五日には同盟通信(現在の共同通信)の取材を受け、一八日には『東京新聞』に「憲法の何処を改むべきか」とのインタービュー記事を載せている。近衛・佐々木の改憲作業が進むのをにらんだ行動と思われるが、鈴木は当時にあっては珍しく実践的な憲法学者であった。それは鈴木の半生と切り離し難く結びついているように思える。

憲法研究会の人々

鈴木は一九〇四年福島県に生れ、旧制二高から哲学者にならんと西田幾多郎らのいる京都帝国大学文学部に進むが、マルクス主義に関心を深め、「京大社会科学研究会」(社研)に加入し、無産者教育に携わる。ほどなく経済学部に転部し、運動をつづけるうちに、治安維持法(一九二五年)適用第一号事件としての「学連事件」に連座し、有罪となり京大を退学する。

獄中で鈴木は国家学に関心を深め、出獄とともに憲法の歴史的研究に没頭し、二〇歳代でフランス、ドイツ、日本の憲法史を批判的に検討した『憲法の歴史的研究』(一九三三年)を上梓。以後憲法史、比較憲法史を中心に研究をすすめるが、『現代憲政の諸問題』(一九三七年)で出版法違反に問われ、以後、『自由民権・憲法発布』(一九三九年)など自由民権運動の研究をつづけて敗戦を迎える。(14) この間大学に職を得ることなく、まったくの在野の研究者にすぎなかった。

鈴木にとって敗戦とは、単なる言論の自由の回復にとどまらず、自らの批判の対象である明治憲法の改正を実践に移す好機であり、しかもそれが解釈学でなく憲法史とくに自由民権期の私擬憲法案の研究者であったことから、敗戦の持つ歴史的意味が定まっていたといえる。

このような経歴をもつ鈴木はたしかに高野にとって適材であったであろう。ただこの二人を引き合わせたのが室伏であったことは一見意外に思える。室伏は年齢的には高野と鈴木のちょうど中間に位置していたが、評論家とはいえ高野や鈴木とその思想的経歴を異にしていた。大正デモクラシー盛んなりし頃に民本主義に傾倒して論壇に登場するが、戦時色が増す中で新体制運動に協力し、ヒトラーの『我が闘争』の翻訳(一九四〇年刊)を手がけたりもした。しかし、戦況思わしくなしと見るや一転して反軍に転じ、それがため執筆禁止(一九四二年)となって敗戦を迎える。(15)

こうした機を見るに敏な経歴が、敗戦による「民主化」の時代をいち早く察知させ、憲法改正にむけて高野や鈴木に接近することになったと考えることができよう。

もちろん室伏は、戦前から政界の黒幕といわれていた岩淵をこの憲法研究会に引き込むことを忘れなかった。岩淵は、すでに述べたごとく、近衛をしてマッカーサーに会わせ、GHQの方針を探ろうとさせた人物である。ただ官職になかったこともあり、在野精神ははっきりしていたようで、近衛による改憲にたいして批判が強く、一方で幣原内閣がやる気がないのなら「これは民間で世論を起すより他はないと思った」と、憲法研究会に加わった動機を語っている。(16)

森戸は、高野にとって高野が東大を辞任する間際に起った「森戸事件」以来のいわば同志であり、この事件で有罪となると東大を追われて、高野のいた大原社研に入り、敗戦後も高野のよびかけに応えて社会党の結成に加わる。その後衆議院議員、片山内閣下の文部大臣となるが、とにかく敗戦までのほとんどを高野と行動を共にしてきたのであるから、この研究会で同人となることもまた自然の成りゆきであったといえよう。

最後に杉森孝次郎。杉森は室伏よりいくらか年上であるがほぼ同年代。早大文学部哲学科を卒業。教授となり哲学を講じていたが、むしろ評論家として世間に知られた存在であった。かなり杉森びいきの評価によれば「〔大正末期から昭和初年にかけて〕杉森はジャーナリズムの世界の第一の花形であり、その個性の強い文章、独創的思考力、多彩な多面的な総合的な学問的視野において他の追随を許さなかった。……当時のジャーナリズムには室伏高信、土田杏村、長谷川如是閑その他もあったが、彼等は彼の前には侏儒の如く無味乾燥な存在であった(17)」とすら評されている。

ところが、その「無味乾燥な存在」である室伏に言わしめると、杉森の文章は悪文であり「ファッショ的思想家の一典型(18)」となる。どちらの評価が正当であるのか、ここで結論は下せないが、双方の評価を受ける側面を杉森は持っていたように思える。杉森は戦後いち早く『世界人権の原則』(一九四七年一月)を上梓しているが、そこで「新日本建設綱領(私案)(19)」を公にしている。この綱領は全体で一五則から成るが、新日本建設の第一原則に「最善の世界観即社会理論の民族的確立」をあげ、それを「本質的優秀文化主義」によるものとする。しかしそれは日本民族の優秀性を意味せず、「近代諸思想」を受け入れることを意味する。

では「その近代諸思想とは何ぞや。それは科学主義、個人主義、民主主義、社会主義、及び民族主義なり」と説く。この意味ではかなり多元的価値観を認める国家構想を持ち、したがってポツダム宣言の人権尊重主義を高く評価し、「基礎的人権に対する尊敬は、人類性に対する深き、洽《あま》ねき理解及び善処の完全に含意するものなり」と述べている。こうした杉森の「独創的思考力」は最終的には「世界共和国の創設」へと結びついてゆく。

このように憲法研究会は、左翼知識人を中心に保守派をも含む、かなり自由《リベラル》な集まりであったといえよう。

憲法研究会案の起草

これら同人によって第二回目の会合が一一月一四日に開かれ、以後毎週水曜日の午後例会を持つこととし、第三回を一一月二一日に開いている。この時点で原則的討議を終わり、このあと鈴木が討議をもとに「新憲法制定の根本要綱」(いわゆる第一案)をまとめた[20]。

まず憲法制定手続については「日本憲法は廃止されて、新たに民主主義的原則に基く憲法が制定さるべきである。もちろんこの際、欽定憲法主義は問題たり得ず、国民自身の憲法制定会議によって決定さるるを当然とす」とし、明治憲法の改正によらず、帝国議会とは別の憲法制定会議を設けてここで憲法を制定する方法を打ち出した。また統治権を「国民ヨリ発ス」とし、天皇の統治権を否定したが、注目の天皇制については「我等の主張よりすれば、日本が共和制たることが望ましい。しかし現在の過渡的段階の実態にかんがみて、しばらく民主主義的性格強き立憲君主制たるを妥当と考へる」と改革による存続を打ち出した。しかしその「民主主義的性格」の強調から、たとえば皇位継承について「なほ世襲制をとるも、即位については議会の承認を経且つ議会に対し憲法遵守の誓約をなすべきものとす」などと、細部にわたる歯どめを規定することにしていた。ここには明らかに自由民権期の憲法諸草案の影響をみることができる。鈴木はさきの『新生』に寄稿した論文の中で「日本憲法の改正について、今日一応回顧すべきは、民主主義的な自由民権家たちの憲法意見である」と述べ、立志社の「日本憲法見込案」(一八八一年)で「朕即位ノ後ハ日本憲法ヲ保護シ之ニ由テ日本ノ安寧ヲ維持センコトヲ衆庶ニ誓フ」と定めていたことなどに注目している(21)。

人権条項も明治憲法の規定を一変させることにした。明治憲法においては国民は天皇の臣下たる「臣民」にすぎなかったのであるが、「国民なる概念確立さるべきが当然」とし、さらに明治憲法が臣民に保障した人権は「法律ノ範囲内」とか「臣民タルノ義務ニ背カサル限」りといった留保付であったのであるが、「従来のごとき留保付は一切廃止すべきである」とし、全面的な人権保障条項を盛り込むこととした。しかし参政権、精神的自由権、人身の自由等の規定には触れられておらず、盛り込むべき人権をつぎのように述べている。

単なる自由、権利一般ではなくして、新たに左のごとき具体的諸権利が規定さるべきものと考へる。

1新政府樹立権
2労働権ならびに労働権に基づく結社の自由、労働被護権
3休息権

4養老、疾病、失業の際の被護権
5ただに労働者農民のみならず中産階級の生活権
ワイマル憲法第一一九条に規定せるごとき結婚生活における男女同権の規定は、特にこの点において封建的伝統強き日本において必要である。
6芸術、学術、教育の自由と保護の規定
7男女平等の保証
8民族的差別の撤廃・完全平等の権利保証
なほワイマル憲法第一四八条のごとき教育ないし文化建設の根本方針を明示することが必要と思ふ。

一読してわかるごとくワイマール憲法を範として、社会権・生存権を重視したものとみることができる。立法、行政、財政の項についても大きな改革がふくまれているが、特段の特色はない。むしろ特色といえば司法であろう。「裁判官は公選」とし、「徹底的な陪審制が設けらるべきである」とされている。明治憲法下で陪審制はなかったわけではなく、一九二三(大正一二)年に陪審法がつくられていたが、一九四三年以降、今日にいたるまで停止状態にあるのだが、(22)「徹底的な陪審制」は、他の憲法草案と比較しても、大きな特色といえよう。

この第一案にたいし、一一月二九日の会合でさらに推敲が加えられた。まず天皇の地位について議論が集中した。そこで第二案ではかなり簡明にし、まず「日本ノ統治権ハ国民ヨリ発ス」と定め、つぎに「天皇ハ栄誉ノ淵源ニシテ国家的儀礼ヲ司ル」とまとめた。人権については、精神的自由権の総説的規定として「学術、言論、宗教等ノ自由ヲ妨グル如何ナル法令ヲモ発布スルコトヲ得ズ」との一項を加えた。さらに国民の義務として「民主主義並ニ平和思想ニ基ヅク人格完成、社会道徳確立ノ義務」が盛り込まれたことは注目に値する。

司法について、第一案では「裁判官は公選」としたが、森戸から「大審院（最高裁判所）のみならばともかく、他は裁判所構成法等法律の規定を作ってきめるのがよいだろう」と提案がなされ、それに従って修正された。さらに憲法制定手続についても森戸から「実質はともかく形態上、現行憲法の改正ということでなければならぬ。悪法でも法であるという建前から一応改正して、それにもとづいてさらに新憲法をつくる。つまり二度憲法改正が必要である」との提案がなされ、この方法によることにした。

これによってまず表題が「新憲法草案要綱」から「憲法改正要綱」に変わり、最後に「十年後新たに憲法会議を召集」して憲法の制定をすることとし、改正案を暫定的なものとした。鈴木自身こう修正することに賛成しながら、「わたくし自身も、もしこの程度の憲法が施行されれば、十年のあいだに、国民は思想的にも必然的に一歩前進して共和制の国家形態を要望するにいたるであろうと考えたのであった(23)！」とのちに感慨を込めて書いている。

こうしてできた第二案は、一二月一日付で関係者に発送された。これにたいし、大内兵衛から財政、会計の項にたいする意見がよせられた。大内は財政学者であり、森戸とほぼ同世代の東大経済学部の教授であったが森戸事件で東大を追われ、二年後に復職するも再び「教授グループ事件」で東大を追われ、敗戦とともに復職したばかりであった。第二案はたしかに財政、会計の項が手薄であったため、大内の提案をほぼとり入れて第三案(最終案)を作成した。

最終案をまとめるにあたり、まず人権条項で国民の権利として第一案の頃から「新政府樹立権」を規定していた——これはアメリカ独立宣言以来のいわば「革命権」と考えられる——が、室伏から「あまり穏当ではないのじゃないか」という意見が出され、削除することにした。(24) 一方人身の自由の基本ともいうべき「拷問の禁止」が加えられ、また生存権規定は「国民ハ健康ニシテ文化的水準ノ生活ヲ営ム権利ヲ有ス」とかなり簡明にされた。この規定はのちに社会党の提案で現憲法改正案に加えられ、ほぼ同様の形で憲法二五条として今日まで生きている。「会計及財政」は大内の提案により予算単年度方式と会計検査院の設置が盛り込まれた。予算単年度方式は長い間、多年度にまたがる戦費で苦しんできた経験を反映していた。

このような過程を経て、いよいよ最終案の清書に入る。この時点で名称はさらに「憲法改正要綱」から「憲法草案要綱」へと変わるのであるが、鈴木はこの作業から草案発表にいたる時の様子をこう書いている。

　今でも当日のことは鮮明に思い浮かぶが、今日とちがって暖房とてなかったビルの一室は寒く、それに別の書記役の者がいるわけでなく、修正した個条があれば全部はじめから浄書しなければならず、なお若かったわたくしではあるが、いささか面倒な作業であった。（略）

　浄書したもの二通、これをたずさえて、席上での申し合わせにしたがって、杉森氏と室伏氏とわたくしの三人が首相官邸に赴き、首相は不在だというので秘書官に強く念をおして手交した。その足で記者室によって発表して帰った。

　総司令部へは英語に堪能な杉森氏に依頼した。杉森氏が帰ってきての報告では、しかるべき窓口の係官に渡したとのことであった。英訳文は作製しなかったから、日本文のものを提示したのである。

　当時は検閲制度があり、中一日おいて十二月二十八日の各紙は一斉に全文を報道した。[25]

鈴木はここで二つの重要なことを述べている。ひとつは発表日が一二月二六日であるということ。これはよく研究書などでも「二七日」と書かれており、鈴木は別の鈴木の著書で「二六日」を強調してきた[26]のであるが、その後も「二七日」と記され続けてきたのであるから、こう書くのも無理はない。ところがGHQに提出した英訳には「二七日」と日付が入っている。鈴木は「英訳文は作製しなかった」とここに書いており、従来も一般にそう信じられてきたが、GHQ民政局で憲法の起草に重要な役割をはたしたアルフレッド・ハッシー(Alfred R. Hussey)の保存文書(ハッシー文書)を見ると、驚くことに日本人が書いたとしか考えようのないペン書きの和英両文の「憲法草案要綱」が「憲法草案綱」として入っている。しかも日付は「昭和二〇、一二、二七発表」とある。こういう文書が出てくると、どうも英文化して提出したと考えた方がよさそうである。(27)(28)

杉森の英訳なのであろうか。ペン書きの筆記体であり、GHQの翻訳・通訳部(ATIS)のものとはとても考えられない。この憲法研究会による英訳とGHQ政治顧問部の英訳との比較は、両者の憲法観のちがいを反映していて、実に興味深いのであるが、この分析は後に回して、先にこの案にたいするGHQの評価をみておくことにしよう。

研究会案へのGHQの反応

この憲法研究会案にたいして、GHQは深い関心を示した。一二月二六日(二七日かもしれないが)といえば、アメリカ人にとってクリスマス休暇を楽しんでいる頃である。しかも長い戦争から解放された最初のクリスマスであった。それでもGHQは休んでいなかった。なんと一二月三一日にはATIS(翻訳・通訳部)は翻訳を完成した。そこで、国務省から派遣されていた政治顧問のロバート・フィアリー(Robert A. Fearey)は、さっそく年明けすぐの一九四六年一月二日に、バーンズ国務長官に宛てて「民間研究団体による憲法改正の草案」と題する書簡を送っている(29)。

一方、ホイットニー(Courtny Whitney)民政局長に草案の英訳を見せられたマイロ・E・ラウエル(Miro E. Rowell)陸軍中佐は「民間の草案要綱を土台として、いくつかの点を修正し、連合国最高司令官が満足するような文書を作成することができるというのが、当時の私の意見でした(30)」と述べている。

ラウエルは、さっそく年明けから一一日にかけて、「私的グループによる憲法改正草案に対する所見」と題する小論を作成している。そこで「国民の権利および義務」に関して、「これらの諸条項は、権利章典をなすものであって、現行(明治)憲法におけるそれよりもはるかに実効的である。言論、出版、教育、芸術および宗教の自由は保障され、かつその他の社会的諸原理もその中に包含されており、そのすべては、民主主義と両立しうるものである」と評価し、最後の「要約」部分では、「この憲法草案中に盛られている諸条項は、民主主義的で、賛成できるものである。しかし、若干の不可欠の規定が入っていない」として、「憲法は国の最高法規であることを、明確に宣明すること」を指摘した(31)。

さらに、その後、デイル・ヘレガース(Dale M. Hellegers)によるインタービューで、ヘレガースが、「草案の分析は誰に命ぜられたか」と質問したのに対して「ホイットニー准将です」と答え、「私個人は、その民間の草案に感心しました。……大きな一歩の前進となったと私は思いました。民間草案要綱を土台として、いくつかの点を修正し、連合国最高司令官が満足するような文書を作成することができるというのが、当時の私の意見でした」と回想し、民政局内で回覧されたのか、とのヘレガースの問いにも「ハッシーやケーディス(といったのちにGHQ案作成の中心になる幹部)――またこの分野(憲法草案)にいっそうの関心を寄せていた」と答えていた(32)。

高野岩三郎案

憲法研究会を最初に呼びかけた高野岩三郎であったが、憲法研究会が天皇制を否定しないことは、「根っからの共和主義者」の高野にとって、それは賛成しがたいものであった。自ら音頭をとってつくった研究会の案が自己の願望と違ってしまったことは残念であったにちがいない。高野は憲法研究会案がほぼ固まった一一月下旬から「日本共和国憲法私案要綱」の執筆にとりかかった。現在法政大学大原社会問題研究所に残っている毛筆で書かれた同要綱には「昭和二十年十一月二十一日」と書かれ、行を替えて「十二月十日」とある。これは一一月二一日に執筆し、一二月一〇日に加筆したことを意味するように思える。憲法研究会案はこの時点では発表されていないのであるが、高野は鈴木に「しばらく内容は公表しないでおこう」と言って手渡したという(33)。同要綱はまず最初に「根本原則」として「天皇制ヲ廃シ、之ニ代ヘテ大統領ヲ元首トスル共和制採用」とある。この要綱が「大統領制憲法」として知られる所以である。つづいて、

「参考　北米合衆国憲法　ソヴィエット聯邦憲法　瑞西聯邦憲法　独逸ワイマール憲法」

と記されている。当時の世界の憲法の基本類型がみごとに参考にされている。[34]

高野がこれを公表したのは、年が明けた一九四六年、雑誌『新生』二月号誌上であった。公表された「私案要綱」は名称が「改正憲法私案要綱」と変わり、条文等にも若干の変化があるが、なによりもこの公表が意味を持ったと思われることは、憲法研究会の一員として、すでに草案要綱に署名し、発表しておきながら、何故に私案を発表することになったのかという、かなり長い理由が付されていることである。しかもこれには「囚はれたる民衆」という表題がつけられ、つぎのような書き出しで始まる。

「アメリカ連合軍司令部の眼には、我国民は殆ど済度し難い囚はれた民衆であるやうに映ずると想像されるのであるが、私自身の眼にも太ゝ烏滸がましい言分であるが、亦同様に写るのである。それは何故!?　此点に関して先づ暫らく私共一家の経歴に就て言説するを許されたい[35]」

こう述べて、父亡き後、兄房太郎が家計を支えるべく一八八六(明治一九)年に渡米し、苦労を重ねつつ各地で労働者として働くうち、労働組合運動に身を投じてゆく過程を書いたあと「亡兄の労働組合運動は自然発生的である。丁度之と同様に又私の民主主義観は自

然発生的である」と述べ、自己の思想体験を語る。高野は明治四年の生れである。「私の青少年時代には我国には仏蘭西流の自由民権論旺盛を極め、国会開設要望の声は天下を風靡した」。つまり、いまだ天皇制が確立していない時代に育った高野からみれば、民主主義は当然のことであり、明治末期から敗戦にいたる天皇制こそ異常なものであったのである。だからこそいつまでも天皇制に囚われている民衆が不思議でならなかったのである。天皇制の廃止は共産党とは異なった意味で当然のことであった。

「今や時世は急転し、旧時代は忽然として消失し、デモクラシーの新時代は我全土を蔽ふに至つたのである。吾々の満足何者かこれに如かんと云はざるを得ない。然るにも拘らず我国民の大多数は尚ほデモクラシーの真義に徹せず、依然として一種の迷信偶像的崇拝の念に固執するは、私の如き自然発生的なる民主政治観を抱懐する者に取ては、寧ろ奇怪にして諒解に苦しまざるを得ざる所である。則ち囚はれたる民衆と叫ばざるを得ざる所以である[36]」

高野にとって憲法研究会案が国民の合意を得るためには現実的であると考えつつも、せいぜい大正デモクラシー時代しか知らず、自由民権時代を知らない森戸、大内、あるいは鈴木とはちがって、高野には戦後にかける別の情熱があった。高野は戦後を大正デモクラシーではなく、自由民権運動の延長上に構想していた。大内が共和制には賛成だが、国民感情からして時期尚早だと述べた時、高野は「大内君もそうかね」と寂しそうに苦笑したという[37]。

共産主義者を除いて、国民のすべてが、「一種の迷信偶像的崇拝の念」に「囚はれ」ていた時、高野は一人その「私案」を掲げて天皇制廃止を打ち出した。

私案はまず「主権ハ日本国民ニ属スル」と国民主権主義を定め、つぎにその国民が大統領を選出する(大統領制)とし、大統領の三選は禁止される。また国民の権利については法律による留保を付けていない。司法制度には陪審裁判を導入している。これらは「北米合衆国憲法」を参考にしているとみていいであろう。一方「土地ハ国有トス」「公益上必要ナル生産手段ヲ議会ノ議決ニ依り漸次国有ニ移スベシ」などの社会主義憲法の規定、なかでも休養権、八時間労働制の規定にみられる「ソヴィエット聯邦憲法」(スターリン憲法)の影響も幾多見受けられる。

高野はこの私案を「不備欠点に充つるは私自身の窃かに自覚する所」とし、一九二〇年にウェッブ夫妻が『大英社会主義国の構成《コンスティテューション》』を著わしたごとく、「私も亦聊か之に倣つて我国に就て同種の企図を考量してゐる」[38]と書いたが、この年の末にはNHKの会長に就任し、多忙をきわめ、その機会もなく一九四九年四月、世を去った。

社会党案

高野との関係では、もうひとつ社会党案を見ておく必要がある。社会党がかなりはやい段階で憲法改正問題をとり上げていたことはすでに述べた。しかしその後は共産党との統一戦線問題などで時間を費やし、憲法草案起草の決定をみたのは、だいぶ遅くなった一九四六年一月一八日のことであった。起草委員には原彪を中心に、憲法研究会の高野、森戸、他に、片山哲、鈴木義男、海野普吉、黒田寿男、中村高一、水谷長三郎、松岡駒吉が名を連ねた(39)。

この左右のバランスの下で「新憲法要綱」が二月二三日に発表される(40)。この要綱はその冒頭で「新憲法制定の三基準」を示し、第一の基準を「新憲法を制定して民主々義政治の確立と社会主義経済の断行を明示す」としたが、残念ながら「明示」にはほど遠いものであった。まず「民主々義政治の確立」という点から見ると、「主権と統治権」はつぎのように規定されている。

主　権　主権は国家(天皇を含む国民協同体)に在り

統治権　統治権は之を分割し、主要部を議会に、一部を天皇に帰属(天皇大権大幅制限)せしめ、天皇を存置す

つまり国民主権主義すら否定されている。そのため参政権の具体的規定もなく、司法への国民の参加規定(陪審、参審など)も見当たらない。むしろその特徴は国民の生存権を打ち出した点に見出される。「国民は生存権を有す、其の老後の生活は国の保護を受く」「国民は労働の義務を有す、労働力は国の特別の保護を受く」など、ワイマール憲法の影響を

窺わせる表現ではあるが、やはり注目してよいであろう。死刑廃止も他の草案にはあまり見られない。

一方、「社会主義経済の断行」であるが、これも「明示」にはほど遠く、「所有権は公共の福利のために制限せらる」の一項を見出すのみで、高野私案にはるかに及ばない。

しかしこの社会党案はまさに左右の妥協の産物に他ならず、とくに天皇制については、「要綱」の「統治権」にみられる君民同治主義で党内が一致していたとはとても考えられない。のちに述べる憲法懇談会案を書いた稲田正次によれば君民同治規定は憲法懇談会案にヒントを得て海野が提案したものだという。社会党案を報じた二月二四日の『朝日新聞』が「天皇は儀礼的代表」という大見出しをつけているのには、あまりの見当違いに思わず苦笑させられるが、党内の誤解ばかりでなく、新聞ですら誤解していた。

社会党は、憲法案を公表した後でもっとも大きく変化を遂げた政党となった。なかでも、議会が開催され、GHQ案を基にした政府案が公表されるなかで、それを修正する中心的存在となり、とくに天皇の地位などで従来の主張を変更することになる。

一九四五年末に創刊された『民報』という新聞がある。同盟通信元編集局長の松本重治が社長となり、GHQもその論説を重視し、憲法制定にもかなり重要な役割を果たした新聞である。その『民報』が、いまだ発表されていない社会党案に関して、つぎのような予測記事を書いている。

「憲法草案の大綱として、特に統治権に関し、片山書記長および委員中の中心人物たる原彪氏等は、国民生活を律すべき根本事項は総て議会の機能に属せしめ、栄誉の象徴としての権能即ち恩赦、大赦、外交上の国家代表権等はこれを国民栄誉の象徴たる天皇大権に属せしめんとの意見を持つてゐる如くで、この線に沿つて要綱の立案もなされるらしい(41)」

つまり議論の段階では憲法研究会案に近い「儀礼」的地位を「象徴」として残す有力案があったことになる。この「象徴」なる地位と用語がどのようにして委員の中から出されたのか定かではない。ただ委員ではないが、当時の社会党にあって論客として知られた加藤勘十が、その頃雑誌に「政治論としての憲法論」と題する小論を寄せ、新憲法における天皇の地位について、つぎのように述べていることは注目しておく必要があろう。

「天皇は飽くまでもその生成の沿革に鑑みて民族和親の象徴として祭典、儀礼的存在であるべき筈である。天皇制が歴史的所産であつて、絶対的なものでない事は、歴史の如実に証明する所である。即ち歴史の上に於て観る如く天皇の地位は屢々危機に曝された事がある。かゝる場合、天皇の地位を保存した所以は、天皇が絶対的存在であるためでなく、その時代々々の民族の共通感情共同の利害が歴史的存在としての天皇を廃することによつて生ずる混乱を避け、天皇を擁する事によつて民族的統一を保持し得ると考へたからであると思ふ。以上の如き概観から帰結して、民族和親を象徴し、政治的に無権限として、何処迄も民族的儀礼、栄誉を代表する代表者として元首の地位を保持することは、決して不

自然でもなければ、不合理でもないと信ずる」(42)

この小論は、『時論』という数年後に廃刊となった小雑誌に載ったこともあり、その後ほとんど注目されてこなかったが、その末尾に「〔一九四五年〕十一月十日　於郷里」と書かれており、天皇を「儀礼ヲ司ル」とした憲法研究会案が発表される前である点にまず注目したい。しかも日本国憲法に定める「国民統合の象徴」にきわめて近い「民族和親の象徴」が提案されていること、加えて後にくわしく述べるごとく、加藤がGHQで高く評価されていたことを考えると、きわめて重要な意味を持った。

天皇の「象徴としての地位」は、憲法が施行されて七〇年経った今日においても、GHQの発明品のごとくみられ、「象徴」を「シンボル」の翻訳とすら考える傾向が強い。しかし実は社会党内には、GHQが「象徴」を考えるはるか以前に、「象徴」とする案が存在していたのである。と同時に加藤が「象徴」を日本の独自の「歴史的所産」と捉え、現憲法の定める「国事行為」を超えた存在とみていることも忘れてはなるまい。つまり、「象徴」がGHQで「シンボル」と訳されて、GHQ案に登場し、その後政府案で「象徴」と訳された可能性は否定できないのである。

共産党案

つぎに共産党案であるが、共産党案の場合、他の政党の場合と草案にたいする位置づけがかなり異なっている。敗戦によって合法政党となった共産党は一九四五年一一月八日から第一回全国協議会を開催し、ここでまず「新憲法の骨子」を発表した。「骨子」はつぎの六項目である。

一、主権は人民に在り
二、民主議会は主権を管理す、民主議会は十八歳以上の選挙権被選挙権の基礎に立つ、民主議会は政府を構成する人々を選挙する
三、政府は民主議会に責任を負ふ、議会の決定を遂行しないか又はその遂行が不十分であるか或は曲げた場合その他不正の行為あるものに対しては即時止めさせる
四、人民は政治的、経済的、社会的に自由であり且つ議会及び政府を監視し批判する自由を確保する
五、人民の生活権、労働権、教育される権利を具体的設備を以て保証する
六、階級的並びに民族的差別の根本的廃止(43)

この「骨子」は翌日の『朝日新聞』などに発表された。時あたかも政府は憲法問題調査委員会を設置し、憲法研究会も草案作成に入っていた。たしかに「骨子」は文字どおり骨子にすぎず、要綱化すらされておらず、内容的にも共産党として当然のものと言えなくもないが、とにかくこの時期に憲法構想を公にしたのは共産党だけであったから、政府にたいしてはともかく、憲法研究会の高野、鈴木らにはある程度の影響を与えたことは否定で

きないだろう。

ところがその後共産党は他の政党や個人が相次いで草案発表をした一九四六年一月から三月の間に、この「骨子」を条文化した草案などを発表することはなかった。まず「民主革命」を成し遂げることが先決で、憲法はその政府形態に基づいてつくられるべきだと考えたからであろう。

しかしそうこうしているうちに政府はGHQ案を下敷きにした政府案要綱を三月に、つづいて政府案全文を四月に公表し、その審議のための帝国議会も六月二〇日に開会されることになった。つまり「上からの革命」が猛スピードで進行し始めたのである。そこで共産党はだいぶおくれた六月二八日、完全に条文化された草案を作成し、発表することになった。

このような歴史的背景から共産党案は政府の日本国憲法草案への対案としての性格を強く持っていたと考えられる。この共産党案は「新憲法(草案)」との表題の上に、「新憲法草案の発表に際して」と題する中央委員会憲法委員会の声明が付されている。原本は手書きのガリ版(謄写)刷りで外務省外交史料館(44)と米国公文書館(45)にそのまま残されている。いまやビラにすら手書きのものはなくなったが、この原本からはあの戦後の民衆のエネルギーが伝わってくる。

草案は前文と一〇〇カ条から成る。政府草案も前文と一〇〇カ条から成っていたから量的にはほぼ似ている。しかし政府草案にみられる「第一章　天皇」は当然のこととしてなく、「第一章　日本人民共和国憲法」とあり、国家の基本構造が定められている。「戦争の放棄」もないが「いかなる侵略戦争をも支持せず、又これに参加しない」とある。だが交戦権、軍隊編制権、兵役の義務など軍に関する規定はない。全体として、当然のことはいえスターリン憲法の影響が強い。たとえば第九条はつぎのように定められている。

人民は民主主義的な一切の言論、出版、集会、結社の自由を有し、労働争議及び示威行進の完全な自由を認められる。

この権利を保障するために民主主義的政党ならびに大衆団体にたいし印刷所・用紙・公共建築物・通信手段その他この権利を行使するために必要な物質的条件を提供する。

これは「表現の自由」を単に国家が介入しないという意味でのみ保障する「ブルジョア的自由権」と異なり、「必要な物質的条件を提供する」現実の自由権と言われるもので、共産党案にだけ見られるもの(「骨子」にも見られる)であるが、つぎのスターリン憲法一二五条と酷似している。

勤労者の利益に適合し、かつ社会主義制度を堅固にする目的で、ソ同盟の市民に、法律によりつぎの事がらが保障される。

(イ)言論の自由　(ロ)出版の自由　(ハ)集会および大衆集会の自由　(ニ)街頭行進

および示威運動の自由

市民のこれらの権利は、勤労者およびその団体に対して、印刷、用紙、公共建造物、街路、通信手段およびその他これらの権利を行使するために必要な物質的条件を提供することによって保障される(46)。

他に休息権、勤労婦人の保護、保育所設置などによる勤労の保障、一八歳以上の選挙権などすべてスターリン憲法の影響とみていいであろう。もちろんスターリン憲法からのみではなく、住宅の保障、なかでも「大邸宅の開放、借家人の保護」などはワイマール憲法(一五五条)の影響と思われるし、死刑廃止、陪審制導入などは独自の、あるいは英米法の影響と思われる。

保守政党の案

「新憲法」へと連なるいくつかの民間草案を紹介してきたが、これらは団体であれ、個人であれ、依然として少数派の見解にすぎなかった。そこでつぎに支配的政党であった自由党と進歩党の案をみておこう。

自由党、つまり日本自由党は、旧政友会系を中心に一九四五年一一月に、鳩山一郎を総裁として結成され、その直後に憲法改正特別調査会を設置して草案作成作業に入った。ここでつくられ、翌年一月二一日に総会で決定したのが、いわゆる自由党案「憲法改正要綱」である。

同案は翌日新聞に全文発表されたが、その天皇条項はつぎのごとくであった(47)。

一、統治権ノ主体ハ日本国家ナリ　二、天皇ハ統治権ノ総攬者ナリ　三、天皇ハ万世一系ナリ　四、天皇ハ法律上及政治上ノ責任ナシ

一見してわかるごとく明治憲法の天皇条項とほとんど変わるところがない。たしかに天皇条項も他のところで天皇大権の廃止を定め、また人権条項をみると「思想、言論、信教、学問、芸術ノ自由ハ、法律ヲ以テスルモ猥リニ之ヲ制限スルコトヲ得ズ」と明治憲法の規定と異なる点は見られるが、総体的・基本的には、明治憲法型とみていいであろう。

これにたいし『毎日新聞』は翌二三日、社説を掲げ、冒頭「自由党の憲法改正案は一言にしていへば現在の大勢に順応した案である」と述べたあと「憲法は永久不変のものではあり得ないとしても、少くとも、眼先の一時代だけを目標にしたり基準にしたりすることは憲法改正問題について最も戒心せねばならぬことであらう(48)」と批判した。

この改正案がどのような作業過程を経て作成されたのかは、佐藤達夫の『日本国憲法成立史』第二巻(一九六四年)でくわしく分析されているが、さきの憲法改正特別調査会の委員が、安藤正純、金森徳次郎、浅井清、吉田久、樋貝詮三、呉文炳、長谷川如是閑の七名であったことは重要である。この七名のうち委員長の樋貝は衆議院議員への立候補準備のため、呉は日本大学総長の職にあったため全く出席せず、安藤が政務調査会長として議長

を務め、長谷川は大局的立場から意見を述べ、前大審院部長の吉田は司法に関心を持った。要綱作成にあたり、全般的に深く関係したのは、浅井(慶応大学法学部長)と金森(元法制局長官)であったという。[49] これは実に興味深いことである。金森は半年後に吉田内閣の憲法問題担当国務大臣となり、議会での答弁を通じて自由党案とは似ても似つかない「新憲法」の熱心な擁護者にして最大の解釈者となるからである。

　つぎに進歩党案であるが、二月一四日の総務会で承認されて、翌日新聞に発表された。新聞発表[50]をみると、「要綱」とあるだけで案の表題はつけられていない。しかしその内容たるや、同党の他の政策同様、「進歩」とは裏腹に明治憲法とほとんど変わるところがない。天皇の大権が議会の議を経るなどいくらかの修正はみられるものの「臣民の権利」に至っては、表現の自由などの「自由ノ制限ノ法律ハ公安保持ノ為必要ナル場合ニ限リ之ヲ制限スルコトヲ得」とある程に明治憲法的でいささかの「進歩」性も見出せないのは皮肉というほかない。

　ただ、こうした保守思想は、「非軍事化・民主化」が叫ばれた占領期では、表面的にはまったく相手にされなかったが、日本の保守思想を、今日も形成していることは間違いないように思われる。

　たとえば、斎藤隆夫(一八七〇～一九四九年)は、戦後すぐ進歩党の創設にかかわっているが、戦前は、粛軍演説(一九三六年)、反軍演説(一九四〇年)を行い、「支那事変」批判で衆議院議員を除名され、軍国主義盛んなりし時代に孤独な闘いを強いられた経験を持つ。その斎藤は、敗戦から三カ月後の第八九回帝国議会の衆議院本会議で、「主権在民」は、「我が国の民主政治」に反する、とつぎのように演説していた。「民主政治と云ふことが主権在民を意味するならば、是は我が国の国体と相容れないものでありますから、過去に於て禁止せられたと同じく、現在及び将来に於ても是は絶対に禁止しなくてはならないのであります(拍手)併しながら若し民主政治と云ふ言葉が主権在民と云ふが如き意味を含んで居るものではない、詰り国民の総意を本として国の政治を行ふ、而して国民の総意は、上御一人の御意思と全然相一致するものである、詰り君民一致の政治を行ふことが我が国に於ける民主主義の実態でありまするならば、之を禁止する所以は全然ないのであります(51)」。

憲法懇談会案

自由・進歩両保守党案のあとに憲法懇談会案が発表される。民間草案の起草過程に憲法学者がほとんどかかわっておらず、例外的に憲法研究会案に憲法史を専攻する鈴木安蔵がいたことはすでに述べたが、憲法懇談会の中心には稲田正次がいた。稲田は鈴木と同様に明治憲法制定史を研究する憲法学者で当時東京文理科大学(のちの東京教育大学、現在の筑波大学)の助教授であった。稲田は戦時下ではやくも戦後に憲法改正が必要であると考えていた。もはや敗戦が決定的となった五月、日記に「戦後において断行すべき政治組織の改革要綱」と題するメモを書き、明治憲法の改正すべき点を列記していた。(52) この構想にもとづき敗戦のあと、稲田は知遇を得ていた政治家の尾崎行雄に憲法改正の必要を訴えて手紙を出すが、尾崎からは「私は憲法は改正の必要なき乎と存候」との返事が返ってきた。そこで稲田は一人で私案をまとめ、一二月二四日、すでに組織されていた幣原内閣の憲法問題調査委員会に提出した。憲法改正私案は「大体英憲法ニ範ヲ採リ……米憲法ノ条項ニ倣ヒタルモノ」であったが、明治憲法の条章をそのままに、その改正点を付記したものであった。それはさきの社会党案と同様に「君民同治」を基本とし、人権の保障を拡充するものであった。つづいて稲田は海野普吉(弁護士)を誘い私案の推敲を重ねた。一月末のことで、海野はすでに社会党の憲法起草委員の一人であった。ここでこの稲田私案の「君民同治」の考えが社会党に流れたことはすでに書いたが、憲法懇談会案はこの二人でつくられたと言ってもいいようである。最終案ができた段階で岩波茂雄(岩波書店創業者)の別荘へ稲田が尾崎を訪ね、賛意を表した尾崎と岩波が署名している。

かくして憲法懇談会案は三月四日、政府あてに提出される。提出された草案には、完全に条文化された「日本国憲法草案」(全九〇カ条)とともに「説明文」が付されていた。「草案」は稲田の「私案」と大要において異ならないが、編制は注目に値する。第一章は「総則」とあり、ここで君民同治を規定し、そのあとに「第二章　国民ノ権利義務」「第三章　天皇」と続く。ところでこの「第一章　総則」を書く際に海野がつぎの一条を入れるよう提案したという。

第五条　日本国ハ軍備ヲ持タサル文化国家トス

これは結局同案から削除されることになるが、稲田はその経緯をこう回想している。

「さて第五条は日本国は軍備をもたざる文化国家とすと軍縮平和主義を強調した海野氏独自の提案であったが、私と海野氏との協議の際、私が本条を削って、その代りに前文で平和主義を強調してはどうかと意見を述べたのに対して海野氏は自分の立場を固執せずあっさり同調してしまわれた。今日考えると、海野氏の軍備をもたず云々の提案は維持すべきであって、これを削ってしまったのはまことに惜しまれる次第である[53]」

だが、この激動の時代は、かつての権力者が後景に退かざるを得ない時代であり、数や量あるいは力が意味を持たず、政治理念が争われる時代であった。それはまた、国(GHQ)との「外交」の場でもあった。GHQという新たな権力が存在したことは否定できないが、そこにはGHQの触媒効果を得て、あらたな憲法理念を生み出す潜在力が横たわっていたのである。

さまざまな民間草案を検討してみると、のちに出されるGHQ案にかなり近い案があったことがわかる。たしかにこれらの案はつねに小さなグループによって起草されたものにすぎなかった。しかし、激動の時代とは小が大を制す。数や量ですべては決まらない。その中でもっともGHQ案に近く、しかも後に述べるごとくGHQから高い評価を受けた案は憲法研究会案であった。憲法研究会の中心には高野岩三郎と鈴木安蔵がいた。高野は自由民権期の民権思想の息吹をかいで成長し、鈴木は自由民権期の憲法思想を研究して戦時下を生きてきた。こう考えると、憲法研究会案とは、自由民権期の憲法思想が、半世紀にわたる弾圧の苦闘のあとでこの二人の歴史の継承者を通じて復権を果たしたことを意味するといえそうである。それは、その後の議会での審議が始まるなかで、研究会の会員でもあった森戸辰男や鈴木義男によって、ときにはＧＨＱの草案を超えた憲法理念が花開くことになるのである。

Ⅳ　明治憲法の評価をめぐって

憲法問題調査委員会の設置

政府に憲法問題調査委員会が設置されたのは一九四五年一〇月二五日のことであった。設置の動機は幣原内閣が憲法改正に踏み切ったからではなく、内大臣府の憲法改正作業が本格化したためであったことはすでに述べた。しかもこの委員会が憲法改正を目的としていなかったことは、その「調査委員会」という名称からもうかがえるが、委員長の松本烝治国務大臣自身、この委員会の性格をこう説明していた。「この調査会は学問的な調査研究を主眼とするものであるから、若し改正の要ありといふ結論に達しても直ちに改正案の起草に当るといふことは考へてゐない」(1)。しかもこの委員会は官制(行政機関の設置などを定めた法規)によらず閣議了解として決定された非公式のものであった(2)。

とはいえ、その委員の顔ぶれを見ると実に豪華であった。途中で委員の交代があるが主要委員は代わっていない。当初の委員はつぎのごとくである。

委員長　松本烝治(国務大臣、元東大教授)

顧　問　清水澄（枢密院副議長、学士院会員）、美濃部達吉（学士院会員、元東大教授）、野村淳治（元東大教授）
委　員　宮沢俊義（東大教授）、清宮四郎（東北大教授）、河村又介（九大教授）、石黒武重（枢密院書記官長）、楢橋渡（法制局長官）、入江俊郎（法制局第一部長）、佐藤達夫（法制局第二部長）
補助員　刑部荘（東大助教授）、佐藤功（東大講師）

京都大学関係者がいないが、はじめは佐々木惣一を予定していた。ところが、佐々木はすでに内大臣府御用掛として近衛の改憲作業に加わっていたため、佐々木が「拒否」した(3)という。だから、本来は帝大の主要な憲法学者を揃えるつもりであったようだ。

ところで憲法とはおよそ縁のない松本がなぜ委員長になったのであろうか。松本は戦前から商法学者としては高名であったが、およそ国家学、政治学、憲法学に関する著作は全くない。その間の事情を松本は後年こう語っている。

……憲法改正の仕事に私が関係をしましたことにつきましては、最初から私がやりたいとか、それに関係するとかいう考えは一つもなかったのであります。たしか昭和二十年の十月の初旬でありました。ある夜、当時の外務大臣の吉田君……が私の家に来られまして、今度内閣がかわって幣原氏が首班になる内閣ができる。ついては私にある非常に重要な内容を持った省を二つ兼任してやってくれないかという話があったのです。……〔私は〕とうていそういう重要な仕事はできないからといってお断りしました。しかし、それでは何でもいいから内閣に出るだけのことをしてもらえまいかという話もあり、また当時あたかも無任所大臣という制度ができておりまして、こういう国家非常のときに、ただなまけているのもいけないから、無任所大臣くらいなら出ましょうということのお引受けを即坐にしまして、その結果無任所大臣ということになりました。……当時の内閣におきましては、法律家は岩田宙造君が司法大臣、私が無任所大臣、その他にも法律家はおられたのですが、二人とも実は憲法の専門ではない。特に私は憲法のことはよく知らなかったのですが、しかし、そういういろんなことを言い出した結果、また岩田君は司法省の仕事が相当あるので、私に主任としてやれということになりまして、十月十何日かの閣議でお受けしたような次第であります。(4)

だいぶ長い引用になったが、松本が委員長に就任したのは、適任というよりいわば「ひき算の選択」であり、閣僚になった背景には吉田の強い要請があったことがわかる。つまり松本は吉田好みの政治家向きの学者だったのである。それは松本の経歴をみればよくわかる。

松本委員長の横顔

一八七七(明治一〇)年の生れというから吉田茂の一年先輩にあたる。一九〇九年東大教授、専門は商法。一九一三年から法制局参事官を兼任、一九年満鉄理事となり東大を辞任し、のち副社長。二三年山本内閣法制局長官、三二年斎藤内閣商工大臣。弁護士でもあり、専門の商法を生かして活躍、「多数の会社の監査役、相談役をつとめ、財界の法律的代弁者として随一(5)」との評すらあった。

一方閨閥もすぐれ、父は鉄道庁長官。父が米国留学から帰国後誕生し、烝治の名は米国初代大統領ジョージ・ワシントンにちなんで命名されたという。小泉信三(慶応大学塾長)を義兄に、田中耕太郎(吉田内閣文部大臣、のち最高裁長官から国際司法裁判所判事)を女婿にもつ。

松本の人物評は様々あるが、「頭がよい」ことと「自信家」という点では皆一致している。松本の弟子の一人で商法学者の鈴木竹雄(東大教授)は、一九三八年の商法改正作業に加わったが、「それらの会合は松本先生の一人舞台の感があって、意見を立て異説を論破し条文を草されるその鮮かさ。当代随一の明敏な頭脳と称されるのもまことに尤もと、頭の下るのは始終のことだった(6)」と回想している。

また憲法問題調査委員会で補助員として松本に仕えた憲法学者の佐藤功は、松本の会の運営ぶりをこう回想している。「松本先生はこの会を文字どおり主宰された。当時、私は、商法学者としての先生が、専門外でありながら、まさに憲法学者と呼んでもよいように、博くかつ細緻な議論をされるのに驚歎した。卓越した学者はいかなる部門にも秀でているものだということの立証を先生が示していられることを感じたものであった。また先生のこの会の主宰ぶりを拝見していて私が感じたもう一つのことは、先生が極めて自信の強い方であること、すなわちどんな事項についても確信を以て自分の見解をもっていられるということであった(7)」。

いずれも松本のはるか後輩にあたり、しかも松本の死去にあたり追悼の意が込められているのでかなり控え目であるが、学者としての松本の仕事ぶりが伝わってくる。

とはいえ、占領下であるから外交も必要であった、否、決定的であった。先ほど松本の名前が父からもらった「ジョージ」であることを紹介したが、近衛が政治顧問のジョージ・アチソンと会ったように(本書一三頁)、松本もアチソンに会い、「私もジョージです」と冗談を言いながら、連合国(アメリカ政府)の意向を探り、意見をかわす国際感覚と度量があれば、松本案もだいぶ異なっていたに違いないと思われるが、まったくそうではなかった。

さて、残念ながらこの「頭がよく」て「自信家」の松本にたいし、委員会の中で対抗できる論客は美濃部と若き宮沢であった。

美濃部は、一九四五年一〇月下旬、『朝日新聞』紙上に憲法改正問題について三回にわたる連載論文を寄せ、その中で「今日の逼迫せる非常事態の下に於て……憲法の改正はこれを避けることを切望して止まない(8)」と述べ、当面の改正に反対し、つづいて『毎日新聞』紙上で改正によらず、明治憲法の範囲内での議会制度改革を提案した(9)。

宮沢もまた師美濃部とほぼ同一の立場をとり、憲法改正には反対であった。宮沢は一九四五年九月二八日、外務省でポツダム宣言の受諾と憲法・法令の改正について講演しているが、その中で宮沢は、ポツダム宣言にある領土の変更、軍隊の解消、民主的傾向の助成の三点について述べている。まず領土の変更については憲法上規定がないので改正の必要はないとし、つぎに軍隊の解消にともない兵役の義務、戒厳、非常大権を定めた条項は「存在理由ヲ喪フ」としているが、民主的傾向の助成に関しては「帝国憲法ハ民主主義ヲ否定スルモノニ非ズ」と述べ、「一層ノ発展ヲ期待スルタメ」改正した方がいい点として、天皇の大権事項、議院制度、裁判制度の三点をあげている。

そして最後に「暫定憲法ノ存在ハ考ヘラル」としながらも「憲法ノ改正ヲ軽々ニ実施スルハ不可ナリ」とし、改正には慎重な態度を明らかにした(10)。この講演は一般には知られていないものであったと思われるが、ほぼ同主旨の見解を『毎日新聞』紙上でも明らかにしている(11)。

つまり憲法問題調査委員会は、憲法改正問題について、ほぼ同意見の主要メンバーにより、したがって「頭がよく」、「自信家」の松本の主導によって進められていったとみていいようである。

調査機関から改正機関へ

同委員会には、顧問以下全員が参加する総会と顧問を除く委員だけが参加する調査会とがあり、総会は一九四五年一〇月二七日から翌年二月二日まで七回、調査会は一〇月三〇日から翌年一月二六日まで一五回もたれた。総会でほぼ大きな方針、研究課題を整理し、これにもとづき調査会で作業をするといった関係で進められた(12)。

一〇月二七日の第一回総会ではかなり基本的議論がなされた。まず松本が委員会の目的として「憲法改正の要否について議論することはこの際不必要であると思う」と設置にあたって述べた見解をくり返した。しかし顧問の一人の野村淳治はポツダム宣言にいう「民主主義的傾向ノ復活強化」との関連で「民主主義を徹底するについては、第一条・第四条にも触れざるを得ないのではないか。アメリカはかならずこれに触れてくるだろう」と述べた。明治憲法第一条は「大日本帝国ハ万世一系ノ天皇之ヲ統治ス」と皇統の連続性を定め、第四条は「天皇ハ国ノ元首ニシテ統治権ヲ総攬シ此ノ憲法ノ条規ニ依リ之ヲ行フ」と天皇主権を定めるものであった。つまりこの二カ条を改正することは明治憲法を根本から変更することに他ならない。これに対し松本はつぎのように述べている。

「ポツダム宣言では、この問題は日本人の自由意思にもとづいて決定すべきものとしているから、アメリカといえどもこれに命令し強制することはできない。日本人の総意は山の如く動かぬのである。したがって、第一条・第四条に触れる必要はない。第一条・第四条に触れなければデモクラチックにならぬなどということがあるはずはない。改正すべき点は数多くあっても、この問題は不変であると考える」(13)。「自信家・松本」を窺わせる発言であるが、美濃部もこれに賛成したため、松本の方針で委員会は進むことになる。

こうした総会の意をうけて第一回調査会が開かれ、さきの第一条・第四条を「問題なし」として除外したほか、明治憲法の全条項にわたって検討がなされ、これを宮沢が「研究課題」として整理することになる。ここで重要なことは、すべて検討は明治憲法から出発しており、諸外国の憲法と明治憲法とを比較するという基礎作業に欠けた、視野の狭い「研究」の出発点がつくられたことである。諸外国の憲法規定や立法例が調査されたことはあったが、それは最終段階であり、しかもほとんど参考にされた気配は見られない。

ところが、憲法改正を前提とせずに始まった調査委員会であったが、マッカーサーが近衛を解任した直後の一一月一〇日、幣原首相から全員が昼食会に招待された後に開かれた第二回総会で、松本委員長はその目的を変更してつぎのように述べた。

「日本をめぐる内外の情勢はまことに切実であり、政治的に何事もなしにはすまされないように思われる。したがって、憲法改正問題がきわめて近い将来に具体化されることも当然予想しなければならない。たとえば、その場合においても決してまごつかないように準備は整えておかなければならない。要するに、憲法改正の必要は、内はともかく外から要請があった場合、いつでもこれに応じうるように、さし当たって大きな問題を研究するということにとどめ、切実にやむをえないと思われる条項をふかく掘りさげてゆかなければならない」[14]

この時点で、憲法問題調査委員会は決定的な転換を迫られ、「大きな問題」「切実な条項」をふかく掘りさげることになった。以後二回の総会と三回の調査会を通じてほぼ明治憲法全般にわたる審議を終え、これまでの会合での意見をまとめたプリントを一一月二四日に配布している[15]。これを見ると、この時点にいたるも明治憲法第一条と第四条はさきに野村に示した松本の意見どおり、「改正の要なし(多数)」としており、本質的な変化はない。他に主な論点としてつぎの点が挙げられている。

その第一点は、天皇の大権事項の制限である。たとえば明治憲法第八条は天皇は「緊急ノ必要ニ由リ帝国議会閉会ノ場合ニ於テ法律ニ代ルヘキ」緊急勅令を発する権限があると定めていたが、これを「帝国議会の常置委員会の諮詢を経べきもの」と改める意見が多数を占めたこと。同様に天皇の陸海軍統帥権(一一条)、陸海軍編制および軍費決定権(一二条)も「陸海軍」を「軍」に改め、軍の編制および軍費を「法律を以て定む」といった改正案が出され、さらに「戦時又ハ国家事変ノ場合」の天皇大権(三一条)は「削除すべし(多数)」とある。

第二点は人権条項の改正である。といってもたいした改正がなされていたわけではない。たとえば信教の自由に関し「安寧秩序ヲ妨ケス及臣民タルノ義務ニ背カサル限ニ於テ信教ノ自由ヲ有ス」(二八条)とあるのを「法律の範囲内に於て信教の自由を有す」と改めるといった程度である。むしろ「外国人も原則として日本臣民と同様の取扱を受くべき旨を定むるは妥当ならず。(多数)」とある点が、のちの政府草案との関係で注目される。

さて以上のような委員会内部の論点整理をすませ、第八九回帝国議会も閉会間近となった一二月八日、それは奇しくも日米開戦四周年にあたるが、たぶん松本はそれを意識することなく、議会での質問に対する答弁の形で憲法改正の方向をはじめて公にした。それはのちに「松本四原則」として知られることになる。四原則の大要はつぎのごとくであった。(16)

第一に、天皇が統治権を総攬せられるという大原則にはなんら変更を加えないこと。

第二に、議会の議決を要する事項を拡充すること。その結果として従来のいわゆる大権事項をある程度制限すること。

第三に、国務大臣の責任を国務の全面にわたるものたらしめ、国務大臣以外のものが、国務に対して介在する余地なからしめること、そして同時に、国務大臣は議会に対して責任を持つものたらしめること。

第四に、人民の自由・権利の保護を強化すること。すなわち議会と無関係の法規によって、これらを制限しえないものとすること。また他方、この自由と権利の侵害に対する救済方法を完全なものとすること。

この答弁について松本はのちに「何もいわずにおくことは、かえってよくないのではないのか、……大きなぼっとしたことだけを言ってやろうと思ったのです。……私はだれにも相談しなかった。また書いたものも何もなかった(17)」と、準備のない、軽い発言のように言っているが、以上の経緯をみればとてもそうは思えない。幣原首相と委員会の会食が契機となって改正の方向を打ち出し、その後委員会内部で明治憲法全般にわたる審議を行い、その多数意見を答弁の形で表明したことは明らかであり、少なくとも松本が中心にすすめてきた委員会の多数意見を反映したものとみていいであろう。この松本の答弁にたいし、戦時下の翼賛選挙で選ばれた議員たちからは、二、三の例外を除いてほとんど論戦らしきものはなにもおこらなかった。また新聞等のマスコミも論評らしきものはきわめて少なかった。

かくして憲法問題調査委員会は、一二月二六日この年最後となる第六回総会を開く。ここには終始少数意見を出してきた野村顧問からB５判用紙一三〇ページ(約六万字)にのぼる「憲法改正に関する意見書(18)」(通称・野村意見書)が提出されるが、審議に直接役立てられることもなく(19)、事実上無視され、これを最後に松本は一二月三一日夜、「これは自分で起草するのほかはない」と考え、車で鎌倉の別荘へ行き、そこにこもり、元旦から三日夜にかけて起草にとりかかる(20)。この松本私案は「憲法改正私案」の名で一月四日完成し、のち宮沢が「要綱」の形にまとめ、最後に再び松本が筆をとって「憲法改正要綱」となる。これがいわゆる松本甲案である。

一方、正月三が日があけた四日から、宮沢、入江、佐藤の三委員は、調査会小委員会を開き、宮沢が作成した甲乙二案の改正案の審議をはじめる。そこにさきの松本甲案が小委員会に提出される。この時の小委員会の雰囲気を補助員の一人であった佐藤功はこう語っている。

「小委員会では、そういうこと(松本私案のような小幅改正)ではだめなんじゃないかというような議論が出てきました。そこで改正点の多い大規模な改正案も用意しようではないかということになり、それが例の〔松本〕甲案、乙案の二案のうちの〔松本〕乙案となったもので、これは実際上は宮沢先生の案なのです(21)」

かくして甲案、乙案の完成をみた一月二六日の第一五回調査会をもって調査会を終え、改正案は閣議にかけられることとなる。まず一月二九日の閣議で松本が改正案の審議を提案し、翌三〇日から三一日、二月一日、二日と連日の臨時閣議が開かれることとなった。閣議はまず天皇条項から審議がはじまり、「至尊」より「尊厳」がよいとか、いや「至尊」でよいとか、閣僚からさまざまな意見が出されたが、ここでは全体として一条から四条についいて、大幅な修正、反対意見は出されなかった。しかし、軍の統帥については、芦田均厚相から軍は国民の代表(首相)に服するべきだとの反対意見が、あるいは岩田法相から削除してはどうか、といった意見が出された(22)。

【明治憲法】

第一条　大日本帝国ハ万世一系ノ天皇之ヲ統治ス

第二条　皇位ハ皇室典範ノ定ムル所ニ依リ皇男子孫之ヲ継承ス

第三条　天皇ハ神聖ニシテ侵スヘカラス

第四条　天皇ハ国ノ元首ニシテ統治権ヲ総攬シ此ノ憲法ノ条規ニ依リ之ヲ行フ

第八条　天皇ハ公共ノ安全ヲ保持シ又ハ其ノ災厄ヲ避クル為緊急ノ必要ニ由リ帝国議会閉会ノ場合ニ於テ法律ニ代ルヘキ勅令ヲ発ス

此ノ勅令ハ次ノ会期ニ於テ帝国議会ニ提出スヘシ若議会ニ於テ承諾セサルトキハ政府ハ将来ニ向テ其ノ効力ヲ失フコトヲ公布スヘシ

第十一条　天皇ハ陸海軍ヲ統帥ス

第十二条　天皇ハ陸海軍ノ編制及常備兵額ヲ定ム

第二十八条　日本臣民ハ安寧秩序ヲ妨ケス及臣民タルノ義務ニ背カサル限ニ於テ信教ノ自由ヲ有ス

第三十一条　本章ニ掲ケタル条規ハ戦時又ハ国家事変ノ場合ニ於テ天皇大権ノ施行ヲ

妨クルコトナシ

◇

【憲法改正要綱(松本甲案)】

第一章　天皇

一　第三条ニ「天皇ハ神聖ニシテ侵スヘカラス」トアルヲ「天皇ハ至尊ニシテ侵スベカラス」ト改ムウルコト

三　第八条所定ノ緊急勅令ヲ発スルニハ議員法ノ定ムル所ニ依リ帝国議会常置委員ノ諮詢ヲ経ルヲ要スルモノトスルコト

五　第十一条中ニ「陸海軍」トアルヲ「軍」ト改メ且第十二条ノ規定ヲ改メ軍ノ編制及常備兵額ハ法律ヲ以テ之ヲ定ムルモノトスルコト

第二章　臣民権利義務

八　第二十条中ニ「兵役の義務」トアルヲ「役務に服する義務」ト改ムルコト

九　第二十八条ノ規定ヲ改メ日本臣民ハ安寧秩序ヲ妨ゲザル限ニ於テ信教ノ自由ヲ有スルモノトスルコト

十一　非常大権ニ関スル第三十一条ノ規定ヲ削除スルコト

◇

【憲法改正案(松本乙案)】

「大日本帝国憲法」ヲ「日本国憲法」ニ改ム

「臣民」ヲ「国民」ニ改ム

第一条

(A案)　(第一条)日本国ハ万世一系ノ天皇統治権ヲ総攬シ此ノ憲法ノ条規ニ依リ之ヲ行フ

(第四条)削除

(B案)　(第一条)日本国ノ統治権ハ万世一系ノ天皇之ヲ総攬シ此ノ憲法ノ条規ニ依リ之ヲ行フ

(第四条)削除

(C案)　(第一条)日本国ハ君主国トシ万世一系ノ天皇ヲ以テ君主トス

(第〇条)天皇ハ統治権ヲ総攬シ此ノ憲法ノ条規ニ依リ之ヲ行フ

(D案)　(第一条)日本国ハ万世一系ノ天皇之ニ君臨ス

第二条　削除

第三条

（A案）天皇ハ統治権ヲ行フニ付責ニ任ズルコトナシ
（B案）天皇ハ国ノ元首ニシテ侵スベカラズ
（C案）天皇ノ一身ハ侵スベカラズ
第八条　天皇ハ公共ノ安全ヲ保持シ又ハ其ノ災厄ヲ避クル為緊急ノ必要ニ由リ国会閉会ノ場合ニ於テハ国会常置委員会ニ諮詢シ法律ニ代ワルベキ勅令ヲ発ス
此ノ勅令ハ次ノ会期ニ於テ国会ニ提出スベシ若国会ニ於テ承諾セザルトキハ政府ハ将来ニ向ケ其ノ効力ヲ失ウコト公布スベシ
第一一条　削除
第一二条　削除
第一三条　天皇ハ諸般ノ条約ヲ締結ス（以下略）
第一四条　削除
第二〇条　削除
第二八条　日本国民ハ信教ノ自由ヲ有ス
公安ヲ保持スル為必要ナル制限ハ法律ノ定ムル所ニ依ル
第三一条　削除

◇

【宮沢甲案】

第一条　日本国ハ君主国トス

第二条　天皇ハ君主ニシテ此ノ憲法ノ条規ニ依リ統治権ヲ行フ

第三条　皇位ハ皇室典範ノ定ムル所ニ依リ万世一系皇男子孫之ヲ継承ス

第四条　天皇ハ其ノ行為ニ付責ニ任スルコトナシ

（別案）何人モ天皇ノ尊厳ヲ冒瀆スルコトヲ得ス

第八条　天皇ハ公共ノ安全ヲ保持シ又ハ其ノ災厄ヲ避クル為緊急ノ必要ニ由リ帝国議会閉会ノ場合ニ於テ帝国議会審議委員会ノ議ヲ経テ法律ニ依ル（代ル——著者）ヘキ勅令ヲ発ス

此ノ勅令ハ次ノ会期ニ於テ帝国議会ニ提出スヘシ若議会ニ於テ承諾セサルトキハ政府ハ将来ニ向テ其ノ効力ヲ失フコトヲ公布スヘシ

第十一条　削除

第十二条　削除

第十三条　天皇ハ諸般ノ条約ヲ締結ス（以下略）

第二十八条　日本臣民ハ信教ノ自由ヲ有ス公安ヲ保持スル為必要ナル制限ハ法律ノ定ムル所ニ依ル
神社ノ享有セル特典ハ之ヲ廃止ス
(別案)(第三項)国教ハ存スルコトナシ
第三十一条　削除

『毎日新聞』のスクープ

こうした逐条審議が、閣議でなされている二月一日朝、『毎日新聞』が「憲法問題調査委員会試案」全文を一面トップで報じた。この驚愕すべき報道に、松本はさっそくその日の臨時閣議で、「この案は、ただ研究の過程において作った一つの案にすぎない」と委員会案であることを否定し、さらに政府は楢橋渡書記官長が「調査委員会の案とは全く関係のないもの」と談話を発表するなど、ひたすら政府案でないことを強調した。

しかし『毎日新聞』がスクープした「試案」は宮沢甲案であった。仔細に検討すると宮沢甲案とも多少のちがいはあるが、スクープした記者が急いで書き写した際の誤記と思われた。誤記を除けば宮沢甲案に一致する。その意味ではたしかに松本甲案でも乙案でもなかった。しかしこの三案を比べてみるとき、そこには基本的枠組においてほとんど違いがない。つまりいずれも明治憲法を基本とし、多少の修正を加えたものでしかなかった。したがって宮沢甲案がスクープされたことは、いわゆる「政府案」がスクープされたことと大差なかったのである。

「試案」にたいする評価はきわめて悪かった。「試案」を報じた『毎日新聞』自身が「あまりに保守的、現状維持的のものにすぎないことを失望しない者は少いと思ふ[23]」と評したほどであった。GHQの評価はさらに悪かった。この「試案」を知ったことによってGHQの憲法改正に対する日本政府への態度は大きく変化することになる。

ところで、この『毎日新聞』の報道は、「スクープ」と一般に報じられてきたが、その後いくつかの疑問点が出てくる中で、意図的に漏らされた「リーク」ではなかったのか、との見方がある。

この『毎日新聞』の報道が依然として憲法制定過程で関心の的になっているのは、その時期である。日本の占領政策に決定権を有する連合国の代表で組織された極東委員会(FEC)の訪日団がGHQと憲法問題を含めた会談を終えて離日した日であったこと。ホイットニー民政局長がマッカーサー宛に、FECが憲法改正の決定をする前であればGHQに憲法改正の権限があると示唆していた時期であったこと(本書一二七頁)、などである。

さらには、松本とともに憲法問題調査委員会の主要メンバーであった宮沢俊義の弟が、毎日新聞の記者をしていたという事実である。弟は宮沢自身に、「絶対にそんなことはしない」と否定したという[24]。

その後、憲法施行五〇年の折に毎日新聞も「スクープ」したとされる記者の西山柳造にインタービューを試みている。そこで西山記者は、宮沢俊義の弟は政治部の記者ではなかった、と述べて記事への関わりを否定しているが、ニュースソースについては「そりゃ言えない。(遺族や関係者に)迷惑かけちゃうもの」と「スクープ」の経緯で隠されている部分があることがわかり始めた[25]。

さらに、二〇〇二年にフリーランスのデイル・ヘレガースは、憲法制定過程を扱った二巻にまたがる大著の中で、当時GHQは新聞検閲を行っていたことから、「毎日スクープ」を検証して、かなり「リーク」に近い事実を指摘している。

ヘレガースによれば、GHQ憲法草案を起草した一人のサイラス・ピーク(Cyrus H. Peake)は、つぎのように「リークだ」と回想しているという。

> 夕食後、新たに到着した文官で専門家のサイラス・ピークは、政治顧問部(POLAD)の年配の友人から「きょう松本が〔憲法草案を書いたと〕新聞でリークする」と何気なく告げられたのです。ピークは興奮を抑えようとして、友人のホテルの部屋で毎日新聞の記事に対する政治顧問部の翻訳概要を急いで読んだ。ピークは日本の私的な〔グループの憲法〕草案(「憲法研究会案」の意)やワシントンの政策文書をよく知っていたので、毎日新聞の〔日本政府の〕草案はいかに不十分なものか知って仰天した。
> 翌朝、彼は毎日新聞の草案が、〔米国政府の〕「日本の統治体制の改革」と題する政

策文書であるSWNCC二二八とはまったく違っていることをホイットニー将軍に知らせたのであった[26]。

「スクープ」か「リーク」か、結論を出せる段階ではないが、制定過程にとって、結果はそれなりの重大な影響をもたらすに違いない。

時代を見誤った憲法観

政府案にたいする根元的な問題として松本を中心とする憲法問題調査委員会のメンバーがポツダム宣言を受諾したことの意味、敗戦の意味、民主化政策の意味を全く理解していなかった点を指摘しなければならない。幣原内閣に直接関連したGHQの民主化政策だけを考えてみても、内閣成立直後にマッカーサーは幣原にたいして、さきに述べたごとく、いわゆる「五大改革指令」を発し、婦人解放、労働組合の助長、教育の民主化、弾圧機構の廃止、経済機構の民主化を指示し、しかも幣原内閣はこれを受け入れ、この時点までにすでに一部については、たとえば労働組合法の制定、衆議院議員選挙法の改正による婦人参政権の導入(いずれも一九四五年一二月)のごとく法改正まで行っていたのであるが、三つの「調査委員会案」にはいずれもこうした権利規定が全くみられない。天皇制についても天皇自身が一九四六年一月一日、神格否定を宣言していたのであるから明治憲法一条から四条がそのまま、もしくは少々の修正ですむはずがなかったのである。この点、さきの近衛グループの方が高木八尺らを中心にはるかに「占領下」を意識していたといえる。

その高木が、一九四六年一月二六日、まさに松本甲案、乙案が憲法問題調査委員会に提出された日に、首相官邸にいる松本を訪ね、ＧＨＱの意向を聴取した方がよいと進言したことがあったという。ところが松本は「あくまでこの改正というのは自発的に、自主的にやることであるのであるから、今後もアメリカの意向を問い、打合せをする必要はないと思う[27]」と突っぱねてしまったという。松本の「自信家」ぶりをうかがわせる光景であるが、ここには松本の思想が反映されているといってもいいだろう。

のちに高木はおだやかな口調ではあるが、松本らを批判して「〔憲法問題調査〕委員会は、改正に関するアメリカ側の見解を探ろうとしなかったために、失敗する運命にありました。政府の〔憲法問題調査〕委員会は、三カ月にわたって改正の仕事を行いましたが、その間一度もアメリカ側と接触せず、また一度もその会議の状況を一般国民に知らせようとしませんでした[28]」と述べている。

また、吉田茂外務大臣と行動を共にしていた、白洲次郎は「ぼくは松本博士に会い、『占領国側が考えている内容は、先生がお考えになっているほど生やさしいものではありませんぞ』と申し上げ、少なくとも天皇の大権については、大幅に制限を設けるようご忠告した。だが、松本博士は『そんなことは、私にできない。そんなことをすれば、私は殺される』といって、お聞き入れにならない[29]」と回想している。

さらに調査委員会案は、さきに述べた民間草案をも全く無視していた。民間草案のうち、少なくとも憲法研究会案と稲田正次案は、一九四五年一二月末に政府に届けられていたのであるから十分知りうる立場にあった。さらに民間草案のうち憲法研究会案と高野私案と社会党案とに直接関係をもち、指導的役割をはたした高野岩三郎と幣原首相とは、東大をともに明治二八年に卒業した同窓生であった。同窓生は「二八会」を組織して毎月二八日に会合を開く仲であり、高野も幣原もその会員であった(30)。たしかに高野と幣原は思想的には両極端に位置したが、それでも幣原政権下で高野がＮＨＫの会長に就任したことを考えれば、二人の間柄は決して悪い状態ではなかったといえよう。したがって幣原が民間諸草案について意見を聴こうと思えば、いつでも聴ける関係にあったのである。

ところで民間草案の起草者たちはみな外国の、わけても米国、ソ連、ドイツ(ワイマール)憲法に関心を示し、また参考として起草にあたったが、松本の場合は、全く異なっていた。松本はすべての出発点を明治憲法に置いた。それればかりか外国の憲法を参考にするのは、民間草案を攻撃するためにすぎなかった。調査委員会が終わりに近づいた頃、松本は委員にワイマール憲法を調査するよう命じ、その目的を、民間草案起草者が「ワイマール憲法をそのまま取り入れよう」としているが、あれは「ドイツの民主主義に役立たず、ナチス政権に」役立ったにすぎないのであり、これを説明するため調査しておく必要があると述べている(31)。

ワイマール憲法の国家緊急権規定がナチスに利用されたことは事実であるが、社会権規定をあらたに認めて労働者をはじめとする弱者に「人間たるに値する生活の保障」をしたその画期的意義は否定し難く、しかも第一次大戦後の敗戦国ドイツと第二次大戦の敗戦国日本との相似性を考えれば、有益でこそあれ、批判の的とするものではなかったはずである。だが、「万邦無比」の大日本帝国で位階を極めた松本にはそこが見えなかったのだろう。

生かされなかった組織

松本を頂点に若手の宮沢俊義、入江俊郎、佐藤達夫が中心となって作成した松本甲案、乙案には、憲法問題調査委員会の中にすら、異論があった。その最たるものがさきに触れた「野村意見書」である。

野村はこの六万字にのぼる長文の意見書の中で、松本らの憲法改正論を間接的に批判してつぎのように述べている。

……日本国民に於て自由なる意思に依り、従来の立憲君主制をその儘に襲踏することとなし、日本の現在の憲法制度に画期的大改正を加へざるとも尚米英ソ支四国は之に付異議を唱へざるべしと多寡を括つて楽観してゐる人もないではない。併し乍ら聯合国は日本国の最終の政治形態を如何にするかといふ問題の決定を、漫然日本国民の自由意思に一任してゐるのではなくして、その日本国民の自由意思に依つてなすべき最終の決定が、ポツダム宣言に遵拠することを絶対的必要条件となしてゐるのである。……ポツダム宣言書の条項を検討するに、日本国の最後の政治形態を決定するに付、日本国民は完全に意思の自由を有するのではなくして、日本国民がこれに付意思の自由を有するといふことに対して重大なる負担が附随してゐるのである。重大なる負担とは何か。それは日本国民に於て民主政治（デイモクラスイー）を実行することを要するといふことに外ならぬ。

野村はこう述べてつぎのような一大改革案を提示する。まず明治憲法一条から四条を廃止して大統領制を導入する。裁判制度を改革し、起訴陪審（大陪審）をふくむ陪審制を導入する。行政裁判所を廃止する。土地の国有化とともに重要産業の国有化を断行する。「臣民」の権利を拡大し、労働権、休養権、生存権、教育権などを加える、といったものであった(32)。たしかに長文であり、かえって概要をわかりにくくし、改正案に盛り込みようがなかったようにも見受けられるが、ブハーリンの『共産主義のＡＢＣ』といった戦前よく読まれたマルクス主義の解説書を引用するなど、松本の〝技術主義〟に対抗して、広い視野にたって重量感のある「意見書」を対置しようとした意気込みがうかがわれる。

野村を長老とすれば、若き補助員の佐藤功も松本らと異なった憲法改正構想を、しかもかなりはやい段階から持っていた。とはいえ野村とは異なり「意見書」を提出したわけではなく、また出しうる立場にもなかったわけであるが、佐藤が調査委員会の補助員に任命された直後であったことに注目したい。

小雑誌に発表されたこの論文(33)で佐藤はまず憲法「改正不要・不急論」を批判する。これが実質的には「改正不要・不急論」の立場をとっていた美濃部、松本、宮沢らへの批判を意味することはいうまでもないだろう。佐藤も改正の必要を「敗戦」という事態に求めている。その主張は若々しく、実に明快である。

「現在の憲法改正事業は大東亜戦争に於ける我国の敗北の結果として、聯合国によつて要求せられてゐるものであると云ふ厳然たる事実を飽くまで忘れてはならぬと思ふ。……元来新憲法を暫定憲法たらしむべきや、永遠憲法たらしむべきやを選択する権利それ自身をも現在の我国は持つてゐないと言へる。我国が為し得ることはたゞ現在の我国の置かれてゐる状態を基礎として一つの憲法を作ることのみである」

こう述べて佐藤は新憲法の構想をつぎのように示している。まず第一は領土の変更にともなう法体系上の変更、第二は非武装化にともない明治憲法に規定する軍事条項の削除、そして第三は「憲法改正の中心的な課題」となる「民主主義的要素の強化」である。しかしここで佐藤は天皇制の廃止は「許されぬこと」と考え、「天皇の統治権を前提し、立法、行政、司法の諸権の総攬者たる天皇の地位を犯さず天皇統治の下可及的、最大限的に民意を基本とする政治形態」を構想する。したがってその内容は天皇の大権事項の制限、議会の改革、議院内閣制の確立、といった点にむけられ、内容的には必ずしも「新しい憲法」にはなっていない。

松本を中心に運営されてきた調査委員会が、かりに謙虚な姿勢で委員会の内外の意見をとり入れようとしていたならば、かくのごとくそれなりに豊かな構想があったのである。にもかかわらず、これらを無視してきたことは、松本の「自信家」という個性にもまして松本らがなによりも天皇制に「囚はれた民衆」の頂点にいて、「明治憲法」に固執していたことに最大の原因があったといえよう。

憲法問題調査委員会の制憲スタイルを見ていると、天皇制の政治構造がみごとに浮かび上がってくる。委員の明確な責任の分担のないままに、それはすべて「私的世界」ですすめられた。調査委員会の設置そのものが官制(現在の政府組織の「設置法」)によらず、閣議了解であったことはすでに述べたが、「調査」ではなく、「改正」へ踏み出した一九四五年一一月以降もそのまま進められ、翌年一月中旬、官制案が作成されたことはあったがついに公布されずに終わった(34)。

しかもこの委員会も組織的というより私的に運営された。「松本案」という名称に象徴されるように、甲案は松本が鎌倉の別荘にこもって書き上げた。この点近衛が箱根にこもったことと共通するが、さらに遠くは明治憲法起草に際し伊藤博文らが横須賀の夏島の別荘にこもったこととも共通する。一方松本乙案は事実上宮沢案で佐藤達夫、入江俊郎の三人でほとんどつくられている。この点はのちに述べるGHQ案の起草過程とまことに対照的である。GHQ案は憲法のいくつかの章ごとに小委員会をつくり、そこでできた素案を運営委員会で統一した案をつくっている。

「私的世界」を「公的世界」に置きかえて最も醜態を晒したのは、「試案」が『毎日新聞』にスクープされた後のことであろう。スクープのあった一九四六年二月一日以降、GHQが改正案を提出するよう政府に求めたため、閣議で松本がGHQと交渉にあたることを決める。そこで松本は二月八日、急遽、その前日に天皇に拝謁して、GHQに「政府ノ起案セル憲法改正案ノ大要……」という書き出しで始まる「説明書」を提出する。ところが「政府ノ起案セル憲法改正案」は二月四日の閣議で決定されていなかったのである(35)。

「政府案」と一般に呼ばれる松本案は、正式な政府決定をみたものではなく、高々憲法問題調査委員会案にすぎなかった。しかもその委員会たるや官制に基づいていないという意味では公式なものではない。しかしこの「適正手続」を経ない私案によって、最高法規たる一国の憲法の制定過程は運命の曲り角を大きく曲ることになるのである。

昭和天皇から見た松本案

ところで、従来知りようのなかった、『昭和天皇実録』が公開され、そこでは、二月八日にGHQに松本案を提出する前日の七日に松本が天皇に拝謁した際の昭和天皇の「御下

問」が詳しく書かれていたのである。(36)

七日　木曜日　午前、御文庫に宮内大臣松平慶民をお召しになる。午後一時四十五分、御文庫において国務大臣松本烝治に、約二時間にわたり謁を賜い、憲法問題調査委員会(昭和二十年十月設置)の経過、閣議の経過、「憲法改正要綱」(甲案)並びに「改正案」(乙案)等につき奏上を受けられる。「憲法改正要綱」は、松本の「憲法改正私案」を憲法問題調査委員会委員の東京帝国大学教授宮沢俊義が要綱化し、さらに松本自身が加筆した私案で、小範囲の改正を内容としており、翌日聯合国最高司令部へ提出される。一方「改正案」は、憲法問題調査委員会総会における各種意見を取り入れ、宮沢及び法制局次長入江俊郎・法制局第一部長佐藤達夫によってまとめられた、より広範囲な改正案である。この後、松本の奏上内容について御下問を思召され、九日午前、改めて松本を表拝謁ノ間にお召しになる。天皇は、「憲法改正要綱」に関して、第一条「大日本帝国ハ万世一系ノ天皇之ヲ統治ス」は語感も強く、第四条「天皇ハ国ノ元首ニシテ統治権ヲ総攬シ此ノ憲法ノ条規ニ依リ之ヲ行フ」との重複もあるため、両条を合併して「大日本帝国ハ万世一系ノ天皇コノ憲法ノ条章ニヨリ統治ス」とし、従来の統治権の「権」を除くこと、第五十七条「司法権ハ天皇ノ名ニ於テ法律ニ依リ裁判所之ヲ行フ」の「天皇ノ名ニ於テ」の部分を削除することの可否につき御下問になる。さらに摂政設置期間においては、皇室典範の改正又は皇位継承の順位変更を禁じるか否かにつき検討するよう御下命になる。

前半部分は、当日の松本による説明であるが、後半は、翌々日九日の天皇の「御下問」である。八日は松本にとって「要綱」をGHQに提出する日であったが、天皇にとって時間を十分にかけて熟慮の後の「御下問」と考えられる。それだけに、松本はその後「御下問」の内容を閣議で報告したのだろうか、と驚かされるのである。

というのは、天皇は、すでに一月一日の「人間宣言」で「現御神《あきつみかみ》」を否定していたから、明治憲法三条の「神聖不可侵」を自ら無効とし、「万世一系」は残すが、「統治権ヲ総攬シ」を削除することを命じていたのである。そして、立法、行政については言及していないが、司法に関して「天皇ノ名ニ於テ」を削除することを命じ、かつ「憲法ノ条章ニヨリ」として、「絶対君主」から「立憲君主」への宣言をしたと言える。まさに明治の民権運動家・植木枝盛の「神ナラザル故ニ君ナリ」を明確にしていたのである。

また「統治権」の「権」を削除するように命じている。「統治権」とは、立法、行政、司法のあらゆる権利、つまり「総攬」であり、「主権」を意味するが、先の司法権への天皇の権限への否定からも明らかなように「統治権者」=主権者を否定したと見ることができよう。

「統治ス」とは「統治権」の「権」をとっただけだとは見るべきではない。つまり、統治=主権 sovereignty の意ではなく、同じ統治でも行政を統治する govern の意とみるべきではないのか。先の「人間宣言」では「現御神」を否定したばかりでなく、「臣民」と呼称するのをやめて「国民」と改めていたことを想起したい。

そればかりか、最後の皇室典範への言及も含めて、昭和天皇の「御下問」は、松本ばかりか、その後の日本政府からも無視されてきたと言えよう。

このように見てくると、松本案＝政府案は、閣議で正式に承認されたものではないことは、先に示したが(本書一〇〇頁)、昭和天皇の意向とも異なっていたことがはっきりしてくるのである。

しかも、軍部も、正確には「旧軍」というべきか、従来知られてこなかった憲法改正構想を持っていたのである。

軍規定条項を削除したい

憲法問題調査委員会(松本委員会)が、会議を重ねていた頃であるが、かつて陸軍省軍務局長であり、一九四五年一二月一日以降は、第一復員省総務局長であった吉積正雄が、明治憲法を改正するにあたって、軍規定条項を削って欲しいと幣原内閣の楢橋渡書記官長に申し入れてきたという。

当時内閣法制局次長であった入江俊郎(のち法制局長官)が、宮沢俊義、佐藤功などと数年後に座談会を行っているが、そのなかで佐藤は、一二月二日の軍規定条項削除の「申し入れ」について、わざわざ「私これは不思議にここのところは詳しく書いてありますから」と念を押して、いかにもメモを見ているがごとくに、つぎのように発言している。

楢橋さんと石黒さん(石黒武重・内閣法制局長官)が……〔日本〕軍から伝えられたということで、改正案では「天皇ハ軍ヲ統治ス」という文句は削ってもらいたい。それを残しておくと天皇制もふつ飛んでしまう。平和国家という一本槍で行きたい。……そうしたら松本先生が、……独立国家たる以上、軍がないということは考えられない……。……マッカーサーと交渉してそれが(軍規定を残すことが)できないというのならもちろん削る。……

美濃部先生が、憲法を改正する以上は日本は独立国たることを前提としてやるべきで……軍の統帥を置くことも当然〔と発言〕……宮沢先生が発言して……向うの意向にかかわらず、平和国家という大方針を掲げる以上、日本には道がない……むしろ置かない方がいい……。[37]

つまり、「松本先生」、「美濃部先生」を除いて、宮沢も「むしろ〔軍規定を〕置かない方がいい」との見解であったことがわかる。たぶん、この記録から見て石黒も、入江も、佐藤も同様な意見であったように読める。さらに、「軍関係の規定削除」を考えた理由は、天皇制問題であったことである。この点も重大である。

たしかに従来は知られていなかったが、調べてみるといくつかの証言に出会うのである。

それも戦後だいぶ経ってからであるが、六〇年代から七〇年代前半にかけて憲法問題研究会という民間の知識人グループによってつくられた団体があったが、そこの会議録を手にすることができたためであった。

この憲法問題研究会は、政府による憲法改正を目指した憲法調査会(一九五六年設置)に対抗した民間の知識人中心の組織(一九五八年創立)であった[38]。その会は、非公開であったが、会員の一人で歴史学者の家永三郎が、研究会の月例会の模様を記録に残していた。それは八十数回に及び、例会内容をまことに詳細かつ懇切に、大学ノート八冊に残していたのであった(以下では「家永ノート」と引用する)。

その一九五九年の憲法問題研究会の例会で、佐藤功が「占領初期における政党その他の憲法改正案と世論の動向」と題する報告をした際に討論の席で、例会に出席していた清宮四郎が、つぎのような質問を佐藤功にしているのである。清宮は、一九四五年末から四六年はじめにかけて幣原内閣が設置した憲法問題調査委員会の委員でもあった。また、佐藤功も憲法問題調査委員会に加わっており、当時は補助員であったことはすでに紹介した。

清宮　……〔一九四六年の〕一月頃だが、吉住軍務局長が楢橋氏に面会して、憲法では軍に関係した条項は一切削ってくれと申し入れてきたのを、楢橋氏から伝達されたが、その申し入れの意味は一切わからない。佐藤さんはご存知か。

佐藤　その事実は知っているが、何故かは知らぬ。軍に軍がない(ママ)し、当分もてないから、ぬかしてくれ、というだけだったのではなかろうか(39)。

ここで「一月頃」とあるが、憲法問題調査委員会に清宮が出席していた日付を調べてみると「二月二日」と考えられ、それは同委員会の最終回の総会の日に当たり、松本が起草した通称「松本案」と言われる憲法案が決定されている。「吉住」とあるのは、「吉積」の誤りである。

吉積正雄は、阿南惟幾陸軍大臣の下でポツダム宣言発出後も敗戦直前まで、本土決戦も辞さず徹底抗戦を唱えたことで知られている。阿南陸軍大臣は、八月一五日の早朝に、昭和天皇による「終戦」の放送に先立って自刃しており、第一復員省の大臣は首相の兼任であったから、吉積は同省にあって実質的に最高位で指揮を執った一人であった。「楢橋氏」とあるのは、当時幣原内閣の内閣書記官長の楢橋渡であった。しかも楢橋渡は、この憲法問題調査委員会の発足時点では、内閣法制局長官であり、吉積は楢橋という憲法改正にとって打って付けの人物を選んだことがわかる。

しかも、軍規定条項の削除という憲法改正問題にとって、きわめて重大でありながら長年にわたってまったく知らされていなかったことだとはいえ、その事実が複数の証人からの証言であることを考えると、その「削除」の内容が明確にはなっていないが、事実であったと考えざるを得ないであろう。と同時に、そう考えさせる事実が他にも存在するのである。先に、「憲法改正案」(松本乙案)と「宮沢甲案」とを紹介したが(本書八七〜八九頁)、そこで明治憲法から「削除」とされていた条文を再現してみるとまさにその通りであることを知ることができるのである。

第一一条　天皇ハ陸海軍ヲ統帥ス
第一二条　天皇ハ陸海軍ノ編制及常備兵額ヲ定ム
第一四条　天皇ハ戒厳ヲ宣告ス(この項の以下、略)
第二〇条　日本臣民ハ法律ノ定ムル所ニ従ヒ兵役ノ義務ヲ有ス
第三一条　本章ニ掲ケタル条規ハ戦時又ハ国家事変ノ場合ニ於テ天皇大権ノ施行ヲ妨クルコトナシ

「憲法改正案」(松本乙案)と宮沢甲案の第一三条は、条約締結権規定となっているが、明治憲法では、「天皇ハ戦ヲ宣シ和ヲ講シ及諸般ノ条約ヲ締結ス」とあり、宣戦布告と講和に条約締結が定められていたが、宣戦布告と講和の権限を削除したことになる。

このように「憲法改正案」(松本乙案)と宮沢甲案の削除規定を見ると、まさに「軍規定条項」が削除されていることがわかるのである。この乙案は、事実上宮沢案であることは既に述べたが、宮沢と吉積との間に何らかの合意があったのだろうか。

知られざる「平和国家」論

GHQと日本政府ばかりでなく、日本政府内部でも、松本委員会の内部でも、明治憲法の改正に関して、様々な構想が動きつつあった時、昭和天皇が、一九四五年九月に「平和国家の確立」を発したにもかかわらず、その後誰からも顧みられていなかった「平和国家」が、四六年の一月に注目を浴びることになる。

それは、当時よく知られていた総合雑誌『改造』に森戸辰男が「平和国家の建設」と題した論文を掲載したことである。

森戸は、東大の経済学部で社会思想を専門とし、クロポトキンの社会思想を公にしたことによって東大を追われ、当時大阪にあった民間研究機関の「大原社会問題研究所」(現在法政大学の付属機関)に勤務。戦後、社会党に所属し、高野岩三郎や鈴木安蔵とともに憲法研究会の同人になり憲法案を起草する(本書四四頁)。その後、衆議院議員となり、鈴木義男(本書四一九頁に略歴紹介)とともに憲法改正では共同して論陣を張る。戦前のワイマール期のほぼ同時期に鈴木義男とともに、ドイツに留学していたこともあり、憲法の政府案の「生存権」、「戦争放棄」の修正で活躍した。その後社会党を離れ、広島大学の学長や政府の中央教育審議会の会長を長年務めた。

こういう経歴を持つ森戸であるが、この論文は、「平和国家」をきわめて具体的で他に類を見ないと言っていい内容のものであった。それはまさに戦前の軍国主義の下での弾圧を耐え忍び、戦後の自由を獲得した産物と言えよう。

森戸は、平和国家には「『戦争ができぬ』平和国家と『戦争を欲せぬ』平和国家とがある」とし、森戸は後者を選ぶ。それは「自己の発意と確信において平和を選び、国民の全道徳力をあげてその実現に努力する国家」であるとする。

そのためには以下の三つの要件が必要だと説くのである。要件の第一に「独立自由の国家」をあげる。それは「すなわち、戦争を欲せぬ国は当然に、戦争の代わりに平和を選択する自由意思を持っていなければならぬ」とする。

そして第二に「平和の追及者」としての国家である。「すなわち、それは戦争でなく平和が人間性に即した社会理想であり、史的発展の方向も亦その実現を指示していることを肯定するもの」であるとする。

最後の第三に「この理想の実現がすでに現代において可能であることを確信し、且つ有効適切と信ぜられる施策施設によってその実現に努力することを意味する。すなわち、平和国家は理念的平和主義に留まることなく、実践的方法論的平和主義に進出することによって、言い換えれば平和主義国家となることによって、始めて完全な平和国家となることができる」としている(40)。

昭和天皇の「平和国家」は、なんら具体性をともなわない「只、言葉だけ」であったのに対して、森戸のそれは実に具体的内実をともなっていた。

ＧＨＱは政府案を知っていた

ところが、吉積が楢橋を通じて憲法問題調査委員会に「軍規定条項の削除」を申し込んだ、わずか四日後の二月六日には、この委員会の会議とその後の閣議の模様は、ホイットニーに知られるところとなったようで、ホイットニーはつぎのようなメモをマッカーサーに送っているのである。

陸海軍に関する規定については、内閣の中で意見が分かれたとのことで、一部の閣僚は、憲法の陸海軍の規定を置くことは連合国から疑惑の念をもってみられるだろうとしたが、松本博士を代表とする他の若干の閣僚は、軍隊に関する規定は独立国としての存在(independent existence)に不可欠のものであり、もし日本が独立(independent)でないとすれば、そもそも憲法をもつことは不必要であると説いたとのことです。[41]

このメモを見れば誰しも、二月二日の委員会と閣議の内容が、ＧＨＱに筒抜けであったと思わずにはいられないであろう。

さらに、この軍部の動きにかなり積極的に反応を示した楢橋には、どのような魂胆があったのであろうか。楢橋については、この書記官長時代はあまり知られてこなかったが、楢橋は、ケーディスらとの会話を当時から多くの読者を持つ雑誌『文藝春秋』に載せている。

楢橋は、吉積の「申し入れ」があってから、さほど遠くない二月一六日、GHQ憲法案の事実上の最高責任者のチャールズ・ケーディス(Charles L. Kades)とその下にいたアルフレッド・ハッシーを伴って神奈川県大磯の滄浪閣《そうろうかく》で遊んだ日のことを、こう回想している。滄浪閣とは、伊藤博文が明治憲法の起草を終えた頃に建設した伊藤の別邸である。

ケイデイス大佐とハッセー中佐は、「天皇を新憲法の中から抹殺した場合の国内的影響はどうであらう」と私に尋ねた。私は「その場合日本は内乱になるだらう。日本人と天皇の関係は血のつながりがあり、天皇を憲法中にのこすことが如何にアメリカの占領政策に有利であるか」を詳しく説明した。彼等は深い感動を以て聞いてゐた。そして、「自分達への考へやマッカーサーの考へが間違ってゐなかったことの自信を得た」と率直に云った。

戦争放棄の問題についても話した。私はその時「日本が軍備をもつことを云ったらおそらく承知すまい。無防備国家で日本が安全であるならこんな目出度い世の中はない。此れを真面目に考へてゐるアメリカに敬意を表する」と笑い乍ら話した。

彼等は「今日の日本としては此の非武装宣言が日本の国際的に有利に転回する唯一の武器である」と述べた。(42)

この楢橋の回想は、すでにGHQ憲法案が日本側に渡った二月一三日の直後であるが、そのGHQの案文そのものは日本側閣僚にも知らされていない段階である。もちろん、楢橋はその地位からGHQ案を知っていたと思われるし、ケーディスやハッシーも日本政府がGHQ案をどう受け入れたのか、探りを入れたかったにちがいないのであるが、この段階で楢橋は「無防備国家」を「目出度い」と歓迎し、多くの読者の目に留まる雑誌に書いているのである。

それはまた、日本側の見えないところで憲法改正作業を一手に担ってきた内閣法制局の佐藤達夫からは、つぎのような回想が語られている。「日本側が自主的に行いました憲法問題調査委員会でも、その乙案は、軍隊に関する規定を全部落としておる。当然そういう気持でおったわけでありますから、マ草案の第八条(戦争放棄条項)についても、来るべきものが来たというようなことで、天皇制に対するショックとは比べものにならないものでした(43)」。

このように見てくると、この後にGHQ案が日本側に手交されたことは、長い間、日本側にとって実に意外な、突然の出来事と見られてきたが、とくに「天皇の地位」や「戦争の放棄」は、その最たるものであったが、必ずしもそうではなく、天皇の地位にせよ、戦争の放棄にせよ、日本政府の内部では、GHQ案の骨子を受け入れる要素があったことに気付くのである。

V　GHQ案の基本設計

極東委員会の設置

ＧＨＱがひそかに憲法草案の起草準備に取りかかったのは、いつ頃からであろうか。マッカーサーが近衛や幣原にたいし憲法改正の示唆や指示を与えていたことは、すでに述べてきたとおりである。だがこれはあくまでも日本政府の起草による憲法改正を考えてのことであった。

一九四五年、それはマッカーサーにとってたしかに「青い目の大君」にふさわしい時代だった。マッカーサーの上にあるものは、米国本国政府、なかでもＪＣＳ（統合参謀本部）だけであった。しかもそのＪＣＳで陸軍参謀総長の地位を占めるアイゼンハワーが彼のかつての部下であったことを考えれば、まさに「大君」以外のなにものでもなかったといえよう。

連合国はマッカーサーにたいして全く無力であった。戦争が終わるとともに日本の管理方式をめぐって生じた米ソの対立で、米国提案による極東諮問委員会（ＦＥＡＣ）はソ連によってボイコットされた。一九四五年一〇月二日に設置をみたFEACは、占領の「政策、原則及び基準の作成」などをして「参加国政府に対して勧告するについて責任を有する」[1]機関にすぎなかったから、事実上占領行政をなんら拘束するものではなかった。

したがってマッカーサーは、一一月の末の段階ではFEACの代表が翌年早々日本を訪問するとの打診を受けた時には、占領行政に「勧告」しかできず、しかもソ連代表の参加していないこの訪問を「よろこんで歓迎する」と打電したのであった。[2]

ところがこの直後から日本の管理方式は大きく変わり始める。一二月一六日からモスクワで始まった米英ソ三国外相会議は、旧枢軸国の占領管理方式をめぐって討議し、対日管理機構を改組し、FEACに代わって極東委員会(FEC)を設置することとなり、二七日「極東委員会及聯合国対日理事会付託条項」に調印した。同付託条項は、委員会参加国を米国、イギリス、中国、ソ連、フランス、インド、オランダ、カナダ、オーストラリア、ニュージーランド、フィリピンの一一カ国とし、委員会の任務として占領行政の「政策、原則及基準ヲ作成スルコト」「聯合国最高司令官ニ対シ発セラレタル指令……行動ヲ……検討スルコト」、そのために米国政府はこの「指令ヲ最高司令官ニ伝達スベシ最高司令官ハ委員会ノ政策決定ヲ表明スル指令執行ノ任務ヲ課セラルベシ」と定めていた。[3]

つまりマッカーサーはFECの下に置かれ、その決定に従うこととなったのである。マッカーサーがこうした決定に反対したことはいうまでもない。そこで委員会は当初東京に置かれることになっていたがワシントンに変更され、その代わりにその出先機関が対日理事会(ACJ)の名で東京に置かれることとなった。もっとも米国はこうしたソ連への譲歩の代わりに「緊急事項発生」の際の中間指令権を持ち、米英中ソは決定にたいする拒否権を持った。

ただし憲法問題はその例外で米国に中間指令権は与えられていなかった。「日本国ノ憲政機構ノ根本的変革……又ハ全体トシテノ日本国政府ノ変更ヲ規定スル指令ハ極東委員会ニ於ケル協議及意見ノ一致ノ達成ノ後ニ於テノミ発セラルベシ」とあって、憲法改正という「日本国ノ憲政機構ノ根本的変革」(the fundamental changes in the Japanese constitutional structure)は、マッカーサーの独断ではなしえず、極東委員会の決定に従って、その指令にもとづいてマッカーサーが実施することになってしまったのである。

秘かに進む予備的作業

連合国による対日管理方式が大きく転換をとげた一九四五年末、日本国内の憲法改正の動きもまたひとつの大づめに差しかかっていた。

まず近衛グループの動向である。いわゆる近衛案は一一月一日のマッカーサー声明のあと一一月二二日、天皇に上奏されていたが、その行方を気にしていたGHQは、のちに民政局(GS)行政部で憲法改正の重要な役割をはたすマイロ・E・ラウエル陸軍中佐が一二月一〇日、終戦連絡中央事務局政治部長・曾禰益を第一生命ビル(GHQ本部)に呼び、近衛案が正式には政府に送られていないことを確認する。(4)

つぎに政府の憲法問題調査委員会の動向であるが、すでに述べたごとく新聞等でその活動経過が発表されていたこともあり、かなりはやい段階からGHQは松本案の骨格を知っていたと考えられる。たとえば、アチソン政治顧問は、一一月二九日、GHQのケーブルを使って、国務長官にあて、委員会は憲法改正の総括段階に達し、草案は一月中旬に発表される見通しであるが、明治憲法の一条から四条に変更はないであろう、(5)とのかなり正確な報告をしている。

政府側のこうした動向に加えて、一二月末には民間団体の草案が次々に発表され始める。この中でGHQが最も注目したのが憲法研究会案であった。この案が新聞に発表されたのは一二月二八日であったが、三一日付で参謀二部(G2)所属の翻訳・通訳部(ATIS)の手で早くも翻訳がつくられるが、(6)民政局行政部では、この訳に不満であったためか別訳をつくり、翌年一月一一日付でラウエル中佐が詳細な「所見」(7)を起草している。この「所見」にはホイットニー民政局長も署名しているから、この草案を民政局がかなり重視し、かつその「所見」の内容はほぼ民政局の見解であったとみていいであろう。

「所見」は各条文の分析をしたあとで、「いちじるしく自由主義的な諸規定」として国民主権主義、労働者保護、国民投票制度、単年度予算、会計検査院制度、所有権の制限、暫定憲法(一〇年期限)をあげたあと、「この憲法草案中に盛られている諸条項は、民主主義的で、賛成できるものである」と高く評価し、加えるべき条項として憲法の最高法規性、人身の自由規定、なかでも被告人の人権保障などをあげていた。憲法研究会案にたいして即座にとはいかないまでも、かなり早く的確な判断ができた背景には、ラウエルがわずか一カ月前に「レポート・日本の憲法についての準備的研究と提案」(8)をまとめ上げていたことにもよろう。

このようにして政府の憲法問題調査委員会の草案の公表が間近に迫り、民間草案が発表され始めた一月七日、SWNCC(国務・陸軍・海軍三省調整委員会、スウィンク)は「日本の統治体制の改革」(9)と題する文書(SWNCC二二八)を承認し、一一日マッカーサーに「情報」として送付した。SWNCCとは一九四四年に設置された米国の対外政策決定機関で三省の次官補クラスにより構成された。この文書がGHQの憲法起草に与えた影響はきわめて大きい。GHQで起草を始めた二月六日の民政局会合では「拘束力ある文書として取り扱われるべきである」(10)ことが確認されているし、「日本国憲法の原液」(11)との評価すらある。

同文書はきわめて長文のものであるが、その内容を要約すれば、あらゆる統治権に国民の意思が反映され、基本的人権が保障されること、したがって天皇制の廃止または改革が必要である、というものであった。そして最後にマッカーサーに向けてつぎのような警告ともいいうる一文がつけ加えられていた。マッカーサー自身、のちにGHQ憲法草案を日本政府に「押しつける」際にその一方で何度かこの文書を思いおこすように使っている一文である。「最高司令官がさきに列挙した諸改革の実施を日本政府に命令するのは、最後の手段としての場合に限られなければならない。というのは、前記諸改革が連合国によって強要されたものであることを日本国民が知れば、日本国民が将来ともそれらを受け容れ、支持する可能性は著しくうすれるであろうからである」。なんとも意味深長な一文であった。

さてこの「SWNCC二二八」を受けとってから、マッカーサーが最初に行った重大決定は、天皇を戦犯から除外することであった。天皇の戦犯問題は、ソ連、オーストラリア、ニュージーランド、フィリピンなど戦犯を主張する国々が参加するFECが活動を始める前に、処理しておく必要があった。

東京裁判をまえに

まず、東京裁判に備え、いわゆる「東京裁判条例」、正式には「極東国際軍事裁判所憲章」を一九四六年一月一九日にマッカーサーの権限で発した。ヨーロッパの戦争犯罪を裁いたニュルンベルクの「国際軍事裁判所憲章」が、米英仏ソの四カ国による協定であったのに比べて大きな違いがあるが、そればかりでなく「被告人の責任」に基本的な違いがあった。

ニュルンベルクの国際軍事裁判所憲章第七条は、「国家の元首であると、政府各省の責任ある地位にある官吏であるとを問わず、被告人の公務上の地位は、その責任を解除し又は刑を軽減するものとして考慮されるものではない」と定めていた。

これに対して、極東国際軍事裁判所憲章第六条は、「何時であるを問はず、被告人が保有した公務上の地位、もしくは被告人が自己の政府または上司の命令に従って行動した事実は、何れもそれ自体当該被告人をその間擬せられた犯罪に対する責任を免れさせるに足らないものとする」と定めた。

東京裁判では、「被告人の責任」から、「国家の元首」、つまり天皇の責任が抜け落ちていた。つまり、この段階でマッカーサーは天皇の戦争責任を免責することを考えていたとみることができる(12)。

続けてマッカーサーは、一一月二九日付で統合参謀本部から天皇の戦争犯罪行為の有無に関係する情報・資料を収集するよう指示を受けていたのに対して(13)、戦争犯罪に該当する証拠は見つからなかった、とつぎのような返書を、一九四六年一月二五日アイゼンハワー陸軍参謀総長にあてて書き送ったのであった。

……指令を受けてから、天皇に対してとりうる刑事上の措置につき、与えられた条件の下で調査がなされてきた。過去一〇年間に日本帝国の政治決定と天皇を多少なりとも結びつける明確な活動に関する具体的かつ重要な証拠は何ら発見されていない。

……天皇を起訴すれば、間違いなく日本人の間に激しい動揺を起こすであろうし、その反響は計り知れないものがある。

まず占領軍を大幅に増大することが絶対に必要となってくる。それには最小限一〇〇万の軍隊が必要となろうし、その軍隊を無期限に駐屯させなければならないような事態も十分ありうる。[14]

このようにマッカーサーが天皇裕仁の戦犯除外決定という天皇制そのものの存廃、つまり今後の日本の国家体制にかかわる決定を下した頃、占領開始以降四カ月を経て、軍事から民政へと占領行政の転換期を迎えたGHQの内部では、制服と文民との深刻な対立が表面化していた。

復員業務、軍隊・軍事機構の解体といった軍政が終了し、ポツダム宣言にいうもう一方の占領目的である民主主義の強化、人権の保障、平和的政府の樹立をすすめてゆくには、その方面の専門家、つまり文民が必要となってくる。この必要性を民政局は本国政府の占領政策との関連で、かなりはやい段階から考えていた。

クリスト(William E. Crist)民政局長は一九四五年一一月一日付の覚書で、民政局行政部(部長・ケーディス大佐)を改組し、これを実施班《オペレーション・グループ》と計画立案班《プランニング・グループ》とに分けることを提案した。[15]この覚書が出された日は、ちょうど統合参謀本部指令「日本占領及び管理のための連合国最高司令官に対する降伏後における初期の基本的指令」(JCS一三八〇／

一五)が決定された日でもあった。[16] クリスト局長の改組案は、実施班はエリクソン(Erickson)を長とし、その下に司法、対外、国内問題をあつかう係を置き、計画立案班はフランク・E・ヘイズ(Frank E. Hays)行政部次長が統轄して、ボーウェン・スミス(Bowen Smith)が長となり、その下に文民の計画立案専門家二〇名を置き、非軍事化、分権化、封建的・全体主義的行政の除去、民主主義的傾向の強化などの立案を行う、というものであった。

この提案を受けて一月二二日、ヘイズはさらに具体的な作業計画を立案した。[17] それによると、さきの「JCS一三八〇／一五」の政策実施のため、この政策に従い計画立案班をさらに一七のプロジェクトに分け、かなりこまかな人員配置までしている。憲法改正は第三プロジェクトにあたるが、そこの部分はつぎのごとく、当時のGHQの憲法改正日程を示唆する重要な記述がみられる。

㈢民主主義を基礎とした政府の樹立に必要な憲法ならびに諸改革

担当者　ラウエルが予備的研究を行っている。さらにマスランド(John Masland)とコールグローブ(Kenneth Colegrove)によって研究される。

時期と必要性　このプロジェクトに与えられる期間は、日本人が日本政府によって提出される草案を批判する立場で自ら憲法改正を行う進行状況により決定される。

渉外　ラウエル。あらたな通告があるまで日本人との協議は行わない。

つまりのちに憲法改正を担当することになる行政部では、一九四五年末から民主化改革の実施に備えて人員の増強と機構改革を立案し、一月中旬には政府の憲法草案が出された場合の対応を整え始めていたことがわかる。しかも先に引用したヘイズの案にみるかぎり、政府の改正案でよいとはこの段階からすでに考えておらず、それに対する国民の側からの対案が出ることを予想していた。しかもそれに対するGHQからの働きかけは当分差し控えるというものであった。

FEC訪日団との会合

ヘイズがさきの改革案を作成する数日前、GHQが自前の憲法草案の準備にとりかかることと密接な関連を持つと思われる会合があった。この会合には民政局の主要メンバーはほとんど参加していた。その会合とは極東諮問委員会(FEAC)の訪日団と民政局との会合で、一月一七日に行われた。FEACといっても、この機関はすでに述べたごとく数日後にFECに改組されることになっていたから、事実上はFECとの会合であったと見ていいであろう。この会合のGHQ側議事録にも「民政局とFECとの会合(18)」とある。

ここに出席したGHQ側メンバーはホイットニー新民政局長、ケーディス行政部長、ハッシー、ラウエルなど一一名、FEC側はマッコイ(Frank R. McCoy)議長(米国代表)、ジョンソン(Nelson T. Johnson)事務局長をはじめソ連を除く一〇カ国代表一一名であった。

ここでフィリピン代表のコンフェソール(Tomas Confesor)とケーディスがつぎのような興味深いやりとりをしている。

コンフェソール「あなた方は、憲法改正について検討していますか。」

ケイディス「していません。民政局は、憲法改正は日本の統治構造の根本的変更に関する長期的問題であり、貴委員会の権限の範囲に属するものと考えております。」

コンフェソール「当委員会の第一回会合で、われわれは、総司令部のスポークスマンから、民政局が憲法を研究しているという趣旨のことを聞かされましたが、それは間違いですか。」

ケイディス「あなたの側に若干の誤解があったに違いありません。民政局は、合衆国〔統合〕参謀本部が出した占領の初期の段階に関する基本指令を遂行する目的で日本政府内部の構造に関する政策を樹立するにあたっては、最高司令官に助言を与えました。〔しかし〕憲法のことがこの仕事の一部であるとは考えていませんでした。憲法のことは、貴委員会の付託条項の範囲に入っていると考えておりました[19]。」

このやりとりを読むかぎりケーディスはことさらに構えているように読める。「検討していますか(Are you considering...?)」と聞かれて、「していません(No.)」と答えているのは、やはり異常だろう。すでに述べたごとく近衛や幣原にたいし働きかけてきたし、政府の改正作業にも関心を持ちつづけ、民政局内部の組織改革も始まろうとしているのである。そこは全く語らずに「貴委員会の付託条項の範囲」だ、と答えているところに不自然さを感ずる。ケーディスはこの時、あえてこう答えたのは、GHQが憲法改正に全く関心を持っていないという印象をFECに与え、安心させるためだったのであろうか、それとも予測だにしなかった質問に驚き、FECが憲法問題に関心を持っていることを知って深入りを避けたのであろうか。

ところでこのFECとGHQの会談は、どうも不可解な面がある。というのは憲法問題をめぐって重要な発言をしたフィリピン代表のコンフェソールは、実はマッカーサー、ホイットニー、ウィロビー(C. A. Willoughby)というGHQの三巨頭のいずれの回想録[20]にも出てくるフィリピンの愛国者であるからである。三つの著書のコンフェソールに関する戦時下の叙述がこれまた奇妙なことにも全く一致するのであるが、コンフェソールは日本占領下のフィリピンにあってパナイ島(フィリピン群島の中央に位置する中規模の島)の知事として日本軍に抵抗し、反日ゲリラ隊の側にあった愛国者として描かれている。どの著者もコンフェソールの活動や手紙が引用されているが、会見したとの記述はない。しかし、こうしてのちに回想録で一致して触れることになる「愛国者」が日本軍とたたかい、生きて東京で会った場合、特別に、他のFEC代表とは別に会うことはないだろうか。会ったほうが自然だろう。

とにかくこのコンフェソールの質問はGHQが自前の憲法草案の起草に踏み切るひとつ

の引き金となるのであるが、事前に会っていたとすれば、コンフェソールの質問はすでにGHQと打ち合せずみのものとなり、GHQはかなり早い段階で自前の憲法草案を考えており、そのきっかけをつくるための質問であった、ということになる。FECとの会談、なかでもコンフェソールの質問とは、全く偶然であったのか、それとも用意されたものなのか、解けない謎である。

ところでこのFEC訪日団は、帰国直前の一月二九日、今度はマッカーサーと会見している。会見は二時間半に及び、しかもマッカーサーが中心となって、詳細かつ率直に意見を述べたという(21)。ジョンソンの作成した議事録は要録の形をとっているので、憲法問題がどちらから出されたのか定かでないが、賠償問題の次に出された憲法問題についてマッカーサーは、ケーディスとちがって「命令も指示も」出していないが、「示唆」は与えている、とつぎのように述べている。

「憲法改正問題は、モスクワ協定によって、私の手を離れてしまった。今後の作業がどのようにすすめられるのか全くわからない。私が日本で最初の指令を出した時には、この問題の権限は私にあった。私は示唆を与え、日本人は私の示唆にもとづいて作業を始めた。ある委員会が憲法改正を行う目的でつくられたが、この作業へのGHQ側の関与につき、最高司令官は、いかなる行動をとることもやめている。私はなんらの命令も指示も発しておらず、示唆だけに限定している。……憲法の内容がいかに立派で、よく書かれていても、武力によって日本に押しつけられた憲法は、武力が存在する限りつづくであろうが、軍隊が撤退し、日本人が自由になるとともに、日本人はその憲法を廃止してしまうだろう……私はこのことを信じて疑わない(22)」

はたしてこのマッカーサーの発言はなにを意味したのであろうか。引用の最後の部分は、GHQが憲法を作成し、それを押しつける意思のないことを伝えたかった、とも考えられるが、むしろ日本政府へ「示唆」することをFECに伝えることが目的であったとも考えられる。一方ジョンソンも、長時間に及んだ会見の議事要録の中で、この憲法問題に関するマッカーサーの発言にかなりのスペースをさいていることを考えると、マッカーサーのこの発言をかなり重視した、と考えられる。というのは同席したニュージーランド代表のベレンセン(Carl Berendsen)による本国の外務大臣あて報告書には憲法問題についてのマッカーサーの発言は全く見当たらないからである(23)。

「スクープ」か「リーク」か

かくしてFEC訪日団が二月一日横浜港から離日したその日『毎日新聞』はかの「憲法問題調査委員会試案」をスクープしたのである。この「試案」が英訳されるのは二月二日付であるが、これを知ったホイットニーの行動はすばやかった。英訳を待たずに二月一日のうちに急いでつぎの二つの文書を作成している。

そのひとつはマッカーサーにあてた「最高司令官のためのメモ・憲法の改革について」と題する文書である。メモにしては長文のものであるが、最初の部分ですべてが語られている。

1、日本の統治機構について憲法上の改革を行なうという問題は、急速にクライマックスに近づきつつある。日本の憲法の改正案が、政府の委員会や私的な委員会によっていくつか起草された。次の選挙の際に憲法改正問題が重要な争点になるということは、大いにありうることである。

このような情況のもとで、私は、閣下が最高司令官として、日本の憲法構造に対する根本的変革の問題を処理するに当たってどの範囲の権限をもつか、日本政府によってなされる提案の承認または拒否をなしうるか、あるいはまた日本政府に対し命令または指令を発しうるか、という問題について考察した。私の意見では、この問題についての極東委員会の政策決定がない限り――いうまでもなく同委員会の決定があればわれわれはそれに拘束されるが――閣下は、憲法改正について、日本の占領と管理に関する他の重要事項の場合と同様の権限を有されるものである(24)。

つまり「試案」を読んだホイットニーは、FECが憲法改正の政策決定をする前ならGHQに憲法改正の権限があると、さきの「付託条項」を解釈したのである。かなり無理な解釈である。この点は後にFECとの間で議論になるところであり、それはまたあとで触れることにしよう。

つぎにホイットニーは民政局内部の行政組織の改革に手をつけた。ホイットニーは、まず先にクリスト前民政局長が提案し、ヘイズ行政部次長によって具体化された改革案を「合理性に欠ける」との理由で一月二八日拒否し、(25)ケーディス行政部長が急遽行政部をつぎのような六課構成とする案を提出している。(26)

a、立法・渉外課　b、政党課　c、政務課　d、地方政府課　e、意見課
f、審査・報告課

実はこの組織改革案は、のちに見るごとく二月四日民政局行政部が「憲法制定会議」となった際に行政部内の新しい課の構成と人事が発令されるが、その時の案であったのである。

ホイットニーは『毎日』のスクープを待っていたかのごとく、このスクープとともに、GHQによる憲法草案起草へと動き出す。GHQがいかに政府を督促したとしても、政府案が閣議決定を経て、公表されるまでにはかなりの時間を要したであろう。それとてさきのヘイズ提案によれば国民の批判による修正が必要であり、いわんやFECを満足せしめる草案となることはなかったであろう。とするとGHQが「示唆」を与えるより他なくなるが、FECが受け入れうる草案にするにはあまりにも距離があったろう。しかもそれは公開の場で行われることになるから「示唆」のみによるとすれば一層かなりの時間を費や

し、急ごうとすれば「示唆」の範囲を越えざるを得ず、いずれにしても活動を始めたFECの介入を招くことになったであろう。

「毎日スクープ」はこうした事態を一挙に回避させることに成功したのである。「毎日スクープ」の英訳文に添えられた二月二日付の文書の最後で、ホイットニーがマッカーサーにこう進言していることがこの持つ意味を実によく表現している。

「私は、憲法改正案が正式に提出される前に彼等に指針を与える方が、われわれの受け容れ難い案を彼等が決定してしまってそれを提出するまで待った後、新規蒔直しに再出発するよう強制するよりも、戦術としてすぐれていると考えたのです(27)」

こう考えてみると『毎日』のスクープは政府案を非公式に公表させ、GHQばかりでなく国民にも政府案を知らせ、その評価が低いことを政府に納得させ、政府の正式草案の前にGHQ案を示して「指針」を与え、急速に草案作成にむかわせる絶好の機会となったことがわかる。もちろん、このスクープがかりにGHQにとって不利なものであれば、検閲で掲載禁止にできたのであるから、GHQにとって都合の悪いものでなかったことははっきりしているのであるが、これほどまでにタイムリーだと、これは「毎日のスクープ」ではなく、政府内部による「毎日へのリーク」ではなかったのか、という疑いすら出てきても不思議ではないのである。

「マッカーサー三原則」の提示

一九四六年二月三日、憲法制定史上の画期となるこの日はよく晴れた日曜日であった。マッカーサーはホイットニーに対し、「マッカーサー三原則」として知られる憲法改正の必須要件を示した。

一、天皇は、国の最高位*の地位にある。
皇位は世襲される。

天皇の職務および権能は、憲法に基づき行使され、憲法に示された国民の基本的意思に応えるものとする。

二、国権の発動たる戦争は、廃止する。日本は、紛争解決のための手段としての戦争、さらに自己の安全を保持するための手段としての戦争をも、放棄する。日本は、その防衛と保護を、今や世界を動かしつつある崇高な理想に委ねる。
日本が陸海空軍をもつ権能は、将来も与えられることはなく、交戦権が日本軍に与えられることもない。

三、日本の封建制度は廃止される。
貴族の権利は、皇族を除き、現在生存する者一代以上には及ばない。
華族の地位は、今後はどのような国民的または市民的な政治権力も伴うものではない。

予算の型は、イギリスの制度にならうこと。[28]

(＊引用にあたって「天皇は、国の最高位の地位にある(Emperor is at the head of the state)」と訳を変更したが「最高位」を「元首」と訳している文献もある。原文はis the head of the state ではなく is at the head of the state とあるので「最高位」とした。)

このマッカーサー三原則を受けてホイットニーは翌二月四日、民政局行政部の全職員を集めてつぎのように演説した。

「これからの一週間は、民政局は憲法制定会議の役をすることになる。マッカーサー将軍は、日本国民のために新しい憲法を起草するという、歴史的意義のある仕事を民政局に委託された。民政局の草案の基本は、マッカーサー将軍の略述された三原則であるべきである[29]」

こう述べて、さきのマッカーサー三原則を紹介した。

よく知られている「マッカーサー三原則」であるが、あらためて吟味してみると、GHQが本国政府から指示されてきた政策とのあいだに矛盾があることに気がつくのである。ホイットニー民政局長は、二月三日の「マッカーサー三原則」を受け取った翌日の四日、民政局会合を開き、参加した委員に対してまず「マッカーサー三原則」を述べた。

さらに、自由討論の中で、つぎのような点の合意がなされている。「新しい憲法を起草するに当たっては、主権を完全に国民の手に与えるということを強調すべきである。天皇の役割は、社交的君主の役割のみとさるべきである。国連憲章に明示的に言及する必要はないが、国連憲章の諸原則は、われわれが憲法を起草するに当たって念頭におかるべきである」。

また、「二月六日民政局会合の議事要録」によると「SWNCC―二二八は、拘束力のある文書として取り扱われるべきである。各小委員会の長は、その小委員会の提案がこの文書に矛盾しないかどうかをチェックする責任を負うものとする」とあり、SWNCC文書を重視していることがはっきりする。同文書は「三原則」に関連していくつかの点に触れている。

まず、天皇制について、「結論」部分で、「現在の形態で維持すること」、つまり、明治憲法のままでの維持は、「一般的に合致しない」と見ている。「日本人が、天皇制を廃止するか、あるいはより民主主義的な方向にそれを改革することを奨励支持しなければならない」。一方、「日本人が天皇制を維持すると決定したときは」、天皇は「内閣の助言にもとづいてのみ行動」し、「軍事に関する権能をすべて剥奪され」ることが明記されている。

つぎに、戦争放棄については、同文書の「結論」部分ではまったく触れられていない。「考察」部分で、軍部のもつ問題、つまり、陸海軍統帥権と陸海軍大臣現役武官制が指摘されている。

これらの点を「三原則」と比較してみると、天皇制については、維持することとした場合は、ほぼ「三原則」に近く、会合でも「社交的君主」と見るなど、「最高位」に近いといえる。また、本書でも「民間草案」を紹介した中で、日本人も「最高位」に近い観念を持っていたことを紹介した。さらに、長年にわたって象徴天皇制を研究してきた高橋紘は、多くの事実を示したうえで「『象徴』は日本の概念」とし、GHQの周到な調査や準備がなされてきたことを論証している(30)。

これに対して、三原則に定めた「戦争の放棄」は、SWNCC文書ではまったく顔を出しておらず、会合でも「国連憲章の諸原則」を念頭に置くことが述べられているにすぎない。さらにSWNCC文書は、国民主権、あるいは国民主権を実現する立法、行政機関の在り方、人権条項の方に多くの関心を示している。それに対し、三原則は国民主権や人権に直接的にはまったく触れず、「封建制度の廃止」のみ触れているに過ぎない。

一般に、マッカーサー三原則は、SWNCC—二二八にしたがっているように理解される場合が多いのだが、仔細に検討してみると違いは明白である。

編制上の特徴

このようにGHQ案は、明治憲法とも、その亜流である松本案とも根本的に異なる内容をもったものであった。ところがその編制(章別)はほとんど全く明治憲法を踏襲している。この点について民政局の公式見解では「全体の構成、章の題目などの点では、明治憲法に

明治憲法

第一章	天皇
第二章	臣民権利義務
第三章	帝国議会
第四章	国務大臣及枢密顧問
第五章	司法
第六章	会計
第七章	補則

GHQ草案

第一章	天皇
第二章	戦争の放棄
第三章	国民の権利及義務
第四章	国会
第五章	内閣
第六章	司法
第七章	財政
第八章	地方行政
第九章	改正
第一〇章	最高法規
第一一章	承認

従うことが十分了解された[31]」と述べられているのみであり、また民政局が条文作成作業にとりかかった二月六日の民政局会合で、ケーディスが「天皇の地位を規定する条項は、前文のすぐ後に来るべきだ[32]」と述べているが、なぜこのような編制にする必要があったのかは必ずしも明確ではない。

天皇を「象徴」としてではあれ残したことは事実であるが、やはり国民主権の憲法草案であったのであるから、なにも明治憲法の編制を踏襲する必要はなかったはずである。たとえば「ベルギー国憲法[33]」（一八三一年）は「形式的には、君主制をとりながら、その基礎原理は民主主義と自由主義[34]」に基づく憲法として知られるが、「第一編　領土およびその区分」「第二編　ベルギー国民およびその権利」「第三編　権力」と続き、第三編の「第一章　議院」に続く「第二章　国王および大臣」で国王の地位と権限が定められている。

ＧＨＱ草案がこのように明治憲法的編制となった理由は、基本的には新憲法を制定するという立場をとらず、明治憲法を改正するという立場をとったことと関連している。ではなぜ「改正」の立場をとったのか。ＧＨＱ民政局の公式見解である"Political Reorientation of Japan"はハーグ陸戦法規との関係だと説明している。同法規四三条はこう定めている。

　国の権力が事実上占領者の手に移りたる上は、占領者は絶対の支障なきかぎり、被占領者の現行法律を尊重して、なるべく公共の秩序および生活を回復確保するため施し得べき一切の手段を尽すべし。

この規定にたいして民政局は「純粋に法律的な見地からは、現行憲法の枠内には全面的改正のための機構は存在しなかったし、かつ、かくの如き機構を作ることは、ハーグの規約を破る軍事占領者の不適当な干渉だと考えられる恐れがあった」(35)（傍点引用者）と判断している。つまりハーグ陸戦法規に従えば「現行法律（明治憲法）を尊重」することになり、しかも明治憲法が全面改正の手続を定めていないので法的継続性を確保するために明治憲法の改正という形式をとった、というのである。

ところが、こうしたＧＨＱの憲法改正論は、ＧＨＱ自身の日本占領の国際法上の解釈と大きく矛盾するものであった。さきの民政局の公式見解を示した文書では、別の部分で日本占領をつぎのように法的に位置づけている。「日本の降伏と、戦に勝った連合国軍隊によるその占領とは、国際法上に新しい問題を提起した。……過去の軍事占領における通常の事例……の場合、何れにも、占領軍によって課された、国家組織上の主要な変革は包含されていなかった。……日本における、日本人による政治的改革――憲法改正――の基礎は、……ポツダム宣言にある(36)」と述べたあと、ポツダム宣言をこう解釈している。「連合国が、日本国民が自らの改革を行うことを期待したことは〔ポツダム宣言に〕最初から明白に述べられてあった。この明白な宣言に従って、合衆国政府は、連合国最高司令官として日本占領中のマッカーサー元帥を指揮すべく、初期戦後政策指令を作成した(37)」。

つまり、憲法学者の古川純によれば日本占領は、「過去の軍事占領における通例の事例」とは異なって、「支障のない限り被占領国の基本的な国内法をそのまま尊重することを定めるハーグ規約四三条のような原則をある程度まで変更することになるであろうという新しい国際法上の問題を提起した(38)」と解することができよう。この点はGHQで憲法草案を起草する際にホイットニーがマッカーサーに進言した一九四六年二月一日付の覚書の中で「現在〔マッカーサー〕閣下は、日本の憲法構造に対し閣下が適当と考える変革を実現するためにいかなる措置をもとりうるという、無制限の権限を有しておられる(39)」と述べていることとも一致する。

したがって憲法制定手続についても、「ハーグ条約(陸戦法規)および敵国領土の占領に関する国際慣習法は、交戦中の占領(belligerent occupation)に適用されるもの[40]」と解して、制定手続の根拠をハーグ陸戦法規に求めなければ、編制を明治憲法に倣う必要はなかったのである。ではなぜ制定手続のみハーグ陸戦法規に拠ったのか。それは手続に関しては論理より現実政治を重視したため、と考えられる。先に引用した民政局の公式見解を再度注意深く読んでみると、つぎのように書かれている。「〔憲法の全面改正——つまり制定をすることは〕ハーグの規約を破る軍事占領者の不適当な干渉だと考えられる恐れがあった[41]」。

手続上は国際法をできるかぎり重視して穏便に、しかし内容はラジカルな変革を、と考えたことが、ＧＨＱ案の編制をこのように明治憲法的、保守的なものとしてしまったのであろう。

このように見てくると、ＧＨＱ案の編成過程一つとってみても、単純に「押しつけ」などと言い得ない複雑な交差する視点を見ることができるのである。

起草委員の人々

実質上の作業は翌日からであったが、この日、すでに二月一日付でケーディスから提案されていた行政部を六課構成とする案がそのまま承認されて行政部六課の長とその課員が発令され、さらに憲法草案作成の作業班(委員会)がつくられた[42]。

運営委員会
C・L・ケーディス陸軍大佐
A・R・ハッシー海軍中佐
M・E・ラウエル陸軍中佐
R・エラマン嬢

立法権に関する委員会
F・E・ヘイズ陸軍中佐
G・J・スウォープ海軍中佐
O・ハウギ海軍中尉
G・ノーマン嬢

司法権に関する委員会
M・E・ラウエル陸軍中佐
A・R・ハッシー海軍中佐
M・ストーン嬢

地方行政に関する委員会
C・G・ティルトン陸軍少佐
R・L・マルコム海軍少佐
P・O・キーニ

行政権に関する委員会
C・H・ピーク
J・I・ミラー
M・J・エスマン陸軍中尉

人権に関する委員会
P・K・ロウスト陸軍中佐
H・E・ワイルズ
B・シロタ嬢

財政に関する委員会
F・リゾー陸軍大尉

天皇・条約・授権規定に関する委員会
J・A・ネルソン陸軍中尉
R・A・プール海軍少尉

前文
A・R・ハッシー海軍中佐

つまり、全体を統轄する組織としての運営委員会の下に八つの委員会を組織したのである。ここには起草にあたって日米の違いが歴然と表われたといえるだろう。日本側の起草をもう一度振り返ってみれば、天皇に起草をたのまれた近衛は、佐々木の助けを借りて、箱根に引き籠って草案を書いた。もちろん佐々木と分担もしなかった。政府の憲法問題調査委員会も同様であった。委員会とは名ばかりで、松本甲案は、ほとんど松本一人でこちらは鎌倉の別荘に籠って書き上げた。松本乙案は宮沢の原案に入江と佐藤が加わって作られた。

これにひきかえ米国側はマッカーサーが三原則という基本をホイットニーに命じ、ホイットニーはすべてを行政部にまかせた。行政部はケーディスを中心に運営委員会をつくり、その下に委員会を置いて分担して起草にあたった。委員は二一人であった。起草にあたった会議室に鍵はかけられたが、ケーディスが資料を持って一人で旅館へ籠ることはなかった。つまりGHQは個人的にではなく組織的に起草にあたっている。もう一点、天皇も幣原首相も、近衛や松本に起草を命ずるにあたっての原則を示していない。結果からみて原則はあえて言えばそれは天皇制の護持であり、原則の枠組はすべて明治憲法にあり、改正とは理念ではなくごく技術的なものであり、この技術こそまさに法学者が発揮すべきものと考えていたのであろう。だから原則が示されなかったことになるのであろうが、この点も原則＝思想を示して起草にあたらせたマッカーサーとの大きな違いである。

運営委員の横顔

さてこのようにしていよいよ民政局行政部内での起草が始まるのであるが、さきの肩書からみると「軍人のつくった憲法」と解されないとも限らないので、運営委員の略歴を紹介しておこう。(43) (年齢は一九四六年一月現在)

チャールズ・L・ケーディス

陸軍大佐。ニューヨーク州ニューバーグ出身。四〇歳。コーネル大学、ハーヴァード大学ロー・スクール卒。Hawkins, Delafield and Longfellow 法律事務所(ニューヨーク市)勤務(一九三〇—三三年)。連邦公共事業局法務職員(Assistant General Counsel to the Federal Public Works Administrator)(一九三三—三七年)、合衆国財務省法務職員(一九三七—四二年)。一九四二年四月から、兵役に服し、歩兵学校(Infantry School)、指揮参謀学校(Command and General Staff School)卒業後、陸軍省民事局(Civil Affairs Division)に勤務した後、第七軍および第一空挺隊のG—5部に配属され、南フランスへの進攻およびアルプス作戦、ラインラント作戦に従事。勲功章を授与された。

アルフレッド・R・ハッシー

海軍中佐。マサチューセッツ州プリマス出身。四四歳。ハーヴァード大学(政治学専攻)、ヴァージニア大学ロー・スクール卒業。主要大学を優等で卒業した人々の会であるPhi Beta Kappaのメンバー。一九三〇年から四二年九月に兵役に服するまで弁護士実務に従事、その間、マサチューセッツ州の一審の裁判所であるSuperior courtのエクイティ部(chancery)の補助裁判官(auditorあるいはspecial master)を務め、さらに地方公共団体で(選挙によりあるいは任命により)さまざまの地位に就いた。海軍では、太平洋地域の水陸両用部隊訓練機関で、補給・輸送・法務を担当することなどのほか、プリンストン大学で開かれた海軍軍政学校、ハーヴァード大学で開かれた民政要員訓練学校(Civil Affairs Trainning School)を卒業した。

マイロ・E・ラウエル

陸軍中佐。カリフォルニア州フレズノ出身。四二歳。スタンフォード大学卒業後、ハーヴァード大学ロー・スクールに入学、二年になるときにスタンフォード大学ロー・スクールに転入学し、そこを卒業。一九二六年から四三年七月に兵役に服するまで、フレズノで弁護士実務に従事、とくに会社が政府諸機関との関係で処理しなければならない法律問題を専門としていた。この間、ロスアンジェルスで合衆国法務官(assistant U. S. attorney)を務める。軍務に服してから、憲兵総司令官所轄学校(Provost Marshal General's School)、陸軍軍政学校、シカゴ大学に開かれた民政要員訓練学校を卒業し、同民政要員訓練学校およびニューギニアのオウロウ・ベイ(Oro

Bay)での民政分校で講師をした。また太平洋地区陸軍第三〇部隊の指揮もしている。その勇敢な行為に対し青銅勲章が与えられ、またフィリピン政府から軍功勲章が与えられている。

これを見ると、運営委員会の三名は戦時下で軍務についていたとはいえ、いずれもロー・スクールを出て弁護士経験を持つ法律家であった。さらに三人の年齢にも注目する必要があろう。いずれも四〇代前半、「働きざかり」であったことは言うまでもないが、あのアメリカの一九三〇年代、大恐慌とニュー・ディールの危機の時代であるとともに、思想的に自由であった時代に二〇歳代の青年期を送っていることである。

さて、以上のような体制で翌五日から実質的な作業にとりかかった。とにかく一週間で成案をつくるのであるから、それはまさに殺人的な作業となった。運営委員会で秘書的な役割をはたし、のち運営委員の一人、ハッシーと結婚することになるエラマンはその仕事ぶりをこう回想する。

「第一〔生命〕相互ビルの最上階に簡易食堂があり、そこでサンドイッチの立食いなどをしながら、夜も白々となるころまで働いた。明方、宿舎に帰ってシャワーを浴び、一時間ほど仮眠して、また定刻八時には全員が集まって草案作りをやった。女の私も同様でした」(44)

Ⅵ　GHQ案――「戦争の放棄」の深層

「戦争の放棄」の発案者

通称マッカーサー草案と呼ばれるGHQ案の中でもっとも特徴的なのは「戦争の放棄」条項――現行憲法第九条――であろう。この条文がいかなる過程を経て作成されたか、それは今日にいたっても最大の論争点となっている。「戦争の放棄」は「マッカーサー三原則」の中で明確に示されており、その点で問題はないのであるが、その発案者は幣原だとマッカーサーが述べた時点から幣原説が浮上してきた。マッカーサーがこう述べたのは、朝鮮戦争で最高司令官を解任されて帰国した一カ月後の一九五一年五月五日、上院軍事・外交合同委員会の聴聞会での証言であった。

この証言は「われわれは四十五歳であるのに対して、日本人は十二歳の少年のようなものでありましょう(1)」と「日本人十二歳説」を唱えて日本人にかなりのショックを与えて有名になった一連の証言の中で行われた。マッカーサーはこれにとどまらず自らの『回想記』でも幣原説を唱えた。この『回想記』が書かれたのは、一九六四年のことであるが、幣原首相との会談は、「三原則」を示した時より少し前のことである。

幣原男爵は一月二四日(昭和二十一年)の正午に、私の事務所をおとずれ、私にペニシリンの礼を述べたが、そのあと……私は男爵に何を気にしているのか、とたずね、それが苦情であれ何かの提議であれ、首相として自分の意見を述べるのに少しも遠慮する必要はないといってやった。(略)

首相はそこで、新憲法を書き上げる際に、いわゆる「戦争放棄」条項を含め、その条項では同時に日本は軍事機構は一切もたないことをきめたい、と提案した。そうすれば、旧軍部がいつの日かふたたび権力をにぎるような手段を未然に打消すことになり、また日本にはふたたび戦争を起す意志は絶対にないことを世界に納得させるという、二重の目的が達せられる、というのが幣原氏の説明だった。[2]

この『回想記』が世論に与えた影響は甚大であった。憲法制定当時東大総長で政治思想史の南原繁は、『マッカーサー回想記』を——まず『朝日新聞』に連載された段階で——読んで、それ以前に南原が主張してきたことがその回想記で「無用となった」[3]と述べているほどである。

このマッカーサーの記述と同日に、幣原の友人が幣原＝マッカーサー会談の内容を残している。

(幣原は)世界中が戦力を持たないという理想論を始め、戦争を世界中がしなくなる様になるには、戦争を放棄するという事以外にないと考えると話し出したところがマッカーサーは急に立ち上がって両手で手を握り涙を目にいっぱいためてその通りだと言い出したので幣原は一寸びっくりしたと言う。……マッカーサーは出来る限り日本の為になる様にと考えていたらしいが本国政府の一部、ＧＨＱの一部、極東委員会では非常に不利な議論が出ている。殊にソ聯、オランダ、オーストラリア等は殊の外天皇というものをおそれていた。……だから天皇制を廃止する事は勿論、天皇を戦犯にすべきだと強固に主張し始めたのだ。この事についてマッカーサーは非常に困ったらしい。そこで出来る限り早く幣原の理想である戦争放棄を世界に声明し、日本国民はもう　戦争をしないと言う決心を示して外国の信用を得、天皇をシンボルとする事を憲法に明記すれば、列国もとやかく言わず天皇制へふみ切れるだろうと考えたらしい。……これ以外に天皇制をつづけてゆける方法はないのではないかと言う事に二人の意見が一致したのでこの草案を通す事に幣原も腹をきめたのだそうだ。(4)

この会談録は、幣原の友人で枢密顧問官の大平駒槌の娘、羽室ミチ子が、幣原が大平に語った内容を大平から聞いて書き残したもの(羽室メモ)である。ここから、憲法九条の発案者は幣原だとの主張が生まれてきた。(5)しかし、これらはいずれもマッカーサーと幣原という当事者そのものから、あるいは当事者からの伝聞であることに注意する必要がある。「マッカーサーが」とか、「幣原が」と書くと耳目を引くと考えるためなのか、それとも

「幣原が」とすることによって「日本人が書いた」と日本人の歓心をひきたいためなのか、この手の説は長年にわたって唱えられ、今日にまで至っている。

しかし、事実の検証とは、なによりも足元から始めるべきだろう。GHQ案が日本側に手交された一九四六年二月一三日、その会談の場にいたのは、吉田茂外務大臣、松本烝治国務大臣、白洲次郎終戦連絡中央事務局参与であったが、三人とも幣原が戦争の放棄をマッカーサーに提案したなどとは言っていないし、松本は、幣原に「疑いのない所」と全面否定している。(6) 日本政府もGHQも双方は会談録を、日本側は外務省の通訳が、GHQ側は出席者の三人が、それぞれ残しているが、いずれもそうした記述はない。

三人はGHQ案をさっそく幣原に見せたが、内容があまりにも深刻なので、四人だけの秘密にして、閣議を開くのに一九日までかかっている。幣原が言い出したのであれば、なぜ深刻にならざるを得なかったのか。

閣議には閣僚の厚生大臣・芦田均がいたが、芦田は日記に、「蒼ざめた松本烝治先生が発言を求めて、極めて重大な事件が起つた」と発言し、幣原はじめその他の閣僚も「吾々は之を受諾できぬ」と言ったと書いている。(7)

閣議でGHQ案を受諾することが決まらなかったため、二二日にマッカーサーの直属の部下で、GHQ案を日本側に渡したホイットニー民政局長を、松本、吉田、白洲が訪ねている。そこで、戦争放棄条項について、前文に入れたいと訊ねたところ、ホイットニーはつぎのように答えたという。「此規定は最も顕著に世界の人目を聳動するを要するものなれば断じて条文中に置くべく、余（ホイットニー）は之を第一条に置きたしと考えたる程の規定なり(8)」と言っている。仮に幣原がすでにマッカーサーに伝えていれば、なぜ、ホイットニーは「それは、幣原さんの発案ですから」と言わなかったのか。

こうしたGHQの意向を受けて、閣議は受け入れを「一決」したという。その閣議に出席していた内閣法制局次長の入江俊郎は、閣議で幣原が述べたことを、こう述べている。「〔幣原さんは、GHQの〕交付案で、先方の一番の眼目は、天皇の象徴の規定と戦争放棄の規定である。全然このようなことなどは、そのときまで日本は考えたこともなかったといっていいと思う(9)」ということだ。

かりに幣原が発案者であったなら、戦争放棄を謳ったGHQ案が閣議に出された時に、首相の座にあった幣原が、「受諾できぬ」と言い、ホイットニーに戦争放棄条項を規範力のない「前文に移してほしい」と言い、拒否されると、受け入れを決め「日本は考えたこともなかった」と言うのであろうか。もちろん、吉田も松本も白洲も幣原から戦争放棄構想を聞いていない。

つぎの吉田内閣の憲法担当大臣となった金森徳次郎も、吉田内閣の閣僚にもなっていた幣原について、「幣原さんは閣議では一度もああした信念や憲法の条項にしたいなどということは発言しませんでした」と回想していたという(10)。かりに幣原が発案していたとすれば、憲法担当大臣の金森に、「最初に思いついた私としましては……」などと、なんらかの発言、あるいは助言をしていたに違いないのである。

常識的に考えて、幣原がマッカーサーに戦争放棄の構想を先に伝えていたとすれば、GHQ案が内閣に手交された後、あのようにアタフタせずに「ああ、あれは私がマッカーサーに教えておいたのですよ」とか、なんとか言いつつ、余裕の微笑みを浮かべていたに違いないのである。

しかも、先に述べたごとく、幣原は友人に「戦争を放棄する以外にない」とマッカーサーに語ったとしているのに対し、マッカーサーは、幣原が「いわゆる『戦争放棄』条項を含め、その条項では同時に日本は軍事機構は一切もたない」と言ったとかなり慎重な表現をしている。

幣原は、「戦争の放棄」はその後、日本人に広く知られ、日本国憲法を象徴する言葉となり、「戦争と言えば放棄」と連想しても不思議でない言葉に定着したこともあって、自身が発案者だとしているが、マッカーサーは、「戦争の放棄」条項を、他の条項との関連で「戦争の放棄」を極めて軍事的かつ政治的な戦略として考えていたのである。

マッカーサー自身(マッカーサー三原則)は、否GHQ案も、その後の日本人が深く信じて疑わないように、「戦争の放棄」と言ってきたが、最初、彼らは「放棄」とは言っていないのである。なんとも皮肉な結末である。

「戦争の放棄」でなく「戦争の廃止」

すでに本書のなかでも「戦争の放棄」という言葉を使ってきているが、マッカーサー三原則も、GHQ案も「戦争の放棄」とは、言っていないのである。驚くべきことに、書かれていたのは「戦争の廃止」であった。

あらためて「マッカーサー三原則」の「戦争」部分を再現するとはつぎのごとくである。

War as a sovereign right of the nation **is abolished**. Japan renounces it as an instrumentality for settling its disputes and even for preserving its own security.

国権の発動たる**戦争は、廃止する**。日本は、紛争解決のための手段としての戦争、さらに自己の安全を保持するための手段として戦争をも放棄する。

GHQ案の八条一項も「マッカーサー三原則」と大差はない。

Article 8　**War** as a sovereign right of the nation **is abolished**. The threat or use of force is forever renounced as a means for settling disputes with any other nation.

第八条　国権の発動たる**戦争は、廃止する**。いかなる国であれ他の国との間の紛争解決の手段としては、武力による威嚇または武力の行使は、永久に放棄する。

いくらか異なる部分は、「三原則」の「自己の安全を保持するための手段として」の部分が、GHQ案では欠落していること、GHQ案が「武力による威嚇または武力の行使は」を「三原則」に加えている点であろう。しかし、ここの部分は国連憲章の二条4号を用いていることがわかる。「戦争」とは、別なカテゴリーとして「紛争」を定め、これを「放棄」としている点は、マッカーサー三原則もGHQ案もどちらも同様である。

それではなぜ、長年にわたって憲法と言えば「戦争の放棄」と論じられてきたのであろうか。なぜ「戦争の廃止」が長年すっかり忘れられてきたのであろうか。その主要な理由は、後論(本書二一一頁)で触れるごとく、GHQ案を受けて起草された政府の案が、「戦争」と「紛争」を一括して規定して、どちらにも「放棄」という言葉を当ててきており、その後は現憲法でもさほど議論もなく定着したためではなかろうか。

たしかに、マッカーサー三原則にしろ、GHQ案にしろ、日本が二度と戦争ができないようにという、「廃止」という言葉を使っていたことを知らないとしても、日本に対する強い意志が感じられる。

ここから、こうしたGHQ案を「日本弱体化政策だ！」と非難することは簡単なのだが、それは単に日本人を喜ばせるため以外の何ものでもなく、実は、アメリカ人から見ると、その双方の言葉には、日本人が全く考えてもいない、歴史経験があったのである。

アメリカ人にとって「廃止」とは

アメリカ人にとって、「廃止」(abolish)といえば、とりわけ abolish のAを大文字で書けば、それだけで「奴隷制度の廃止」を意味したと言われている。

アメリカで出版されている百科事典"*Encyclopedia Americana*"によれば、「廃止主義者」とは「南北戦争前から戦中にかけて合衆国において反奴隷制運動の過激派集団」を意味し、「『廃止主義者』(abolitionist)という言葉は、一八三五年頃に使われ始めた」という。(11) 第二次大戦までの一世紀半にわたる戦いのなかで、廃止主義者の評価はさまざまであったようであるが、それでも彼等は「道徳的英雄」であった。(12)

アメリカ憲法の修正第一三条は「奴隷制度及びその意に反する苦役は、合衆国またはその管轄に属するいかなる場所においても存在してはならない」と定めている。

こうした憲法上の「廃止」規定にたどり着くに至るまでには、「廃止」を決める以前の段階で、「法律による廃止」とか「奴隷の解放」という考え方があったようであるが、一八六五年に成立した憲法の「廃止」は、一八三〇年代の奴隷制度廃止主義者による激しい廃止運動を通じて生み出されたものであったと見ることができる。

アメリカでは、フレンズ(クエーカー教徒)をはじめとする廃止主義者と、「奴隷制度廃止」に反対する反対派との長期にわたる文明の名による闘いがみられた。(13)

それは遂に、アメリカにとって悲惨この上ない国内戦争であった南北戦争(一八六一～六五年、civil war＝市民戦争という内戦)となり、多大な犠牲を払って、ついに「廃止」という憲法上の勝利を得たのであった。奴隷制の廃止は、アメリカ憲法の「平等」の基軸にあったに違いない。「苦役の禁止」は、ＧＨＱ案を基礎にした日本国憲法の一八条にも同様の規定があり、さらには国際人権規約(市民的及び政治的権利に関する国際規約)第八条にも受け継がれている。

従って、ＧＨＱ案を起草したアメリカ人からみれば、日本が二度と戦争のできない国にするために「戦争の廃止」という用語を編み出したと見ることができよう。

その後、「廃止」は、アメリカのみならず、多くの国々で、「奴隷制度の廃止」をきっかけに、「死刑制度の廃止」(abolition of the death penalty)、あるいは「核(兵器)の廃止」(abolition of nuclear (weapon)、日本語では「廃絶」が使われる)という文明の指標になるような、あるいは人類が共通に抱える課題として今日でも使われており、それを支える人々を廃止主義者(abolitionist)と呼び、いまや死刑廃止国が多くなったこともあり、「死刑廃止国」を abolitionist country と称しているほどである。

「戦争の放棄」への不信——戦争放棄条約の歴史経験

総力戦という前例を見ない悲惨な戦争であった第一次世界大戦を経験した人類は、戦争行為を制限する方向へと向かう。アメリカでは、第一次大戦と第二次大戦の戦間期に、政治指導者も民衆も「戦争違法化」(outlaw war)に関心を持ち、その実現を望んでいたという(14)。

そうした流れの中で一九二八年、日本を含む一五カ国が「戦争放棄条約」(Grand treaty for renunciation of war)に調印した。同条約は、ケロッグ＝ブリアン条約とも言われるが、日本では多くの場合「不戦条約」と言われてきた。

戦争放棄条約は、第一条で「国際紛争解決の為戦争に訴えることを非とし」、かつ「国家の政策の手段としての戦争を放棄すること」を宣言し、さらに第二条で「一切の紛争又は紛議その性質又は起因の如何を問わず平和的手段」によって解決することを定めていた。その意味では、戦争を否認する画期的な条約であった。

ところが、アメリカもイギリスもフランスも、最終的には、同条約における「自衛権は他国による攻撃や侵入がある場合に、自国領土を守るために、自国に攻撃や侵入を行う国家に対して戦争に訴えることを許すものと捉えていた[15]」のである。

日本の場合も同様であった。田中義一首相は、同条約調印後の一九二九年一月、貴族院で、「不戦条約ノ、此ノ満洲ニ対スル事、北満洲ニ於テ治安ガ攪乱ヲセラレルト云フコトデアレバ、日本ハ此自衛権ノ発動ニ依ツテ必要ナル処置ハ執リ得ル、此様ナ場合ニ不戦条約ノ拘束ハ受ケヌト考ヘテ居リマス[16]」。つまり、当時日本の「生命線」であった「満洲」において、治安が攪乱された場合は、自衛権を発動するがそれは不戦条約の「拘束ハ受ケヌ」ということである。

もちろん、国際法学者のなかには、信夫淳平のごとく同条約を強く否定した学者もいた。

信夫は批准直後に雑誌で同条約を、「我が政府当局者が、一方は不戦条約に賛成しつつ他方には自衛権を広義に解するの意図を表白するが如きは、笑うべき一大矛盾である」と一笑に付していたし[17]、同様に国際法学者の松原一雄も「『国策の手段としての戦争』即ち『国家利益増進の為にする戦争』を明文に於いて禁止し乍ら、自衛権の名の下にその同じ戦争を容認するの矛盾を敢えてするものと云わねばならぬ[18]」と指摘していた。

欧州の戦場では、飛行機からの爆撃によって非戦闘員が大量に死傷し、毒ガスによって塹壕のなかで多数の兵士が命を落とすという、従前とは異なった戦争の悲惨さを露呈し、文学が戦争を語り、反戦運動が人々の心をとらえていたのであった。

これに比して、日本では「悲惨な戦争」という認識が薄く、第一次大戦から「歴史の教訓」を学んでこなかった点が大きい。しかも、「不戦条約」と称していたこともあり、「戦争放棄条約」という言葉は、人口に膾炙しておらず、いわんや自衛権を事実上認めていた条約であることなどほとんど知る由もなかったに違いない。しかも日本にとって、第一次大戦とは日露戦争に続く「勝利した戦争」であったのである。

第一次大戦を研究してきた山室信一は、日本人にとって第一次大戦は「希薄な戦争」であり、歴史的に「空白の頁」であったと、つぎのように書いている。「日本人にとって第一次世界大戦とは、当時において自らが交戦状態にあるという意識自体が『希薄な戦争』であり、その後の歴史認識のなかにおいても、戦争成金を生んだものの泡沫《うたかた》のバブルのように消えていったエピソードとして時に想起されるだけの、空白の頁のままに今日まで推移してきているのである[19]」。

こうした日本の「戦間期」認識に対して、GHQの高官はそうは見ていなかった。なかでも、マッカーサーは「日本自身の安全を保持するためであっても、その手段として紛争を放棄する」と自衛権の否定を鮮明にした。「戦争の放棄」では、「戦争放棄条約」が自衛権の名の下に戦争を合理化する可能性があることを現実に知らされていたのである。こうした「戦争」を目前にした時、「放棄」では不十分であり、長い奴隷制の解放に勝利した「廃止」を、いまだ「戦争」に「廃止」を冠した憲法がないことを知りつつ、この憲法では、初めて「戦争」に「廃止」を選択したのではなかったのか。

とはいえ、このGHQ案の第八条はその後は第九条に変わり、「戦争の廃止」は姿を消して、「戦争の放棄」に変わったことは、よく知られている。その変化は、いつ、どこで起きたのか、その点は、XIII章を待っていただくことになる。

本土に平和を、沖縄に基地を

マッカーサーの三原則とGHQ案のいずれもが、「戦争の廃止」を定めていたことは、その主たる目的が日本の平和ではなく、日本が二度と戦争のできない国にしたかったことが浮かび上がってくる。

ただここで忘れてはならないことは、この段階ですでにマッカーサーは、沖縄を本土から事実上「分離」する政策を実施に移していたのである。米統合参謀本部は、一九四五年一〇月に沖縄を日本から分離することを決定し[20]、マッカーサーは、一九四六年一月二九日に日本政府に対し、沖縄を含む「若干の外郭地域の日本からの政治上及び行政上の分離に関する覚書」を発している(SCAPIN-677)。そして、その翌月の二月には、朝鮮人、中国人、台湾人とともに琉球人に「住民登録」を課しているのである[21]。

それは、同時に行われた一九四五年の一二月の戦後最初の「婦人参政権」を付与した改正衆議院議員選挙法では、沖縄県民の選挙権を停止し、現地の沖縄(島)では、ほぼこれと並行して軍事基地の建設が始まっているのである。つまり、マッカーサーにとって「二度と戦争ができない国」とは、本土を意味し、沖縄は別の存在であったということになる。

このように見てくると、「戦争放棄」は、幣原の発案だなどという主張が、いかに戦後認識を欠落させたに等しいものであるのか、詳述する必要はないほど明白であるが、それでは、マッカーサーはなぜ沖縄を本土から分離する必要があったのか、という疑問が残る。

マッカーサーは、当初は「戦争の廃止」を、のちには「戦争の放棄」となるが、これと沖縄との関係について、GHQ案の作成過程ではなにも記録に残していないが、憲法が施行されたちょうど一年後に、すでに日本の再軍備を考えていたアメリカの軍部は、マグルーダー(Carter B. Magruder)米陸軍省次官を日本に送り、日本再軍備の是非についてマッカーサーの意見を聞き取ることになる。ここで、マッカーサーは、再軍備のために日本の憲法の戦争放棄条項を改正することに反対である旨述べるとともに、その正当性をつぎのように意見陳述している。

マッカーサーは、外部侵略から日本の領土を防衛しようとするならば、われわれは、陸・海軍よりまず空軍に依拠しなければならないと指摘した。彼は、沖縄に十分な空軍を維持するならば、外部からの攻撃に対し日本防衛は可能である、と述べた。……さらに彼は、沖縄は、敵の軍事力とウラジオストックからシンガポールに沿ってアジアの海岸線に存在する港湾施設とを破壊しうる強力かつ効果的な空軍作戦を準備するに十分な面積を保有していると指摘した。従って、沖縄の開発と駐留を順調に進めることによって、日本の本土に軍隊を維持することなく、外部の侵略に対し日本の安全を確保することができる、と述べた(22)。

つまり、本土のGHQ憲法案で「戦争の放棄」を定めたことは、沖縄を基地化して、初めて可能になる構想であったと言えよう。

Ⅶ　GHQ案の天皇・人権・地方自治条項

天皇条項――政治と軍事

米国政府にとって、天皇制を残すか否かの問題は、同時に東京裁判に昭和天皇を起訴するか否かの問題であり、米国政府内でも結論は日本の敗戦が決まった時点でも未決定であった。不起訴決定は、現在の研究では一九四六年の一月末のマッカーサーの決断によるとされている(1)。

マッカーサーが、明治憲法の改正をいかに急ぎ、東京裁判の動向に意を用いていたのかがわかる。しかし、だからといって米国政府が対日政策への具体策をまったく持っていなかったわけではない。

既述のように(本書一一七頁)米国政府の最高政策決定機関であったSWNCC(国務・陸軍・海軍三省調整委員会)は、一九四六年一月七日「日本の統治体制の改革」(文書番号・SWNCC二二八)と題する政策決定を行い、マッカーサーに一一日に送付している(なお、SWNCCはその後、NSC(国家安全保障会議)と組織替えされ、現在も米国の最高政策決定機関である)。

そのなかで天皇制に関して「わが(米国)政府は、日本人が、天皇制を廃止するか、あるいはより民主主義的な方向にそれを改革することを、奨励支持したいと願うのであるが、天皇制維持の問題は、日本人自身の決定に委ねられなければならない」とした。

この政策決定からは、最終決定を避けつつも、天皇制の「維持」の方向を示していた。そしてその際の条件を「日本における〔軍と民の〕『二重政治』の復活を阻止し、かつ、また国家主義的軍国主義的団体が太平洋における将来の安全を脅かすために天皇を用いることを阻止するために安全装置が、設けられなければならない」として、以下のような「安全装置」を掲げていた。

(1) 天皇は、一切の重要事項につき、内閣の助言にもとづいてのみ行動するものとすること、

(2) 天皇は、(明治)憲法第一章中の第一一条(陸海軍の統帥権)、第一二条(陸海軍の編制権、軍費決定権)、第一三条(宣戦布告・講和条約締結権)および第一四条(戒厳令布告権)に規定されているような、軍事に関する権能をすべて剝奪されること、

(3) 内閣は、天皇に助言を与え、天皇を補佐するものとすること、

(4) 一切の皇室収入は国庫に繰り入れられ、皇室費は、毎年の予算の中で、立法府によって承認されるべきものとすること。(2)

この政策決定を読むと、確かに天皇制を認め、それを前提にしていないにもかかわらず、なんとその後のGHQの憲法案、さらには日本国憲法の天皇条項そのものであることが判り、このSWNCC二二八は、米国政府の対日政策の基本文書であることをあらためて知らされるのである。

天皇条項の起草

マッカーサーが定めた憲法改正の「三原則」は、その第一で、「天皇は国の最高位の地位にある」としていた。それがGHQ案に至って「象徴」へと変化したのである。しかもそれは、GHQ内で起草に着手した「天皇に関する小委員会」の最初の案も「皇位は、日本国の象徴であり、日本国民統合の象徴であって、天皇は、皇位の象徴的体現者である」とあり、「象徴」は変わっていない。

この案は、運営委員会では天皇が象徴であることに異論はなかったが、天皇の国民に対する役割が示されていない。この点について運営委員会での議論はつぎのようであったという。

主権の所在を定める最初の(第一条の)条文の削除が命ぜられた。前文の中で主権は国民に存するとされており、それ以上ふえんする必要はないからである。運営委員会は、天皇の役割を規定する際に"reign"(「君臨する」)という文言を用いることに異議を唱えた。ラウエル中佐は、日本の用語法では「君臨する」という言葉は「統治する」("govern")という意味をも含むものである旨を指摘した(3)。

たしかに小委員会の案では、「天皇は……統治する」とも「天皇は……君臨する」とも定めていない。実に静的である。イギリスの立憲君主制を表す言葉として、ジョージ1世時代から「国王は君臨すれども統治せず」という、「統治」でなく「君臨」のみをすることを「立憲君主制」とされているが、運営委員会は、どちらも否定している。

また、小委員会の案のごとく、主語が「皇位」であった場合は、「皇位は、日本国の象徴」という言い方は、そもそも問題を孕んでいたのではないのか。というのは、「象徴」とは、抽象的なものを具体的な形で示す場合に用いると言われる。たとえば、「さくらは日本の象徴」のように。ところが、「皇位」は、「さくら」のごとく目に見えるものではなく、具体的ではないので、「象徴」の主語にはなりにくい。

ところが上部機関である運営委員会は、この小委員会案について別の意味から修正を求めたのである。

この章の第一条で、皇位という言葉と天皇という言葉が並び用いられていることは、象徴の二重性の問題を生じている。簡明なものにするために神秘主義的な語感をもつ皇位という言葉は棄てられ、「天皇は、日本国の象徴であり、日本国民統合の象徴であつて……」と改められた(4)。

結果的にはこの条文が現行の日本国憲法第一条になっているが、そこにも問題がないわけではなかった。それは確かに「皇位という言葉と天皇という言葉が並び用いられ」、つまり「皇位(Imperial Throne)」と「天皇(Emperor)」が「並び用いられ」ていたので、それを解消するため主語を天皇にして「天皇は、日本国の象徴」としたが、元来、「象徴」の主語は、具体的なものであるばかりでなく、「さくら」や「皇位」のごとく静的なものである。ところが「天皇」は動的な存在なのである。

このように考えると、すでに憲法研究会の憲法案で「天皇ハ……国家的儀礼ヲ司ル」という案が示され、少なくとも運営委員会のメンバーは知っていたと考えられるが、その言葉は用いず、「象徴」を選んだのは、マッカーサーの軍事秘書のボナ・フェラーズ(Bonna Fellers)が天皇の地位を「symbol(象徴)」と一九四五年の一〇月という早い段階で示していたことに依っているのではないのか。

それればかりでなく、英連邦の構成等を示すウエストミンスター憲章(Statute of Westmimster, 1931)で、「王位は、イギリス連邦構成国の自由な連合の象徴であり、構成国は王位に対する共通の忠誠によって結合されている」(the Crown is the symbol of the free association of the British Commonwealth of the Nations, and as they are united by a common allegiance to the Crown)と定められている。(5)

これを見ると、運営委員会は「象徴」というキーの言葉を大切にしていて、「天皇」と

「象徴」との関係を見ていなかったのではないのか。つまり、ウエストミンスター憲章は、「王位(Crown)は、連合の象徴」としていて、「王位」＝王冠も「連合」も、どちらも静的なものである。それに対して、「皇位」＝玉座が「天皇」に修正されたことによって、静的なものから動的なものへと変化してしまったのである。

たしかに象徴天皇制は、日本人の歴史経験やその下で形成された精神が、日本人に適合した制度と見られているが(一三三頁参照)、それは「天皇の象徴行為」であって、「天皇自身が象徴」であるとはいえないだろう。

そのほかは、天皇条項は、後に日本政府とのやり取りで大きな問題となった、日本政府が皇室典範を「勅令」としている点は、「国会の議決した皇室典範」と「法律」に修正した点はGHQ内では一貫していたし、天皇は「内閣の輔弼」と考えた日本政府に対し、GHQでは、SWNCC二二八以来「内閣は、天皇に助言を与え、天皇を補佐するものとすること」で一貫しており、さらには「天皇の国事行為」も制限列挙方式をはじめからとっており、たいした修正もなくGHQ案は起草されていた。

人権条項の起草

つぎにGHQ案の大きな特徴は、その人権条項にある。同案は全九二カ条から成るが、人権規定はそのうち三一カ条に及び、全体の三分の一を占めている。この部分を担当したのは言うまでもなく「人権に関する委員会」の三人である。この三人の経歴をみると、年齢に差はあっても、共通してその体験は豊かである。(6)

三人のうちで中心的位置にあったロウストは、カリフォルニア出身で四七歳。オランダのライデン大学医学部を卒業後、シカゴ大学で人類学および社会学を研究して博士号を受ける。さらに南カリフォルニア大学で国際関係、法律、経済を研究し、インドやアメリカの大学で教鞭をとり、その後連邦政府の余剰物資取引局などに勤務のあと、一九四二年二月以来兵役に服し、オランダ海軍、オーストラリア海軍との連絡将校を務めた。

ワイルズは、日本では『東京旋風』(時事通信社、一九五四年)の著者として知られるが、デラウェア出身の五五歳。ハーヴァード大学で経済学を学び、卒業後、ペンシルバニア大学で修士、博士を取得し、さらにテンプル大学で人文学博士を取得。ベル電話会社社員、新聞記者、高校教師、雑誌の主筆などを経験。一九二四～二五年に慶応大学で経済学を講じたほか、"Social Currents in Japan"(1927)など日本関係の著書をもつ日本通。

最後の一人、ベアテ・シロタは、ウィーン生れの弱冠二二歳。ピアニストで東京音楽学校(現在の東京芸術大学)教授の父と五歳の時から一〇年間日本で過す。ミルズ大学(カリフォルニア)卒業後、日本語の能力を生かしてタイム誌の外信部日本課、政府の外国経済局に勤務した。

三人に共通して、まず気がつくことは、様々な豊かな経験があるにもかかわらず、法律を専攻もしくは職業としたことは一度もないことである。しかし彼ら、とくにロウストとシロタは戦間期という緊張した国際社会の中で複数の国を渡り歩き、また様々な専攻や職業を経たことで、人権という人種や民族をこえた「人間の生来の権利」を起草するには、立法技術だけを身につけた法律家以上に適した資格をもっていたとも言えよう。一方ワイルズとシロタは戦前日本に滞在した、いわゆる日本通であり、明治憲法下での日本の人権状態を肌で知っていた。

ＧＨＱ案の人権規定が、明治憲法と異なり国籍や人種にとらわれない規定となっていることは、こうした三人の体験とは無関係ではないだろう。この三人の起草した案にはつぎの二カ条[7]が含まれていた。

　第　条　すべての自然人は、法の前に平等である。人種、信条、性別、カーストまたは出身国により、政治的関係、経済的関係、教育の関係および家族関係において差別がなされることを、授権しまたは容認してはならない。（以下略）

　第　条　外国人は、法の平等な保護を受ける。犯罪につき訴追を受けたときは、自国の外交機関および自らの選んだ通訳の助けをうける権利を有する。

これは「国民の権利」をはるかにこえて「人間の権利」を規定したものであった。しかも、これらの条文は決して小委員会独自の発想ではなく、かなり基本的な米国の政策であったことに気づく。米国政府は、一九四六年一月七日付で「日本の統治体制の改革」（ＳＷ

NCC二二八)を決定し、直ちにマッカーサーにあてて送付している。表題からもわかるとおり憲法に対する基本的な政策文書と見ることができる。この文書の「結論」部分で人権に関してつぎのように述べている。

「日本臣民および日本の統治権の及ぶ範囲内にいるすべての人(to Japanese subjects and to all persons within Japanese jurisdiction)の双方に対し、基本的な人権を保障する」(8)。

これら文書に盛られた考え方は、国籍保有者＝人権の保有者といった国民国家的な考え方から脱し始めたことを意味しているといえよう。もちろん日本の場合だけではなく、日本と似た戦後を歩み出したドイツの場合(連邦共和国基本法〈一九四九年〉)も権利主体が「ドイツ人」から「何人も」を規定することによって外国人を権利主体に含める場合が多くなった。後に述べるごとく日本政府は前の条文の「出身国」(National Origin)を削除し、後の条文全体を削除してしまった。しかしこの二カ条は二月八日の運営委員会との協議ではほとんど問題とならず、いくらか修正された程度でGHQ最終案につぎのごとく盛り込まれた。

第十三条　すべての自然人は、法の前に平等である。人種、信条、性別、社会的身分、カーストまたは出身国により、政治的関係、経済的関係または社会的関係において差別がなされることを、授権しまたは容認してはならない。

第十六条　外国人は、法の平等な保護を受ける。

さらにまた明治憲法下で無権利状態におかれていた「女性の人権」についても人権委員会の案ではかなり具体的な規定が置かれていた[9]。

第　条　家庭は、人類社会の基礎であり、その伝統は、善きにつけ悪しきにつけ国全体に浸透する。それ故、婚姻と家庭とは、法の保護を受ける。婚姻と家庭とは、両性が法律的にも社会的にも平等であることは当然である〔との考え〕に基礎をおき、親の強制ではなく相互の合意に基づき、かつ男性の支配ではなく〔両性の〕協力に基づくべきことを、ここに定める。これらの原理に反する法律は廃止され、それに代わって、配偶者の選択、財産権、相続、本居の選択、離婚並びに婚姻および家庭に関するその他の事項を、個人の尊厳と両性の本質的平等の見地に立って定める法律が制定されるべきである。

かなり長い条文であるが、ここには男性中心の日本の家庭を改革する決意が込められている。さきのマッカーサー三原則には「封建制度は廃止される」の一項が含まれていたが、家族制度や女性については触れられていない。これは日本の家庭における女性の地位の低さを知っていたワイルズやシロタの考え、なかでも女性として少女時代の体験をもつシロタの考えが反映されている。この条文は運営委員会でも異論なく、多少手を加えてGHQ案の二三条となる。つぎに女性を社会福祉の面で保護する規定が準備された。

第　条　法律は、生活のすべての面につき、社会の福祉並びに自由、正義および民主主義の増進と伸張を目指すべきである。(略)この目的を達成するため、国会は次のような法律を制定するものとする。

妊婦および乳児の保育に当たっている母親を保護援助し、乳児および児童の福祉を増進し、嫡出でない子および養子並びに地位の低い者のために正当な権利を確立する立法。(以下略)

シロタは起草にあたり「ワイマール共和国とスカンジナヴィア諸国の憲法と法律が、最良の指針となった[10]」と回想しているが、たしかに右の規定はワイマール共和国憲法一六一条と酷似している[11]。しかしこの条文は運営委員会の反対にあった。運営委員会は「こういう規定は制定法の定めによるべきもので、憲法の関与すべきものではない」と考えたのである。これに関して人権委員会の中心にいたロウストは情熱を込めて反論した。「日本ではこのような規定を入れることが特に必要である。というのは、日本では、これまで、国民の福祉に対して国家が責任を負うという観念はなかったのであり、この観念が一般に受け容れられることを促進するためには、憲法上それを謳っておく必要がある。現在日本では、婦人は動産に等しく、父親の気まぐれによっては庶子が嫡出子に優先するし、米の作柄の悪いときには農民は娘を売ることもできるのである[12]」。ここには女性や子どもの人権を無視し続けてきた日本をよく知る人権委員会のメンバーの「改革者的情熱が顕著にあらわれている」(13)といえよう。

運営委員会との意見の相違はなかなか合意に到らなかったようである。最終的にはホイットニー民政局長の判断を仰ぐことになる。ホイットニーは「社会立法に関する細かな点は省略する方がよいが、社会保障制度を設くべしという一般的な規定は置くほうがよい」(14)と断を下した。ホイットニーの判断に従いGHQの最終案は、人権委員会の先の草案の総論的規定はほぼそのまま残したが、妊婦、乳児、児童、庶子、養子の保護立法部分を全面削除したものとなった。

起草にあたったベアテ・シロタは、この忘れがたい悔しい思いを後年つぎのように回想している。「激論の中で、私の書いた〝女の権利〟は、無残に、一つずつカットされていった。一つの条項が削られるたびに、不幸な日本女性がそれだけ増えるように感じた。痛みを伴った悔しさが、私の全身を締めつけ、それがいつしか涙に変わっていた(15)」。

ベアテ・シロタ(結婚後はベアテ・シロタ・ゴードン)は、二〇一二年末にニューヨークで世を去った。八九歳であった。たしかに、女性の権利は長年にわたって無視され続けてきた。非嫡出子(庶子)の遺産の相続分は、嫡出子の二分の一と定められたままであった(民法九〇〇条四号)が、ベアテ死後の二〇一三年九月に最高裁判所は違憲と判断し、同年末に法改正が行われ嫡出子と同等の相続と改められた。

地方自治の原型

最後にもう一点、GHQ案の特徴として地方自治制度を挙げておこう。日本にはこの時点までは地方自治という制度は存在しなかった。したがって、すでにみたごとく幾多の憲法草案をみても地方自治に言及したものは、ひとつを除いて外にない。そのひとつとは意外にも佐々木惣一案である。[16]佐々木は一章三カ条を設けている。といってもすでに述べたごとく今日の概念からする地方自治とはかなり異なり、「国必要ヲ認ムルトキハ」地方団体を置くことができる、というにすぎないものであるが、それはやはり画期的であったといえよう。

地方自治の章は、地方行政に関する委員会のティルトン、マルコム、キーニが担当した。ティルトンはアリゾナ州出身で当時四四歳。カリフォルニア大学、ハーヴァード大学ビジネス・スクール卒業。ハワイ大学、コネティカット大学で教えたことがあり、著述業、コンサルタント、物価統制局の行政官になったこともある。極東の経済・行政について研究し、日本、中国、朝鮮を旅行したことがある。[17]この経歴をみるかぎり日本の地方行政に全く予備知識がないわけではないが、けっしてその方面の専門家ではなかったことだけは確かである。そこでティルトンは、はやくも一九四五年一〇月下旬から東京大学の田中二郎(行政法)を招き、日本の地方制度を学び始める。田中は「毎週多いときは三回位、普通は一、二回の割合で約三〇回にわたり[18]」翌年三月までGHQに通ったという。「もともと、ほとんど何らの予備知識なしにやってきたのでしょうが、だんだん話を聞いては実情を確かめて、また次の話を聞くということをずっと重ねていったものですから、その翌年の一月くらいまでの間には相当のエキスパートになってきたように思いました」[19]。田中はこう回想している。

さてこのティルトンらによって起草された委員会原案は、三カ条からなり、章には Local Government とタイトル名が付けられた[20]。これをどう訳すか、「地方政治」とするか、「地方行政」とするか迷うところであるが、「地方行政」と一応訳すとして、とにかく「地方自治」ではなかった。その第一条は「都道府県、市、町、および村の政府」は、課税・徴税権、警察設置・維持権などの権限を有する、とあり、そのために第二条で「憲法および国会の制定した法律と調和するような法律および命令」制定権を与える、というものであった。第三条では都道府県市町村の首長と議員の公選を定める[21]。ところがこの委員会案は運営委員会との会合で「不十分なものとして棄て去られ、運営委員会によって新たな案が作成された[22]」。運営委員会案とGHQ最終案との間には、内容においてほとんど変わりがないので、ここではGHQ最終案[23]を掲げておく。

第八章　地方行政

第八六条　都道府県知事、市長、町長、その他下位の政治体で法人となつており、課税権を有するもののすべての首長、都道府県および市町村の議会の議員並びに都道府県および市町村その他の吏員のうち国会で定めるものは、それぞれの自治体内において住民の直接選挙によつて選ばれる。

第八七条　都、市および町の住民は、自らの財産、事務および行政を処理する権利並びに国会の制定する法律の範囲内において、自らの基本法(charters)を定める権利を奪われることはない。

第八八条　一般法を適用できる都、市または町に適用される地方的または特別の法律は、その地方自治体(community)の有権者の過半数の同意を条件とするのでなければ、国会は、これを制定してはならない。

GHQ最終案は、まず八六条で都道府県市町の首長と都道府県市町村の議員などの公選制を定めているが、これは委員会案三条と大差ない。つぎに八七条で都市町に基本法(charters)制定権を与えている。これは委員会案と基本的に異なり都市町と道府県とを区別し(村については不明)、都市町に都市自治を保障するものである。道府県に基本法制定権を与えなかった理由は「日本はあまりに小さすぎ、州権というようなものはどんな形のものも認められず、また地方団体(Local Communities)の保護は議会と裁判所に任せて大丈夫だと考えられた(24)」ためだとされている。ここにいう基本法(charters)は米国の地方制度でいう州の下にある郡(county)に保障されたcharter(一般には「憲章」と訳されることが多い)を意味しているものと思われるが、それがどの程度の自治権の保障を構想していたのかは不明である。なおGHQ案八八条は現憲法九五条(地方自治特別法)にほぼそのまま生かされることとなる。

このようにして運営委員会と各委員会は会合を持って各委員会案を検討していった。GHQ案はこの他にも土地国有、一院制国会を定めるつぎのような条項を含んでいた。

第二八条　土地および一切の天然資源に対する終局的権限は、国民全体の代表としての資格での国に存する。土地その他の天然資源は、国が、正当な補償を支払い、その保存、開発、利用および規制を確保し増進するために、これを収用する場合には、このような国の権利に服せしめられるものとする。

第四一条　国会は、選挙された議員による一院で構成され、議員の定数は三〇〇人以上五〇〇人以下とする。

もっとも最後の四一条の一院制は日本政府との「取引きの種として役に立つことがあるかもしれぬ[25]」とのケーディスの判断で加えられたという。「われわれが一院制を提示し日本側がその採用に強く反対したときには、この点について譲歩することによって、もっと重要な点を頑張ることができよう[26]」と考えたというのである。

Ⅷ　第二の「敗戦」

松本案へのＧＨＱの評価

民政局は極秘で憲法草案の起草作業を急ぐ一方で、日本政府にたいして政府案の提出を要求していた。そこで、二月七日、松本憲法問題調査委員長は、天皇に拝謁し「憲法改正要綱」を提出して説明した。これに対して天皇は「憲法改正要綱」へはすぐには答えず、松本はその翌日にＧＨＱに対し「憲法改正要綱」とともに、「説明書」を提出している。天皇は松本がＧＨＱに「憲法改正要綱」等をＧＨＱに提出した翌日の九日に松本の「憲法改正要綱」にたいする考えを『昭和天皇実録』に残している(本書一〇〇頁)。つまり、松本は、天皇の考えを聞くことなくＧＨＱに「憲法改正要綱」を提出したことになる。

ところがＧＨＱ側はこれを正式に受けとったとは解していないようである。「日本側から非公式に提出された」[1]と解している。さらにこの「憲法改正要綱」を政府案とは認めていなかったようであり、政府案という記述をＧＨＱ文書から見出すことはできず、松本が提出した「改正案」は、「松本甲案」とされている。[2]

それはともかく、この松本案を受け取った民政局行政部は、ちょうどGHQ案の作成が終わった二月一二日付で、批判のための「覚書」をまとめている。(3) さすがにGHQ案の起草を終えた時だけに、批判の視点はかなり明確となっている。批判の基軸をポツダム宣言に据え、「ポツダム宣言の諸目的を充足したといえる」かどうか、一〇項目に整理している。

その第一項目では、天皇の地位を扱い、

「日本国国民の自由に表明せる意思に従ひ平和的傾向を有し且責任ある政府が樹立」〔ポツダム宣言一二項〕されること。このことは、主権が国民にあることを意味する。

〔コメント〕

a 第一章の第一条ないし第六条については、第三条の「神聖ニシテ」という言葉を、「至尊ニシテ」と改正しようとしているにすぎない。これでは、主権はこれまで通り完全に天皇に属することになり、主権についての観念には基本的には変更が加えられていないことになる。

b 第五条に対しては、全く改正が提案されておらず、天皇は依然として立法権を行使するものとされている。

c 第七条により、天皇は依然として衆議院を解散しうる。松本案(要綱二)は、この点に対し実質的変更を加えるものではない。

以下国民主権、立法府の権限、人権、地方自治等々にわたる。このように民政局の覚書は、ポツダム宣言との対比において松本案を全面的に批判するものであった。

GHQ案の手交

さて、憲法草案の起草を終え、松本案への覚書を作成したGHQは、いよいよ二月一三日を迎える。GHQとの交渉に深いかかわりをもった佐藤達夫(法制局第一部長)は、後年憲法制定史をふり返る中で「この日こそは〝日本国憲法受胎の日〟ともいうべき歴史的な日」[4]と記している。

ところが日本政府にとって「この日」とは先の二月八日提出の松本案への回答をもらう日にほかならなかった。GHQ案が示されることなど思いも及ばなかった。会談の場となる麻布の外務大臣公邸のサンルームでは吉田外務大臣、松本国務大臣、白洲次郎終戦連絡中央事務局参与、長谷川元吉外務省通訳官がテーブルの上に松本案をひろげてGHQスタッフを待ちうけていた。そこへ一〇時ちょうど、ホイットニー民政局長がケーディス、ヘイズ、ハッシーを従えてやってきた。

この会談については日本側、GHQ側双方の会談録が残されている。日本側のものは全文約八〇〇字、作成者の署名はないが、たぶん長谷川通訳官作成のものと思われる[5]。一方、GHQ側のものは、量的には日本側の約七倍、作成者としてケーディス、ラウエル、ハッシーが署名している。(6) しかし内容上は大きな相違点はない。

双方の会談録をもとに、会談を再現すると、「先ツ『ウイトニ』(ホイットニー)ヨリ口ヲ開キ日本案ハ全然受諾シ難キニ付自分ノ方ニテ草案ヲ作成セリトテ持参ノ草案ヲ提示ス」。日本側記録は会談の模様をこう書き始め、その後はすぐ「松本国務相一読ノ後」と続く。しかしGHQ側記録はGHQ案を受け取った日本側の様子をこう記している。「ホイットニー将軍のこの発言に、日本側の人々は、はっきりと、ぼう然たる表情を示した。特に吉田氏の顔は、驚愕と憂慮の色を示した。この時の全雰囲気は、劇的緊張に満ちていた」。

松本案への回答があるとばかり考えていた四人にむかってホイットニーは開口一番「日本案ハ全然受諾シ難キニ付自分ノ方ニテ草案ヲ作成セリ」と述べたのである。意表をつかれ「ぼう然たる表情」の四人の前でケーディスらによってGHQ案が配られた。GHQ案は縦三三センチ、横二〇センチ、B4判よりかなり縦長のリーガル・サイズと呼ばれる用紙にタイプされ、これが二一枚で一綴になっていた。GHQ側はこれを二〇部作成し、これに通し番号をふり、一番と二番をマッカーサーに提出し、三、四、五番を民政局にそれぞれ保管し、六番から二〇番までの一五部を持参してきていた。厚手の紙であったから、かなりの厚さになったと思われる。まず吉田に「6」が、そして松本に「7」が、長谷川に「8」が配られた。番号は表紙の右下に小さく記されていたが、これに気づくほど余裕のある者は日本側にはだれもいなかった。

最後に白洲に「9」から「20」までが一括して渡されたあと、ケーディスは「日本国憲法草案、文書番号六番から二〇番まで十五部、ケーディス大佐より受領しました」[7]とタイプされた一枚の紙を白洲に渡し、署名を求めた。白洲はメモするため持っていた鉛筆でサインをしてケーディスに返した[8]。つづいてホイットニーは「私も私の属僚も、ここで退席し、あなた方が自由にこの文書を検討し討議できるようにしたいと思います」[9]と述べ公邸の庭に出る。このときGHQ側の記録によると一〇時一〇分であったという。こうして二、三〇分経ってからGHQ側は再びサンルームに入り、会談は再開される。ここでホイットニーはこのGHQ草案を提示する意味を述べている。日本側の記録はそれを要約してつぎのように記している。

「ウィ」(ホイットニー)ハ本案ハ内容形式共ニ決シテ之ヲ貴方ニ押付ケル考ニアラサルモ実ハ之ハ「マカーサ」元帥カ米国内部ノ強烈ナル反対ヲ押切リ天皇ヲ擁護申上クル為ニ非常ナル苦心ト慎重ノ考慮ヲ以テ之ナラハ大丈夫ト思フ案ヲ作成セルモノニシテ又最近ノ日本ノ情勢ヲ見ルニ本案ハ日本民衆ノ要望ニモ合スルモノナリト信スト言ヘリ[10]

つまりホイットニーはGHQ案を日本側に押しつける考えはないが、これは天皇擁護のためであり、しかも日本民衆の意識に合致したものだ、と述べたというのである。GHQ側の記録もほぼ同様で大意において違いはないが、実に具体的に生き生きとその場面を再現している。後年、議論となる点でもあり、長くなるが部分引用をしておく。

ホイットニー将軍は次のように述べた。

……最高司令官は、最近各党が公にした政綱が憲法改正を主たる目的としていることを知り、また国民の間に憲法改正が必要だという認識が次第に高まっていることを知りました。国民が憲法改正を獲得できるようにするというのが、最高司令官の意とするところであります。

あなた方が御存知かどうか分かりませんが、最高司令官は、天皇を戦犯として取調べるべきだという他国からの圧力、この圧力は次第に強くなりつつありますが、このような圧力から天皇を守ろうという決意を固く保持しています。これまで最高司令官は、天皇を護ってまいりました。それは彼が、そうすることが正義に合すると考えていたからであり、今後も力の及ぶ限りそうするでありましょう。しかしみなさん、最高司令官といえども、万能ではありません。けれども最高司令官は、この新しい憲法の諸規定が受け容れられるならば、実際問題としては、天皇は安泰になると考えています。(中略)

最高司令官は、私に、この憲法をあなた方の政府と党に示し、その採用について考慮を求め、またお望みなら、あなた方がこの案を最高司令官の完全な支持を受けた案として国民に示されてもよい旨を伝えるよう、指示されました。もっとも、最高司令官は、このことをあなた方に要求されているのではありません。しかし最高司令官は、この案に示された諸原則を国民に示すべきであると確信しております。最高司令官は、できればあなた方がそうすることを望んでいますが、もしあなた方がそうされなければ、自分でそれを行なうつもりでおります(11)。

このあと松本国務大臣がGHQ案にある一院制について質問し、最後にこの会談があったこととGHQ案が手交されたことを秘密とすることで双方合意するが、これを申し出たのは日本側の記録によるとホイットニーであり、GHQ側の記録によると吉田となっている。これが唯一の記録上異なる点である。会談は一一時すぎ終了した。

以上のごとく、この二月一三日という「受胎告知の日」の場面は、双方の公式記録に見るかぎり、ほぼ一致しており、争うべきところはほとんどみられない。GHQが日本側に「押しつけ」たと断定するほどのものはない。むしろホイットニーは「押しつけ」でないことを強調し、日本側もこれを記録に残している。この点が問題となるのはもう少し後のことである。むしろこの二月一三日から数日間は日本側は「敗戦」意識が希薄で楽観的であった。とくに松本は元気だった。

吉田は表には出てこない。もっぱら秘書役の白洲がGHQとの間を往復していた。白洲は一八歳でイギリスに渡りケンブリッジ大学を卒業、その後イギリス大使であった吉田の知遇を得、〝蔭の人〟となって吉田と行動を共にする。ただ英語を上手に使いこなすだけでなく「歯に衣きせずズケズケとしゃべりまくるのが吉田の心を捉えた」[12]。したがって、このGHQとの交渉にはまさに適役であった。

ケーディスは白洲の〝蔭の人〟ぶりを示すこんなエピソードを紹介している。「彼はほとんど毎日、私たちのオフィスにやって来ました。しかも、エクゼクティブ・オフィサーを通さず、裏口から入ってきてドアーをノックし、『ミルクマンです。ミルクのご用はありませんか』と言って入ってくるのです」[13]。イギリスでは三時ごろになるとミルクマンが紅茶とクッキーを持って鈴をならしながらオフィスを回る。白洲らしい機智と度胸である。しかし憲法制定のこの役は結果的には〝汚れ役〟になったのであるから、吉田が表に出ず、白洲にその役を演じさせたことで吉田はその政治生命をどれだけ救われたか計り知れない。白洲がいなかったとしたら、吉田はその数カ月後に首相となることはなかったかも知れない。

政府の対応

白洲はその日(二月一三日)の午後と翌一四日と、たてつづけにGHQ本部にホイットニーを訪ねている。会談の内容は定かではないが、翌一五日にホイットニーに出した英文の手紙からほぼ内容を察することができる。この手紙は通称「ジープ・ウェイ・レター」[14]と呼ばれているものであるが、手紙は驚くべきことに「松本博士は、若い頃は相当に社会主義者でした」と、あわれなまでに松本の進歩性を売り込み、GHQ草案に「非常にショック」を受けたが、GHQ案と松本案とは「精神においてはひとつ」であると、つぎのように述べる。

「彼(松本)を初め閣僚は、貴下のもの(GHQ案)と彼らのもの(松本案)とは、同じ目的を目指しているが、選ぶ道に次のような大きな差異があると考えています。貴下の道は、直線的、直接的なもので、非常にアメリカ的です。彼らの道は、回り道で、曲がりくねり、狭いという、日本的なものにならざるをえません。貴下の道はエアウェイ(航空路)といえましょうし、彼らの道はでこぼこ道を行くジープ・ウェイといえましょう」

たくみに比喩を使い、松本案はけっして保守的なものではなく、双方の草案に違いはなく、その過程に違いがあるのみで目的は同一なのだと強調し、相手方を取り込もうと試みたのであったが、今回はそうはゆかなかった。「今回は」と書いたのは、窮地に追い込まれると相手との思想上の対立を避け、慇懃に構えて相手を自分の内に取り込むことは、日本の保守政治家の常套手段であり、かのポツダム宣言を受諾するに際しても同宣言が天皇制に触れていないことから、それを「天皇ノ国家統治ノ大権」は変更されないと解し(15)、国民にむかっては「国体ヲ護持シ得」たと公言して、とにかく占領下をなんとか半年過してきたという前歴があるからである。

ホイットニーは翌一六日、白洲に手紙を書いて、再び、いまGHQ案を受け入れないと

「外部から日本に対して憲法が押しつけられる可能性がかなりあり」、その場合は、GHQ案で「最高司令官が保持できるよう計っておられる伝統と機構さえも、洗い流してしまうようなものとなる」[16]と、GHQ案が天皇制を護る最終案であることを理解できない日本政府に警告をくり返し、「ジープ・ウェイ・レター」にまったく関心を示さなかった。

一方、松本は白洲とは違った方法でGHQとの接触を試みた。松本は実に意気揚々としていた。松本にとってGHQ案は法律を知らない素人の案にすぎなかった。とくに一三日の会談の折、GHQ案にある一院制について質したときのホイットニーの答えは全く体をなしていないと考えていた。後年松本はつぎのように回想している。「私の知っているところによれば、大国で一院制をとっているものはほとんどないように思うが、どういう理由でそういうことをされておるのかと言いましたところ、……日本には米国のように州というものがない。従って上院を認める必要はない。一院の方がかえって簡単だ。シンプルという言葉を使っておりましたが、そういう答えをされた。これは全然議会制度を知らない人の答えである」[17]。

そこで「法学博士・松本烝治」が、二院制はチェック機能として必要なものなのですよ、と教えてあげた。それを聞いて、「向うから来ている四人の人は、顔を合わせて、なるほどと思ったらしいのです。初めて二院制というものはどういうわけのものであるのか、チェック・アンド・バランスということは、どういうことをいうのであるかということを知ったというような顔をしたので私はただ驚きました。そしてこういう人のつくった憲法だったら大変だと思ったのです[18]」。

いかにも「自信家」の松本らしい受けとり方である。しかしこのGHQ案の一院制は、すでに述べたごとく、作成の最終段階で、日本政府との「取引きの種として役に立つことがあるかもしれぬ」という、きわめて戦略的に、承知の上でケーディスが入れたものであった。しかし「自信家」の松本には、相手が「自分達の思うようになってきたぞ」と思って松本の方を見ていた顔が、「なるほどと思った」顔に見えたのであろう。ヤボな自信ほど恐ろしいものはない。松本は得意であった。相手は「どうもあまり憲法というものは知らないのではないか、議院制度もわからないようなのだから、少し教えてやる方がいいのじゃないか[19]」と考えて、「憲法改正案説明補充」と題する松本案の再説明書を作成して二月一八日、白洲に届けさせる。

「憲法改正案説明補充[20]」はまず、「世界ニ於ケル民主主義的憲法ノ典型」として合衆国憲法と英国憲法とを挙げることができるが、ともに形式は異なっている、と述べたあと、それは「両国ノ歴史、国情及民情」の違いによるものであり、「元来一国ノ法制ハ其ノ独自ノ発達ニ待ツ所多シ」。完全に民主主義的憲法といってもワイマール憲法のごとく「目的ヲ達セサルノミナラス却テ」ヒトラーの登場を招いたがごとく「非民主主義的ニ濫用セラレタル」場合もある。

「憲法ハ其ノ国情ト民情ニ則シテ適切ニ制定セラレタル場合ニ於テノミ庶幾スル好結果ヲ来シ得ル」。さきに提出した私の改正案は「外観上ハ分量少ク且微温的ニ見ユルコトアルヘシ蓋シ右ノ改正案ハ形式的ニハ成ルヘク少ク現行憲法ニ触ルルコトニ依リ国民ノ大多数ヲ占ムル保守派又ハ中央派ノ人々ノ無用ノ反感ヲ避ケンコトヲ期シタルモノナレハナリ然レトモ右ノ案ハ実質的ニハ英国式ノ議会的民主々義ノ方向ニ向テ相当大幅ニ歩ヲ進メルモノ」なのである、と自らの案の「進歩性」を説き、「之ヲ比喩的ニ言ヘハ右改正案ハ多数ノ国民ニ呑マセ難キ苦キ薬ヲ糖皮ニ包ミテ呑マセントスルモノナリ」。

たしかにマスコミの評判はよくないが、マスコミは「急進的思想」によっているからであり、「沈黙セル多数ノ保守的思想ヲ看過スルハ危険ナリ」と「声なき声」に耳を傾けるよう警告を発し、最後に白洲同様、GHQ案を「精細ニ研究ヲ遂ケタル結果其ノ形式ニ於テハ当方ノ提出セル改正案ト全然別物ナルモ其ノ之ニ盛ラレタル根本的ノ主義ニ至リテハ二案間ニハ必スシモ初メニ一見シテ感シタルカ如キ大ナル径庭アルモノニ非サルヤト思惟スルニ至リタリ」と結んだ。

この「説明補充」を使者の白洲から受けとったホイットニーは、松本案は検討に値するものではないと答えたあと、GHQ案は閣議にかけられたのかどうかと質し、白洲がかけられたと答えると(実はかけられていない)、国民の要求に応じてGHQ案を手直しすることはさしつかえないが、内閣が四八時間以内に受け入れを決定するよう迫り、もしそうしなければGHQは「直接国民にこの憲法〔草案〕を示して、間もなく行なわれる選挙戦でこの件を主要論点の一つとするでしょう[21]」といい、最後通告を突きつけたのであった。もはや日本政府に抗する手段はなかった。

ついに閣議に報告

GHQ案を手交されてからすでに五日経っていたが、未だ閣議は開かれず、GHQ案を知っていたのは幣原首相とGHQ案を手交された四人だけであった。こうして万策つきてやっと二月一九日になって閣議が開かれた。事ここに至ると松本も意気消沈していた。閣議に出席した厚生大臣芦田均はその時の様子をこう日記に記している。「定例閣議が午前十時十五分に開かれた。蒼ざめた松本烝治先生が発言を求めて、極めて重大な事件が起ったと言はれた[22]」。そのあと松本が二月一三日の会談の模様を報告したことがかなり詳しく書かれている。松本の報告にたいし三土忠造内相と岩田宙造法相が幣原首相とともに「吾々は之を受諾できぬ」と述べたという。しかし芦田はかなり冷静であったようである。「自分はこの時発言して、若しアメリカ案が発表せられたならば我国の新聞は必ずや之に追随して賛成するであらう。其際に現内閣が責任はとらぬと称して辞職すれば、米国案を承諾する連中が出てくるに違ひない、そして来るべき総選挙の結果にも大影響を与へることは頗る懸念すべきことであると[23]」。

このように閣議の意見がまとまらず、結局幣原首相がマッカーサーを訪問することになるが、その前にこの閣議で松本が報告した内容が後年大問題となる。再度『芦田均日記』を引用するとこの部分はつまり二月一三日のホイットニー発言は、つぎのごとく松本によって報告されたと芦田は記している。「其席に於て Whitney が発言して次の趣旨を述べた。『日本側の案は全然 unacceptable である。依つて別案を Scap(連合国最高司令官)に於いて作製した。この案は聯合国側でも MacArthur も承認した。尤もこの案を強制するといふには非ず。日本国民が真に要望する案なりと思ふ。MacArthur は日本天皇を支持するものであつて、この案は天皇反対者から天皇の person を護る唯一の方法である[24]』」(傍点引用者)。

ところが松本は後年当時の手記をもとに自由党憲法調査会で証言(一九五四年七月)し、ホイットニーは「これ(ＧＨＱ案)がなければ天皇の身体の保障をすることはできない[25]」とＧＨＱ案の受け入れを迫った、と述べた。日本国憲法をＧＨＱの「押しつけ」とする主張が戦後長きにわたって一貫してくり返されてきているが、その究極の論拠はこの証言から発している。しかも松本はこの点を忘れがたく強調していたようである。芦田とともに閣議に出席していた入江俊郎法制局長官はこの点をつぎのように記している。

「[松本報告によれば、ホイットニーは]若しこの案を日本側が拒否するなら、エムペラーのパーソンについても重大な変更をしなければならなくなるのではないかと述べた。

（註、この「エムペラーのパーソン」といつたホイットニーの言葉は、強く松本氏の胸を打つて、あとまでも忘れがたく、ひどく印象的であつたと松本氏は入江にも語り、又他の場所でもいつておられた）[26]。」

さて実際はどうであったのであろうか。すでに長々と引用した日本側、GHQ側双方の公式記録をみるかぎり、松本が言うような言葉は見当らない。当日会談に同席した吉田、白洲、長谷川、ラウエル、ハッシーも「そのような発言は覚えていない」と否定しているという[27]。残るは閣議報告であるが、芦田によれば「この〔GHQ〕案は天皇反対者から天皇のpersonを護る唯一の方法」と述べた、とあり、入江によれば「この案を日本側が拒否するなら、エムペラーのパーソンについても重大な変更を……」と述べた、となる。

ここで両者に共通していることは「天皇のperson」＝「エムペラーのパーソン」という言葉を松本が使ったとしている点である。この点は松本証言での「天皇の身体」と一致する。ただ問題なのは「エムペラーのパーソン」という語を使ったか否かにあるのではなく、松本証言のごとく脅迫的に使ったか否かであり、『芦田均日記』ではむしろ逆に天皇を護る警告のごとく使われており内容的には会議録とも一致する。松本証言を裏づける資料はどこにもない。

しかし、松本証言が仮に正しいとしたら、こう申し渡された二月一三日の時点からこの「押しつけ」に松本はかなり深刻になっていなければ辻褄が合わない。ところがすでに見たごとく少なくとも二月一八日までは松本は自信満々であり、ＧＨＱに「少し教えてやる方がいい」と考えていたくらいである。してみると、仮に松本が二月一九日の閣議で一三日の場面を松本証言のごとく報告していたとしても、それは、一八日付の「説明補充」がＧＨＱに全く受け入れられず、逆に四八時間以内の期限付き回答を迫られるなかで、二月一三日にホイットニーが「この新しい憲法の諸規定が受け容れられるならば……天皇は安泰になる」と言ったことが「これ(ＧＨＱ案)が受け入れられなければ天皇の身体の保障をすることができない」と言ったと思い込んでしまう精神状況ができた、あるいは、ＧＨＱ案を受け入れざるを得なくなった理由を脅迫に求めたと解することが、もっとも妥当なのではあるまいか。

さて一九日の閣議で幣原がマッカーサーに会うことを決めたが、ＧＨＱからは一八日に「四八時間以内に回答しろ」と命ぜられていたので、一九日午後、再び白洲がＧＨＱを訪れ、ホイットニーに二二日まで回答の延期を乞い、認められる。この際ホイットニーはマッカーサーに覚書を書いているが、延期を認めた理由をこう述べている。

「私は、白洲氏に、四八時間の延期は十分理由がある、というのは、この憲法草案を十分に理解すれば、それが、天皇の尊厳と一身を護り(protecting the dignity and person of the Emperor)、修正された形で天皇制を護らしめるものであり、世界の諸国民の中で道徳的リーダーシップをとらしめるものであり、連合国から非常な好意をかちえしめるものであり、かつ、連合国による日本管理の期間を著しく短くすることを可能ならしめるものであることに、閣僚が気がつくことは確実であると信ずるからである、と述べました[28]」

ここにはGHQ案の持つ政治的意味がまことによく表われているが、実はこれとほぼ同じことを、いまは表に現われていない吉田茂が三カ月後に首相となって貴族院で述べている[29]。つまり日本政府がGHQ案の政治的意図を理解するのは、かなり後のことである。

GHQ案受け入れへ

かくして二月二一日、幣原首相はGHQ本部にマッカーサーを訪ね、三時間にわたる会談のあとマッカーサーの大演説に納得して帰り、明二二日の朝の閣議でこれを報告している。入江法制局次長によるとこのときの模様を芦田厚相が「筆録」していたという。それによるとマッカーサーは幣原につぎのように語っている。

「吾輩は日本の為めに誠心誠意図つて居る。天皇に拝謁して以来、如何にもして天皇を安泰にしたいと念じてゐる。幣原男《ママ》が国の為めに誠意を以て働いて居られることも了解してゐる。然しFar Eastern Commission(極東委員会)のWashingtonに於ける討議の内容は実に不愉快なものであつたとの報告に接してゐる。それは総理の想像に及ばない程日本にとつて不快なものだと聞いてゐる。自分も果していつ迄此の地位に留りうるや疑はしいが、其後がどうなるかを考へる時自分は不安に堪へぬ。

ソ聯と濠州とは日本の復讐戦を疑惧して極力之を防止せんことを努めてゐる。……吾等が Basic Forms（ママ）といふのは草案第一条と戦争を抛棄すると規定するところに在る。……戦争を抛棄すると声明して日本が Moral Leadership を握るべきだと思ふ」

幣原は此時語を挿んで Leadership と言はれるが、恐らく誰も follower とならないだらうと言つた。

MacArthur は、

「followers が無くても日本は失ふ処はない。之を支持しないのは、しない者が悪いのである。……」

第一条〔天皇の象徴的地位と国民主権〕と戦争抛棄とが要点であるから其他については充分研究の余地ある如き印象を与へられたと、総理は頗る相手の態度に理解ある意見を述べられた[30]。

この幣原の報告にたいし、閣議は、入江によると「一決し[31]」、芦田によると松本は事実上反対したが、幣原、三土内相、副島千八農相、芦田厚相が事実上受け入れる意見を述べた、とされている。とにかくこの閣議をもってＧＨＱ案を受け入れ、これを基に政府案をつくる方向へと進む。

ところで閣僚たちはＧＨＱ案をどの程度理解していたのであろうか。「天皇は象徴だ」「戦争は放棄だ」。この程度の理解はあったかも知れないが、ＧＨＱ案の受け入れを閣議決定する以前に、GHQ案を手にしたことのある閣僚は幣原首相と吉田外相、それに松本国務相のたったの三人にすぎなかったのではあるまいか。GHQ側が政府に草案を一五部手交したことはすでに述べた。たしかに閣僚全員にわたるためには数部足りないが、GHQが一五部手交した裏にはコピーというけっこうな機械がない当時にあっては閣議で直ちに議論できるようにとの配慮があったとしか考えられない。

ところが閣議でこれが配布された形跡は全くない。外務省の記録[32]をみると二月一三日に吉田に手交された六番は幣原に渡り、七番はそのまま松本が持ち、長谷川通訳官の八番が吉田にまわり、九番はのちに(二月二六日)佐藤達夫法制局第一部長に渡り[33]、一〇番は記録上吉田となっているが実際は白洲と考えたとしても、あとはすべて外務省文書課長の手元に残ったようである。では原文はともかく訳文はどうなったのか。なんとGHQ案の受け入れを決定した二月二二日の閣議で「〔GHQ案の〕第一章天皇、第二章戦争放棄の部分の外務省訳による日本語訳を初めて閣議に配布し、参考として説明し」「二月二六日の閣議にはじめて、アメリカ案(GHQ案)の全文の日本訳(外務省仮訳)のガリ版〔刷〕を配布[34]」したというのである。

なんのことはない、二月一九日の閣議では一三日にGHQ案が手交されて六日を経ていたにもかかわらず、日本語訳がないままに議論をし、GHQ案の事実上の受け入れを決定した二二日の閣議では、日本語訳は一章と二章しかできていなかったのである。

たしかに秘密を保持するためには、文書を配布しないことである。その意味ではこれは良策であったかも知れない。しかしそれ以上に組織的に議論をするという慣習がなかったのである。この憲法制定過程を通じて、近衛案にせよ、松本案にせよ、実質はすべて私的に運ばれてきたのである。ついにこの土壇場に及んでも、冷静に議論する土台すらできていなかったのである。天皇制を護ること、「国体の護持」以外に、思想らしい思想をたたかわす憲法論議はないままに、ＧＨＱ案の受け入れへと歴史の歯車は大きく回ったのであった。

これは八月一五日につづく第二の敗戦であった。それは武力による敗戦に続く、政治理念、歴史認識の敗北であり、憲法思想の決定的敗北を意味した。

それとともに右往左往を続けた幣原と、説得を続けたマッカーサーとが、のちに「戦争の放棄の発案者は幣原だ」と豹変したことも記憶に留めておきたい。

Ⅸ　日本化への苦闘

日本案の起草

ＧＨＱ案の受け入れを不承不承決定した日本政府は、いよいよこれを基に「日本案」の作成にとりかかる。これはまさしく「日本案」と呼ぶにふさわしい。というのは、一般によく政府案は「ＧＨＱ案を翻訳した」といわれるが、その過程は決してＧＨＱ案に忠実であったわけではなく、法制局官僚の巧みな「日本化」がみられるからである。

ＧＨＱ案の最初の日本語訳は松本烝治国務大臣によってつくられ、二月二二日の閣議に報告された。しかしこれは全訳ではなく一条から九条までで「第一章　天皇」がＧＨＱ案より一カ条増え八カ条となり、「第二章　戦争ノ廃止」が九条(戦争の放棄)であった(以下これを松本試訳と呼ぶ)。その後二六日の閣議に外務省仮訳が提出された。これは全訳であり松本試訳と異なり原文に忠実で直訳に近い。

この二つの訳文をもとに、二六日の閣議決定に従い松本国務大臣の下で二月二七日から入江俊郎法制局次長と佐藤達夫法制局第一部長が助手を務めて三月一一日完成の予定で新

たな条文化作業が始まる。(1)

起草作業の場所は首相官邸内の放送室が充てられた。ここは録音などがある場合に特別に使われる他は、高齢の弊原が昼寝に使う程度でだれも使わない部屋であった。防音装置付の放送室はたしかに昼寝に最適であったろうが、秘密裏に作業を進める部屋としてもまたこの上ない場所であったにちがいない。佐藤達夫は起草にあたった模様をこう書いている。

「この作業については、厳重な秘密保持を要請されていたために、部内の同僚たちと相談することもできず、ひろく参考書の助けを借りることもできなかった……。とにかく日限りの仕事なので気が気ではなく、マ草案(GHQ草案)を横目ににらみ、あれこれとひとり思案しつつ、鉛筆を走らせることでせい一ぱいであった(2)」

起草は松本試訳の第一、二章、佐藤起草の第三章(国民の権利及義務)を加えて「初稿」とし、それに松本起草の第四章(国会)、第五章(内閣)を「二稿」として順次起草を進めた。この間二度ほど会合をもった。出席者は言うまでもなく松本、入江、そして佐藤であった。これは憲法問題調査委員会で松本案を起草した際のメンバーとほぼ一致していたが宮沢俊義だけがいなかった。宮沢はこの頃から松本、入江、佐藤らとは、つまり政府側の人物とは行動をしなくなり、後に第XI章で述べるごとく別の立場で行動を開始することになる。

ところで当初三月一一日までに起草を完成する予定であったが、GHQはこの間、もっと作業をはやめるよう督促しつづけていた。ついに三月二日佐藤らは英訳せず、日本文を整理し、GHQへ提出のため謄写刷三〇部を印刷する。[3]こうしてでき上がった案が俗に「日本案」あるいは「三月二日案」といわれる最初の試案であった。ここではこれを「日本案」と呼び、以下に概要を示すことにしよう。

「日本案」[4]はGHQ案と異なり「前文」がない。編制(章別)もいくらか異なる部分がある。両案の比較のため、そのいくつかの条文を対照してみるとつぎのごとくである。なおGHQ案(英文)は当時はさきに述べたごとく外務省訳によっていたのであるが、田中英夫訳[5]の方がGHQ案を正確に知ることができるため、ここでは田中訳を用いる。

GHQ案

第一条　天皇は、日本国の象徴であり、日本国民統合の象徴である。この地位は、主権を有する国民の総意に基づくものであって、それ以外の何ものに基づくものでもない。

第二条　皇位は、世襲のものであり、国会の制定する皇室典範に従って継承される。

日本案[6]

第一条　天皇ハ日本国民至高ノ総意ニ基キ日本国ノ象徴及日本国民統合ノ標章タル地位ヲ保有ス。

第二条　皇位ハ皇室典範ノ定ムル所ニ依リ世襲シテ之ヲ継承ス。

ＧＨＱ案第一条は、天皇の「地位は、主権を有する国民の総意(his position from the sovereign will of the people)に基づく」とあったが、日本案第一条では「天皇ハ日本国民至高ノ総意ニ基キ」と変わった。つまりＧＨＱ案が国民主権を明確に打ち出していたのに対し、日本案では「主権」を避け、「至高」を用いている。実はこれはかなり意図的な選択であった。

というのは、すでに述べたごとく、ＧＨＱ案の翻訳として外務省訳と松本試訳がつくられていたが、外務省訳では「其ノ地位ヲ人民ノ主権意思ヨリ承ケ」(7)となっており、松本試訳ではかなり意訳して「天皇ハ民意に基キ」(8)となってはいたが、いずれも国民の意思で天皇の地位が決まると解せるものであった。ところがこれらの訳文を見た弊原首相の意見で、あまり耳慣れない「至高」という用語に訂正されることになったのである。(9)この点は後に述べるごとく議会開会後に大問題となり、結局現行憲法にみられるごとくＧＨＱ案に戻ることになる。

第二条はＧＨＱ案と日本案とに大差がないように見えるが、そこには決定的な相違がある。ＧＨＱ案は「国会の制定する皇室典範」と定め、皇室典範は国民の代表による国会で定める、つまり法律の一種との規定となっているが、日本案には「国会の制定する」がない。これでは明治憲法第二条「皇位ハ皇室典範ノ定ムル所ニ依リ皇男子孫之ヲ継承ス」と変わらない。「皇男子孫」が削られたにすぎない。それは男女平等条項と憲法上矛盾を生ずるから削ったのであって、皇室典範を法律とせず、勅令または政令にしようと考えた点では明治憲法の規定に共通したものであった。日本案は天皇条項についてできるだけ明治憲法に近い用語を用いることに腐心した。たとえばＧＨＱ案六条は「天皇は、内閣の助言と同意においてのみ(only the advice and with the concent)、国民のために、左の国の職務を行なう。(以下略)」とあったが日本案は「天皇ハ内閣ノ輔弼ニ依リ国民ノ為ニ……」としたこれも明治憲法五五条の「国務各大臣ハ天皇ヲ輔弼シ……」を念頭においたものと考えられる。

「戦争の放棄」を「前文」へ

いわゆる「戦争の放棄」条項は、日本側にとって天皇条項ほど「苦闘」したわけではないが、ＧＨＱ案を受け入れる段階では、ＧＨＱ側とは、根本的に対立していた。

ＧＨＱ案が日本側に手交された(二月一三日)後、閣議に提出され閣僚から疑問点が出され、松本国務相と吉田外相、白洲終連次長がＧＨＱに出向き、ホイットニー民政局長、ケーディス次長、ハッシー等と会談を持った。その際、松本は、「戦争の放棄」の八条を本文の第二章から前文へと移す提案をした。

まず、松本が「戦争の放棄を、独立の一章とする代わりに、前文の中に入れてはどうでしょうか」と修正提案を出し、ホイットニーはこれに答えて「マッカーサー元帥は、他の何にもまして第一番に、この原則によって、(日本が)世界から好意的な眼で注視されるようになるだろうと思っています」と返している。たしかに、「戦争の放棄」は、国内的のみならず、国際社会を強く意識してつくられた条文であった。

そこで、松本はすかさず、「このような原則を、前文にではなく憲法の本文に記すということは、異例なことです」と「戦争の放棄」条項を前文に移すべきだと言わんばかりに言葉を進めた時、憲法を常に理念的に考えてきたハッシーから、つぎのような指摘に出会う。

ハッシー「松本博士。あなたは、戦争の放棄ということを〔法的拘束力をもたない〕原則的規定にすぎない(merely as a principle)という形で記しておきたいとお考えだというわけですね。」

松本「その通りです。」

ハッシー「あなたのお考えはよく分かりますが、私達は、戦争放棄は基本法の本体に記しておくべきだと思います。というのは、そうすれば、この条項は真に力強いものとなる(this would give it real force)からです。」

最後に、ホイットニーが「私自身としては、この原則が決定的重要性をもつことに鑑み、戦争の放棄を新憲法草案の第一章に置きたいと考えるくらいです[10]」と述べて、これが結論となり、「戦争の放棄」は「第二章　第八条」のままになった。

その後、再軍備が始まるなかで憲法九条の解釈をめぐって、「九条、プログラム規定説」などが現れるが、その源泉はこの辺から始まっているとも考えられる。

交差する「戦争の廃止」と「戦争の放棄」

まず、GHQ案にある「戦争の放棄」条項の最初の第一項を示すと、

Chapter II Renunciation of War

Article VIII War as a sovereign right of the nation is abolished. The threat or use of force is forever renounced as a means for settling disputes with any other nation.

これを正確に日本語に訳す(田中英夫訳)と、

第二章　戦争の放棄

第八条　国権の発動たる戦争は、廃止する。いかなる国であれ他の国との間の紛争解決の手段としては、武力による威嚇または武力の行使は、永久に放棄する。

GHQ案が日本側に手交された直後に外務省が翻訳を試みているが、それによると、原文のChapter II Renunciation of Warは、「第二章　戦争の廃棄」と訳されrenunciationは放棄と訳されていない。それは「戦争放棄条約」が「不戦条約」と訳され、それが多用されてきたことによるのか、「放棄」の、あるいは「廃止」の歴史的意味を外務省ですら

解していなかったことを示しているといえよう。また、War……is abolished の部分は「戦争は之を廃止す」と訳され、is forever renounced の部分は「永久に之を廃棄す」と訳されている。さらに、「廃止」の主語は「戦争」であり、「廃棄」の主語は「紛争」であることが判る。

戦争とは、国家の権限として開戦を宣言した場合を言い、紛争とは、開戦を宣せず、「武力の威嚇又は使用」を行い、事実上の戦争状態を創り出すことを意味する。国連憲章との関係で言えば、「戦争」については、何ら規制の対象とはされていないが、「紛争」については、「武力による威嚇又は武力の行使」は「慎む」(二条4号)対象に規定されている。

GHQの場合は、起草にあたりホイットニー民政局長から「国連憲章を念頭に置く」ことが民政局会合で示されており(本書一三三頁)、それに従っての国連憲章のごとき「戦争」と「紛争」の区別がなされたのであろう。

その後、二月二六日に佐藤法制局第一部長が、「日本案」を起草することになるが、松本国務大臣から三月二日に佐藤に手渡された案では、以下のように変化していた。

第二章　戦争の廃止

第九条　戦争を国権の発動と認め武力の威嚇又は行使を他国との間の争議の解決の具とすることは永久に之を廃止す

まず、GHQ案による「第八条」が「第九条」になり、第二章の表題は renunciation

of war(戦争の放棄)であったが、「戦争の廃止」と変更され、本文もGHQ案と異なり、「戦争」と「争議」(GHQ案のconflict訳を、戦前から労働運動などでよく使われてきた「争議」を充てている。その後はconflictを「紛争」と訳している)を一括りにして「廃止す」としている。

「廃止」「廃棄」そして「放棄」の日本語訳のみならず、概念としても、この段階で不確定さが残っていたことになる。だが、佐藤はこの「三月二日案」を携行して三月四日に松本とともに、GHQでの協議に臨むことになった。

人権の明治憲法化

つぎに平等権であるが、先にGHQ案の作成過程を紹介した際、外国人の人権を平等に保護・保障していることをGHQ案のひとつの特長と述べたが、それにはつぎのような変化が見られた。

GHQ案

第十三条　すべての自然人(All natural persons)は法の前に平等である。人種、信条、性別、社会的身分、カーストまたは出身国(national origin)により、

日本案

第十三条　凡テノ国民ハ法律ノ下ニ平等ニシテ、人種、信条、性別、社会上ノ身分又ハ門閥ニ依リ政治上、経済上又ハ社会上ノ関係ニ於テ差別セラルルコトナ

政治的関係、経済的関係または社会的関係において差別されることを、授権しまたは容認してはならない。

華族の称号の授与は、今後は、国民的または市民的な政治権力を伴わないものとする。

貴族としての権利は、皇族のそれを除き、現存する者一代限りとする。栄誉、勲章その他の栄典の授与は、いかなる特別の特権をも伴ってはならない。またこれらの栄典の授与は、現にこれを保有しまたは将来それを受ける者の一代に限り、その効力を有するものとする。

第十六条　外国人は、法の平等な保護を受ける。

シ。

爵位、勲章其ノ他ノ栄典ハ特権ヲ伴フコトナシ。

第十四条　外国人ハ均シク法律ノ保護ヲ受クルノ権利ヲ有ス。

まずGHQ案一三条の「すべての自然人」が日本案一三条で「凡テノ国民」に変化したことにより「カーストまたは出身国」が「門閥」とかわり、一三条での平等保障の対象は

「凡テノ国民」に限定されることとなった。ただし、一四条で外国人の人権をGHQ案とほぼ同一に保障しているので全体としてはGHQ案と異ならないと考えられる。ただこの段階では「国民」概念が不明であるが、のちに「国民」が法的に定義され、一四条が全文削除されるに至って外国人の人権は憲法の保護の対象外に置かれる。それはまた後に述べる。

しかしGHQ案と日本案とを比べて、人権規定の最大の相違点は自由権であろう。「表現の自由」を例に比較してみよう。

GHQ案はきわめて無制限に憲法上の権利として表現の自由を認めているのに対し、日本案は「安寧秩序ヲ妨ゲザル限ニ於テ」あるいは「法律ノ範囲内」で表現の自由を認めているにすぎない。この規定を起草するにあたっては明治憲法二九条（表現の自由）が念頭にあったのではないのか。明治憲法とほとんど変わるところがない。

さらにGHQ案の人権条項のうち日本案で完全に削除されたものもある。そのひとつはGHQ案二八条の土地国有化条項、さらにはGHQの人権委員会の中でベアテ・シロタらがかなり強調していた女性の人権ともかかわる社会権条項である。GHQ案二四条のうち、普通教育の無償化と児童の酷使の禁止、労働条件の立法化は日本案に盛り込まれたが、公衆衛生の改善義務、社会保障制度の義務化条項は削除された。

またGHQ案のうちで手交された時点から松本国務相が反対していた国会の一院制は、

日本案で「国会ハ衆議院及参議院ノ両院ヲ以テ成立ス」と二院制に変更された。また参議院議員の選出方法については「地域的又ハ職能別」選出議員と内閣任命議員の二本立とした(四五条)。この点については貴族院にかわって「参議院」という新しい院の名称が松本案で一貫して使われてきた(試案、甲案、乙案)こと、選出方法は松本乙案に定められていること、などを考えると、ここではかなり松本構想が復活した、とみていいようである。

最後に地方自治に触れておく。地方自治の章のGHQ案はすでに記したが、日本案はGHQ案を大幅に変更した。まず章の表題が「地方行政(Local Government)」から「地方自治」に変わり、つぎにGHQ案が「府県」「市町」などと具体的に自治団体を挙げてその権能を規定していたのに対して、日本案はこれをすべて廃止して「地方公共団体」という新しい包括的団体概念を創り出した。この章の起草も松本、入江、佐藤の三人で行ったが、佐藤は、GHQ案の「府県」「市町」のごとく「憲法でそこまで固定することは窮屈にすぎようという考えから」「地方公共団体」という用語を考え出したと記している[11]。しかし変更はこれにとどまらず、「地方自治」の章の冒頭に全く新しい一条を挿入した。

第百一条　地方公共団体ノ組織及運営ニ関スル規定ハ地方自治ノ本旨ニ基キ法律ヲ以テ之ヲ定ム。

つまり地方自治の何たるかは憲法事項とせず、すべてこれを法律(のちにつくられる地方自治法)に委ねたのである。佐藤はのちに「この章の起草については、最初の条文(一〇一条)の表現方法にいちばん苦労した」[12]と述べているが、この条文を挿入した意義は「地方自治の日本化」にとって計り知れないものがある。

徹夜の交渉

かくして「日本案」は完成した。三月二日、土曜日であった。成案は謄写で三〇部印刷した。GHQへは月曜日の三月四日、午前一〇時に松本国務相が届けることになっていた。四日朝、松本は登庁してきた佐藤に突然GHQへの同行を求めた。佐藤は「あまり気の進まぬまま大臣に同行した」[13]。会議場はGHQ本部のある第一生命ビルの六階、六〇二号室であった。六階は第一生命ビルの最上階であり、マッカーサーはじめ幕僚長、副官、民政局の執務室のあるGHQのいわば心臓にあたる階であった。[14]部屋に入ると白洲次郎と外務省の通訳官長谷川元吉と小畑薫良が来ていた。

松本はまずホイットニーと会って日本案を渡し「この案自体は、まだ閣議を経ていないので、決して決定案ではない。私の方の出した試案にすぎない」[15]と伝えた。しかしGHQの作業は実に手際よかった。日本側二名の通訳官にたいしGHQ側も二名の通訳官をつけてさっそく作業にとりかかった。とりかかると同時にケーディスは日本案に「前文」が付いていないことを発見し、佐藤にむかって「前文をオミットするのはいかん。前文はマ草案(GHQ案)そのままのものをつけろ」[16]と強い調子で言った。最初から険悪な雲行きである。佐藤は致し方なく外務省仮訳の「前文」を付すことにした。しかし雲行きはますます険悪になるばかりであった。

天皇条項の翻訳が終わるか終わらない段階でケーディスは白洲を呼びつけ、GHQ案で第一条は天皇の地位は国民の総意に基づく、としたあと「それ以外の何ものに基づくものでもない」とあるのに日本案にはそれがない。さらに二条でGHQ案は「国会の制定する皇室典範」としているのに日本案では「国会の制定する」が抜けている、とかなり鋭い指摘をしてきた。[17] ただし国民主権を「国民至高」とした点は英訳でsovereign(主権)を充てておいたので気付かれずにすんだ。

しかし翻訳が進むにつれて、ケーディスはますます怒り出した。GHQ案で天皇は「内閣のadvice and concent(助言と合意)を必要とする」とあったところを日本案で「助言」を意味する「輔弼」だけとした点も指摘してきた。松本も黙ってはいなかった。それぞれに理由をあげて反論した。しかしそれはどうみてもGHQを納得させうるものではなかった。ただ「自信家」松本にとってみればケーディスほどに自分に反論する男はいまだ経験したことがなかったにちがいない。しかもケーディスは松本から見れば四〇歳そこそこの「若僧」にすぎない。松本の長い人生経験からすれば、自分の主張に従わない若い学者、つまり弟子はいなかったのであり、つねに議論は自分が中心で進めてきたのであるから、ケーディスとの議論でどれほど松本が怒ったことか。一方松本の立腹ぶりにケーディスがどれほど驚いたことか。

後年松本はこう回想している。「このときは向う(ケーディス)は非常に激しまして、手がぶるぶる震えて、卓が震えるくらいになりました。そこで私の方も激しまして、とても白洲君に訳してもらっておられないので、とうとう私のブロークンの英語で応酬しました。一体、あなたは日本に日本語を直しに来たのかと、そういうことまで言ったのです。そうしたところが非常に向うは怒りまして、とうていどうにもいかないので、そのくらいで飯を食おうというので昼食を食いました。そのときは軍の食事で、豆か何かに豚が少し入った缶詰で実にまずい、蠟をかむという言葉がありますが、ほんとうに蠟をかむようなまずいもので、食べる気もしなかったのですが食べました(18)」。

当時GHQの人々が平均的な日本人の食事よりまずいものを食べていたとはとても考えられないのであるが、若僧憎けりゃ食事までまずかったのであろう。食事が終わると松本は佐藤に「経済閣僚懇談会があるから(19)」と言い残して首相官邸へ帰ってしまった。しかしこれはほんの口実にすぎなかったようである。松本自身帰った理由をこう語っている。

「一条ごとに論議をしておったのでは終いには撲り合いくらいやらないとも限らないから、これはひとつ帰ろうというので、私は用事があると言って帰ったのです(20)」。そのあと松本は通訳官を通じてGHQにいる佐藤に「健康上の理由で来られないから、君の方で然るべく……(21)」と伝えて来ただけで、二度とGHQに姿を現わすことはなかった。かくしてった。

通訳を除けば一人残された佐藤の文字通りの孤軍奮闘が始まる。翻訳作業は夕方までかかった。

六時すぎたころ突然「今晩中に確定案を作ることになった、ホイットニー准将は一二時まで待つ、もしそれまでにできなければ明朝六時まで待つ、といっている。」ということを〔GHQ側が〕申し入れて来た。

私(佐藤)はその日、単なる翻訳の手伝いのつもりで、無準備のまま大臣に随行して来たのであったし、しかも、日本案そのものが……いわば書きかけの未定稿であり、ゆっくりと回を重ねて折衝をしながら訂正を加えて行くことを予定していたものであったので、この申し入れを聞いてすっかり驚いてしまった。(22)

しかし佐藤は退くこともせず、否、できず、民政局員を前に折衝を続ける。日本案の逐条審議である。この頃になるとGHQ側の人数もかなり多くなった。佐藤は折衝にあたり、三〇部謄写印刷して連番を付した日本案の四号を手元に置いたが、欄外に「約十七人会議(23)」と鉛筆で記している。ケーディス、ハッシー、リゾー等々はじめ民政局員の眼が光っていた。GHQ側の通訳は女性、かのGHQ案起草にあたり「人権委員会」で奮闘したB・シロタであった。シロタの通訳は佐藤にとって満足できるものであった。「日本語もよくわかるし、頭も鋭敏で私の意のあるところは、そのまま伝えてくれた(24)」と記している。

とはいえこれだけ多数の民政局員に囲まれて一人対応する佐藤の姿は、たしかに「押しつけ」以外の何物でもなかったにちがいない。後年「押しつけ論」の引き金ともなったR・E・ウォード(当時米・ミシガン大学政治学教授)は、一九五七年の論文でこの場面をかなり詳しく紹介し(ただしここでは「少なくとも一六人の民政局員と多数の翻訳・通訳官」としている)、「大多数の日本人の政治理念や政治的経験に適合しそうにない憲法を日本人に強要したことは、長い目で見て民主主義のためにならなかったといってよい」[25]との結論を下している。この結論がいまからみればそうは言えないとしても、この異常な場面はただ人数の点だけではなく、夜を徹し、翌朝から夕方にかけて時間的にも異常な長時間に及ぶものであった。

しかし佐藤は最後まで粘り、決して怯むことがなかった。

戦争の放棄

いよいよ「第二章　戦争の放棄」に入っていた。佐藤の記憶によれば、携行してきた「三月二日案」で、第一項の「戦争」と「紛争」を一括りにしたことでは「少くとも私自身は、先方からの格別の異論を聞かなかったし、また、質問も受けなかった」と後に回想しているが、GHQが五日に届けてくれた英訳では、なんとGHQ案とは異なっていた[26]。

それは、「三月五日案」と呼ばれているが、それは、以下のように「廃止」は「放棄」に、「戦争」と「武力の威嚇又は行使」が一括りになっていたのである。

第九条　国家ノ主権ニ於テ行ウ戦争及武力ノ威嚇又ハ行使ヲ他国トノ間ノ争議ノ解決ノ具トスルコトハ永久ニ之ヲ放棄ス。

この点について、佐藤達夫は、当時を述懐して「当時の私として、この条文の字句の変化について格別の関心がなかったところにおもな原因があったといえよう」と率直に心境を記している。(27)

また、当時佐藤の上司であり、「三月二日案」作成当時に法制局次長から長官になったばかりの入江俊郎は、この変更に「何等特別な意図を持っていなかったことを当時の責任者として、はっきり断言できる」としつつ、その理由を「疑問」としつつも、内容の重大性をこう述べている。「マッカーサーが戦争の絶対的放棄について熱心な支持者である旨を彼の帰国後の上院で証言したこと等と思い合せると、何ゆえに司令部が交付案にあった『War as……is abolished』を捨てて確定案の如くにすることに容易に同意したのか、その結果第一項だけを見ると、戦争は全面的に放棄されたものでなく(従つてアメリカ交付案とは異り)、『他国トノ間ノ紛争ノ解決ノ具トスル』ような戦争だけを放棄したにすぎないような表現となつてしまった」と述懐している。(28)

この「三月五日案」では、それぱかりか、「争議」が「紛争」になった後、再び「争議」に、「廃止」が「放棄」に修正されている。こうした点に関心を奪われていたのだろうか。

かたや、GHQはなぜこれを認めたのであろうか。益々謎が深まるのであるが、この点は、議会での審議との関係で論ずることにしたい。

自由権

続いて第三章の「人権」である。さきに日本案一三条はGHQ案一三条から「出身国」を削除したが、GHQ案一六条をそのまま日本案一四条として残すことによって外国人の人権を保障することにしたと述べたが、GHQ側はさっそくこの「出身国」を削除したことを質してきた。これに対して佐藤はGHQ案一六条の存在理由を逆に質し、外国人の人権の保護は日本国民と平等だとの回答を引き出し、そうであれば特段に外国人の人権擁護規定を設ける必要はないとして日本案一四条を削除し、一三条に外国人の人権も含めることとしてつぎのような「新一三条」規定で合意をとりつける。

凡テノ自然人ハ其ノ日本国民タルト否トヲ問ハズ法律ノ下ニ平等ニシテ、人種、信条、性別、社会上ノ身分若ハ門閥又ハ国籍ニ依リ政治上、経済上又ハ社会上ノ関係ニ於テ差別セラルルコトナシ。

つまり日本案の「凡テノ国民ハ」を削りGHQ案にあった「凡テノ自然人ハ」を復活させ、GHQ案にあった「出身国」による差別の禁止を「国籍(Nationality)」による差別の禁止として復活させる一方、日本案一四条の外国人の一般的保護規定をバッサリ削除することに成功したわけである。しかし佐藤はここまで粘っても「困った形になった[29]」と思ったようである。だがこの場はこれで納めた。そして翌日、さらには議会開会後と三段階のステップをふんで、外国人保護規定を憲法条文から完全に葬り去るのである。

さてGHQとの審議がいよいよ「自由権」に差しかかったとき、日本案の英訳を読んだGHQ側は「日本案の第三章はマ草案(GHQ案)とすっかりちがっている、これを審議しても意味がない[30]」と言い出した。それもそのはずであり、二〇五頁の「表現の自由」で紹介したごとく日本案の規定はGHQ案とは異なり明治憲法の規定に近く、表現の自由の保障にはならないとGHQ側は考えたからであろう。

日本案に「安寧秩序ヲ妨ゲザル限ニ於テ」を挿入した理由について佐藤は「obscene picture(わいせつ図画)などに対しては、日本案のように、法律による例外を認めておく必要があると思う」と主張したが、「乱用のおそれがあるから[31]」との理由で相手にされず、結局他の自由権規定も含めてほぼGHQ案どおりになってしまった。

これは、あたかも「GHQの押しつけ」を地で行くように見えるが、これぞ、日本人が明治憲法から学ばなければならなかったことではあるまいか。

明治憲法の「表現の自由」条項をみると、「第二十九条　日本臣民は法律の範囲内に於て言論著作印行集会及結社ノ自由ヲ有ス」とある。ここでは「法律ノ範囲内ニ於テ」と、つまり、「法律の範囲内」で人権制限をする法律をつくれば、「言論著作印行集会及結社ノ自由ヲ有ス」という規定は意味を有しないことになり、「法律で」人権制限は可能となる。現実に治安維持法は、戦後はまるで悪法の典型のように見られてきたが、明治憲法から見れば憲法に違反してはいない法律であった。

一九二五(大正一四)年につくられた治安維持法はその後「国体ヲ変革スルコトヲ目的トシテ結社ヲ組織シタル者」を最高で死刑とし、「結社ノ目的遂行ノ為ニスル行為ヲ為シタル者」と、いまだ目的を遂行していないが「為《ため》ニスル行為」も処罰の対象とされ、ついに、第二次大戦直前の一九四一年に法律は全面改正され、犯罪を「犯スノ虞アルコト顕著」と判断された場合、つまり「予防拘禁」まで可能になったのである。

天皇機関説のかどで法制局長官に地位を追われた(一九三六年)金森徳次郎は、「法律の範囲内」がこれほど自由を狭めるのかと、敗戦直後になって、かつての自らが経験した苦い体験をこう語っている。「各種規定の殆んど全部が『法律ノ定ムル所ニ従ヒ』とか『法律ノ範囲内ニ於テ』と言ふ類の制限を受けて居る。……議会が充実せる作用をするのであるならば更に懸念することはない。私も実に此の意味に於て懸念して居なかつたのである。／然しながら不幸にして議会は理想的でなかつたかも知れぬ。或は其の他の事由であつたかも知れぬが、何れにしても人民の自由が確保せられざりし場面多大であつたことが終戦後に論証せられた」と。(32)

これは、金森が日本国憲法を審議するための「憲法担当大臣」に任命される直前の著書においてであるが、日本の閣僚にとっては稀有な経験とみることができよう。こうした経験が教訓となっていれば「日本案」に「安寧秩序ヲ妨ケス」という限定は加えなかっただろう。

社会権

さらに社会権規定から公衆衛生、社会保障制度の条項を削除した点についてもGHQは譲らず結局、新しく二三条でこれを復活することにした。

有ラユル生活範囲ニ於テ法律ハ社会的福祉、公共衛生、社会的安寧、自由、正義及民主主義ノ向上発展ノ為ニ立案セラルベシ。

ここで「社会的安寧」とあるのはいまでいう「社会保障(social security)」のことであるが、ともかくこのように一条ごとに、「五章　内閣」「四章　国会」「六章　司法」の順序で逐条審議を重ねたのである。佐藤が日本案に手書きで訂正を入れ、GHQとの審議を終えた部分は、待機していた木内副書記官長が逐次首相官邸へ送った。「四章　国会」を終わったときには「窓外の空に暁の色がきざしてきた(33)」。ついに徹夜の審議となったのである。しかしまだ「六章　司法」以下が残っていた。七時ごろ朝食をすませると再び審議が始まった。

しかし六章以下はもはや日本案は役に立たなかった。日本案の謄写印刷への書き込み訂正はやめて新しい罫紙に一行おきに書き、途中から訂正する場合はそのわきに書くという方法をとった。[34]

かくしてGHQとの日本案審議は三月五日午後四時、やっと終了をみた。佐藤は四日午前一〇時から一睡もしない作業を終えて三〇時間ぶりにGHQを出て、首相官邸に戻った。佐藤はのちに書いた手記の最後でこのときの気持をこう記している。

……無準備ノ儘、微力事ニ当リ、然モ極端ナル時間ノ制約アリテ詳細ニ先方ノ意向ヲ訊シ論議ヲ尽ス余裕ナカリシコト寔ニ遺憾ニ堪エズ、已ムヲ得ザル事情ニ因ルモノトハ云ヘ、此ノ重大責務ヲ満足ニ果シ得ザリシノ罪顧ミテ悚然タルモノアリ、深ク項ヲ垂レテ官邸ニ入ル。[35]

しかし、この佐藤の三〇時間に及ぶ苦闘は、保守政権下の法制局官僚として立派に、まさに余人をもって替え難き役目を果たし、GHQ案の日本化に成功した、とみていいであろう。佐藤は松本とちがいこの場に臨んで自己の果たしうる役割を十分に知っていた。つまりGHQの憲法理念――マッカーサー三原則(天皇、戦争放棄、封建条項の廃止)――については、いたずらにGHQと争うことは避け、きわめて法技術的な面でぎりぎりの、保守体制に有利な、あるいは日本の法伝統に整合するような抵抗を試みたのである。

その第一は用語の問題である。「国民主権」を避け「国民至高」を用いたこと、GHQ案でJapanese peopleとあり、外務省仮訳で「日本人民」とあった部分をすべて「日本国民」とし、のちに「国民」を法律（国籍法）で規定する道をひらく努力をしてきたことなどその典型であろう。GHQ案の起草には加わらなかったが民政局特別補佐官であり、GHQ内で左派の立場を明確にしていたT・A・ビッソンは「交渉では民政局が準備した英文草案の文語体の公式訳が使われたという事実である。民政局員が憲法の日本語テキストを承認する作業をおこなううえで何よりも必要だったのは、日本語に熟達していることであった。このようなやりとりのなかでは、高度な訓練を受けた日本人官僚は、少数であっても、多数の二世の翻訳官や通訳官を十分凌駕できると考えて差し支えあるまい[36]」と評した。

第二に簡明な憲法という口実の下で、憲法条文からできるかぎり具体的権利規定をはずし、憲法上の権利とせず、法律に委ねる方法をとったことである。日本案一〇一条の地方自治規定の佐藤による起草もこれにあたる。

玉砕した松本烝治

ところでこの三月五日とは、佐藤が自責の念で「深ク項ヲ垂レテ」官邸に入った以上に、長く天皇制に囚われてきた松本こそ「敗戦」を思い知らされた日であったにちがいない。

松本は三月四日昼すぎ、GHQを出たあと、もはやGHQとの交渉に戻ってくることはなかった。そればかりでなく四月に幣原内閣が総辞職するまで国務大臣の職にあったが、もはや憲法について積極的な発言をすることすらなかった。後年、松本は「実は私は今の憲法に何と書いてあるか見たことがないのです。それほど私は憲法が嫌いになったのです」[37]と述べているが、松本にとって三月四日のケーディスとの折衝は、法律家としての敗戦、あるいは玉砕といった方がよい体験であったのである。松本の女婿で、東大教授(商法)からのち吉田内閣の下で文部大臣となり、その後最高裁長官を務めた田中耕太郎は、松本の人と学問をこう語っている。

〔松本先生はせっかちでありましたから〕魚釣りのような悠長な娯楽には興味が持てるはずがない。しからばといって、碁将棋のような勝負事も嫌いである。これは極端な負けぎらいな性格の然らしめるところである。しかし三度の飯よりも好きな法律論や訴訟事件は、畢竟するに、勝負事ではないだろうか。たしかにそれは勝負事に違いない。しかし先生はこの勝負事においては誰にも負けないという自信をもち、そして常に勝は自分の側にあると確信していたから、唯一のスポーツとしてたのしめるのである。訴訟に負けたとしても、それは裁判官の頭のわるさに帰せしめられることはもちろんである。(中略)

先生の憲法の性格についての見通しがGHQの側の方針と正面衝突し、さんざん不快な経験を嘗め、先生として悲劇的な結果に終ったのも、そういうところから来てはしまいか、と思う。先生の憲法に対する観念は十九世紀的、純法律的、消極的なものであった。しかるに、時代の要求する憲法は内容的な政治原理をもち、政党の最大公約数を示すものでなければならなかった。しかし、かりに先生が十分に適任でないとしても、その以外に誰がかような要求をみたしえたであろうか。先生の物の考え方や頭のはたらき方は社会科学的または哲学的、思想的というよりも、自然科学的という感じがする。それはおそらく父である卓越した技術家であった工学博士松本荘一郎から受けついだ素質であろう。(38)

松本はたしかに論理(「頭がよい」)と法技術(法解釈)が法律家たる資質のすべてであると考えていたようである。新しい時代を画する人権思想など、法律家にとってどうでもよいことであり、すべてはいまある「条文」から出発し、あとは天皇制イデオロギーの下でそれを疑わず、それに護られて生きることに何の疑問も持たなかったようである。しかしGHQとの「勝負事」に敗けたことはやはり晩年にいたるまで許しがたきことであったようだ。宮沢俊義は晩年の松本の話をこう伝えている。「松本先生がしみじみ言ってましたが、俺には日本国民っていうのは実際わからん、ほんとうに、ものがわかったんだかどうかわからんって。つまり、自分は日本国民におこられちゃ困ると思うから、例えば、主権は国民にありなんて天皇主権を否定するような言葉は使わないようにしたんだと(39)」。

裁判に負ければ裁判官の頭がわるい、と言っていた松本が、GHQに負けて、日本国民がわからん、国民のために天皇主権にしたのに、といかにも国民がわるいかのごとく言っていたことは実に興味深い。考えてみればそれもそのはずである。「頭のよくない」国民のことなど松本が本気で考えたことがあっただろうか。当時の国民が天皇主権など望んでいなかったことは新聞発表の世論調査をみれば一目瞭然であったではないか。松本案のごとく明治憲法と同様の天皇の地位を望んだ者はわずか一六％にすぎず、約半数は「道義的中心」としての地位を望んでいたのである。(40) 民間諸草案も主流は国民主権であったことははっきりしていた。高野岩三郎や鈴木安蔵がＧＨＱ案とかなり近い民間草案を起草しえたのは、戦前・戦中を通じて彼らが権力の弾圧に抗して、抑圧に苦しむ人々の生活と人権を擁護し、そのための学問をしてきたからに他ならない。

近代憲法を起草すること、それはまさに抑圧に苦しむ人々の人権を保障すること以外のなにものでもない。その立場を背骨に貫く思想を持たない人間に「憲法制定の父《ファウンディング・ファーザーズ》」となる資格はなかったのである。

外国人の人権の削除

二月一三日から数えて約二〇日間、日本政府は長いトンネルをくぐり抜けて、どうにか政府の憲法改正草案要綱の発表へとたどりついた。しかし要綱発表の直前、あの徹夜の折衝を終えたあと、再度、ＧＨＱ案の日本化を試みる。それは外国人の人権保障規定についてであった。

要綱発表の前日の三月四日の真夜中、佐藤達夫は外国人の人権規定についてつぎの条文でGHQとの合意をみていた。「凡テノ自然人ハ其ノ日本国民タルト否トヲ問ハズ法律ノ下ニ平等ニシテ、人種、信条、性別、社会上ノ身分若ハ門閥又ハ国籍ニ依リ政治上、経済上又ハ社会上ノ関係ニ於テ差別セラルルコトナシ」。しかし佐藤は不満であった。右の条文から「日本国民タルト否トヲ問ハズ」と「国籍」の二カ所を削除したかった。そこで首相官邸に帰ってまもない頃、一方で翌日の要綱発表にむけて確定案の作成作業に忙しく、他方において閣議が開かれているという、まさに戦場さながらの官邸から、GHQへ電話を入れた。

直接の交渉は英語の上手な白洲が話した。GHQ側はこの提案をあっさり受け入れ、「凡ソ人ハ法ノ下ニ平等ニシテ……社会的地位又ハ門地ニ依リ……」ということで合意ができた(41)。これで草案から直接外国人の人権を保障する規定はすべて消えた。少なくともこの条文に関するかぎり、GHQ案とは似ても似つかず、完全に日本化した、といえるだろう。削除にあたり日本側がどう提案し、GHQがなぜ納得したのか、確たる資料はない。ただしこの憲法が施行される前日(一九四七年五月二日)に在日朝鮮人の取り締りを目的とした外国人登録令(最後の勅令)が出されている(42)ことを考えると、この目的から外国人の人権保障条項を削除したのではないかと考えられる。

X　草案要綱の発表へ

草案要綱と勅語

このように発表ぎりぎりまで、「日本化」が試みられて三月六日「憲法改正草案要綱」が発表された。新聞などへの掲載は翌七日となる。

国民から見れば政府の憲法草案とは二月一日付の『毎日新聞』によるスクープ以来知らされていなかったわけであるから、わずか一カ月にして同じ幣原政権下で急変を遂げた憲法草案にかなりの驚きを持ったにちがいない。横田喜三郎(当時東大教授・国際法)は「おそらくすべての人が驚かされるであらう。あまりに思ひ切つた改正案であることに」[1]とその気持ちを新聞に書いた。

しかし政府も発表にあたりGHQとの関係を完全に否定していたわけではない。幣原首相は、要綱発表にあたっての天皇の勅語のあとに「謹話」を発表しているが、幣原はその中で天皇が「非常なる御決断を以て」憲法改正を決意したと述べたあとで最後につぎの一文をもってこの「謹話」を終えている。「ここに政府は連合国総司令部との緊密なる連絡の下に憲法改正草案の要綱を発表する次第であります」[2]。

マッカーサーも同時に「声明」を発表したが、こちらは冒頭からつぎのように始まる。「余は今日、余が全面的に承認した新しき且つ啓蒙的なる憲法を日本国民に提示せんとする天皇並びに日本政府の決定について声明し得る事に深き満足を表するものである。この憲法は五ケ月前に余が内閣に対して発した最初の指令以来、日本政府と連合軍最高司令部の関係者の間における労苦にみちた調査と数回に亙る会合の後に起草されたものである」[3]。

どちらもGHQとの関係を否定していない。ちがいといえば幣原が天皇を前面に出して、GHQとの「緊密なる連絡」を最後に持ってきたのにたいし、マッカーサーが冒頭から誇らかにGHQとの関係を述べて「満足を表した」こととのちがいくらいである。

ところで、首相の「謹話」、マッカーサーの「声明」に加えて、同時に天皇の「勅語」が掲載されていることも忘れてはならない。

「勅語」成立の怪

当時の新聞を見るとこの勅語はどの新聞にも必ず掲載されている。勅語は詔書と違って法的拘束力はないので、憲法改正の政府案を枢密院に諮詢する際には詔書を発する必要があったが、草案要綱を発する際には必要なかった。そこで勅語を出すことになったと考えられるが、この勅語の内容が憲法制定から半世紀を超えて歴史的に顧みられることはまったくなかったのである。

さほど長い文章ではないので、ここに全文を紹介することにしよう。

朕曩《ちんさき》ニポツダム宣言ヲ受諾セルニ伴ヒ日本国政治ノ最終ノ形態ハ日本国民ノ自由ニ表明シタル意思ニ依リ決定セラルベキモノナルニ顧ミ日本国民ガ正義ノ自覚ニ依リテ平和ノ生活ヲ享有シ文化ノ向上ヲ希求シ進ンデ戦争ヲ放棄シテ誼《よしみ》ヲ万邦ニ修ムルノ決意ナルヲ念《ねが》ヒ乃《すなわ》チ国民ノ総意ヲ基調トシ人格ノ基本的権利ヲ尊重スルノ主義ニ則リ憲法ニ根本的ノ改正ヲ加ヘ以テ国家再建ノ礎《いしずえ》ヲ定メムコトヲ庶幾《こいねが》フ政府当局其レ克《よ》ク朕ノ意ヲ体シ必ズ此ノ目的ヲ達成セムコトヲ期セヨ

この勅語を読んでまず気づくことは用語上の問題である。誰が見てもおかしいと気づくことはつぎの表現である。「人格ノ基本的権利ヲ尊重スルノ主義」。聞いたことのない日本語ではないか。さらに「根本的ノ改正」という表現も気になる。政府草案が議会に上程された際の六月二〇日の詔書では「憲法の全面的改正」という表現が使われている。たしかに「憲法の全面的改正」という日本語表現は一般的だが、「憲法ニ根本的ノ改正ヲ加ヘ」とはまず言わない。

それればかりではない、他の勅語等と比較してみると、冒頭に「ポツダム宣言ヲ受諾セルニ伴ヒ」とある。「ポツダム宣言」という表現は一般にはよく使われるが、詔書、勅語では「ポツダム宣言」という言葉はほとんど使われていない。たとえば日本の敗戦はポツダム宣言の受諾にほかならないが、この時出された「終戦の詔書」では、「米英支蘇四国ニ対シ其ノ共同宣言ヲ受諾スル」と述べ、「ポツダム宣言」という表現を避けている。たしかに勅語にはかなり多く「ポツダム宣言」を用いたものもあるが、その場合は必ずカギ括弧をつけている。と言うのは、勅語がすべて漢字と片仮名による表記であったためと思われるが、括弧をつけずに「ポツダム宣言」を表記した例はきわめてめずらしい。つまりこの勅語は、十分な言葉の吟味を経ずに、しかも、勅語の用例等にくわしくない者の手によって作成されたと考えざるを得ないのである。

そこでこの勅語の作成過程を検討してみることにする。この勅語の作成にかなりくわしく触れているのは、すでに引用してきた『芦田均日記』である。芦田によると、芦田はこの勅語を発出した前日の閣議、つまり草案要綱を決定した三月五日の閣議で、勅語を出すことを提案したというのである。「私は此機会に御勅語を以て戦争抛棄、平和愛好の御思召を明かにすることが内外に与ふる影響の重大なるべきを思ひ、原案の末項に左の如き字句を挿入するよう提案した」と書き、案文を載せている。それによると、

世界ノ人類ハ正義ト信義トニヨリテ平和ノ生活ヲ享有シ、文化ノ向上ヲ希求スルノ念極メテ切ナルヲ信ジ、日本国民ハ進ンデ戦争ヲ抛棄シ誼ヲ万邦ニ求メ以テ日本国ノ名誉アル地位ヲ恢復スルノ速ナランコトヲ希念ス。之ガ為メ基本的人権ヲ尊重シ吾国民ノ総意ヲ基調トスル国憲ヲ制定シ以テ国家再建ノ礎トナサンコトヲ庶幾フ。政府有司、

克ク朕ガ意ヲ体シ須ク其目的ヲ達成センコトヲ期スベシ(4)

しかし、この案文は前記勅語の最初の二行「朕……顧ミ」を除くと、ほぼ勅語に近い内容になる。とすると、芦田の記述によれば、この案文は「原案の末項に左の如き字句を挿入」したのであるから、原案はわずか最初の二行だったことになってしまう。これはいかにも不自然だと言わざるを得ない。そもそも当時芦田は勅語を書く立場にはなかった。のちに帝国議会で憲法改正に深く係わることは後に述べるとおりであるが、この時点では厚生大臣であったにすぎない。一方、入江俊郎法制局次長は、法制局の石黒長官と入江次長が「鉛筆で走り書きをし、これを石黒長官から口頭で閣議に諮り、芦田厚相その他の閣僚が字句を修正し、佐藤内閣書記官の手元で勅語案を整え」た、としている(5)。

法制局で勅語の原案がつくられたことは納得できるし、芦田の記述とも一致する。つまり、「朕……顧ミ」を除いた部分が原案で、芦田の記述のように「朕……顧ミ」を除いた部分をすべて芦田が「挿入」したわけではなく、入江の言うように原案の「字句を修正」したのではないのか。

こうして作成された勅語案をその日の夜、憲法改正草案要綱とともに幣原首相と松本国務相とが携えて、天皇に拝謁する。一方、英訳文の作成が同時に行われた。これは、外務省の奥村勝蔵通訳官とホイットニー、ハッシーとの間で行われ、幣原文書によると、勅語の最初の二行、つまり「朕……顧ミ」の部分はGHQとの交渉のなかで加えられたことになっている。このことはGHQにとって天皇がポツダム宣言とこれが要求する国民主権とを自らの意思で履行することを確認する意味から勅語に加える必要があると考えていた、と判断できる。ほかにも「根本的ノ改正」などの字句が加えられている。この交渉は、当事者の顔ぶれから判断して当然すべて英語で行われたに違いない。

このような勅語のつくられ方はGHQから見ると決して異常なことではなかった。と言うのは、わずか三カ月前の一九四六年一月一日の「人間宣言」(詔書)もGHQと日本政府の合作だったからだ。(6) しかもこの「人間宣言」は米国はじめ連合国に好評だった。

昭和天皇は、この「人間宣言」のなかで、明治憲法下で「現御神《あきつみかみ》」とされてきたことは、「架空なる観念」に基づくものだと、かつての自らの地位を否定したのだった。たぶん、マッカーサーはじめGHQ幹部は、日本の天皇制が変わったことを天皇自身に言わせることが、米国はじめ連合国を納得させる最良の方法であることを、この時点で知ったに相違ない。

こうして日本側作成の勅語原案は英訳を基に交渉が進められ、確定稿ができた時には勅語は英文になっていたものと考えられる。そこでこの英文に基づいて日本語の勅語がつくられることになる。

ところが、時間が無かったこともあり、加えて法制局や宮内省で用語や文体を推敲する余裕がなかったものと考えられる。先のGHQの提案によるとされる最初の二行の英文は

the ultimate form of Japanese Government とあるので、これを「日本国政治ノ最終ノ形態」としてしまったのではないか。ポツダム宣言などの外務省訳はすべて「日本政府ノ最終ノ形態」となっている。あるいはまた、すでに指摘した日本語として理解に苦しむ点も、「人格ノ基本的権利」は the fundamental human rights であるから、「基本的人権」とすべきであったのだ。さらに「根本的改正」も英文は be revised drastically とあるから、翻訳としては正しいとしても、他の公文書で使われている日本語を考えれば、「全面的改正」とすべきであったのである。

侍従次長の日記から

ところで先の三月五日夜の拝謁については、木下道雄侍従次長の『側近日誌』にくわしいのであるが、木下は単に拝謁の事実のみならず、ＧＨＱが憲法改正を急いだ理由までも、かなりはっきりとその日の日誌に記している。

右〔の拝謁〕は憲法改正の事ながら、かくも急なるは、先日出た読売の記事、これは東久邇宮が外人記者に談られた御退位の問題に関すること。即ち、天皇には御退位の意ある事、皇族挙《こぞ》ってこれに賛成すると云う事。これが折角いままで努力したＭの骨折を無にする事になるので、Ｍ司令部はやっきとなり、一刻も早く日本をして民定の民主化憲法を宣言せしめ、天皇制反対の世界の空気を防止せんとし、一刻も速かにこれを出せと迫り来るによる。
始めは十一日迄に松本試案を出せばよいことになっていたが、かくなってはそれ迄待てぬ。米国側の造った原案を採用するか、しからざればEmperor の person の保障もできないと云う強談判[7]。

文中の「M」はマッカーサーの頭文字。「読売の記事」とは二月二七日付でAP通信東京特派員のラッセル・ブラインズが「宮内省の某高官と会見」して書いた『読売報知新聞』の記事で、「御退位をめぐって」「皇族方は挙げて賛成　反対派には首相や宮相」「宮廷の対立明るみへ」と見出しがついている。

『側近日誌』は「憲法改正草案要綱」を急いだ理由が天皇の退位問題であったことをはっきり記し、しかも当初は「要綱」(日誌にいう「松本試案」)の発表の日をマッカーサー側が一一日と考えていたことも記している。つまり、マッカーサーは二月二六日に極東委員会が開催されることと関連して憲法制定を急いだが、時差を考えればまさに設置されるその日に日本の新聞で天皇の退位問題が報道されたのだから、一層憲法の制定を急いでいたことになる。

『側近日誌』は「読売の記事」を「東久邇宮が外人記者に談られた」と書いているが、「読売の記事」にはそう書かれてはいない。語ったのは「宮内省の某高官」とされている。しかもきわめて具体的に、天皇自身「適当な時機に退位したい」との意思があること、それは「戦争責任を引き受けるため」であり、その際は皇太子が皇位を継承し、秩父宮が「摂政補佐」になるが、病弱のため高松宮がその職に就くことになろうことなどまで報ぜられていた。

この報道は少なくとも昭和天皇自身の意向としては正しかったようである。『側近日誌』は三月六日の記述部分で「(天皇は)御退位につきては、それは退位した方が自分は楽になるであろう。今日の様な苦境を味わわぬですむであろうが、秩父宮は病気であり、高松宮は開戦論者でかつ当時軍の中枢部に居た関係上摂政には不向き。三笠宮は若くて経験に乏しいとの仰せ」と記している。

憲法を一日も早く

さらに『側近日誌』は天皇退位について、「これが折角いままで努力したMの骨折を無にする事になるので、M司令部はやっきとなり」と記している。この「Mの骨折」とは言うまでもなくマッカーサーによる天皇の戦争責任を免責するための「骨折」である。英連邦構成国のオーストラリアが天皇を戦犯リストに加えて連合国戦争犯罪委員会に提出した(一九四六年一月二二日)のに対し、マッカーサーは、一月二五日、天皇が日本の政治上の決定に関与した証拠はない、との進言を本国政府に送ったのだった。もちろん、この内容は直ちに天皇側に伝えられず、伝えられたのは三月二〇日であったが、三月はじめとは、マッカーサーにとって五月から始まる東京裁判に備えて、天皇を起訴することなく、戦犯から除外するためのもっとも重要な時期でもあった。もちろん天皇側にとっても最も緊張した時期であったにちがいない。

三月二日には各国検事・検事補からなる執行委員会が組織され、四日から最初の執行委員会の会議が行われ、翌五日には被告人の人数は二〇名を超えず一五名が望ましいとの合意ができ、一一日の会議から被告人選定がはじまった(8)。

さらにまた、昭和天皇は、たぶん東京裁判に出廷させられた場合の準備と思われるが、三月一八日から、側近で宮内省御用掛の寺崎英成らに自己の戦争との関わりを語り、口述させていた。寺崎の三月一八日の日記には「陛下病臥中ナリ」とあるほど、切羽詰った中での聞き取りだった(9)。

こうして、憲法改正問題を同時進行する東京裁判問題あるいは連合国の情勢と重ね合わせてみるとマッカーサーにとって、憲法改正草案要綱は一日でも遅らすことのできないものだったことがわかる。それは天皇に象徴という地位を与え、退位を思いとどまらせるためだけではなく、連合国に対して、とくに極東委員会と東京裁判のために必要だったのである。しかも、それは天皇が将来に向かって自ら積極的に平和と人権を尊重した憲法をつくろうとしていることの証として、日本国民に対するとともに、連合国に対しても必要な憲法であったのである。しかもそのためには、戦争放棄条項が盛り込まれたこの草案要綱を、東京裁判の被告人選定の段階で、直接天皇の言葉である勅語を付して発表する必要があったのである。この意味では戦争放棄条項は、天皇を戦犯から除外するための戦略として憲法に盛り込まれたといえよう。

マッカーサーが草案要綱を連合国に知らせることをいかに急いでいたかは、できあがった要綱をＧＨＱは「当日直ちに飛行機でアメリカの極東委員会に送り、関係国に交付」した、と楢橋書記官長から聞いた話として入江が書いていることからもあきらかである。(10)

憲法制定過程を考える際に、いままでは昭和天皇の戦争責任との関係で、あるいは戦争放棄条項との関係で検討されてこなかったが、さきの「羽室メモ」、ＧＨＱ案の日本側への手交に際してのホイットニーの説明、芦田の日記に書かれた幣原の閣議への報告、さらには木下侍従次長の日記、これらの記録をあらためて読み返してみると、どれをとってみても天皇の戦犯問題と戦争放棄条項を一対のものと解して、マッカーサーの意図を説明していることに気付くのである。

鈴木安蔵の政府草案への見方

ＧＨＱ案を基礎にした政府草案が発表された時、日本の指導的・知的層の反応は、いささか驚かされる。

政府草案に当然反対ないし批判的と思われる保守政党、あるいは明治憲法の改正に反対してきた憲法学者は、鳴りを潜めて批判どころか、事実上受け入れていたが、逆に憲法研究会に象徴されるような、明治憲法に批判的な学者・評論家は政府草案が発表されると批判的視点は忘れていなかった。

憲法研究会の鈴木安蔵は、政府草案が発表される以前に雑誌『潮流』一九四六年一月号に、政府の憲法制定手続きに関して様々な批判があり、自身の憲法案にも批判はあるが、憲法が制定されることは「われわれの義務だ」と次のように述べている。「憲法制定の経緯にかんしては、われわれは、いく多の不満も感じ、また、新憲法の規定そのものについても、多くの欠点を痛感するものであるが、しかし今や半歳足らずして、これが再建日本の最高基準たるべきものとして現実に国政運営上に法的効力を発揮すべきは、儼然たる事実となったのであって、憲法の遵守は、いまやわれわれすべての厳粛な義務なのである(11)」。

「共和制国家では機能しない」

鈴木はさらに政府の「憲法改正草案要綱」が公表された直後に、「民主主義は、最小限の要求として、少なくとも政治制度としての天皇制は廃止さるべきことを必要とする」と述べつつ、続けて「今日、国民自身の多くの部分が、なお天皇・皇室に対する一つの好感情を有しているかぎり、……共和国家の憲法が、かりに発布されたとしても円滑な機能をはたしえない……(12)」と論じているが、著書『憲法学三十年』を見ると、二十数年後の天皇制に関する見方もほとんど変化は見られない。

占領軍の高等政策は、日本人民大衆の下からの自主的な憲法運動が形成され実を結ぶ前に早くも「先制攻撃」を開始し、みずからの政治的意図の実現に完全に成功するというあざやかな処理によって、憲法問題は、上から、解決されることとなったためである[13]。

ここで鈴木は、日本の経験から述べているが、共和制国家が必ずしも「平和」の必要条件にはならないことは、『永遠平和のために』の著者であるカント(Immanuel Kant)の没後二〇〇年に際して、ドイツの社会学者のハーバーマス(Jürgen Habermas)が、共和主義的統治が平和を推し進めるという「楽観的な想定は、理念の動員によって論破された」と述べたように、政治制度としての「君主」の内実が問われていると言えよう[14]。

さらにまた、『民主憲法の構想』のなかの鈴木論文「主権、天皇について」についても、「国民主権の原則は、当然のこととして、マ草案が確定し、それは、政府の『改正案要綱』『改正案』にも、文字の推敲をへて引きつがれているが、この国民主権の原則の宣明においては、われわれの草案も同じである。また、『天皇は国政を親《したしか》らせず』『国民の委任により国家的儀礼を司る』としたわれわれの(憲法研究会の)規定は、天皇を象徴と定め、国政に関する権能を一切有しないと定めたマ草案と趣旨を同じくする。ただマ草案は、たんなる『国家的儀礼』にとどまらない諸『国事に関する行為』を列挙することによって、新憲法の下での天皇制に、立憲君主的性格をもたらしめるにいたった」(同上書、二九五頁)と、憲法研究会案以上に、GHQ案は天皇条項に厳しい規定を設けたと回想している。

戦力不保持だけで平和国家は可能か

つぎに、鈴木は政府草案後に、戦争放棄条項については、「(九条二項で)陸海空軍その他一切の武力を永久に保持しないというところまで徹底的に永久平和の決意をしめした点は、他に例がない。そしてこれをもふくめてこの戦争放棄の決意、方針、義務はこれまでの日本の国防偏重、対外戦争中心、軍部中心の国政にとってはまさに百八十度以上の大転換である」と好意的に評すると同時に、他の評者が指摘していない視点をつぎのごとく指摘している。

「問題は、単に戦力をもたないこと、武器、軍隊などの一切の戦力を放棄しただけで、日本が平和国家になれるか。また、他国民の平和愛好の念と信義とに信頼して、世界平和が確立されるのか。日本の独立国としての安全が保障されるかである」(15)

まさに、政府案を絶賛していた横田喜三郎とは対照的だ。戦力不保持がもたらす問題点は、すでに帝国議会の審議の中でも、国連との関係、あるいは安全保障問題、さらには警察力の評価などの視点が出されており、この点はすでに指摘してきた点であるが、まさに今日に至るも最大の論点であり、あらためて終章で指摘したい(本書四四四頁)。

最後に戦争の放棄を定めた政府草案を批判する中で、明治憲法下でも決して戦争を賛美してきたわけではないことに触れていることは、当時にあっては出色な視点であり、今日的な視点でもある。鈴木はこう述べている。「旧憲法においても、別に戦争を賛美したのではなく、いくたびかの対外戦争の際の宣戦詔勅においても、戦争をするのは、やむをえざる自衛のためであり、東洋の平和をはかるためであることを宣明してきた」。こうした経験を経て「侵略戦争たると、自衛戦争たるとを問はず、日本は一切の戦争をしないということを、ここに明示したのである」(16)。

なにか、当時の日本は、開戦にあたり「これから侵略戦争をします」と宣言していたように今日でも理解されがちであるが、決してそうではなかったのである。昭和天皇の開戦詔書が明白に示しているように、「平和」という言葉が六カ所で使われ「東亜永遠の平和の確立」のために戦争は始まったのである。そして二十一世紀に入ったいま、集団的自衛権を認めた安保法制を、「平和安全法制」と言い換え、閣議決定した「国家安全保障戦略」では、「積極的平和主義」という言葉がなんと一〇回も高唱されるなかで、戦時法制は着々と邁進を続けているのである。

いつの時代も「戦争」は突然起こるものでもないし、「笑顔のファシズム」という言葉があるがごとく「戦争」は「平和」とともに「仲良く」手を携えてやってくる。従来このような指摘がなかっただけに、鈴木の憲法施行当時の「歴史の教訓」は記憶に値するものといえよう。

草案要綱へのさまざまな反応

外務省総務局は、草案要綱発表直後に「憲法草案要綱ニ関スル内外ノ反響(其の一)」[17]と題する文書を作成しているが、国内の反響を概観して「従来政府案トシテ巷間ニ伝ヘラレテ居ツタモノト懸隔余リニ甚タシキ為奇異ナル感情ヲ抱」いていること、「翻訳的ナ印象ヲ与ヘ居ルコト」、「天皇制度存置ト主権在民思想ノ調和」がはかられていることに「一種ノ安堵感ヲ与へ」ていること、などをあげている。きわめて「概観」的であるが、当時の国内の反響をかなり正確にしるしているように思える。

とにかく要綱にたいする反響の最大公約数をとれば、やはり「戸惑っていた」ということになるのであろうが、個々の見解を分析してみると、みごとな図式が出来上がるから不思議である。

まず政党である。二大保守党の自由党と進歩党は「原則的に賛成」を表明する。理由は両党とも大要において似ているので自由党の見解を紹介すると、草案要綱が天皇制の護持、基本的人権の尊重、戦争の放棄を主内容としている点で「これはわが自由党が発表した憲法改正案の原則と全く一致する」[18]ということである。ほんの二カ月前に自由、進歩両党が出したかの「明治憲法」と大差のない憲法草案を思いおこすならば、「全く一致する」という見解がどこから出てくるのか、驚くより他にない。と同時にGHQ案がはじめて政府に示された直後、吉田外相に代わって白洲が出したホイットニー宛書簡(ジープ・ウェイ・レター)の中で、GHQ案と松本案とは目的において同じだ、と説明していたのを思い出さざるを得ない。

一方社会党は「ポツダム宣言の忠実な履行と民主主義的政治にたいする熱意の表明」として「賛意を表する」一方、「天皇の大権に属する事項が多きに失する」など天皇と議会に関する四点に注文をつけている。(19)

共産党は実質的に反対の態度を表明し、逆に天皇制の廃止、勤労人民の権利の具体的明記など五項目を提案している。(20)これはのち六月になると「新憲法草案」(通称「日本人民共和国憲法」)の名で具体的提案となってあらわれる。

またかなりはやい段階から憲法草案の起草にとりかかり、GHQ案にかなりの影響を及ぼし、結果的には多くの草案の中で、もっとも政府の草案要綱(この場合はGHQ案をふくめてもよいかも知れない)に近い憲法草案を発表した憲法研究会の鈴木安蔵は、かなり批判的であった。鈴木は当時多くの見解を発表しているが、もっとも総括的と思われる見解を『読売報知新聞』に三月九日から三回にわたって連載している。(21)当然長大な内容となっているが論点をあげればそれは以下のごとくである。

まず第一に天皇の即位について「その都度議会の、国民の承認ないし委任をうくべきものであることを規定」していない。第二に人権に関し、「民族人種による差別」禁止条項がない、経済的不平等の是正に関する規定がない、勤労者の生存権規定が具体的でない、「女性の解放・向上のためには、憲法上に、さらに徹底的な具体的規定がのぞましい」等、その後四〇年間の憲法上の重要な争点となった問題を、草案要綱発表の翌日にまとめ上げたことは、ただ驚異としか表現のしようがない。なかでも戦後三〇年を経た頃から問題となり出した「外国人の人権」「女性の人権」(しかも当時にあっては「婦人の解放」という言葉はあっても「女性の解放」という言葉はほとんど使われなかったにもかかわらず)を、それもいずれも「日本化」の中で政府が削りとった人権を、ピタリと指摘していることに気付くのである。鈴木はこのあと草案要綱にたいする憲法研究会としての意見をまとめ、GHQ憲法問題担当政治顧問として来日まもないコールグローブにとどける。(22)

ところで宮沢俊義の見解はどうであったろうか。宮沢はまず草案要綱前文がアメリカ合衆国憲法と似ている点を指摘したあと、草案要綱の特長として、「人民主権主義」、戦争の放棄、社会権をふくむ人権尊重をあげ、「あらゆる点からいつて八・一五以前の日本には全く見られなかつた新しいものを建設せんとする意向の表現であり新日本の大憲章たるべき志向をもつた憲法草案」(23)との全面的賛意を表明している。

さてこのようなさまざまな反響を図式化するとつぎのようなことが言えないだろうか。憲法改正に対してはやくから関心を持ち、明治憲法の大幅あるいは全面的な改正を考えていた団体・個人は政府の草案要綱に対して批判的であり、逆に明治憲法のせいぜい小幅な改正を考えていた団体・個人は政府の草案要綱を支持した、と。

このように「草案要綱」が発表されてわずか一カ月後、つまりいまだ憲法草案の全文が発表すらされていない段階で、四月一〇日、戦後第一回の総選挙が行われることになった。たしかにこの選挙は、衆議院議員選挙法が改正され、女性が選挙権・被選挙権(参政権)を持った最初の選挙であったが、同時に憲法草案の審議をする議員を選出する選挙でもあった。つまりこれは憲法の側からみれば、この選挙によって、日本国憲法は「日本国国民ノ自由ニ表明セル意思」(ポツダム宣言)に基づいて制定されたことになる。

なぜこれほどまでに重要な選挙を、いまだ憲法草案全文が発表されていないうちに実施することにしてしまったのか。この点はまた後に述べることとして、ひとまずこの選挙を通じて、国民が立候補者や政党を選ぶに際して憲法草案がどれほど争点となり得たのかを検討してみよう。

結論を先に言えば、あまり争点とはならなかった、と言えそうである。憲法調査会が行ったひとつの調査を紹介しておこう(24)。「この調査は、一定の抽出基準により北海道第一区、福島県、茨城県、静岡県、大阪府第一区、広島県、愛媛県及び福岡県第一区の八選挙区の立候補者のうち選挙公報の現存するもの五三五人の公報所載の政見について調査したものである」。それによると、

1、憲法改正草案要綱に触れているもの　一七・四％

内　イ「要綱」支持　一二・三％

　　ロ「要綱」反対　一・〇％

　　ハ支持・反対の明らかでないもの　四・一％

2、憲法改正草案要綱に触れていないもの　八二・六％

内　イ要綱に触れていないが、憲法改正には触れているもの　一六・一％

　　ロ要綱にも憲法改正にも触れていないもの　六六・五％

残念ながら、衆議院選挙の立候補者の憲法への関心はかなり低かったと言えそうである。それはまた選挙民の意識をも示していると言えそうである。

こうした状況の下で憲法制定議会(第九〇回帝国議会)の衆議院議員が沖縄選挙区を除いて選出された。選挙結果は圧倒的に保守が優勢であった。翌五月、吉田茂内閣が成立する。

平和国家——森戸辰男と社会党

「平和国家」という言葉がはじめて登場したのは、本書の冒頭で紹介したように昭和天皇の勅語とともにであった。その後、翌一九四六年の元旦の昭和天皇の詔書、いわゆる「人間宣言」のなかで、「官民挙ゲテ平和主義ニ徹シ、教養豊カニ文化ヲ築キ、以テ民生ノ向上ヲ図リ、新日本ヲ建設スベシ」と「平和主義」に言及し、あるいは、皇太子が、これは法的な意味はないが、「平和国家建設」と書き初めに書いたことなど、天皇の側から言われてきたのであった。ただ、その際に「平和国家」とは何か、「平和主義」とは何か、といったその内容については知らされないままに、まず、「言葉ありき」で始まったのであった。

しかし、ちょうどその年始に、当時よく知られていた雑誌『改造』の新年号に森戸辰男が「平和国家の建設」という論文を掲載したのであった。前述のように(一〇八〜一〇九頁)この論文は、たぶん戦後初めて「平和国家」という言葉が、しかもその概念を詳細に解明した論文として、登場したのであった。

この段階、つまり敗戦からわずか五カ月で、このような「平和国家」を論じた者はいなかったであろう。後論(二六二〜二六三頁)で紹介する宮沢俊義も「平和国家」を論ずる論文を同じ『改造』で書いているが、内容はまったく異なるのである。

さらにまた、森戸が社会党に所属していたことから、その関係で影響を受けたとか、与えたとかと推測してみたいのだが、実際はまったく異なっている。

社会党が「憲法改正案」を発表したのは、本書で紹介したごとく一九四六年一月一八日のことであった(本書五八頁)が、その後、政治情勢が激変するなかで、なかでも憲法改正草案要綱を受けて「憲法案」の内容が急速度に変化を遂げてゆくのである。

三月八日に発表された党の「憲法草案要旨」によると、「眼目はつぎの四点」とし、その第一に「平和国家の本質を国民共同体とし、主権はこの協同体たる国家に在り」とし、その下の「新憲法草案」では、「新憲法」としたこともあって、憲法を「制定するもの」としている。つまり、「新憲法」は、明治憲法の改正ではなく、まったく新しい、法的には旧法と断絶した「革命」的な方法を前提としていた。

しかし、それにもかかわらず、新憲法の「目標」を以下のように定めていた。「平和国家を建設することを目標とするを以て従来の権力国家観を一掃し、国家は国民の福利増進を図る主体たることを明らかにする」とした[25]。

たしかに、社会党は「平和国家」という言葉だけは掲げているが、それだけである。森戸が論じた「平和国家は理念的平和主義に留まることなく、実践的方法論的平和主義に進出すること」などという理念の「平和国家」論はみじんも感じられないのである。

つまり、森戸の掲げた「平和国家」は、昭和天皇の掲げた「平和国家」、社会党の掲げたそれとも、かなり隔たりがあったということができる。

口語になった憲法草案

選挙が終わった四月一七日政府草案の全文が発表された。一八日付の新聞を手にした国民は、そこにまた新しい時代の香りをかぎとったにちがいない。というのは政府草案は要綱とちがい、否、明治以来のすべての法律とちがって口語表記で書かれていたからである。

現代では刑法が一九九五年に、商法が二〇〇五年に、漢字と平仮名による口語表記に変ったように、多くの法律が「平易化」されたが、この時点ではすべての法律が漢字・片仮名による文語表記であった。従って憲法が口語で表記されることは当時にあってはひとつの法文化革命であり、それが今日の日本国憲法の普及に果たしている影響は計り知れないものがある。

一九八〇年代初頭、ある出版社が日本国憲法の全文をかなり大きな活字で組み、用語の国語的解釈を脚注につけただけで『日本国憲法』と題して売り出し、ベストセラーになったことがある。(26) 一頁おきに風景写真を入れたことが読者にうけたとも言われたが、こうした企画が成り立つのも、この憲法が多くの国民にとって朗読にたえうるものであるからにほかならない、といえるだろう。

たしかにこの憲法は翻訳調だという批判は後を絶たない。それは部分的には否定できないだろう。だが、それを認めた上で、なおかつ明治憲法の文章より曖昧さがない、と作家の丸谷才一はつぎのように評価している。

「現行憲法は名文ではないが、しかしあれだつて明治憲法にくらべれば文章として遥かに優れてゐるのである。それは筆者の言はんとするところを表現してずいぶん明確であり、曖昧さが乏しい。誤解の余地がすくない(27)」

ところでこの文語体から口語体への「法文化革命」は誰によって、どのようにしてなされたのであろうか。この成功した〝革命〟について幾人かの〝革命参加者〟が回想を書いているが、〝成功した革命〟によくあるごとく、その推進者を決めることは実にむつかしい。

とはいえ事のはじまりは三月末の「国民の国語運動」の「建議」にあることは間違いないようである。

法令の書き方についての建議(28)

国民一般に必要な書きものは、国民一般にわかりやすい書き方でなければなりません。それにもかゝはらず、これまでの法令そのほかの公文書が、この点をおろそかにしてゐたことは、だれでもみとめてゐるとほりであります。この不合理をそのまゝにしておくならば、すべての国民の心をあつめて新しい日本をうち立てようとしても、それはおぼつかないことと存じます。

今や新らしい歴史の出発点にあたつて、国民に対する国家の期待をあきらかにし、国民の自覚と勇気とをふるひ起こさせる上から、この際、法令、公文書のすがたを一新することは、きはめて望ましい手だてであると信じます。

右の注意から、このたび政府でご提出になる憲法改正案をはじめ、すべての法令、公文書の書き方を、次ぎのやうにお改め願ひたいと思ひます。

一、文体は口語体とすること

二、むづかしい漢語はできるだけ使はぬこと
三、わかりにくい言ひまはしを避けること
四、漢字はできるだけへらすこと
五、濁点、半濁点、句読点をもちひること
以上の方針のもとに、現在おこなはれてゐるものは、すみやかに書き改め、今後のものもこのやうに作られますやう、建議いたします。

昭和二十一年三月二十六日

「国民の国語運動」代表　安藤正次

内閣総理大臣男爵　幣原喜重郎閣下

安藤代表のほか山本有三(作家)、横田喜三郎、三宅正太郎(判事)らがこの「建議」を持って、その日(三月二六日)の午後首相官邸を訪ねた(29)。対応に出たのは松本国務大臣と入江法制局長官であった。しかし松本の反応はあまりよくなかったようだ。三宅は「国務相のお答はきわめていんぎんではあったけれど、その帰るさ、私は山本有三君と、失望に近いものを感じていた(30)」。

ところがこれですべては終わらなかった。対応した入江は書いている。「私は昭和のはじめ内閣の法制局参事官となって以来多年法令用語の平易化については関心を持っていたのであるが、適々上記『国民の国語運動』の建議は、深くわたくしの心を打つものがあっ

た。わたくしは、当時わたくしの下で憲法草案の作成に協力してくれていて、こうした問題にすぐれた感覚を持っておられた法制局の若手参事官の渡辺佳英君にこの点を相談したところ、渡辺君は双手をあげて賛成し、まさにこの機会に断行しなければ法令の口語化の実現は極めて困難になるのではないかといわれ、その点まさにわたくしと全く同じ感覚であった(31)」。

部内に賛同者を得た入江は、意を強くしてあらためて松本国務相に憲法の口語化を進言する。松本の答は意外だった。「あんな風なほんやく臭の憲法であってみれば、せめて口語化でもすれば、少しは日本語らしくなるかも知れないね(32)」。

いかにも松本が言いそうな台詞である。つまり松本は「建議」が言うように「国民一般にわかりやすい書き方」にするために口語化に賛成したわけではなく、「ほんやく臭」を隠す手段として口語化に賛成したのである。松本にとって憲法とは明治憲法のごとく威厳のあるものでなければならなかった。ところが草案はどう手を加え、日本化しても威厳が出てこない。それもそのはずである。松本はそれを翻訳のせいにしているが、それは内容の問題であった。憲法草案は形式(手続)はともかく内容は人権宣言なのである。人権宣言に欽定憲法たる明治憲法のごとき威厳を持たせることは本来無理であったのである。

判事として一九二九(昭和四)年に口語体の判例を書いた三宅正太郎は、文語体を支持することの意味をこう批判している。「〔文語体によって〕荘重を守ることはいゝ。しかし、その荘重を守ることの蔭に、いわれなき権威をそれで飾り、論理の欠陥をそれでごまかすということが絶対にないといゝ切れるか。今にして筆者の気づくことは、これまでの口語体の判決に反対した人には軍国主義的色彩を帯びた人が多く、その反対の声の強かったのは軍国主義の高潮時であったことで、偶然でない気がするのである」[33]。

とにかく理由はどうであれ、担当大臣の承認を得て、入江はさっそく渡辺に命じて口語化にとりかかる。渡辺は三鷹に住んでいた。運のいいことに首相官邸に「建議」を持って口語化要請に行った一人の山本有三もすぐ近くに住んでいた。渡辺は山本に援助を願い出る。

要請を受けた山本は、これまた近くの吉祥寺に住んでいた国際法学者の横田喜三郎に相談する。横田の回想によれば、横田は山本からどんな口語にすればよいかと相談を受けて「新聞や雑誌で使われている『……である』」がいいと言うと、「山本さんは、『それなら、いいでしょう。いや、それがいい。ぜひそうすべきだ』と強くいわれた」[34]という。ところが、横田の記憶では、そばにいた「法制局の参事官は、『とんでもない』とびっくりされたようである」[35]となっている。「法制局の参事官」とは渡辺のことであるから、入江や渡辺の回想とはかなり異なり、横田の方が法制局より積極的であったように横田は述べている。

ともかくこうして山本と横田が口語化の試案をつくることになった。山本が前文、横田が一章(天皇)と二章(戦争の放棄)を担当し、ひと晩かかって案文を作り、翌日二人で七時間かかって検討し「口語の見本」を作ったという。(36)

さて、こうしてつくられた試案はつぎのようなものであった。前文の一部と第一条を紹介しておこう。

われら日本国民は真理と自由と平和とを愛する。われらは、われら及びわれらの子孫のためのみでなく、全世界の人類のために、これが探求と現実とに、こぞつて力をつくさんとするものであつて、かりそめにも少数の権力者によつて、ふたゝび戦争にひきこまれることを欲しない。そこでわれらは、国会におけるわれらの正当なる代表者を通じて、主権が国民の意思にあることを宣言し、こゝにこの憲法を制定する。

(中略)

第一条　天皇は国家と国民統一の象徴であつて、この地位は主権を有する国民の意志からうけたものである。(以下略)(37)

この試案にもとづき、四月三日、祭日(神武天皇祭)であったにもかかわらず、入江長官、佐藤達夫局次長、渡辺佳英参事官が一日がかりで口語化作業を行い(38)、四月五日閣議の承認をとりつける。こうしてできた「帝国憲法改正草案」は、さきの山本・横田試案と較べてみると、つぎのような変化がみられる。

日本国民は、国会における正当に選挙された代表者を通じて、我ら自身と子孫のために、諸国民との間に平和的協力を成立させ、日本国全土にわたつて自由の福祉を確保し、政府の行為によつて再び戦争の惨禍が発生しないやうにすることを決意し、ここに国民の総意が至高なものであることを宣言し、この憲法を確定する。（中略）

第一条　天皇は日本国の象徴であり日本国民統合の象徴であつて、この地位は、日本国民の至高の総意に基く。

どうやら山本・横田の試案は口語体の基調としては生かされはしたものの、改正草案の重要な点では必ずしも生かされなかったようである。それでも口語化という所期の目的は達成されたのである。たしかにいまから見ると、旧かなづかいであるが、これは国語審議会が「現代かなづかひ」を答申したのが九月二一日、政府の「告示」が出されるのが、憲法発布直後の一一月一六日であったことによっている。

一九四六年四月一七日、ひらがな口語による「帝国憲法改正草案」が発表された。横田はその体験を「まことに、思いがけない、愉快な驚き」[39]と回想し、長年にわたって法律・判決などの公文書の口語化を主張しつづけてきた三宅は「〔一九四六年という〕年は、ほかの事柄がなくとも、このことだけで永久に記念すべき年」[40]と記している。

日本案から草案要綱、そして改正草案へと連なる一カ月半の作業は、まさにGHQ案の「日本化」に他ならなかった。法制局官僚を中心にすすめられた憲法条文の日本化を「官僚化」と呼ぶなら、口語化は憲法の「大衆化」と呼ぶことができよう。

XI　東京帝国大学「憲法研究委員会」の役割

戦後憲法の出発

宮沢俊義は、はやくも一九四五年九月二八日に外務省で「『ポツダム』宣言に基く憲法、同付属法令改正要点」と題する演題で、講演を行い、ここで宮沢は「具体方策」として「帝国憲法ハ民主主義ヲ否定スルモノニ非ズ。現行憲法ニテ十分民主的傾向ヲ助成シ得ルモ、民主的傾向ノ一層ノ発展ヲ期待スルタメ改正ヲ適当トスル点次ノ如シ」として緊急勅令などをあげていた。宮沢にとって、明治憲法は「民主的傾向ヲ助成シ得ル」と判断し、「憲法ノ改正ヲ軽々ニ実施スルハ不可ナリ」と考えていた(1)。

宮沢は、『毎日新聞』でも同様の見解を述べており(一〇月一九日)、さらに美濃部達吉も『朝日新聞』(一〇月二〇日から二二日)の論説で「形式的な憲法の条文の改正は必ずしも絶対の必要ではなく、……法令の改正及びその運用により、これを実現することが十分可能であることを信ずる……随って少くとも現在の問題としては、憲法の改正はこれを避けることを切望して止まないのである」と述べていた。

これに対し、宮沢とともに後に憲法改正にあたり、国民に大きな影響力を発揮する金森徳次郎は、いくらか後のことになるが、しかし憲法改正問題がいまだGHQの影響が表れない時点の一九四六年二月に出された著書『日本憲法民主化の焦点』(協同書房)で、「私自身としては、確信的に信仰的に——合理論を超越して——此の国体の原理を尊重すること我々の先人例えば本居宣長と同様である」。なんとも、「合理論を超越して」、まさに「信仰的に」天皇主義を、国体の原理を唱えたのであった。

これが当時の一九三〇年代の法制局長官であり、のちの吉田内閣で憲法問題担当大臣を務めて、平和や民主主義を唱えた権威ある学者の見解であったのである。それはまた、これら日本を代表する憲法学者が、この戦争を決して「敗戦」とは考えず、「終戦」と見てきたことをも意味していたといえよう。

しかし、当時在野にあって戦前からの民権派憲法の研究者であり、日本政府より早く憲法改正案を発表した鈴木安蔵は、上記のような憲法学者を痛烈に批判している。「いまなほ日本の憲法そのものは民主主義的である、今日までの軍部、官僚の専制警察憲兵の悪政がなされたのは、憲法の解釈、運用を誤つたからである、この解釈運用さへ改め、悪法令さへ廃止するならば、現行憲法はそのままでも民主主義は実現できるといっている人々もいる。果たしてさうであらうか。かりに一歩をゆずつて、日本憲法そのものは決して封建的専制主義のものではないとしても、そのやうな誤つた解釈や運用を生ぜしめる間隙、欠陥のある憲法は、そのやうな悪法令、悪制度を存在せしめたところの憲法は、すでにそれだけで今日、根本的に改正されねばならないことは明白である」[2]。

鈴木はその後も当時の「専門的な憲法学者たちが、憲法改正について、また『国体』、天皇制について、きわめて慎重、というよりは消極的保守的であった」と指摘している[3]。

鈴木は、この書物が刊行される前後に民間の憲法草案「憲法研究会案」を発表している。この憲法草案の内容とGHQ案に与えた影響については、本書五二頁で紹介したが、鈴木のような憲法への展望を持っていた識者は、当時も極めて少数であったのである。

宮沢俊義案の内容

憲法問題調査委員会は、委員長が松本烝治国務大臣であったため、通称「松本委員会」と呼ばれてきたことは、本書ですでに何度か紹介したごとくである。その委員の一人に、といっても事実上、松本の右腕ともいうべき委員に宮沢がいた。それは、松本自身は商法の専門家であるから、松本とほぼ同年代の美濃部が委員会の顧問につき、美濃部の弟子筋にあたる宮沢が有力な委員を務めることになっても不思議ではない。

ところが、宮沢自身はこの憲法問題調査委員会やそこで作られた憲法案について、あまりその経緯を語ろうとしていない。たとえば、宮沢の死後に出された追悼企画の雑誌「宮沢憲法学の全体像[4]」で、弟子筋にあたる久保田きぬ子は、「〔宮沢先生は〕松本委員会には途中からあまり熱心に行かなくなったので、自分は名前だけであるという意味のことをおっしゃったのですが」と発言している。

こうした宮沢の言動は、さまざまなところで仄聞《そくぶん》されてきたが、まず、松本委員会での宮沢の役割をはっきりさせたい。そこで、松本委員会で補助員として松本案の起草にかかわってきた憲法学者の佐藤功の証言によれば、松本の起草した甲案のようにほとんど改正点のない案では「だめなんじゃあないかというような議論が出てきました。そこで改正点の多い大規模な改正案も用意しようではないかということになり、それが例の甲案、乙案の二案のうちの乙案となったもので、これは実際上は宮沢先生の案なのです」ということである。(5)

この点に関して、二〇一四年九月初めに宮内庁編による『昭和天皇実録』が公表されたが、その公開文書によると、松本は、いわゆる甲案(憲法改正要綱)を一九四六年二月七日に昭和天皇に拝謁し、二時間にわたって説明している。そこで松本は「憲法改正要綱」である「『憲法改正私案』を憲法問題調査委員会委員の東京帝国大学教授宮沢俊義が要綱化し、さらに松本自身が加筆した」、一方「『改正案』(上記、佐藤功の言う「乙案」のこと)は、憲法問題調査委員会総会における各種意見を取り入れ、宮沢及び法制局次長入江俊郎・法制局第一部長佐藤達夫によってまとめられた、より広範囲な改正案である」と述べているのである(本書一〇一頁)。つまり、委員会の委員の数からみれば、甲案は、少数派案、乙案は多数派案と見ることができる。

そこで、その宮沢案の乙案の最初の部分である天皇の地位に関する部分を紹介してみたい。甲案が、明治憲法の一条から三条まではまったく改正しない案であったことに対して、乙案は、一条を

（A案）　第一条　日本国ハ万世一系ノ天皇統治権ヲ総攬シ此ノ憲法ノ条規ニ依リ之ヲ行ウ

（B案）　第一条　日本国ノ統治権ハ万世一系ノ天皇之ヲ総攬シ此ノ憲法ノ条規ニ依リ之ヲ行ウ

（C案）　第一条　日本国ハ君主国トシ万世一系ノ天皇ヲ以テ君主トス

（D案）　第一条　日本国ハ万世一系ノ天皇之ニ君臨ス

とあるが、そもそも甲案は明治憲法第一条をまったく変えず、「第一条　大日本帝国ハ万世一系ノ天皇之ヲ統治ス」のままであったとはいえ、乙案の四案はさして変更がないのである。

三条は、明治憲法三条が「天皇ハ神聖ニシテ侵スヘカラス」とあるのを、甲案は「天皇ハ至尊ニシテ侵スベカラス」と改正する案であったのに対し、乙案は、

（A案）　第三条　天皇ハ統治権ヲ行ウニ付責ニ任ズルコトナシ

（B案）　第三条　天皇ハ国ノ元首ニシテ侵スベカラズ

（Ｃ案）第三条　天皇ノ一身ハ侵スベカラズ

とあり、いずれも明治憲法の条文の「天皇ハ神聖ニシテ」の部分だけを削除しているにすぎない。一言で言えば、天皇条項に関しては甲案、乙案ともに大差はないのである。

ところが、この乙案は天皇規定では、明治憲法に大きな変更はないにもかかわらず、これとは対照的に、すでに本書一〇三頁で指摘したように陸軍の吉積軍務局長が政府や憲法問題調査委員会に軍規定条項の「削除」を求めてきていたが、それにほぼ見合った内容であったのである。果たしてこの乙案は、陸軍の動きとなんらかの関係があったのであろうか。

宮沢とGHQ案

さて、その宮沢とGHQ案とのきっかけについては、宮沢の後継者の小林直樹との対談「明治憲法から新憲法へ」(6)のなかで、小林からの疑問に宮沢はこう答えたことによっている。ここで宮沢は「たぶん二月の下旬」頃に「当時の閣僚の一人」から「マッカーサー草案」を示されたように思うと言い、『改造』に発表した論文については、「私自身、マッカーサー草案の存在を知る機会をもっていた以上、私の発言がマッカーサー草案の第九条(「戦争の放棄」条項の意。草案段階では「第八条」であった)の規定と無関係だと見ることはむずかしいでしょう」と述べたのである。

右にある「『改造』に発表した論文」とは、一九四六年三月号に掲載された「憲法改正について」のことである。この論文の内容については、これからもたびたび引用させていただくことになるが、小林との対談で、「マッカーサー草案の第九条と無関係だと見ることはむずかしい」と発言していたこともあり、その翌年に出版した論文集『憲法と天皇』(7)(東京大学出版会、一九六九年)の「はしがき」で、以下のように述べている。

この著書そのものは当時かなりの読者に知られていた論文集だと思われるが、論文の内容とは必ずしも関連性がない「はしがき」ということもあり、ここでの内容は従来さほど知られていなかったのではないかと思われる。かなり長い引用になるが、しばし宮沢自身の「記憶」に耳を傾けていただきたい。

佐藤達夫は、宮沢の論文(『改造』にのった「憲法改正について」)が永久非武装を説いている点に注目し、「何かの事情でマックアーサー草案のことを知った上での記述かとも思われる」と推測している(8)。この佐藤の推測に対して、宮沢はこう述べている。

いちおうもっともな推測であるが、実は、わたしの記憶に頼るかぎり、この推測は必ずしもあたっていない。

わたしの右の論文が政府の憲法草案発表(三月六日)以前に書かれたことはたしかとおもわれる。問題は、それを書いたとき、わたしがマカアサア草案の非武装の規定の存在を知っていて、それを頭に入れて書いたかどうか、である。

わたしは、マカアサア草案の存在を、政府の草案が発表される直前に知った。おそらく三月のはじめであり、どう早くても二月末のことである。しかも、わたしはその英語のテクストをほんの一分ほど手にしただけで、それをていねいに読む時間はもたなかった。その中味で気がついたのは、第一条の国民主権の規定だけだった。そして、その規定を見て閣僚たちがあわてていることを知った。非武装の規定の存在には、そのときには気づかず、後に政府の草案ではじめて知った。……

これがわたしの記憶である。

ところで、それならば、右の論文の「日本は永久にまったく軍備をもたぬ国家……として立って行く……覚悟が必要ではないか」という、あたかもマカアサア草案を先どりしたような文章は、どうして書かれたのだろうか。こういう疑問が当然に起こる。わたし自身は、松本委員会(憲法問題調査委員会)席上でのいろいろな議論のうちから、そういう非武装論が生まれたのではないか、と推測している。どうも、そう推測するよりほかしかたがないし、事実、松本委員会では、そういう点が熱心に論議された。

しかし、これはどこまでも現在でのわたしの記憶にもとづいた推測である。わたしが政府草案の発表の直前にマカアサア草案を、ほんの一瞬とはいえ、見たことは事実であるから、その際非武装の規定が目に入り、それがわたしの意識の底に潜んでいたのではないか。こういう推測が当然に成りたつ。そこで、わたし自身もそういう可能性をじゅうぶんに考えてみたのであるが、もしそうとすれば、そういう重要な事実を、いかなわたしとしても、すっかり忘れてしまうとは、とうてい考えられないようにおもう。

いずれにせよ、わたしの――おそらく不たしかな――記憶に頼るかぎり、事情は、およそかようなものだったとおもわれる。(9)

なんとも「おそらく」や「記憶」、「推測」が多い文章であるが、問題は「非武装規定」を「ほんの一瞬とはいえ、見たことは事実」で、時期は「早くても二月末」、「おそらく三月のはじめ」ということは否定していないので、読者の記憶に留めておいていただきたい。

江藤淳の慧眼

実は、宮沢がGHQ草案(ここで言う「マカアサア草案」)をいつ知ったのか、ということは憲法制定過程において重大な問題であり、なかでも文芸評論家の江藤淳がかなり激しい表現で宮沢批判をしたこともあって、八〇年代にはメディアで取り上げられたほど話題になった。

江藤淳が、それ以前からGHQの検閲問題を取り上げて、占領期を「暗い谷間」であったと戦後民主主義を一方的に批判し、「日本国憲法の起源」をなにかと「タブー」、「禁圧」などの巧みなレトリックを駆使し、攻撃的な語調で論じていた。加えて、宮沢に対しても、宮沢が憲法改正を意図した政府の「憲法調査会」と対立関係にあった民間の「憲法問題研究会」の中心メンバーであることもあって、宮沢がさきの『改造』に寄稿した「憲法改正について」は「決定的転向声明」であると論難し、憲法改正の正当性を主張していたのであった。

しかし、いろいろと文献をあたってみると、さきの宮沢の『憲法と天皇』の「はしがき」を江藤はまず読んでいなかったと思われるが、さきの「はしがき」も含め、宮沢の役割は憲法制定過程の文脈の中で重要な意味を持ち、そこに注目した江藤の慧眼に著者は眼を覚まされたのである。

さきの宮沢案(乙案)と草案要綱とを比較してみると、その違いは明白であり、この間に宮沢の憲法改正構想は草案要綱によって完全に否定されたと考えざるを得ない。そこからは、当然のこととして宮沢に何があったのかと訝《いぶか》しがっても不思議ではない。

ところが、宮沢は、草案要綱が三月六日に発表されると同時に、あるいは、すでに紹介したごとく、それより早いと思われる段階で雑誌『改造』に(雑誌は奥付に「三月一日発行」と書かれている)「憲法改正について」(『改造』一九四六年三月号)という論文を書いている。全文八頁ほどであるが、論文の要所を紹介してみよう(傍点はすべて原著者宮沢のものである)。

政府も憲法改正を天下に公約してゐる。この稿の世に出る頃にはもう政府の改正案の内容も公にせられてゐることであらう。……このたびの憲法改正の理念は一言でいへば平和国家の建設といふことであらうとおもふ。

　ポツダム宣言で日本は「平和的傾向を有する責任政府」を樹立すべく要求せられている。しかし、かりにさういふ要求が為されていないにしても、日本を再建する路は平和国家の建設をおいてはないのだといふことを銘記すべきである。そして、憲法改正は専らこの理念にもとづいて為されなくてはならない。

　たとへば、憲法改正において軍に関する規定をどう扱ふべきかの問題を考へてみる。現在は軍は解消したが、永久にさうだといふわけではないから、軍に関する規定はそのまま存置すべきだといふ意見もあり得よう。しかし、日本を真の平和国家として再建して行こうといふ理想に徹すれば、現在の軍の解消を以て単に一時的な現象とせず、日本は永久に全く軍備をもたぬ国家——それのみが真の平和国家である——として立って行くのだといふ大方針を確立する覚悟が必要ではないかとおもふ[10]。

　さきの宮沢の憲法改正案の乙案は、国民には公表されていなかったので、当時は改正案と論文との比較はできなかったのであるが、この宮沢の論文は「平和国家の建設」に傍点を振り、ときに「平和国家の再建」を説き、あるいはそれを「理想」とし、「平和国家を確立する覚悟」といった、なんとも勇ましい文章である。

　この宮沢論文を見て、江藤は「少くとも宮沢教授は(GHQ案が政府に手交された)二月十三日前後に、『何らかの事情でマッカーサー草案』(傍点引用者〈江藤のこと〉)を入手する機会を得、それにもとづいてこの論文を執筆したと考えなければ、どうしても辻褄が合わないのである」と書いた(11)。

たしかに、この時点で「平和国家」などということは政治家も、学者も、いわんや官僚も、誰しも言ったり、書いたりしていないのであるから、「マッカーサー草案を入手する機会」がなければ、こんなことを執筆できるはずがないと考えても当然であったろう。

そして、江藤が指摘した頃は、誰しも指摘していなかったことであるが、この宮沢論文では、すでに指摘されているではないか。その一つは「平和国家の建設」であり、もう一つは「軍規定条項をもたない」という主張である。

「平和国家の建設」は、すでに一九四五年九月はじめに昭和天皇から(本書二頁)、「軍規定条項をもたない」は、陸軍から明治憲法の「軍規定条項の削除」を求められていた(本書一〇三頁)ことで、いずれも宮沢など少数の人々の意識にあったのである。

再び昭和天皇の勅語

一九四五年九月二日、ポツダム宣言を受け入れた天皇と日本政府は連合国に対し、降伏文書に調印した。

その翌々日の四日、帝国議会が開会され、昭和天皇は勅語を発している。改めて確認いただきたいことだが、敗戦の決定を公表した八月一五日からわずか半月のことである。

そのなかで昭和天皇は、帝国議会でこう宣言した。「朕ハ終戦ニ伴フ幾多ノ艱苦《かんく》ヲ克服シ国体ノ精華ヲ発揮シテ信義ヲ世界ニ布キ平和国家ヲ確立シテ人類ノ文化ニ寄与センコトヲ冀《こいねが》イ日夜軫念《しんねん》措カズ」。なんと「平和国家」は、昭和天皇によって先取りされていたのである。

この時点で、『朝日新聞』は一面最上段に「平和国家を確立」との見出しを掲げた上で、「平和国家」と題する社説を掲げ、「精神に生きよう。文化に生きよう。学問に、宗教に、道義に生きよう。……これが詐《いつ》わらざる日本人の心理であり、新日本の真姿である。開院式の御垂示に『平和国家』と宣《のたも》うた。然《しか》り、平和国家の平和なるみ民として、断じて敗ることなき文化と精神の大道を歩みだそうとしているのだ」(一九四五年九月五日)。

敗戦という停戦状態からわずか半月しか経っていない時である。なんとも素早い変わり身に仰天させられるが、他紙も同様である。『読売報知新聞』は「平和国家確立の大業に」と、一面最上段に(九月五日)、『毎日新聞』はそれほどではないが「平和国家の確立へ」の見出しで一面(九月五日)だ。いずれも「平和国家」を強調している。

宮沢がこの勅語報道を見て、これをヒントにしたかどうかは不明である。ただ、GHQ案の「戦争の放棄」条項には、すでに述べたごとく「平和」などまったく書かれていなかったのである。

委員会の設置

ＧＨＱ案が日本政府側に手交されたのは、よく知られているように一九四六年二月一三日のことである。そこに出席していたのは吉田茂外務大臣、松本烝治国務大臣と白洲次郎終連次長と通訳官の長谷川元吉であり、ＧＨＱのホイットニー、ケーディスらであった。

このＧＨＱ案が閣僚に示されたのは、つぎの閣議が開催された一九日であり、この間、ＧＨＱ案の内容を知っていたのは、閣僚の中では、上記の吉田、松本を除いて幣原首相のみであった。

ところが、驚くべきことに、南原繁東京帝国大学総長の「著作集」を読んでみると、つぎのような記述がでてくるのである。「終戦の年の暮、私が東大総長に就任して、翌年二月、憲法改正必至の状況に照らして、その方面の専門家や碩学を擁する大学としては、その際の参考に供するために、問題を研究するを必要と考え、関係諸教授と協議して、大学内に『憲法研究委員会』を設けた。委員長は宮沢俊義教授、委員は、法学部からは高木・我妻(中略)……すべて二十人」とある。(12)

しかし、委員会の設置は「二月」とあるだけであるので、もう少し確かな日付がわからないかと調べたところ、なんと先に挙げた委員の一人・民法学者の我妻栄が「知られざる憲法討議――制定時における東京帝国大学憲法研究委員会報告書をめぐって(13)」という論文を書いていることがわかった。

それを見るとさらに驚くべきことに、委員会の設置は、「終戦の翌年(昭和二一年)の二月一四日、当時の東京帝国大学総長南原繁は、学内に『憲法研究委員会』を設けた」(我妻の同上論文は、憲法問題研究会編『憲法と私たち』岩波書店、一九六三年、二六〜七三頁所収)というのである。なんと、二月一四日といえば、GHQ案が政府側に手交された翌日ではないか。

ここから考えられることは、南原著作集では、「問題を研究するを必要と考え」と、南原が委員会を設けたと書かれているが、南原が任命した宮沢は、当時を回想した著書で「わたし(宮沢)が政府草案の発表の直前にマカアサア草案を、ほんの一瞬とはいえ、見たことは事実である」と述べているが[15]、そうだとすると、宮沢の回想によれば「政府草案の発表の直前」であるから、三月六日の「直前」ということになる。

ところが、我妻によれば二月一四日には委員会が設置されているのであるから、やはり「見た」のは、それ以前、といっても日本側にGHQ案が手交されたのは二月一三日であるから、それ以前にGHQのスタッフから見せられたとは考えられないから、「見た」のは、二月一三日か一四日しか考えられない。

GHQとの会談が終了したのは、二月一三日の午前一一時半との記録が残されている(GHQの日本政府との会談記録)。

ところで、よく考えてみると宮沢から見れば、GHQとの会談の結果を知りたいと思っていたことは当然のことであった。もちろんGHQ案が手交されるなどと言うことは、想像すら出来なかったとしても、そもそも二月一三日とは、GHQから松本案に対する見解が示される日であったのである。宮沢にとって、憲法問題調査委員会で松本とともに起草にあたってきた憲法案であり、その松本案は、二月八日にGHQへ提出され、その際にGHQから一三日に見解を示すと言われていた日であったのである。

そう考えると、宮沢が一三日に一一時半以降に松本を訪ねていたことは、むしろ当然にありうることであったろう。従ってその直後に、我妻の記述のごとく、二月一四日に東大内で憲法研究委員会が設置されていたことは、合点がゆくことなのである。

宮沢は、遅くとも翌日までに急遽南原総長に面会し、委員会の設置の必要性を説いたと推測しても決して間違いではあるまい。東大のごとき大組織で、いかに総長といえども翌日(あるいは即日?)に委員会を設置することは不可能のように考えられるが、結果的には一四日に設置したとされており、南原総長は、宮沢とともに事の重大性と緊急性を感じていたことは間違いない。しかも上記の南原の著作集によれば、委員は「二十人」だという。そこには具体的な法律系の教授の名前が挙がっているが、突然、総長に命ぜられて、直ちに集まれたのかと疑問の余地はないではないが、事はそれほどまでも重大であったに違いない。

たしかに、天皇制を全く変えずに憲法改正を考えていた宮沢にとって、GHQ案を見て驚愕したことは理解できる。しかし、宮沢にとって憲法学者としてGHQが起草した憲法草案の方が、自身が起草し政治的に判断した憲法草案より、はるかに合理性がある、これぞ近代憲法だと判断したに違いないことは十分理解できるのである。

GHQ案を基礎に議論

どんな内容が議論されたか、「委員会報告」を紹介してみる。この点に関しては、我妻栄のみが証言しているようだ。まず、前記我妻論文から引用する(以下「我妻論文①」とする)。「前文、天皇及び戦争の抛棄について」の項は以下のようである。

一、前文はやや冗長に過ぎ、且つその表現も生硬の憾なしとしない。思い切つてこれを簡素化し、日本国民が永世に亘る平和を念願しつつ、この憲法を確定する旨を平明な言葉で宣言するに止めるを適当とする。

二、……最初に「総則」又は「日本国」と題する章を置き、……。

三、「総則」の内容は次のやうなものとするのが適当である。

(a)第一条は「日本国は国民の至高の総意にもとづき天皇を以てその統一の象徴とする民主平和国家である」というやうに改める。

(b)第九条は日本国の世界政策の根本理念を表明するものであるから、これを「総則」に編入し、第二条とするのが適当である。その場合、その表現も日本国の平和主義的理想を積極的に表明するやうな簡潔なものに改める(附属書第二号参照)。[16]

さらに、上記の「附属書第二号」は、アメリカ政治思想史の高木八尺の案で、以下のごとくである。

第一章　総則

第一条　日本国は、天皇を元首とし、又国民の総意に基くその統合の象徴とする民主的平和国家である。

第二条　日本国は、国際紛争の解決の手段として、国家主権の発動たる戦争によることを否認すべしとする世界普遍の主義に従ひ、国策の具としての武力の行使又は威嚇を永久に抛棄し、国家が陸海空軍を保持する現代の制度を廃棄する。(17)

残念なことに、この委員会報告がいつ作成されたのかは不明である。ただ、さきの我妻論文①によれば、「委員会の解散」時期は、「内閣草案(三月六日発表の「憲法改正草案要綱」の意)に基づいて逐条の審議を重ねた上で、第二次報告書を作成して任務を終った。解散した時期はいつであったか、記録がない。委員のうちの多くの者は、あるいは貴族院議員となり、あるいは政府の法令制定委員となってその方に活躍しなければならなくなったので、内閣草案の発表された後あまり長い月日ではなかったと記憶する」。

内容は、読んでみて明確なように、一見してGHQ案を知って報告を書いているとしか考えられない。特に上記の「附属書第二号」の第二条を見れば、戦争の放棄条項を見たとしか考えられない。なにしろ、その段階で、「戦争の放棄」などという用語は誰も使っていないのではないのか。

そればかりか上記の「(a)第一条は「日本国は国民の至高の総意にもとづき」を見れば、さらに一層にことばを失ってしまう。すでに本書で政府が「発明」した「至高」は「主権」と書くべきところを幣原首相の深謀で「至高」に書き換えたわけだが、その書き換えは、首相官邸でGHQ案を参考にして日本案を作り始めた二月二七日の直後のことであった(本書一九八頁)。それ以前は「国民の至高の総意」という日本語は誰も使っていない。

ところで、我妻は、別のところの講演で、以下のようにも述べている。

(憲法研究)委員会は、最初は日本国憲法を改めるために検討しなければならない項目を、フリー・ディスカッションの結果書きあげておりますが、それが記録に残っております。その中には、天皇制をはじめ、軍の問題、基本的人権の問題、それから行政組織や地方自治、司法から会計の問題にいたるまで、広範に問題を取り上げております。そしてそれを順次に審議しようとしましたときに、三月六日に突如として内閣草案というものが発表されたのであります。この内閣草案が、GHQのほうから示されたものであるということは、今日では常識でありますが、当時政府は、それをひた隠しに隠しておりました。しかしわれわれの委員は、うすうすそのことを知っておりました。そしてこの三月六日の内閣草案の内容を知ったわれわれは、愕然として驚いたのであります。こうした趣旨の草案が発表された以上は、われわれの計画をやめよう、根本的に研究する余地も余裕もないだろう、計画を変えて、内閣草案について意見を闘わそうということになりまして、内閣草案についてそうとうこまかな審議をし、その結果をまとめて報告書を作って総長に提出したのであります[18](以下「我妻論文②」)。

この冒頭の部分で我妻は、「日本国憲法を改めるために」と書いているが、まだ、「日本国憲法」は、姿も形もない時なのであって、これは「大日本帝国憲法」(明治憲法)の誤植(?)としても、「行政組織や地方自治、司法から会計の問題」とある点は、明治憲法には「地方自治」はなかったので、「順次に審議」したのは、やはり「日本国憲法」、より正確には、「日本国憲法政府案(三月二日)」ではないかと推測される。というのは、三月二日以前の「外務省仮訳」は、「会計」ではなく「財政」であり、「会計」に変わるのは、「日本国憲法政府案(三月二日)」以降であるからである。

さらに、決定的に驚かされるのは、敢えて「この委員会ですら」と言わざるを得ないのであるが、松本烝治らがホイットニーを訪ねた際に、松本がGHQ案の八条(戦争の放棄)を前文に変更するようホイットニーに求めている(本書一九九頁)が、同様の主張をこの「報告書」の三の(b)でも「第九条は日本国の世界政策の根本理念を表明するものであるから、これを『総則』に編入し」と、松本同様の主張を行っているのである。

また、別の我妻論文では、じつに臨場感にあふれ、その日の委員会の模様を描いている。「今でもよく覚えている。その日も朝から討議をはじめていたわれわれ東京大学の研究会にこの(政府の憲法)改正草案要綱が伝わると、これほどまで新しい理念に徹底した改正を政府みずからが提唱するなら、われわれとしてはこれを支持して実現をはかるべきだ、修正を要する部分もないではない、しかしそれはむしろ枝葉末節ともいうべきものだ、要綱支持の態度を決定し実現に努力しよう、と衆議は一決した」という[19](以下、「我妻論文③」)。

つまり、委員会の報告はすでに二月二七日の前ではありえず、その後から作成された。ところが先の我妻論文によれば、『内閣草案』(三月六日発表の「憲法改正草案要綱」の意)に基づいて逐条の審議を重ねた上で、第二次の報告書を作成して任務を終った」(「我妻論文①」)ということであるが、委員会報告は、草案要綱が発表されるより早く、委員会で議論をしてきたこと、そればかりか委員会はGHQ案のみならず、草案要綱が作成される以前から草案要綱の日本語案文も知っていたことになる。

さらには、憲法問題研究会の記録を残した、すでに紹介した「家永ノート」(本書一〇五頁)を見ると、我妻は、この委員会の活動を研究会で、「東京大学憲法研究委員会の報告書について」と題して、この問題を正面から取り上げている。

その内容は、上記我妻論文①に沿っているが、報告の後で討論に移る際に、「宮沢先生のご感想は?」と水を向けられ、宮沢は実に意外なことに「なかなかいいことを言っている」と、どこか他人事のようにも答えている。そればかりか、「すっかり忘れてしまった」とも言っている[20]。宮沢にとってGHQ案というきわめて衝撃的な事実を知って、緊張し、生涯忘れられない事件であった筈だ。しかし、そうではなかったというのだ。

記録からはただそれだけである。これが、会の委員長を務めた、ある意味では責任者であった者の回想なのである。たしかに草案作成から一五年近くが経過しているが、これだけの重大な作業をここまで「忘れてしまった」と言えるであろうか。

いずれにしても、あまりにも不明な点が多く、従来の憲法制定過程はかなりの程度変更を迫られることになろう。

要綱への宮沢談話

宮沢が、あるいは南原総長も含め委員会の構成員が、草案要綱発表以前にＧＨＱ案や政府文書を知っていたであろうことは、多かれ少なかれ動かし難いように思われるが、さらにこれを補強するようなエピソードがあるので、紹介しておきたい。

一九四六年の三月六日に憲法改正要綱が発表されたことは、すでに何度か紹介してきた。その折、宮沢俊義は『毎日新聞』に「徹底せる平和主義――新日本の大憲章成る」と題する談話を載せている。初めの数行を紹介すると、「本日政府から発表された憲法改正要綱の内容は恐らく総ての国民にとって最も意外と思われる位に徹底せる民主主義に一貫している。……この草案は『われわれ日本人民は』という書出しが示すように米国合衆国と全く同じ徹底せる人民主権主義を基礎とするものである」(三月七日付。傍点は引用者)。

いうまでもなく政府の憲法改正要綱は、「われわれ日本国民」とある。著者はこの談話を知った時、この「日本人民」をめぐって、さまざまに想いを巡らしたのである。そもそもGHQ案でJapanese Peopleを使っているところを、日本政府は「日本国民」と訳してきたのである。従って、前日発表された政府の要綱もすべて「日本国民」を使っている。にもかかわらず何故、宮沢が「人民」を使ったのか。当時、明治期はともかく、「人民」という日本語を使うのは、社会主義者か、共産主義者に限られていた。もっともリンカーンの「人民の、人民による、人民のための政治」という場合は、「People＝人民」が公定訳になっているが、それは外国語で使うことばで、日本語では明治初期以降は使っていない。宮沢が、意図的に「人民」を使ったとは考えられない。

とすると、と考えたのである。そういえば閣議決定が行われた二月二二日の閣議の後に、外務省仮訳の一部が出されていること、それは松本にも提出されていること(外務省文書)を思い出したのである。そこには「日本国民」ではなく、訳文は「日本人民」を使っていたことを思い出したのである。そこで実際に文書を見直してみると、外務省仮訳では「我等日本国人民ハ」、あるいは「人民ノ主権意思ニヨリ」とあるではないか。

しかしそれにしても、宮沢のごとき権威ある憲法学者が、「迂闊にも」こんな言葉を使うはずがないと考え、長年いぶかしく思っていたのである。ところが、宮沢の死去後に追悼雑誌が出された際に、子息がこんなエピソードを書いていたのである。

日にちは書かれていないのだが、ほぼ、憲法改正草案の発表直前と考えられる。「……政府の正式の翻訳、というか草案ができた。父は学会の関係の方々の分も含めて何十部か貰ったが、それを風呂敷に包んだまま山手線の網棚に置き忘れてしまった。また貰えばよいようなものだが、いわば武士が刀を忘れたようなもので、その時の不愉快そうな顔といったらなかった。私もあちこちの駅に探しに行ったが、とうとう出てこなかった[21]」ということである。

ここから推測できることは、宮沢は、「政府の正式な翻訳」を失くしてしまったため、外務省の仮訳を使ったのではないかという推測である。とすると、二月二〇日前後から宮沢は、かなり早い段階からGHQ案を、英文テキスト(原文)ばかりでなく、翻訳文も知っていたと考えざるを得ないのである。

ところが、宮沢は、のちに東大の憲法研究委員会が、新憲法の基本的解説書を刊行した際に、「(政府の松本委員長は、四原則によって立案してきたが)その後諸般の政治情勢にもとづいて、政府はその方針を捨てることにし、全く新しい構想にもとづいて改めて憲法改正を起草し、昭和二一年三月六日その綱領を発表するに至った[22]」と書いているが、なぜ、全面的に経過を公表することは無理としても、もうすこし読者や有権者が納得しうる解説をしなかったのであろうか。もっとも最近でもこの間の事情に全く触れずに、宮沢憲法学の「史的研究」が憲法学者によってなされているが[23]。

もちろん、このような結果に、宮沢自身が誰よりも不満であったに違いない。当時いまだ若かったためであろうか、東大の憲法研究委員会に加わっていなかった民法学者の加藤一郎(のちの東大総長)は、こんな回想を残している。「新憲法のマッカーサー草案が出た後で、研究室の小使室でばったりお会いしたときに、私が『よかったですね』という趣旨のことを言いましたら、宮沢先生がちょっとてれくさそうに、『いやそれほどのことはないよ』というようなことを言われたのです。そこになにか複雑な先生の心境があったような印象が残っているのです(24)」。なんとも、意味深長な発言である。

「平和国家は日本の国是」

先ほど宮沢の論文「憲法改正について」の初めの部分を紹介したが(本書二六二頁)、この論文で宮沢が読者に伝えたかったこと、それは一言で言って、政府の草案要綱の意義、つまりはGHQ案の意義であったと思われる。ところが、既に指摘したごとく、この段階の政府の草案要綱ですら、いまだ九条に「平和」という言葉は全く出ていないのである。

では、なぜ宮沢は「平和国家」を主張しなければならなかったのか。それは、宮沢自身が敗戦から半年ほどに考え、表明してきたことからの根本的な大変換を、政府の「要綱」より早く、昭和天皇の「平和国家」をひき継いで自らの名で、南原総長の言葉を借りれば「その方面の専門家や碩学を擁する大学として」、大学の憲法学者の憲法改正意見として国民に表明したかったに違いない。

ところで、宮沢はこの論文で読者に何を伝えたかったのであろうか。そこには、「平和国家」という言葉が傍点を振って何回か現れる。まず、この言葉の、現在の日本人が想像し難い重みである。国民にとって、三年半を超える太平洋戦争から、さらには「満州事変」から数えて一五年という長い戦争から解放されて手にした「真新しい平和」である。それは、昨今の「有事」や「戦争」あるいは「国家安全保障」とともに語られる「平和」とか「積極的平和主義」とは、つまり、すっかり手垢にまみれてしまった「平和」とは、言葉の響きが段違いに異なっていたに違いない。

宮沢は、この論文で「平和国家」を連発しながら、そのなかで、なによりも「理想を持て」を説くのである。それは、宮沢がそう思っていたからかどうかは不明であるが、この政府の草案要綱を国民が受け入れるためには、なによりも「理想」が必要であり、その先に「平和」があると判断したと思えるのである。しかし、その際に、日常的に実定法に親しみ、憲法の条文を解釈することこそ憲法学者の本分であると固く信じている官僚や法学者が、平和主義などという理想を、受け入れないのではないかと、自らの体験も含めて、考えたに違いない。宮沢は、かれらの憲法意識を念頭においてこう訴えたのである。

いちばんいけないことは、真に平和国家を建設するといふ高い理想をもたず、ポツダム宣言履行のためやむなくある程度の憲法改正を行つてこの場合を糊塗しようと考へることである。かういふ考へ方はしばしば「官僚的」と形容せられる。事実官僚はかういふ考へ方をとりやすい。しかし、それではいけない。日本は丸裸になつて出直すべき秋である。「負けたから仕方がない」といふやうな態度では断じて日本の再建は実行できない。

政府の仕事はややもすると「官僚的」に堕しがちである。憲法改正について特にその危険がある。法衣の袖の下から鎧をのぞかせるやうな真似は絶対に避けてほしいものである。[25]（傍点は原文）

そこには憲法について、頭の切り替えをしてほしい、というメッセージが伝わってくる。それは同時に自らへのメッセージでもあったろう。さらに、願わくば、自分自身はもとより、「その方面の専門家や碩学を擁する大学として」権威ある学者は、以前宮沢が表明した憲法改正の見解とはまったく違って、新しい構想を持っているのだということをわかって欲しいということを伝えたかったのではないのか。権威とは先んずることによって権威となるのである。

そして最後に実に意味深長な一句を加えている。これもこの七〇年間の「平和憲法」の評価にかかわる一言である。「日本人は憲法改正においてプログラム的な規定を設けることを欲するように想像される。『日本は平和主義を以て国是とす』。いや、それだけではない。さらに『日本は民主主義を以て国是とす』。『日本は自由主義を以て国是とす』等々の規定を設ける必要がある。こういう意見が有力になるかも知れない」というのである。[26]

つまり、「平和主義」は「国是」であり、また「プログラム」だというのである。プログラム、それは政治綱領的であり、法的拘束力のないものと解せるではないか。「憲法」という法的拘束力を有すべき「国是」が「プログラム」だというのである。思い出していただきたい。先の東大の委員会報告書(本書二六九頁)で

三、(b)第九条は日本国の世界政策の根本理念を表明するものであるから、これを「総則」に編入し、第二条とするのが適当である。その場合、その表現も日本国の平和主義的理想を積極的に表明するやうな簡潔なものに改める。[27](附属書第二号参照)

それはそもそも、GHQ案を基に政府の「三月二日案」を作成する際に、松本烝治が、ホイットニーに向かって言ったことと同じではないのか(本書一九九頁)。

XII　米国政府対マッカーサー

コールグローブの訪日

マッカーサーはまさに「法を与えるもの」として日本政府に超然と君臨し、GHQはゆるぎなき自信をもってマッカーサーの敷いたレールの上を突き進んできた。しかしこうした政治手法が戦後の国際社会の枠組の中で矛盾をきたさないわけがない。一九四六年三月六日、憲法改正草案要綱が突如として日本政府により発表され、直ちにマッカーサーがこれへの承認声明を発表したことは活動を開始したばかりの極東委員会構成国(一一カ国)はもとより、アメリカ本国政府、なかでも国務省を、いたく刺激した。その対立と不信、マッカーサーの妥協を許さぬ反撃は、われわれの予測をはるかに超えた深刻なものであった。

こうした深刻な対立と不信がまさに始まらんとする二月末、一人の政治学者がシカゴ郊外の町エバンストンを発ちワシントンにむかった。ケネス・コールグローブ。一八八六年アイオワ州生れ、アイオワ州立師範大学を卒業後、ハーヴァード大学で政治学博士となり、一九二六年以来ノースウェスタン大学政治学教授。(1)第二次大戦以前から日本政治に関心を寄せ、日本の軍国主義、明治憲法に関する著書・論文を持つ。(2)思想的には保守的とみられ、とくに五〇年代初期の冷戦期には反共色を鮮明にした論陣を張るが、(3)戦中期は『アメレシア』(太平洋問題調査会系の雑誌)に寄稿するなど実証的研究が多い。

しかし、コールグローブといえば、日本では米国亡命中の大山郁夫を世話した学者として知られている。大山は早稲田大学政治学教授から一九二六年労農党を結成し、その委員長となるが、あいつぐ弾圧のなかで一九三二年米国に亡命し、翌年から四七年まで一五年間をノースウェスタン大学のコールグローブの下で研究助手(research assistant)として過した。(4)

大山がコールグローブの下に行ったのは、まったくの偶然からであったようである。(5)しかし、偶然とは人になにをもたらすか見当がつかない。大山がこのノースウェスタン大学のあるエバンストンに来た一九三三年、チャールズ・B・ファーズ(Charles Burton Fahs)が日本にむかっていた。ファーズは一九三四年から二年間、東京帝国大学法学部の美濃部達吉の下で憲法学を学ぶ。同期の留学生にはヒュー・ボートン(Hugh Borton)、エドウィン・O・ライシャワー(Edwin O. Reischauer)などがおり、いわば米国における日本研究の第一世代である。(6)ファーズはのち日本問題の専門家として戦時下で戦略局(OSS)極東部長、国務省極東情報部長を務め、六〇年代初頭ライシャワー駐日大使の下で公使となる。(7)そのファーズはコールグローブの親しい友人であった。日本に着くとコールグローブの求めに応じて美濃部達吉の『逐条　憲法精義』を送ってきた。『逐条　憲法精義』はこの直後の一九三五年四月、かの天皇機関説事件で発売禁止となるから実に幸運であった。

コールグローブはしばらくの間、この『逐条　憲法精義』の翻訳者を捜していた模様である。一九三八年末、コールグローブは当時中国視察旅行から帰ったばかりで外交政策協会(Foreign Policy Association)にいたT・A・ビッソン(Thomas A. Bisson)にあてて、美濃部の『逐条　憲法精義』とともに穂積八束の『憲法提要』の翻訳者を捜してほしいと手紙を書いている。たしかにこの「日本研究事始め」の時期にあって翻訳は重要な意味を持ったにちがいない。コールグローブはこの手紙の最後をこう結んでいる。

「アメリカの比較法学者は、長年にわたり東洋の言語を読んでこなかったので、憲法や政治に関する日本語の論文の翻訳ができないという障害を背負ってきました。日本の憲法に関するこの代表的な著書の翻訳はこうした欠陥を補うところが大きいものと確信します」(8)

その後、ビッソンがだれを紹介してきたのかよくわからない。ただこの段階でコールグローブは大山が近くにいるにもかかわらず翻訳を依頼しようと考えていなかったことだけははっきりしている。大山が『逐条　憲法精義』の翻訳にとりかかるのは一九四一年初頭である。

大山による『逐条　憲法精義』の翻訳はほとんど完成したが、戦後になってもついに完了しなかった。[9] しかし、部分的に訳されたこの著書によってコールグローブが明治憲法にたいする美濃部の考え方(解釈)を身につけたことは間違いない。さらにノースウェスタン大学には日本占領のための民政要員を教育する学校(民政要員訓練学校 Civil Affairs Training School, CATS)が併設されていたが、そこでのコールグローブの講義にも大いに役立った。コールグローブは一九四四、四五年と日本の国家機構に関する講義を担当した。現在残されている講義要目をみると天皇制に始まり、統治機構の変遷過程、官僚機構の特質などかなり詳しい内容である。[10]

戦前からの数少ない日本政治、明治憲法の研究者として、日米関係が断絶するなかで研究を続け、人脈をつくってきたことが、いま生かせるときがきたのである。このときコールグローブはすでに六〇歳に達していた。しかしワシントンの外交官とマッカーサーはじめＧＨＱ民政局の幹部の間にあって、これほどまでに日本政治にたいする学識と人脈を持つ者は、コールグローブを除いて他にはだれも見出すことはできなかったであろう。

一九四六年二月二四日、コールグローブは雪深いシカゴをあとにワシントンに向け出発した。この時彼にはＧＨＱ憲法問題担当政治顧問(Political Consultant on Japanese Constitutional Matters to GHQ)の肩書が与えられていた。[11] コールグローブがこの日を選んだことには理由があった。二日後の二月二六日には、ワシントンの旧日本大使館で極東委員会第一回総会が開かれることになっていた。

このときすでに日本政府は四月一〇日に衆議院議員選挙を行うと発表していた(二月二五日)。この選挙で選ばれた議員による議会が憲法制定議会となるであろうことは十分予測されたために米国務省はもとより極東委員会はGHQの動向に神経をとがらせていたのである。

こうした状況下でまずワシントンを訪問したコールグローブは、極東委員会米国代表のマッコイと会い、極東委員会の状況を聞き、またすでに国務省極東情報部長となっていた旧友のファーズと会い、米国政府、とくに国務省の考えを聞いた。さらにマッコイ将軍からはマッカーサーはじめGHQ内の軍関係者への、ファーズからはGHQ内の文官への紹介状をもらった。

こうしてコールグローブは三月はじめ、サンフランシスコ経由で三月六日の政府草案要綱の発表される直前(残念ながら日付を確定できない)に東京に到着した。

日本人に旧友の多いコールグローブであったが、大山から紹介状をもらってきたことは心強かった。大山は日本の著名な政治家、学者、評論家を多数紹介してくれた。政治家では加藤勘十、加藤シヅエ、鈴木茂三郎など社会党の指導者、学者では佐々木惣一京大教授、美濃部達吉東大名誉教授、鵜飼信成前京城大学教授などの憲法学者のほか、憲法研究会の会員でもあった高野岩三郎、鈴木安蔵、政治学者の矢部貞治東大教授、経済学者の有沢広巳東大教授など多方面にわたる知識人が含まれていた[12]。このうち鵜飼と矢部は一九四〇年と一九三五年にそれぞれシカゴ郊外のエバンストンに大山を訪問した友人でもあった。鵜飼は英語に堪能な憲法学者としてコールグローブの通訳をつとめ、コールグローブの調査に大いに貢献することになる。

寝耳に水の国務省

三月六日の政府草案要綱の発表は国務省にとって全くの寝耳に水であった。当時国務省日本課長代理であったヒュー・ボートン(のちのコロンビア大学教授)はそのときのワシントンの状況をこう記している。「〔極東諮問委員会の米国代表が一九四六年一月に訪日したとき〕ホイットニー准将は憲法改正問題は日本人が考える問題であり、SCAPはなにもしようとも考えていないと述べた。故意に無視されたという米国代表の自責の念は、合衆国政府が一九四六年の二月と三月に民政局のとった行動をずっと伝えられなかったという問題にたいし反論することをさらに一層困難にさせた。新憲法草案(政府の憲法改正草案要綱)が東京で公表された時、ワシントンには入手できる文書はなにもなかった[13]」。

寝耳に水であったのはワシントンだけではない。東京の国務省の出先機関である政治顧問部すら事前に知らされなかったのである。政治顧問部のビショップ(Max W. Bishop)は草案要綱が新聞発表された翌日の三月八日、国務長官に宛てて、電報ではなく、GHQに見られないように郵便で草案要綱を同封してつぎのように報告した。「突然の発表に驚かされ、草案を十分に検討する時間がありません。新聞に発表されたマッカーサー声明と天皇の勅語とから考えて、政府草案はＧＨＱによって十分に検討され、発表前にマッカーサーと天皇によって承認されたものであることは明らかです」[14]。

このビショップ報告が国務省に到着するのは三月一六日であるが、いまだ報告が着かない三月一二日、バーンズ国務長官は記者会見でこの問題を記者団から質されることになった。

――憲法草案は発表以前に他の主要な連合国に承認をうるため、事前に提出されたのでしょうか。

長官――私はそう聞いておりません。この憲法はその権限を有する日本政府によって作成されたものです。

――極東委員会と対日理事会に関するモスクワ会議の付託条項の乙第六項は「日本国ノ憲政機構ノ根本的変革」に同意しない権限と極東委員会に提訴する権限を対日理事会構成国に付与していますが、憲法は対日理事会に提出されるのでしょうか。

長官――条項のどの部分がそれにあたるのか決めるためには条項の正確な用語を見なければならないのでしょうが、憲法が施行される前に、なんらかの方法で極東委員会に提出されることになるとしか今は言えません[15]。

情報不足の中で国務長官がこうして苦しい答弁をしている一方で、国務省へは極東委員会からの問い合せが来ていた。しかし国務省からGHQに直接問い合せをすることはできない。統合参謀本部(JCS)→陸軍参謀総長(WARCOS)を通さなければならない。三月一〇日、陸軍参謀総長はいかにも遠慮がちにマッカーサーにつぎのような問い合せの電報を打った。

極東委員会からの指令なしに貴官が日本の新憲法を承認する権限を持つことには、モスクワ声明(付託条項)により極東委員会のなかから疑問が出されるものと思われる。従って国務省は貴官が承認した根拠を明確にするよう陸軍省に非公式に問い合せてきている。

陸軍省はつぎのような見解をもっている。もし日本政府が一二月の行為(モスクワ付託条項への調印)以前の憲法改正(作業)を進めていたのであれば、貴官はその改正がすでに発した指令に反した場合にのみ介入しうることになる。従って貴官が(a)この憲法が貴司令部によってではなく、日本の天皇と政府とによってモスクワ声明(付託条項)以前に貴官が命じた指令に従って発せられたものであり、かつ(b)統治体制の改革内容が貴官が受けた指令と一致しているが故にこの新憲法を個人的に承認したのであるとすれば、それは陸軍省の見解と一致するものである。

右、後段に表明した見解と評価にたいし、貴官が早急に回答するよう求めます。(16)

半分回答が出されているような問い合せである。しかも、付託条項調印前に憲法改正作業にとりかかっていると考えれば、不遡及原則により付託条項に拘束されないという考え方は、そもそもホイットニーがGHQ内で草案作成にとりかかるべきだとマッカーサーに進言した理由と全く一致している(本書一二七頁参照)。マッカーサーは三月一二日、さっそく返電した。「貴官の申し出られた理由は正しい」。しかし同時につぎのことをつけ加えることを忘れなかった。「〔私は極東諮問委員会が訪日した際に〕この数カ月憲法改正作業は私が受けとったこの問題に関する指令に従って進展してきた、受け入れられうる改正草案を期待している、と述べたが、異議の申し立てはなかった。新憲法草案は来るべき選挙における日本国民の賛否にかかっている」[17]。

この返電が国務省から極東委員会の米国代表にまで回覧されたかどうかは不明である。しかしいずれにしてもこの時期、FEC内ではマッカーサーの憲法改正権限とともに、総選挙日程が大きな問題となっていた。

FECの選挙延期要求

三月二〇日、極東委員会は全員一致でマッカーサーにあてつぎのような照会を発した[18]。まず四月一〇日という早い時期の総選挙について。これは「反動的諸政党に決定的に有利となり、……日本政府は日本国民の願望を代表したものとならず、最高司令官への協力を不可能にすると考えざるをえない」。さらに日本がいまだ経済的に安定せず、あるいは有権者数が不安定な中で「日本国民が将来の政治へ深い理解と確信にみちた洞察力とを発揮するとは考えられない」。しかも憲法草案について「日本国民が十分に考える時間がほとんどない」。このような極東委員会の見解を述べて、最後につぎのようにマッカーサーの見解を質した。

極東委員会は最高司令官が、全般的に、なかでも以下の諸点につき、その見解をできる限り早く表明されることを希望します。

一、最高司令官は右の見解に賛成されますか。

二、もし賛成であるとしたら、選挙の延期は可能であり、望ましいと考えますか。その際の時期はいつごろを考えていますか。

三、もし最高司令官が、右の遅い時期へさらに選挙を延期することが望ましくないと考えるならば、それに代わるものとして、最高司令官は来るべき選挙は国民の要望に十分に沿った責任ある民主的政府を樹立する能力を試すものであり、その後にもう一度選挙が行われると公的に命ずることが望ましいとの見解を表明するでしょうか。

これに対しマッカーサーは三月二九日、全面的に反論を試みた。FECの照会文の四倍を越える長文の返電である。(19) それはまず選挙法が改正され選挙権年齢が引き下げられ、女性にも選挙権が与えられたこと、公職追放令により反動的分子が追放されたこと、議院内閣制ではないので政府案が特定政党に有利となることはないこと、現に選挙戦が闘われていること、などを滔々と述べたあと、極東委員会の問い合せについて、

一、ノー　二、ノー　三、声明の必要は全くない。

と、すべてにわたって否定した。

こうしてマッカーサーと極東委員会の関係ははやくも険悪化の徴を見せ始めるなかで、米国代表のマッコイ少将は立場上気が気でならなかったようである。

マッコイは一八七四年ペンシルバニア州生れ、ウェストポイント(陸軍士官学校)卒業後、陸軍省に入り、そのまま一九三八年退役するまで四一年間勤務。その間、日本とのかかわりも多く、一九二三年関東大震災救済使節団長、一九三二年国際連盟満州調査団(通称・リットン調査団)員などを務める。[20]年齢的にはマッカーサーより六歳年上であったが、軍での最高位は少将にすぎなかった。したがって一九三〇年、五〇歳にして陸軍参謀総長・大将となったマッカーサーには遠慮があったようである。極東委員会の開会を目前にしてマッカーサーに「私は常に貴官の利益をお守りする決意ですので御安心下さい[21]」と議長就任のあいさつ電報を打っているほどであった。

このマッコイにしても、マッカーサーによる総選挙から憲法制定へと一挙に突き進む政治手法は批判せざるを得なかったようである。さきの極東委員会の三月二〇日の照会決定の直後、自ら拒否権を行使しなかった責任もあってかマッカーサーに宛てて急ぎ電報を打

つ。内容はさきの極東委員会の三月二〇日の照会決定とほぼ一致しているが、最後につぎの一文をつけ加えた。「憲法草案がいまや選挙の争点となっていますが、貴官が最近報道機関に〔政府草案を〕承認すると表明しましたが、これは日本の与党に有利となる不当な影響を及ぼしています[22]」。

マッカーサーからはすぐ返電はあったものの、その内容は極東委員会への返電とほとんど同様で、なんの新味もなく、逆に「選挙の延期は共産主義分子によってのみ支持されている[23]」と、四月一〇日の総選挙を制憲議会選挙と位置づけることを一歩も譲ろうとはしなかった。

制憲議会で憲法を

マッカーサーのこうした強引な制憲コースの設定は、「法を与えるもの」として極東委員会の介入を阻止するためであったことは言うまでもないが、その一方でこれが日本国内の動きと連動することを恐れていたものと思われる。というのは、憲法制定のためには憲法制定のためだけの憲法制定議会を別につくり、そのための代議員を選んでから行うべきである、との考え方がようやく沸きおこってきた国民運動の中でとり上げられ、かなり根強くなり始めたからである。

こうした考え方は、いまは憲法どころではない、メシを食うことが先決だという素朴な考え方と一致する側面を持っていた。五月には食糧メーデーと呼ばれる「飯米獲得人民大会」が開かれるほど、多くの国民にとって食糧問題こそ憲法にもまして解決をしなければならない焦眉の問題であった。その意味では「憲法よりメシだ！」というスローガンが民衆の心に、まさに腹の底から受け入れられる素地はあったのである。

憲法研究会の主要メンバーである高野岩三郎、鈴木安蔵は、社会党、共産党を中心として結成準備が進められていた統一戦線組織に対し憲法制定議会をつくり、そこでじっくり憲法の審議をするよう申し入れる。三月一〇日結成された民主人民戦線世話人会は三月一四日、「新憲法は人民自身の手で制定すべきこと」を決議し、四月三日の民主人民戦線連盟結成準備大会でも確認される。ここには石橋湛山、大内兵衛、野坂参三、森戸辰男、山川均、横田喜三郎らが参加していた(24)。

こうした考え方はかなり有力であったことを当時の世論調査からもうかがい知ることができる。二月三日公表の輿論調査研究所による調査結果はつぎのごとくであった(25)。

(一)憲法七三条により改正案を天皇が提出する方法を支持するもの　二〇％
(二)議会の憲法改正委員会において改正案を提出する方式　二四％
(三)憲法改正委員を公選して国民直接の代表者に改正案を公議する方式　五三％

このような世論の動向はさらに日本政府部内にも影響を及ぼす。当時法制局次長であった入江俊郎はつぎのように回想している。「民間では、憲法審議会をつくつて大いに民意を聞くべしという論があり、また議会へ提出しても旧態依然たる枢密院や貴族院で審議することは憲法改正の根本的立場にも合わないという考え方があつて、……楢橋(書記官長)、石黒(法制局長官)、入江(法制局次長)三者は、どうせこのような抜本的な憲法改正をするのであるから、審議の手続も抜本的に改革し、新しい手続のもとに進行することが当然であるとの意見に一致したのであります[26]」。

そこで入江らは憲法制定のコースとして二つの案を考え、閣議に提出した。その甲案は、五月一〇日から七月一〇日の帝国議会(特別議会)で憲法を審議し、公布するものであり、乙案は五月～六月の帝国議会(特別議会)でまず明治憲法の一部、つまり憲法改正を定める七三条、議院法関係の整備、つまり貴族院を廃止して参議院を置けるよう改正する。そのあと憲法議会議員を選挙し、九月一〇日から一一月一〇日を憲法制定議会に充て、一一月中旬に国民投票を行う、というものであった[27]。

この甲乙二案を三月一二日の閣議に提出した。ところが閣議では岩田法相、松本国務相らが乙案に強く反対し、甲案と決まった。理由は、乙案は「あまりに理想的であり、理論的に過ぎ、現在の状勢のもとにおいてはとうてい間に合わない、また、そのようなゆつくりした見通しでは、その間何が起るかわからない、現内閣としてせつかく憲法改正をここまで運んで来た以上、憲法改正は何としても速やかに成立せしめることが望ましい[28]」というものであった。

さらに四月二四日の枢密院での審議の際、松本国務相は日程をさらに早めて「五月中旬ニ議会召集、六月中旬迄ニ審議終了、同月下旬ニ公布、七月ニ附属法規改正ノ為ノ議会召集、本年末ノ議会開会ノ頃ニハ本案施行ノ見透シナリ」(29)と述べている。

つまりマッカーサーと日本政府の保守的閣僚だけが、帝国議会でできるだけはやく憲法を成立させるという点で一致していたのである。マッカーサーが本国政府と極東委員会の提案に全く耳を貸そうとしなかった背景には、こうした日本政府の支えがあったとも考えられる。

聞く耳持たぬマッカーサー

総選挙の期日は刻々と迫ってくる。極東委員会で米国の立場がますます不利になってゆく中で、マッコイはもはやマッカーサーに選挙の延期を申し入れることは不可能と考え、一歩譲って日本国民の意思が反映されうる制定手続を質すことにし、四月九日付でつぎのような書簡を送る。それは従来のものよりもいくらか強い調子でマッカーサーに迫るものとなった。

……憲法は日本の国会と国民によって、かなりの時間をかけて充分な審議がなされるべきであります。もしそのようにされず、憲法草案が(日本の議会で)最終的承認を受ける前に極東委員会が自己の見解を表明する機会を与えられなかったならば、憲法が極東委員会によって承認されないという重大な危機に直面することになりましょう。ですから憲法上の手続に従って日本政府がとると思われる今後の手順と連合国が憲法を承認すべきであると貴官が考える時期とを教えていただけるとありがたいのです。[30]
マッコイの書簡の送られた翌日の四月一〇日、つまり総選挙投票日当日、極東委員会はもはやマッカーサーの既成事実の積み重ねにたえかねたかのごとく、マッカーサーの代理をワシントンに派遣して事情説明するようマッカーサーに求める決定を下す。

極東委員会は委員会議長にたいし、日本の憲法改正問題と承認すべき憲法草案の基本原則について委員会が状況を把握するため、当委員会との協議にワシントンに総司令部の職員を送ってもらうため最高司令官と協議することを満場一致で可決した。

この目的のために最高司令官によって選ばれる係官は、日本の憲法改正問題全般に通じているのみならず、この問題に関する総司令部の見解と今後の方針を当委員会と討議する用意があり、かつ新憲法問題に関する日本政府部内と日本国民の最近の動向についても情報を提供できる者でなければならない。

日本人によっていかなる憲法が採択されるにせよ「日本国国民ノ自由ニ表明セル意思」を具現しているべきだと考えるが故に、当委員会は新憲法が採択される手続に、たとえば国会によるのか、憲法議会によるのか、それとも国民投票によるのか、といった点に特別の関心を持っている。[31]

これに対しマッカーサーは一カ月近くも返書を書かなかった。返書が出されるのは五月四日である。しかしそれは返書というよりもはや論文に近かった。A4判のタイプ用紙にダブルスペースでなんと二〇枚に及ぶ長文の返書である。もっともそこにはいかに自分の政策が正当なものであるかを立証するために、すでに発せられた「SWNCC二二八」などの文書を長々と引用しており、これだけの「大論文」を仕上げるには一カ月はかかったろうとも思える代物である。しかし書簡に直接答えている部分は最初の数行にすぎない。

私は最高司令官と極東委員会との間で緊密な調整と理解が必要であることに全面的に賛成であり、その目的のために私の権限にあるすべてのことをなす用意がある。しかしながら極東委員会との協議のために私の部下の中から一名の係官を派遣することが、問題の解決になるとは思わない。第一に私は最高司令官として憲法改正問題に特別の個人的関心を持っており、この問題で私の見解を詳細に代弁できる立場にいる係官は私をおいて他にいない(32)。

聞く耳を持たないマッカーサーの返書に国務省はこれをすぐ極東委員会に回送することは適当でないと判断した。SWNCCの国務省代表であるヒルドリング(John H. Hilldring)は、さっそく政府としてもう一度マッカーサーに督促状を送るべく草稿を書いた。「当合衆国政府はこのようなGHQと極東委員会との接触が、関係者にとって大きな助力となり、かつ現在とくに重要であると確信する(33)」。それでもマッカーサーの態度は変わらなかった。事態の好転をあきらめた国務省は五月二九日、さきのマッカーサーの長文の書簡を極東委員会に回送する。[34] 極東委員会の書簡が出てから一カ月半以上も経っていた。ここでもマッコイは極東委員会諸国にたいし故意に遅れたのではなく、誤解によって時間がかかってしまったのだと弁明にこれつとめなければならなかった。[35]

もはや陸軍省も黙っているわけにはゆかなかった。この間にあってペーターセン(Howard C. Petersen)陸軍次官補はマッカーサーに書簡を送り、極東委員会に憲法を検討させる機会を「新憲法の施行前」に与えることが必要だ、と述べるが、[36] これも全く効果がなかった。マッカーサーは憲法草案の内容をただただ自画自賛するばかりであった。「この憲法草案は世界でもっとも自由主義《リベラル》的な憲法のひとつであり、ロシアや中国の憲法よりはるかに自由主義的であるばかりか、合衆国や英国の憲法にも絶対にひけをとらないものである[37]」。

もはや極東委員会とマッカーサーの関係は言うに及ばず、国務省とマッカーサーの関係も否、陸軍省とすらも絶望的であった。こうした状況下にあって国務省極東局は、もはやマッカーサーに制憲コースの変更を迫ることは無理と判断し、四月一九日、ヴィンセント(John C. Vincent)極東局長はバーンズ国務長官にあてつぎのように進言していた。

「関係部局員の間では、(a)マッカーサー元帥は憲法草案を承認すべきではなかった、(b)元帥の弁明は当を得ていない、(c)しかしながら四月五日の対日理事会での演説で憲法草案を審査すれば形式および内容上の変更があるであろうことを示唆して、三月二〇日の極東委員会決定を限定的ではあるが十分に実行にうつした、(d)従って、この問題をこれ以上議論しても、なんら有益な結果は得られないであろう、という点で合意に達しています[38]」

国務省ももはやマッカーサーにはサジを投げた感じである。極東委員会も既成事実となった総選挙(四月一〇日)にいつまでこだわり続けるわけにもゆかず、選ばれた議員によって十分な憲法審議を行うよう、五月一三日つぎのような決定を行い、米国政府を経てGHQに伝える。

新憲法採択の諸原則

新憲法採択の諸原則は、最終的に採択された時点で、この憲法が日本国民の自由に表明された意思を保証するものでなければならない。この目的のため、以下の諸原則が遵守されるべきである。

a、新憲法の諸条項の十分な討議と審議のために適当な時間と機会が許容されること。

b、一八八九年の(明治)憲法と新憲法との間に完全な法的継続性が保証されること。

c、新憲法は、日本国民の自由な意思が積極的に表明されていることがはっきりわかる方法で採択されるべきこと[39]。

コールグローブの役割

三月初旬、来日したコールグローブの活動はこうした状況下で始まる。コールグローブの執務室はGHQ本部のある第一生命ビルの六階、数日前には佐藤達夫らが民政局のメンバーと徹夜で草案作成の折衝にあたった同じ六階の六一一号室が与えられた。隣室にはケーディスがいた。同室にはビッソンとピークがいた。[40] ビッソンは戦略爆撃調査団の一員として一九四五年の秋に一度来日していたが、一時帰国し、民政局特別補佐官(Special Assistant)としてコールグローブとほぼ同じころ再び来日した。[41] GHQ案の作成過程には全く関与していなかったが、コールグローブとは以前から知り合いであった。ピークはGHQ案の作成に「行政権に関する委員会」の委員長として参加している。しかもノースウェスタン大学の卒業生(一九二三年卒)であるばかりでなく、中国語と日本語が話せ、極東問題の専門家として一九三七年以来コロンビア大学助教授の地位にあった。[42] 三人は極東問題の専門家として、ケーディスを補佐する職務から同室が割り当てられたのであろう。ケーディスはこの三人の役割をつぎのように評している。

「彼らはいずれも日本の専門家でした。私は三人の意見が一致した場合にのみ彼らの勧告を受け入れるか、ホイットニー局長に上申しました。何故ならコールグローブ教授は非常に保守的、ビッソンさんはIPR派(太平洋問題調査会＝左派)、ピーク教授はその中間でしたので三人の意見が食い違いがちだったからです。彼らの意見は影響力がありましたが、一人の意見としてではなく、グループの意見として有用だったのです[43]」

来日したコールグローブは、大山から日本の友人に宛てた手紙を預かってきていた。加藤勘十・シヅエ夫妻には直接手渡した[44]が、京都の佐々木惣一には共同通信編集局長の松方義三郎に届けてもらった[45]。大山からの手紙を大山の友人に届けることでコールグローブはこれらの人々と会う機会を持ったようである。とにかく長く日米間で通信が禁じられていたのであるから、大山からの手紙はおもわぬ「みやげ」であったにちがいない。もちろん鈴木安蔵のごとく、草案要綱にたいする意見書を出すことで、コールグローブと会った者もいる。あるいは、当時NHKの会長になっていた高野岩三郎や共産党の徳田球一、志賀義雄のように、手紙を届けさせて会っていない者もいた[46]（コールグローブ宛に手紙をもらった礼状が出されているのであるから、たぶんコールグローブの側で会う気がなかったのであろう）。

コールグローブが会って憲法草案につき意見を聞いた知識人は日本文化人連盟（委員長・杉森孝次郎）関係者が多かったようである。残念なことに日本人との個々の会談録は、鈴木、佐々木の意見書を除いて全く残っていない。一方コールグローブの方も来日目的を告げずに会っていたようである。たとえば入江も「何で来ていたんですか、知りません。たまたま来ていたのではないかな[47]」と回想しているほどである。

しかしコールグローブは、GHQに国務省、極東委員会の状況を伝え、マッカーサー、ホイットニーに進言する一方、極東委員会の米国代表者、たとえばマッコイ議長、ジョンソン事務局長、ブレイクスリー(George H. Blakeslee)政治顧問などにむけて夥しい数の手紙を書いて日本の状況を伝えている。こうしたコールグローブの活動は、国務省とGHQとが対立し、GHQが孤立化してゆく中にあって、GHQの立場を理解させ、次第にGHQに有利な方向へと制憲過程を導いてゆく役割を果たすことになる。

四月二二日、ホイットニー民政局長と会見したコールグローブは、極東委員会での各国の動向はマッコイ議長がGHQの立場を支持していないことを率直に伝えて、つぎのように述べている。「マッコイ将軍と国務省〔たとえばジョン・カーター・ヴィンセント極東局長とディーン・アチソン国務次官〕はマッカーサー元帥は極東委員会に最初に相談せずに憲法草案を承認すべきではなかったと思っています。マッコイ将軍は元帥が草案を承認したことが他の諸国の代表との関係を非常に悪化させたと考えています(48)」。

ホイットニーにこう述べたコールグローブであったが、来日以来、日本の知識人と会い、占領にたいする日本人の印象、憲法草案にたいする意見を徴してみると、日本人が憲法草案にきわめてよい印象を持っていることを知る。コールグローブはこのホイットニー会見の直後にマッカーサーとも会うが、この会見のあと、マッコイ極東委員会議長に長文の書簡を送り、日本の初印象とともに、憲法問題にたいする極東委員会の態度を批判し、つぎのように述べる。

日本に来てまだ日は浅いのですが、私は多くの日本の学者、言論人と旧交を温め、またはじめての人とも会う機会を持ちました。彼らと話し合ってみて、軍事占領の成功は最高司令官にたいして日本人が抱く尊敬と信頼の念によるところがきわめて大きいという強い印象を受けました。……日本における米国の成功の最大の理由が最高司令官の人格によっているものであることは彼等が一致して認めるところであります。

私は貴官が米国の代表かつ極東委員会の議長というきわめて微妙な立場にあることは知っておりますが、貴官の苦悩に援助の手を差しのべられそうにありません。しかしながら私は、極東における民主主義のこの危険な実験の達成に深い関心を持つ米国の一市民として、憲法草案にたいする極東委員会のあいまいな政策が心配であると言わざるを得ません。

幣原内閣の憲法草案は私の会った知的関心の広いほとんどの日本人が賛意を示しています。彼らは明治憲法の改正と新憲法の採択がはやければはやいほど、日本にとって有益であると考えているようです。さらに四月一〇日の総選挙において、選挙民は国会に法を制定することを期待するばかりでなく、修正するにせよ、無修正にせよ、幣原内閣によって提案されている憲法をも採択することを期待していることは言うを待ちません。（中略）

新憲法が採択されるまで日本の政治的安定がありえないことは明白です。同時にまた、はるか海の向うの首都にある一委員会が憲法草案のあらゆる条文に承認を与えるまで大国の決定を相当期間留保することは許されません。そのように決定を遅らせることが最高司令官の権威を低くし、極東における米国の民主主義の実験の成功に背反することは疑いありません。(49)

このようにコールグローブは、国際政治における合意の履行よりも、日本の政治的安定のために米国の政治的立場を優先させ、GHQを擁護する。コールグローブのGHQ擁護は、日本の多くの知識人に直接会い、その意見をもとにしているところにその強味があった。極東委員会はマッカーサーが独断で憲法草案を承認したことに不満の意を表明してきたが、コールグローブはブレイクスリー宛の書簡の中で、まさにこの点を逆手にとって、「憲法が遠方の都市に設置された外国人の代表からなる委員会のなすがままにされた場合、憲法は『日本国国民ノ自由ニ表明セル意思』である、といえるであろうか、といく人かの日本人学者が私にたずねてきています(50)」とすら述べた。

この書簡を「遠方の都市」ワシントンで受けとったブレイクスリーは、さっそくジョンソンに見せた。ジョンソンも負けてはいなかった。直ちにコールグローブにあてて極東委員会の立場を擁護してつぎのように書き送った。「……私は、極東委員会がきわめて重い責任を持っていることを最高司令官が理解するよう、誰か最高司令官の近くにいる者が援助すべきだと考えています。この責任は合衆国国務長官が憲法草案が日本で公表された際に、この草案もしくは他のいかなる草案も極東委員会になんらかの方法で提出されるにちがいありません、と明言したという事実に起因しています」。こう述べて「最高司令官の近くにいる」にもかかわらず、その立場をわきまえないコールグローブを批判するとともに、すでに召集されている国会(帝国議会)を前に、国務省や極東委員会で囁かれているあらたな懸念をつぎのように表明した。「……当地ワシントンにおいて、マッカーサー元帥は今国会である特定の憲法草案を審議抜きで押し通そうとしている、という印象がつくられつつあります(51)」。

ジョンソンはこの点かなり遠慮がちに書いている。実は国務省内はさらに一層事態を深刻に受けとめていた。

マッカーサーの譲歩

極東委員会の決定は、選挙の延期要請にしろ、事態の説明要員を送る問題にしろ、十分な審議の要請にしろ、ことごとくマッカーサーに拒否されてきたのである。国務省はマッカーサーが政府草案を、つまり「ある特定の憲法草案」を二、三週間で国会を通過させるとの情報を得ていた。もし仮にこのまま、さきの「新憲法採択の諸原則」までもマッカーサーに拒否され、幣原内閣の政府草案が国会で二、三週間という「審議抜きで押し通される」ことにでもなれば、米国政府の外交能力が極東委員会構成国から疑われることにもなりかねない。ことここに至りSWNCCは、もはや大統領書簡を出してマッカーサーを説得する以外に方法はないと考え、つぎのような大統領書簡の素案を準備し、「情報ならびに指針」としてマッカーサーに送ることを六月一一日決定した。(52)

最近の報告によれば日本政府はおそくとも六月末までに新憲法が国会で承認されることを望んでいるとのことである。貴官も述べているとおり、憲法の審議に必要な時間を前もって決めておくことは困難である。しかしながら憲法が国会に上程されてから二、三週間ではあまりにも短かすぎると、当合衆国政府は考える。それは州憲法が各々その憲法制定議会の審議のために平均して三・五カ月近くを要している合衆国の慣例に反することである。またそれは第一次大戦後の憲法制定議会が採択にいたるまでに平均一六カ月を費やしているヨーロッパの先例にも反する。(中略)

さらに合衆国政府は、もし日本人に受け入れられうるならば、今国会ではなく、それ以外の方法、つまり特別に選ばれた代議員による憲法制定議会、憲法問題を争点として選挙された別の国会、あるいは国民投票によって、新憲法が最終的承認をうることが望ましいと確信している。他のすべての極東委員会構成国からそのような手続による採択をするよう圧力をかけられながらもマッコイ将軍は、合衆国政府が、憲法制定議会、次期国会、あるいは国民投票を要求する政策決定をして貴官を困惑させることを許さないとの態度を、明確にしてきている。しかしながら、憲法制定議会、もし

くは国民投票、あるいはその双方による最終的承認という手続は、アメリカの先例に沿うものである。（中略）

従ってわが国政府は、貴官が日本の適当な指導者と協議し、憲法制定議会もしくはその目的を明らかにして選挙されたつぎの国会、あるいは国民投票によって憲法を最終的に承認することになんの妨げもないことを明らかにすることが望ましいと確信している。(53)

この素案の扱いについて、ヴィンセント国務省極東局長は「問題の複雑性」を考えてかなり慎重に扱い、しばらく素案のままにしておいたようである。(54) しかしマッカーサーは、こうした本国政府の動向を察したのであろうか。憲法を審議する第九〇回帝国議会の開院式が行われた翌日の六月二一日、さきの極東委員会の五月一三日の決定をほぼそのまま受け入れて、日本国民にむかってつぎのような声明を発した。いささか退屈な声明であるが、あらためて読んでみると、これは決して日本国民にたいする声明ではなく、実は本国政府と極東委員会にむけて発せられた声明という名の返書であったことを知ることができよう。

今回議会における憲法改正草案を提出するに際し、日本国民は日本の歴史において真に重大なる時期に直面してゐる。日本国民の生活の基本はこの重大問題をいかに取扱ふかによつて決定される。この問題を解決するためには

一　かかる憲章の規定を討議するために十分な時間と機会とが与へられ、かつ、

二　本改正憲法が明治二十二年発布の現行憲法と完全なる法的持続性を保障され、また、

三　かかる憲章の採択が日本国民の自由なる意思の表明をすることを示すべきことが絶対に必要である。憲法改正に関連する諸機構を支配する標準は、今迄も慎重に取扱はれてきたし、また問題が議会に提出された今日引続き指導を続けなければならぬ。八箇月余にわたつて、憲法改正は、日本国民の全政党、全階級による討議の下に非常に大きな政治的考慮の的となつてきた。種々の政党、教育団体、言論人及び各傾向の思想、意見を有する個々の人々によつて多くの草案が用意されて来た。新聞、ラジオ及びその他討議の仲介機関となるものはいかなる国家にも見られぬ程に利用された。

これ程徹底的に討論され検討された国民生活の基準としての基本的憲章はまれに見るところであらう。今議会に提出された政府草案は日本人による文書であり日本国民のためのものである。それを草案通り採択するか、修正を加へるか或は否決するか、即ちその形式と内容とを決定するのは一に日本国民が正当に選出した議員の手によつて行はれるべきものである。（以下略）(55)

ＧＨＱ案を下敷にした政府草案要綱が発表されて以来三カ月、マッカーサーは極東委員会と国務省の要求を拒否し続けてきたが、ここに初めて、その要求の一部を受け入れることとなった。

かくして憲法草案は、四月に松本国務相が枢密院で六月下旬公布、年末施行と答弁した（二九五頁参照）日程を大幅に変更し、帝国議会で約四カ月にわたり審議されることになった。さらに後述するごとく政府草案は議会でも修正可能となった。この方針が日本政府に伝えられたのは、さきのマッカーサー声明よりかなりはやく、極東委員会決定の直後であったようだ。一九四六年五月三日、枢密院で松本国務大臣が「政府トシテハ原案ヲ修正シ得ズ」(56)と述べたのに対し、五月二九日の枢密院での吉田首相の答弁は「帝国議会ニヨリ修正ヲ加ヘラル、コトハ可能ナルベシ」(57)と変化している。これは重大な修正であった。とにかくこれによって国務省が心配した「審議抜きで押し通す」ことが避けられたのである。当時この修正があったことは全く国民には知らされなかったが、マッカーサーがこうした修正を受け入れた裏には、極東委員会と国務省の長く続けられた要請があったことを知ることができる。

銃剣によらずして民主憲法は不可能

とにかくマッカーサーは第九〇回帝国議会を憲法制定議会とし、しかもそこに政府草案のみを上程させることに成功したのである。来日以来、マッカーサーのこの制憲コースを是とし、極東委員会の説得にあたってきたコールグローブは、帝国議会が召集され、憲法草案の上程が間近に迫った六月一五日、ジョンソン事務局長によく論旨が整理された長文の手紙を送った。これはコールグローブにとって三カ月余にわたって憲法問題に取り組んできた総括報告ともいえるものであろう。その中でコールグローブは、日本の政治情勢の下でマッカーサーのとった制憲コースがいかに妥当なものであるか、つぎのように述べている。

日本における政治体制の改革を遅らせようとする極東委員会構成国は結果的に日本の反動分子に奉仕し、民主化への道に奉仕しないことになります。かりに自由主義的な憲法が民主化の過程で当面採択されないとすると、いかなる民主的憲法も連合国の銃剣による強制なしには採択されそうにありません。

そのような憲法は使いものにならない憲法より始末がわるいことは明らかでしょう。占領下の日本で自由主義的な政治体制の改革がこのような顕著な進展を遂げた主たる理由が、マッカーサーの誰もが認める実力と比類なき名声によるものであることは言うまでもありません。元帥の指導力に対する日本国民の信頼感が民主的な憲法の主要な要因を今日つくり出しているのです。

……憲法の採択が遅れることは、反動的政治指導者が当然に保守的な利益を確保するための準備計画に有利な機会を与えることになりましょう。(58)

たしかにマッカーサーへの「日本国民の信頼感」は大きかった。(59) しかもそれは「民主化政策」への信頼ばかりでなく、「飢えたる日本人」にたいして「豊かなアメリカ」からマッカーサーが食糧を輸入してくれるなど、飢えからの脱出と生活の安定をはかってくれたことによって、さらに一層大きなものとなっていた。憲法審議のために召集された第九〇回帝国議会は「連合国最高司令官に対する感謝決議」を全議員の賛成で可決したほどである(60)。ただこの「名声」によってマッカーサーの憲法制定手続が正当化されてよいはずがないのであるが、その一方において「いかなる民主的憲法も連合国の銃剣による強制なしには採択されそうにありません」とするコールグローブの政治判断も、保守勢力が圧倒的に強い議会の議席配分を考えると決して無視できないことは事実であった。

制憲コースはほぼ決定した。「銃剣による強制」の必要もなく、かつ政府草案が「審議抜きで押し通される」心配もなく、「十分な時間」が審議に与えられることとなったのである。

憲法草案が議会に上程され、審議が始まった七月一六日、コールグローブは衆議院憲法改正委員会を訪問した。この日はちょうど衆議院本会議でさきのマッカーサーへの感謝決議がなされた日でもあった。委員長芦田均は、議事を一時中断してコールグローブを議場内へ招じ英語でつぎのような歓迎の辞を述べた。

「私は、本委員会の委員に代わり、われわれの業務(business)に払われた教授の関心にたいし、深甚なる感謝の意を表します。教授は近々ご帰国になられると伺っております。ご帰国になられましたら、日本国民はあたらしい民主的な祖国の再建に全力をあげ、平和を愛する世界の諸国民にできうる限りはやく協力できることを切望しておりますことをお伝え下さい」[61]

お互いに心に残る晴れがましい場面であったにちがいない。芦田はこの歓迎の辞の全文(英文)を日記に記し、「彼(コールグローブ)氏も亦之に答へて簡単な挨拶をしたので満場拍手して之を迎へた」と書いている。[62] 一方コールグローブも、これを報じた『朝日新聞』(一九四六年七月一七日)を大切に保存している。[63]

ところでこの芦田の歓迎の辞は一体何であろうか。コールグローブの来日目的は日本人には全く知らされていなかったことは先に述べたが、芦田には知らされていたのであろうか。「われわれの業務に払われた教授の関心」という表現はあまりにも漠然としている。それだけにその任務をかくすために考えられた表現のように思える。

ではコールグローブはなぜ憲法改正委員会を訪問したのであろうか。GHQが憲法起草にかかわったことは、秘中の秘であり、言うまでもなくホイットニーも、ケーディスも議場で紹介されていない。コールグローブ唯一人であろう。しかも『朝日新聞』はその肩書を「総司令部政治顧問、ノースウェスタン大学教授」と報じている。憲法草案は、さきのマッカーサー声明にみられるごとく「日本人による文書である」とする見解をGHQは終始とり続けるが、のちに「総司令部の援助」のあったことは隠さなくなる。GHQの事前検閲下で『朝日新聞』がこのような報道をしたのも、「総司令部の援助」を公にするためであったのではなかろうか。さらにコールグローブにとっても、マッカーサーの憲法改正手続に修正を迫る目的で来日したにもかかわらず、日本人の代表によって歓迎されていることを議会を傍聴して自ら確かめ、本国政府に報告しておく必要を感じたのではあるまいか。

というのも、日本国内で憲法の「押しつけ」の事実が報じられるのは、占領終了間際になってからであるが、米国内ではやくも一九四六年六月にこれを新聞が報じてしまっていたからであった。

六月二五日付『クリスチャン・サイエンス・モニター』紙は、日本での取材を終えて帰国したばかりのロバート・ピール(Robert Peel)記者のかなりショッキングな記事を掲載した。とくに大きな活字のタイトルが目につく。

いやがる日本人、マッカーサーの書いた憲法を受け入れる
――突然の出来事にしぼんだ民主主義の最初の芽――

マッカーサー元帥の「紙上革命」の中で最も重要なものは最高司令官の設計図によって描かれた憲法草案である。憲法草案が日本の国会によって承認のゴム印を受けるであろうことは、それがマッカーサーの望むところである以上、全く問題はないだろう。元帥に親しい友人は、これは元帥のお好みの仕事《ペット・プロジェクト》だと言っている。(64)

記事の内容はかなり具体性に欠けているが、こういう記事が信頼ある新聞に載ることは、

あきらかにGHQにとって不利である。コールグローブにしてみれば、こうした論調は否定しておく必要があったであろう。国会訪問は「いやがる日本人」が国会にいないことを自らの眼で確かめておくためではなかったのだろうか。

七月二二日離日したコールグローブは、ノースウェスタン大学から七月二九日、トルーマン大統領に宛ててつぎのような書簡を送った。

視察をしてみまして、新憲法を起草したマッカーサー元帥の政策は、時宜にかないかつ賢明なものであったと私を確信させるに至りました。日本から一万マイルも離れたところにある極東委員会がこれに対立する指令を発してこの政策を変更することは、日本国民を混乱させ、途方に暮れさせ、破滅へと導くことになりましょう。最高司令官は旧い専制的憲法を廃止し、民主的憲法を最も短時間で採択しようとする正しい計画を持っています(65)。

どうやら結論が出たようである。しかしかくもマッカーサーの予定どおり進み、極東委員会や国務省の政策がないがしろにされてきたことは、犠牲者を生まずにはおかなかった。七月初旬、マッコイが病に倒れた。マッカーサーの信頼を失ったという精神的な原因が大きかったようで(66)、八月末までニューヨークの病院に入院することになる。米国代表にしてかつ極東委員会の議長というGHQとの軋轢を矢面で受ける立場にいたことによる心労のためであろう。コールグローブはこのマッコイの病気を七月末に米国からホイットニーに伝えるが、マッカーサーは見舞状すら送らなかったようである。八月一〇日コールグローブは再びホイットニーに書簡を送り最後にこう述べる。

「マッカーサー元帥はマッコイ将軍が入院していることを心配し、健康が回復することを願っているとの手紙か電報をきっと送られていることと思います。もし未だ出されていないのであれば、そのような手紙を出されるとよいと思います[67]」

最後の最後までコールグローブは両者の仲介役を忘れなかったようである。

XIII　帝国議会での修正

皇室のご安泰のため

マッカーサーが本国政府と極東委員会との間の危機をひとまず乗り切ったとき、日本国内では全く別の次元で保守体制の危機の時期をむかえていた。前年一二月末に公布された改正衆議院議員選挙法によって行われた四月一〇日の戦後最初の総選挙において幣原の進歩党が第二党(九四議席)となり、自由党が第一党(一四一議席)となったばかりでなく、社会党が九三議席を得て進歩党に肉迫し、はじめて合法政党となった共産党が五議席を得、国民協同党一四、諸派・無所属一一九となり、幣原は単独政権を続けることが全く困難となった。

そこで幣原は自由党と手を組んで政権を維持しようと図るが、自由党(鳩山一郎総裁)はそれに与せず、逆に社会、協同、共産の幣原内閣打倒四党共同委員会に加わり、幣原内閣は四月二二日総辞職するに至る。そこで自由党は社会党に連立を申し入れるが、社会党はこれを拒否。鳩山は自由党単独で組閣する決意を固める。ところが鳩山が組閣に移った矢先の五月三日、GHQは鳩山の公職追放を指令する。鳩山に代わって総裁の座につくのが吉田である。時あたかも食糧問題は深刻をきわめ、皇居前広場に二五万人が集まり、「食糧メーデー」が開かれ、デモ隊の叫びは皇居の中までとどき、首相官邸はデモ隊に包囲されるほどであった。そこで組閣にあたって吉田は国民のこうした風当りをかわすために、農相に進歩的な学者を当てようと工作したが結局失敗し、組閣までにさらに時間を費やすこととなった。

吉田内閣の成立は幣原内閣総辞職からちょうど一カ月、五月二二日のことであった。世にこれを歴史学者は「政治的空白期」と呼ぶが、(1)これは「政権空白期」と呼ぶべきであり、むしろ「政治的濃密期」、まさに保守体制の危機以外の何物でもなかった。しかもその危機はGHQの憲法草案を受け入れたことによってもたらされたのである。これほどまでに保守体制に危機をもたらした憲法を幣原、吉田はなぜあえて支持したのであろうか。すでに述べたごとく幣原も、吉田もGHQから憲法を「押しつけられた」のであったが、この時期からむしろ憲法草案をその基本原理において積極的に受け入れ始める。その理由はどこにあったのか。一九四六年三月二〇日、幣原首相は枢密院で政府草案の説明を行った際、つぎのように述べている。

極東委員会ト云フノハ極東問題処理に関シテハ其ノ方針政策ヲ決定スル一種ノ立法機関デアッテ、其第一回ノ会議ハ二月二十六日ワシントンニ開催サレ其ノ際日本憲法改正問題ニ関スル論議ガアリ、日本皇室ヲ護持セムトスルマ司令官ノ方針ニ対シ容喙ノ形勢ガ見エタノデハナイカト想像セラル。マ司令官ハ之ニ先ンジテ既成ノ事実ヲ作リ上ゲムガ為ニ急ニ憲法草案ノ発表ヲ急グコトニナツタモノノ如ク、マ司令官ハ極メテ秘密裡ニ此ノ草案ノ取纏メガ進行シ全ク外部ニ洩レルコトナク成案ヲ発表シ得ルニ至ツタコトヲ非常ニ喜ンデ居ル旨ヲ聞イタ。此等ノ状勢ヲ考ヘルト今日此ノ如キ草案ガ成立ヲ見タコトハ日本ノ為ニ喜ブベキコトデ、若シ時期ヲ失シタ場合ニハ我ガ皇室ノ御安泰ノ上カラモ極メテ懼ルベキモノガアツタヤウニ思ハレ危機一髪トモ云フベキモノデアツタト思フノデアル。(2)

吉田にいたってはさらにはっきりしていた。貴族院での施政方針演説への質問に対してつぎのように答えた。

唯茲ニ一言御注意ヲ喚起シタイト思ヒマスノハ、単ニ憲法国法ダケノ観点カラ此ノ憲法改正案ナルモノヲ立案致シタ次第デハナクテ、敗戦ノ今日ニ於キマシテ、如何ニシテ国家ヲ救ヒ如何ニシテ皇室ノ御安泰ヲ図ルカト言フ観点ヲモ十分考慮致シマシテ立案シマシタ次第デアリマス。(3)

この時期にいたってようやく幣原も吉田も、国際情勢を考慮に入れればこの憲法が形だけでも天皇制を護持するに最もふさわしいと考えたようである。GHQにすり寄って見捨てられない範囲で自己を主張する。これが憲法審議に表われた第一次吉田内閣の特徴であった。

金森徳次郎の横顔

かくして第九〇回帝国議会が開かれる。帝国議会はこのあと第九一、九二と二回開かれるが、実質的には最後の帝国議会であった。ところでこの開院式の前日、吉田内閣が一人の閣僚を追加したことを記しておかなければならない。吉田内閣は発足当初は憲法専任大臣を置かない予定であったが、「憲法並ニ諸法制ノ整備等ニ関シ輔弼ノ完璧ヲ期スルタメ」、わざわざ勅令の一部を改正し、閣僚の定員を一人増やし、憲法担当の国務大臣を置くこととした(4)。ここに登場するのが金森徳次郎である。吉田はなぜ金森を選んだのか。その理由は定かではないが、その最大の理由は金森が戦前軍国主義の「被害者」であったことによるように思える。

金森は一九三四(昭和九)年、岡田内閣の下で法制局長官となるが、法制局参事官時代の著書『帝国憲法要綱』が天皇機関説であるとの非難を受け、三六年辞任。その後浪人の身で敗戦を迎える。とはいえこの著書も美濃部の著書同様、当時にあってさえ当然のことを書いたにすぎなかった。非難の対象になった部分で金森はこう書いている。「天皇ハ国家意思ヲ最高最終ニ決定スル自然人ニシテ既述ノ国家機関タル性質ニ合ス」(5)。ただこれだけである。しかも三四三頁のこの大著の中で「臣民の公権」に触れた部分はわずか三七頁にすぎず、あとは天皇と統治機関の解釈で塗りつぶされている。

しかしこれは吉田にとってはどうでもいいことであったろう。吉田自身、敗戦の直前に近衛上奏文に関係して憲兵隊に逮捕されたことが、戦後を生きる勲章となったと同様、金森が天皇機関説で辞任した経歴を持っていることは吉田にとって魅力であったにちがいない。

しかも金森には高級官僚臭さがなかった。敗戦の年に戦災で家を焼かれ、家族一〇人が小さな家の一室に寝起きし、大臣になっても日曜日には近くの畑を耕して食糧を得て暮していたという(6)。またなかなかの文人で随筆を書き、絵画を嗜んだ。話もうまく、国会の答弁を議事録で読んでも官僚臭さを全く感じさせない。とにかく憲法審議を通じて最もよく喋った一人であることに間違いはなく、答弁回数一三六五回(7)、一回の答弁が最も長いもので一時間半に及んだ(8)という。これを真夏の暑い盛りに、焼け出されて一張羅になった冬のモーニングを着て「戦災大臣」と呼ばれながらやり通した。

金森の清貧な生活は一貫していたようである。憲法大臣を辞めた後、国会図書館の館長に就任するが、子息でエコノミストの久雄によれば、国会図書館の労働組合の幹部が金森宅に「押しかけてきたことがあるが、あまりにひどい家に住んでいるので要求を持ち出せなくなって引き上げたほどで」あったと(9)。それでいて絵心があり自書の表紙を自作で飾り、句作を愉しむ洒脱さもあったのである。

しかもいやいや答弁している感じもなく、野党の質問などにたいする答弁はむしろ能弁とすら感じられる。

「〔議会の〕答弁は、いささかの渋滞もなく、巧みな云い廻しや、適切な名句をまじえ乍ら、打てば響くという調子であった」[10]と当時法制局事務官として審議を見守った佐藤功は回想している。しかしこの「巧みな云い廻し」が同時に論点をはぐらかし、煙に巻くことになったことも否定できないだろう。与・野党を問わず、新憲法によって「国体」が変わったのか否か、ということは最大の関心であったが「変わらない」と言えば野党に、「変わった」と言えば与党に反対される中で、「水は流れても川は流れません」と答えた。また憲法九条の軍備不保持は国家の安全を脅かすのではないかとの質問にたいし、「固い歯は折れますが、やわらかい舌は折れません」などと答え、うまく窮地を脱する答弁ぶりはむしろ官僚とは思えない名人芸に近い。ひとことで言えば「人間味豊かな官僚」とも言えるが、天皇主義者であり平和主義者であった。しかも必要な場合は身につけた官僚法学を生かしている。政府案作成にあたり法制局官僚の佐藤達夫のはたした役割についてはすでに述べたが、吉田内閣がこの金森を得たことでどれほどの利益を得たか、計り知れないものがある。

議会での審議経過

さて、この金森を得て、いよいよ議会の開会となるわけであるが、ここではこの四カ月に及ぶ審議経過を主要な論点別に紹介しよう。といっても複雑な審議経過をわかりやすくするためには、経過のおおまかな流れを先に示しておく必要があるだろう。

一九四六年四月一七日、政府草案を発表した政府は直ちに枢密院に諮詢し、枢密院では四月二二日から潮恵之輔顧問官を委員長とする審査委員会において一一回の審査が行われ、六月八日枢密院本会議で美濃部達吉顧問官のみの反対で可決された。その後六月二五日衆議院に上程され、本会議のあと六月二八日議長指名の七二名からなる帝国憲法改正案委員会(特別委員会)に付託された。委員長には芦田均(自由党)が互選された。その後特別委員会での議論が進み共同修正案を作成すべく芦田を委員長とする小委員会が設置された。小委員会は七月二五日から八月二〇日まで懇談形式で行われた。芦田委員長が司会をしているが、閣僚は出席していない。議事録も公開されていない(この議事録は、一九九五年になって公開にいたった)。小委員会の委員は、特別委員会が全会派の委員をもって構成されたのに較べ、共産党などの小会派は除外された。小委員会の共同修正案は八月二一日特別委員会で承認され、八月二四日衆議院本会議に芦田委員長が報告、同日この修正案は可決された。これには共産党と無所属二議員の計八名が反対票を投じた。その後、政府案修正案は貴族院に回付され、いくつかの追加修正があったため、再び衆議院に戻り、一〇月七日衆議院で可決成立し、枢密院への諮詢を経て一一月三日公布されるという長い道のりを経たのである。

この間にあって芦田均がきわめて重要な地位にあったことにだれしも気付くであろう。芦田は外交官から政界入りし、戦後鳩山一郎をかついで自由党を結成し、[11]幣原内閣ですでに述べたごとく厚生大臣となる。しかし本人は大臣以上にこの特別委員長―小委員長という職務に誇りを感じていたようである。特別委員長となることが決まった日の日記に「憲法審議の特別委員会には私が委員長に据ることになつた。これは劃期的な仕事であるだけに私にとつては厚生大臣や国務大臣であるよりも張合のある仕事であると考へてゐる[12]」と記している。

芦田の議会での行動を目の当りにしていた佐藤功法制局事務官も「委員長としての芦田さんは颯爽として、また手際よく会議を主宰されていた。まさに名委員長であったといえよう。芦田さん自身、このポストに満足し、誇りとしていたようであった[13]」と回想している。

芦田は特別委員長になった直後の六月二九日カバンを新調し、裏側に「憲法改正紀念」と書いて持ち歩くほどであった[14]。たしかにはまり役のようであったが、芦田が委員長となったのは適役であったからばかりではなかった。GHQ民政局は、芦田が戦時中鎌倉の自宅で社会党の片山哲、原彪の二人と頻繁に会合を持っていた事実をつかみ、芦田がリベラルな思想の持ち主だと考え、「芦田を高く評価していた[15]」。このGHQの「高い評価」が芦田をしてこの重要な職務に就かしめたとも言えるだろう。

国体は変わったか

さて六月二〇日から始まった衆議院本会議でもっとも注目を集めたのは国体問題、つまり新憲法で国体は変わったのか否か、という問題であった。本会議の冒頭に質問に立った北昤吉(自由党)は、「一部ノ人々ハ現行憲法ハ主権ハ天皇ニ在リ、主権在君ヲ建前ニシテ居ル、憲法改正案ハソレトハ反対ニ主権ガ国民ニ在リト称セラレテ居ル、一種ノ国体変革デアルト驚愕シ、憤慨シテ居ル者モ」いるが、自分は「一君ト万民トハ大体ニ於テ融和シテ来タト云フ信念ハ変ラナイノデアリマス」。そこで「此ノ〔改正案の〕前文ニ現ハレマシタ日本国民ト云フ中ニハ、天皇モ加ヘテ宜シイ」と解釈してはどうか。政府は「此ノ憲法ハ国体変革ニアラズト云フコトヲ、懇切丁寧ニ国民ニ徹底サセル必要ト責任ガアリハシナイカト感ズルモノデアリマス」[16]と政府の見解を質した。北一輝の実弟として、戦前・戦中を通じてファシズム政治を賞讃した人物にふさわしい。

答弁に立った吉田首相は我が意を得たりとばかり、こう答えた。「皇室ノ御存在ナルモノハ、是ハ日本国民、自然ニ発生シタ日本国体其ノモノデアルト思ヒマス、皇室ト国民トノ間ニ何等ノ区別モナク、所謂君臣一如デアリマス、君臣一家デアリマス……国体ハ新憲法ニ依ツテ毫モ変更セラレナイノデアリマス[17]」。

とはいえ憲法草案をいくら読んでも「君臣一家」とは書かれていない。むしろ天皇条項をよく読むと、そうではないと書いてある。続いて立った北浦圭太郎(自由党)はこう嘆いた。「此ノ草案ハ形式ニ於テハ天皇制擁護ニ間違ハアリマセヌ、実体的ニ八箇条ノ条文中何処ニ素晴シイ天皇制擁護ガアルノデアルカ……色々規定シテ花ハ持タセテアリマス、花ハ花デモ、此ノ花ハ七重、八重、花ハ咲イテ居リマスルケレドモ、山吹《やまぶき》ノ花、実《み》ハ一ツモナイ悲シキ憲法デアリマス(18)」。

なかなかうまいたとえ話を出してきたものである。この「山吹憲法」というニックネームは当時かなり有名になった。保守系議員は国体が不変であることを明確にするよう政府に迫り、政府も歩調を揃えた。しかしここはもはや翼賛議会ではなかった。

共産党は本会議の冒頭に志賀義雄が立ち、未だ国民の議論が十分になされていない段階での憲法審議は意味がないので延期せよとの動議を提出したが、これが否決されると共産党は「新憲法草案」を公表していたが、本会議で野坂参三はこの政府の国体答弁をはげしく非難し、「一体主権ガ国民ノ手ニアルノカ、天皇ニアルノカ、之ヲ此処デ胡麻化サズニハッキリト言ツテ貰ヒタイ(19)」と迫った。

特別委員会が開かれると社会党の委員からもつぎつぎと政府答弁にたいする批判が出された。森三樹二は、政府答弁は詭弁だと言い、及川規は国体とは「其ノ国家ノ最高ノ意思ヲ構成スル自然人ノ意思ガ誰ノ意思カ、国民全体ノ意思カ、或ハ君主一人ノ意思カ」、つまり「主権ノ所在」[20]ということではないのか、と迫った。

金森は答えた。「我々ノ心ノ奥深ク根ヲ張ツテ居ル所ノ天皇トノ繋ガリト云フモノヲ基本トシテ、ソレガ存在シテ居ル、是ガ我々ノ信ズル国体デアル」「今仰セニナリマシタヤウナ国体ト云フ考ヘ方、少クトモ法律学者ノ相当ノ部分ニアツタコトハ明カニソレヲ認メマス、併シ日本ノ国民全体ガ法律ヲ知ツテ居ル訳デモナイ法律学者ノ言葉ニ共鳴スル訳デモナク、必ズシモ斯様ナ意味ニ於キマシテ国体ヲ理解シテ居ツタカト云フコトハ頗ル疑ハシイ……ソコデ一番物ノ根本ニナルノハ私共ノ心デハアルマイカ」[21]。

これが法律学者以外の何者でもない金森の答弁であった。金森は後に後者、つまり法律学者の国体解釈を「政体」と名づけ、国体とはあくまで国民の心の問題であり、したがって変わってはいないと言いつづける。

貴族院でも宮沢俊義、南原繁(東大総長、政治学)らが、政府は国体が変更したことを認めるべきだと主張したが[22]、政府の答弁は変わらなかった。ついに金森は地動説まで持ち出して国体が変わっていないことを説明し始めた。「天ガ動イテ居ツタカ、地ガ動イテ居ツタカト云フコトハ、議論ガ孰《いず》レニアルニシテモ、動キ方ハ古ヨリ今日迄変ツテ居リマセヌ」[23]。これは「水は流れても川は流れない」というたとえ話同様、議員諸公を煙にまくのに成功したようであるが、国体に関して憲法上「コペルニクス的転回」はなかった、と主張する意味では、「上等」な比喩であったかも知れない。しかし、議員たちはそれなりに変更のあったことを認めていたようである。金森によると貴族院でこのころ二枚の紙片が回覧され、そこにはつぎのように書かれていたという。「かにかくに、善くたたかえり金森の、かのケンポーはそは何流ぞ」。もう一枚はその返歌「金森は二刀流なり国体を変えておきながら変らぬと言う」。しかしこれで怒る金森ではなかった。金森もこう返したという。「名人の剣二刀の如く見え」(24)

結局、議会での国体論議は堂々めぐりで終わってしまった。これはある意味では金森の功績といえよう。衆議院憲法改正案委員会(特別委員会)の審議を終えて本会議に提出された報告書の中で、芦田委員長はこう述べている。

要スルニ改正憲法ノ第一章ハ、万世一系天皇ガ国民至高ノ総意ニ基キ、天壌ト共ニ永劫ヨリ永劫ニ亙リ国民ヲ統合スル君主トシテノ地位ヲ確保セラルルコトヲ明記シタモノデアリマス(拍手)斯クテ天皇ハ国民ノ中ニアリナガラ、自ラ実際政治ノ外ニ立チ、而モ国民生活ノ中心、精神的指導力トシテノ権威ヲ保有セラレル厳然タル事実ヲ確認シ得タコトハ、委員ノ絶対多数ガ最大ノ歓喜ヲ以テ迎ヘタ所デアリマス(25)

明治憲法と新憲法、戦前と戦後を隔てる最大の断絶のひとつに天皇の地位の変更があり、それは憲法条文上から考えれば、まさに「実《み》ハ一ツモナイ」ことは、疑う余地のないところであるが、この報告書を見るかぎりイデオロギーとしての天皇制は、ほとんど戦前と戦後に断絶はなかったのではないのかと、考えざるを得ない。これは社会改革、社会運動をともなわない「憲法改正」の持つあきらかな限界であった。

九条に「平和」を

政府案の作成の過程で「戦争の廃止」が「戦争の放棄」に変わっていたのであるが、それに気づく者は誰もいなかった。欧米での第一次大戦(欧州戦争)での「総力戦」を「歴史の教訓」としてきていなければ、ある意味では当然であり、さらには言葉の問題として、アメリカ人がAbolishment(廃止)に「奴隷制の廃止」という特別の意味を持たせていたことなど知る由もなかったろう。それはちょうど厳しい宗教戦争が吹き荒れたヴォルテールの時代にtolerance(寛容)という言葉が「信仰上の理由で差別をしない」という意味であったことなど、東洋人が知り得なかったと同様である。

政府案が議会に上程された時、憲法九条の政府案は、以下のようであった。

第九条　国の主権の発動たる戦争と、武力による威嚇又は武力の行使は、他国との間の紛争の解決の手段としては、永久にこれを放棄する。

陸海空軍その他の戦力の保持は、許されない。国の交戦権は、認められない。

九条が議会に上程されてそれ以前と変わっていたのは、「戦争の廃止」から「戦争の放棄」へばかりではなかった。よく知られるように「九条」と言えば、「平和」を連想する。ところが、上程された政府案には「平和」はなかったのである。

これに対して、最初の発言者として登壇した社会党委員長の片山哲は、吉田首相に向かって、こう質問した。

民主憲法は積極的に、日本国は平和国として出発するものであることを明示する、世界に向っての平和宣言を必要とすると私は考へるのであります、例へば第二章の戦争拋棄の前に別条設けることも宜しいと思いまするが、日本国及び日本国民は平和愛好者たることを世界に向って宣言する、世界恒久平和の為に努力する、且つ国際信義を尊重する建前であることを声明することが必要なりと私は考へて居るのであります。(26)

この片山議員の質問に答えて、吉田首相は答弁している。「憲法に戦争拋棄を明記して居るが、更に積極的に世界に向つて平和宣言をなす用意ありや否やと云ふ御尋ねでありま す、憲法に戦争拋棄を明記したことに付きましては、日本は実に世界平和を念願する為の一大決心に基いたものでありまして、其の趣意を以て世界に既に呼び掛けて居る訳であります、更に宣言をなすことの用意ありや否や、なすべきや否やと云ふことは暫く今後の国際事情の発展に待ちたいと思ひます(27)」。

ついで吉田の後を受けて金森徳次郎大臣の答弁は、吉田首相よりも修正提案に理解を示しつつも、やはり積極的ではなかった。「御趣旨に付きましては全く同感である訳でありま す、併しながら此の憲法自体が公正と信義を国政の中核とする建前を以て出来て居りま するが故に、規定自体は是で其の趣旨が現はれて居るのではなからうかと考へて居ります[28]」。

この片山発言は、この直前に社会党常任委員会で、政府案の憲法九条は戦争放棄のみが規定されているので、「平和」に言及する修正案が出され、結果的には「第九条の前に一条を設け『日本国民は平和を愛好し、国際信義を重んずることを国是とする』趣旨の規定を挿入する」との社会党修正案を念頭に発言していると考えられる[29]。

その後、本会議では、鈴木義男、森戸辰男という憲法に深い知識を持つ議員が発言している。なかでも鈴木義男は、戦前期に東北大や法政大で憲法・行政法の教授を務め、その間、ワイマール期のドイツに留学。敗戦と同時に社会党に入党し、この発言の直前に衆議院議員になったばかりの理論家であった。鈴木は、平和はいまや安全保障を抜きには考えられないと次のように提案した。

今日は世界各国団結の力に依つて安全保障の途を得る外ないことは世界の常識であります(拍手)。加盟国は軍事基地提供の義務があります代りに、一たび不当に其の安全が脅かされます場合には、他の六十数箇国の全部の加盟国が一致して之を防ぐ義務があるのである、換言すれば、其の安全を保障せよと求る権利があるのでありますから、我々は、消極的孤立、中立政策等を考ふべきでなくして、飽くまでも積極的平和機構への参加政策を執るべきであると信ずるのであります(拍手)[30]。

これは、九条に「平和」を盛り込み、そのためには「安全保障」を考えるべきだという。

「安全保障」という security の日本語訳すらなく、国際連盟規約の security を「安寧」と訳していた時代であり、その後の「日米安保条約」(一九五一年調印)は、「国家安全保障」であって、日本語の「安全保障」とは全く異なる概念である。しかも「積極的平和機構への参加政策」などとマッカーサーが決して認めないような提案であった。たぶん、鈴木がドイツ留学中に学んだ知識であったろう。

積極的な平和宣言を

この本会議のあと二八日には衆議院に「帝国憲法改正案委員会」が設置される。この委員会で金森大臣は、委員会開催の直後、従来の「戦争放棄」のみを定めていた「主権制限」条項であった憲法九条を大きく変化させる発言をしている。

(憲法九条は)条文としては僅か一箇条、項目として二つに過ぎないのでありますが、是こそ我が国自ら捨身の態勢に立つて、全世界の平和愛好諸国の先頭に立たんとする趣旨を明かに致しまして、恒久平和を希求する我が大理想を力強く宣言したのであります、蓋し是は軽い意味を以て考ふべきものでなく、過去の何千年の歴史を通しての今日の我が国民が、はつきり世界に向つて根本の精神の存する所を以て、呼掛けると云ふ態度である訳であります(31)……

金森大臣は、本会議での修正に対する否定的な発言を大きく変更している。この金森発言を受けてか、芦田委員長は、委員会の最後に委員長としてつぎのような政府への要望を行った。

本改正案の運用に当つては須く新世界に適用すべき民衆を教養することから出発しなければなりませぬ、世界が依然として偏狭な国家思想と、民族観念に囚はれて居る限り、戦争の原因は永久に除かれないと思ひます、併し真に世界平和の理想に向つて、民衆の思想感情を養成することは、非常に困難を伴う仕事であります、私は政府が将来此の点に一層の注意を払はれんことを要望致すものであります[32]。

芦田は「戦争原因」を考える必要性と「世界平和の理想に向って、民衆の思想感情を養成する」という、マッカーサーの政治戦略としての戦争放棄をはるかに超えた、平和の理想を訴えたのであった。

さらに七月二五日からは、特別委員会のなかに、懇談形式で修正案を作成する小委員会がつくられる。ここでも、鈴木義男は先の九条に「平和」を盛り込むため、積極的に修正発言をしている。当然、小委員会は具体的に修正案を作成する場であるので、条文化を前提に、しかも法律家らしく「平和」が道徳の範疇に至らないように、こう提案している。

日本国は平和を愛好し、国際信義を重んずる――是は法律に直すには可なり難しい技術を要しますが、是は道徳的の規定になりますから、外にも道徳的の規定は沢山ありますけれども、其の趣旨は前文に出て居りますから、無理にさう云ふ一条を設け、或は此の前に出すことはないと思ひます。強ひて固執は致しませぬが、皆さんの御意見を伺います、唯戦争をしない、軍備を皆棄てると云ふは一寸泣言のやうな消極的な印象を与へるから、先づ平和を愛好するのだと云ふことを宣言して置いて、其の次に此の条文を入れようぢやないか、さう云ふことを申出た趣旨なのであります。

その後、鈴木は、さきの社会党の提案をいくらか修正して「日本国は平和を愛好し、国際信義を重んずることを国是とし教育の根本精神をここに置く」と提案した。これに対して芦田委員長から「教育の根本と云ふことは後にして、外務省から来た印刷物に、『国際信義を重んじて条約を守る』と云ふことが何処かにあって欲しいと云ふような意見が出て居りました」との発言があり、外務省出身の芦田らしく外務省の意向を汲んで、さらにいくらか字句の修正があって、条文内容は急転直下に芦田の発言が芦田委員会の結論になってしまった(33)。

外務省が九条に「平和」を付加することを考えていたことは、外務省嘱託で、専属通訳の小畑薫良から、「新憲法について」と題する文書が、「ご参考」として法制局長官に出されているが(日付不明ではあるが三月五日直後か)、そこには次のようにある。「単に武装解除されたる敗戦国の現実を確認するのみにては情けなし。積極的に世界平和確立の高遠なる理想を表明せる条項を加えたしとの意見あり。同感(34)」。

それが、結果的に日本国憲法九条一項となった。そもそもの政府案は「国の主権の発動たる戦争と、武力による威嚇又は武力の行使は、他国との間の紛争の解決の手段としては、永久にこれを放棄する」であったが、議会での審議を通じて、「日本国民は、正義と秩序を基調とする国際平和を誠実に希求し、国権の発動たる戦争と武力による威嚇又は武力の行使は、国際紛争を解決する手段としては、永久にこれを放棄する」と修正されたのであった。

政府案の段階まで、「戦争放棄」のみであった九条一項に、「国際平和を誠実に希求し」が追加されたと見ることもできるが、社会党が努力し、芦田を通じて外務省の意向が反映されたとみることができる。

党派を超えた九条の修正について、鈴木は後年、国会でその時の模様をこう回想している。

ただ小委員会で、どうもこれは、いかにもいやいやながら軍備を廃止するように見えるから、一つ高き理想を掲げて撤廃することに文章の上でもうたおうじゃないかと、われわれ及び芦田さんも仰せられまして、そこで、あそこに原案になかった「日本国民は、正義と秩序を基調とする国際平和を誠実に希求し、」こういう言葉を入れたのです。これだと、理想を掲げて戦争をやらん、軍隊を持たない、こういうことになるからいいじゃないか。(35)

委員会で修正提案が成立して、芦田は、その後、本会議で委員会の修正提案を行っている。九条の意義について「我が新憲法の如く全面的に軍備を撤去し、総ての戦争を否認することを規定した憲法は、恐らく世界に於て之を嚆矢とするでありませう」と戦争の全面的否認を高々に宣言し、報告の最後をこう結んでいる。

改正憲法の最大の特色は、大胆率直に戦争の放棄を宣言したことであります、是こそ数千万の人命を犠牲とした大戦争を体験して、万人の斉しく翹望する所であり、世界平和への大道であります。我々は此の理想の旗を掲げて全世界に呼掛けんとするものであります(拍手)。(36)

その後、各党が登壇して発言しているが、なかでも二大保守党の自由党からは北昤吉が、進歩党からは犬養健(犬養毅の子息)が、いずれも憲法改正案に賛成し、「修正に対する努力を多とする」とサラリと、あるいは「おとなしく」述べている。結果的には、なんとも具体性のない抽象的な条文になってしまったが、これがこの段階での議員の精一杯の努力であったと見るべきだろう。

と同時に、この芦田の「平和への情熱」は、読者諸氏にとって後に登場するもう一人の、「芦田修正」での芦田の見解(本書三七七頁以下)までこの記憶を残しておいていただきたい。

国民の権利になった九条

かくして九条は、議会の修正を経て以下のように変わったのである。

第九条　日本国民は、正義と秩序を基調とする国際平和を誠実に希求し、国権の発動たる戦争と、武力による威嚇又は武力の行使は、国際紛争を解決する手段としては、永久にこれを放棄する。
前項の目的を達するため、陸海空軍その他の戦力は、これを保持しない。国の交戦権は、これを認めない。

九条は、ここにいたるまで、二転三転と修正を重ねて、この最終形態となった。マッカーサーの三原則、GHQ草案、憲法改正草案要綱、日本政府の三月二日案、日本政府の三月五日案、政府草案、衆議院の小委員会での修正案と紆余曲折を経ての憲法改正案となった。

いずれも小さな修正を積み重ねてきているが、最終的には、マッカーサーの三原則と衆議院の小委員会での改正とを比較してみると、そこには、大きな違いがあることに気付くのである。

マッカーサー三原則から始まり、政府草案に至るまで、条文の主語はいずれも「国権の(発動たる)戦争は」であり、述語は「放棄(廃止)す」であった。ところが、小委員会での修正を経て、主語は上記のごとく「日本国民は」となり、述語は「放棄する」となったのである。

つまり、これは主語が「戦争」という国家の権利から「日本国民は」という国民の権利へと変化したことを意味する。「戦争」は、個々の国民が行うことはできず、従って「戦争」の担い手は政府＝軍隊であり、「国家」であるのに対し、「平和」は、個々の国民が実現に向かって行使できるのであり、従って「平和」は、個々の国民の権利となったのである。

鈴木義男は、先の回想のなかで「高き理想を掲げて(戦争を)撤廃すること」と述べているが、それは無意識のうちにも、九条が国民の権利となったことを意味している。

九条と前文の関係

憲法九条の「戦争の放棄」がじつはマッカーサーによる政治戦略的意図によっていることを知らされた読者は、憲法前文とのあまりの隔たりに驚かれたに違いない。そこで、まず平和主義を謳った前文の第二段落を紹介することから始めたい。

日本国民は、恒久の平和を念願し、人間相互の関係を支配する崇高な理想を深く自覚するのであつて、平和を愛する諸国民の公正と信義に信頼して、われらの安全と生存を保持しようと決意した。われらは、平和を維持し、専制と隷従、圧迫と偏狭を地上から永遠に除去しようと努めてゐる国際社会において、名誉ある地位を占めたいと思ふ。われらは、全世界の国民が、ひとしく恐怖と欠乏から免れ、平和のうちに生存する権利を有することを確認する。

そもそも、マッカーサーは、憲法案を起草するに当たり民政局の憲法起草チームに先の「三原則」を示したにもかかわらず、そのなかには前文は含まれていない。したがって、GHQ案作成の際に、「前文」を起草した委員が作成したものである。

その後、GHQ案は、日本政府によって「三月二日案」として起草される。その際に日本側はGHQ案の前文を省いた。というのは、明治憲法には、「告文」、「勅語」、「上諭」はあったが、「前文」はなかった。そこで、日本政府は、「日本的に」考え、GHQ案にあった前文(Preamble)を無視して、起草にあたった。そこでさきに本書で(二〇七頁)紹介した一九四六年三月四日に日本側がGHQ側と三〇時間に渉って協議した時の冒頭で、GHQ側は政府案には、前文が付されていないことに気付き、「前文は変更を許さない、司令部案(GHQ案)の通りのものを日本文として提出せよ」と命じたという。[37]

たしかにその後、帝国議会の審議や山本有三らの作家の手によって、いくらか修正されてはいるが、日本側はGHQ案を事実上そのまま添付せざるを得なかったようである。その意味では前文は、日本国憲法の中でももっとも「押し付け」色の強いものだといえよう。

しかし、著者の小さな経験からすると、市民グループなどによる憲法の勉強会などで日本国憲法の一番好きな部分を聞くと、「前文」と答える市民が多かったことを思い出す。この「平和主義」を謳った段落でも、人間の本質、あるいは普遍性の表明があり、しかもそのような人間のあるべき理想を謳いあげた文章に魅力を感ずると同時に、およそ日本の法律は言うまでもなく公文書の文章でも、まずお目にかかることがない、さわやかな新鮮さを感じたからではなかろうか。これぞまさに政治理念の持つ美しさと言えよう。

もちろんそれが故に、「日本的な憲法」を好む人々からは、唾棄され続けられているが、それは「好み」の問題ではなく、近代憲法そのものへの認識の違いであろう。

だが、一般的には、前文は長い間にわたって関心の外に置かれてきた。前文の意義が「発見」されるのは、六〇年代に入ってからのことである。憲法学者の星野安三郎は、自衛隊の憲法適合性が恵庭事件や長沼事件を通じて鋭く争われていたなかで、前文の「平和のうちに生存する権利」の権利性を改めて提唱したのであった[38]。

また、ほぼ同時期の六〇年代半ばに政治学者の丸山真男は、「前文において日本国民の国民的生存権が確認されている」点を踏まえて「この前文の意味における国民的な生存権は、国際社会における日本国民のいわば基本権として確認されていることを見落としてはならない」と鋭い指摘をしている[39]。

あらためて考えてみると、星野や丸山が指摘した重要な点は、前文と本文との内的関連性である。前文は平和主義とともに国民主権、国際協調から成り立っているが、本文の中では平和主義に限らず、国民主権にしても国際協調に関しても具体化されていないということである。

本文の九条では「戦争の放棄」が規定されているが、前文の「平和のうちに生存する権利」にかかわる条文は、本文では何ら権利規定が存在しないのである。さらに「国民主権」についても、一条の天皇の地位との関連で規定されているのみである。国民主権は多くの場合に憲法の三大原則の一つとされ、民主憲法では冒頭に「章」を設けて定められている場合が多い。「国際協調」では、九八条で国際法規の誠実遵守が定められているに過ぎない。国際協調は、欧州の諸国では、相互主義に基づく主権制限や法律による移譲を憲法で定めている。こうした点から見ても、前文と本文の落差は起草過程そのものだといえよう。

前文の起草者は誰か

ところで、日本国憲法の前文は誰が起草したのだろうか。マッカーサーではない。先の「三原則」を見ても、幣原との会話でも、「戦争の放棄」とは言っているが、「平和」には決して触れていないのである。それはある意味では当然なことだろう。「軍人に生まれるために生を受けたような軍人」のマッカーサーが、「平和」を口にするほど、「恥知らず」ではないであろう。その点、いまの軍人や政治家とは違うのである。

軍国主義日本に勝利したアメリカ人にとって「米国軍人」は、かつての日本の軍人のように、「栄えある職業」であったのである。マッカーサーの時代のアメリカは、陸軍省のことをDepartment of War(戦争省)と言っていたほどである(その後、一九五〇年代初めからDepartment of Armyと変わった)。まさに「戦争」とはすばらしい、勇ましいものであったのである。

しかも、九条の規定は、たしかに先に述べたごとく日本側の努力によって「平和」が追加されたが、本来マッカーサーの頭の中には「戦争の放棄と軍備不保持」しかなかったのである。それに比して、前文の平和主義の段落には、新しい憲法への決意、平和国家を創ろうとする理想、改革者としての情熱が伝わってくるではないか。

そう話せば、誰しも「その名は?」と聞きたくなるに違いない。残されている文献からは、アルフレッド・ハッシーの名前が挙がっている。しかし、ハッシーは、宗教的な教育(キリスト教)を受けて成長したが、弁護士、裁判官の経歴があるのみの法律家である。ハーヴァード大学で政治学を学んだあと、「米国建国の父」の一人であるトーマス・ジェファーソンが創立したヴァージニア大学ロー・スクールを優等の成績で卒業し、弁護士資格をもつ俊秀な法律家としての経歴を持っている。

しかし、前文の成立過程の詳細な研究がほとんどないなかで、英米法学者の田中英夫の研究によれば、どうも実際はそれほど単純ではなかったようだ。田中によれば「前文と戦争放棄の条文の起草が、運営委員会のメンバーおよびホイットニー民政局長の間で進められたことは確実のようである」という(40)。

「運営委員会」とは、起草にあたった数名の委員から成る小委員会(たとえば、天皇に関する委員会というように)を統括する委員会である。同委員会は民政局次長のケーディスを中心に、ハッシーとマイロ・E・ラウエルのいずれも弁護士出身の三人の法律家がメンバーに入っていた。

つまり、「前文と戦争放棄の条文の起草」は、「運営委員のメンバーおよびホイットニー民政局長」であったということは、九条の戦争放棄条項はすでにほぼマッカーサーの案文そのものであったからこのメンバーが起草することはさして不可能ではなかったと考えられるが、占領初期で嵐のような改革が進められた多忙極まりない時期に短時間で民政局の幹部ばかりで、先の平和主義の部分だけでも、それは前文の三分の一ぐらいになるが、こんな長文の文案を起草することができたとはとても思えないのである。

しかも、前文の案文は、きわめて哲学的、理念的、思想的かつ宗教的ですらある。およそ、戦争の放棄の九条とは対照的だ。もう一度、先に掲げた部分を再読していただきたい。「人間相互の関係を支配する崇高な理想を深く自覚する」とか、「平和を維持し、専制と隷従、圧迫と偏狭を地上から永遠に除去」するとか、あるいは「全世界の国民が、ひとしく恐怖と欠乏から免れ、平和のうちに生存する権利を有することを確認する」などといった文章を、多忙で同時にいくつかの他の政策に携わっていた軍人や法律家が起草したとは、著者にはとても想像できないのである。

まず、確認しておきたいことは、九条はGHQが起草した段階では「平和」はまったく言及されていなかったこと、それに比べて前文は極めて「平和」を思想的かつ宗教理念――キリスト教思想と言い換えてもいいのだが――に基づいているということである。つまり、民政局の幹部が自ら起草したのではなく、キリスト者、あるいは平和主義者が素案を起草したと考えざるを得ないのである。著者は、日米のフレンズ(クエーカー教徒)の人々がかかわったのではないかと推測している。

というのは、GHQは、すでに前文起草の直前の一九四六年一月一日、つまり天皇が「人間宣言」を読み上げた日、日本の文化をよく知る少数のアメリカ人が天皇の宣言の素案の作成に携わり、天皇自身も含めて日本側案文の起草にあたっていたのである。天皇が神ではないことをマッカーサーや日本政府が国民に直接命令を発するよりも、素案の骨格をアメリカ人に作成させ、天皇の見解を加味して、「皇室の大事」を詔書の形で天皇自身が国民に直接語りかけることの方が説得的であると考えたのである。結果的に天皇の「人間宣言」は諸外国は言うまでもなく、日本国民にも好評であった(41)。

こうした経緯がGHQ案の前文の作成に生かされたと推測しうるのである。前文の起草過程はいまだ解明されていないが、案文作成者を特定することは、著者にとって当面の宿題となっている。

国民主権の登場

さきの国体論争で第一章(天皇)の審議すべてが堂々めぐりで終わったわけではない。「憲法よりメシだ」と言いながらも、腹を空かしていても、いや空かしているからこそであったかも知れないが、多くの国民が政治と向いあっている時代であった。そこに「憲法より金儲けだ」と言うを憚らない今日とのちがいがあった。

国体論議は堂々めぐりで終わったが、きわめて具体的な国民主権規定はそうはいかなかった。Sovereignty of people's will とあったGHQ案を幣原の発案であえて「国民総意の至高」としたことは、そのままではすまなかった。

当時民主主義科学者協会(民科)という組織があった。一九四六年一月、約二〇〇名の社会科学者、自然科学者が集まって「日本人民ノ福祉及ビ世界ノ平和ニ寄与スルタメ」の学問研究を目的として創立された。初代会長は小倉金之助(数学者)[42]。この第二回総会(六月一、二日)において議会上程間近の憲法問題が緊急動議として出され、憲法審議は帝国議会ではなく、「憲法改正のために特に選ばれた議会、又は憲法に関する人民の意見が十分に表現されうる特別の機構によって」行わるべきことが決議されたが、その理由のひとつに「日本文と外国文との間に若干の重要な相違があり、主権の存在についてすら明確を欠く状態である」との指摘がなされていた[43]。この決議文作成者の一人に中村哲(前台北大学教授、政治・憲法学、のち法政大学総長)がいた。中村は英文声明も作成して「国際方面の世論をかん起すること」にした[44]。

この問題は開会後の衆議院でまず問題となった。六月二八日の本会議で野坂参三が最初に取り上げた。議場はかなり紛糾し、野次でしばしば中断された。議事録によると、

野坂　……憲法前文ノ中ニ「国民の総意が至高なものである」、是ハ英文デハドウナツテ居ルカト言ヘバ「ソヴァレーンティ・オヴ・ザ・ピープルス・ウィル」、詰リ人民意思ノ主権、斯ウ云フ風ニナツテ居ル〔発言スル者アリ〕……英文ダケヲ見ルト如何ニモ民主的デアル〔「取消セ」ト呼ビ其ノ他発言スル者多シ〕

議長　静粛ニ願ヒマス――野坂君ニ申シ上ゲマス、英文ニ付キマシテハ御注意ヲ願ヒマス

野坂　……併シ此ノ日本ノ原文ニハサウデナイ非常ニ曖昧模糊ノ点ガ多イ、此ノ点ニ付テ一体総理大臣ハドウ云フ風ニ御考ヘニナルカ〔「ソンナコトハ答弁ノ必要ナシ」ト呼ビ其ノ他発言スル者多シ〕(45)

吉田首相はこれにはほとんどまともに答えなかったし、金森も「日本国ノ憲法ハ日本国ノ文字ヲ以テ書カレ」たものが正文だと答えたにすぎなかった。憲法改正案委員会に入って黒田寿男(社会党)も主権が明確でないと迫ったが(46)、政府の答弁は変わらなかった。というのも政府はこのような質問が出されることを開会前から想定していたのである。

実はこの「至高」を最初に問題にしたのは中村でも野坂でもなかった。枢密院での審査の際(五月三日)、野村吉三郎顧問官(元海軍大将、太平洋戦争開戦時の駐米大使、戦後追放解除後、

自民党参議院議員として再軍備に全力を注ぐ)がすでに問題にしていた。
野村委員　前文中ノ「国民の総意が至高なもの……」ニ対スルドラフトハ「ソヴユレンテイ・オブ・ピープルス・ウイル」トアリ明ラカニ国民ノ主権ヲ宣言シタモノト解セラル、ガ如何
入江法制局長官　主権トハ国法学ニ於テハ強キ力ヲ有スルモノヲ云フガ、本案ニテハ実質的意味ヲ採リ国民ノ意思ガ最高性ヲ有スルモノト解セリ(47)
この入江の答弁を基本として、その直後に、議会開会前に「想定問答増補」を作成していたのである(48)。
ところが問題は議会の中では収まらず、意外な発展を示した。松本重治(前同盟通信編集局長、のちに国際文化会館理事長)が七月七日付『民報』の一面トップでこれを論じたからである。松本は和・英両文を示したあと「主権在民の思想は、英訳に関する限りすこぶる明確である。しかし日本原文の方は、何故か、すくなからず明確を欠き直接、主権所在の問題と関係なきが如き感を与へる余地がある」(49)。『民報』という名の新聞は戦後同盟通信が分割され、共同通信、時事通信へと変わる際、旧同盟通信にいた数人によってつくられた「民報社」発行の日刊紙。松本は社長であった。一九四五年一二月に創刊され、タブロイド半截四ページの小さな新聞であった(50)。宅配はせず、都内駅頭などの店売りのみ。発行部数は二万五〇〇〇〜三万部にすぎない。

とはいえGHQはこの小さな『民報』にかなり注目していた。松本の書いた七月七日付論説もGHQで全文英訳されている[51]。GHQ民政局ではさっそくこの問題をとりあげた。ビッソン、ピーク、コールグローブという、ケーディスのいう左派、中道、右派の三人が連名で「憲法草案の日本文と英文の相違」と題する民政局長宛覚書を七月一一日付で作成した。「……日本語訳は『主権』という言葉を『至高』という言葉に変えてしまっている。しかしこの言葉は法学的な意味においてなんら主権概念を伝えておらず、一般的な表現に用いられるものである」[52]。この文書は、ビッソンの書いた妻宛の手紙(七月一九日付)によると、さっそくケーディス—ホイットニー—マッカーサーへと伝えられたようである[53]。

このようにGHQが素早い行動をとったことはそれなりに重大な理由があった。極東委員会は七月二日「日本の新憲法に対する基本原則」と題する政策決定を行い、米統合参謀本部(JCS)が七月六日付でマッカーサーにこれを伝えていたからである[54]。この決定はつぎのような文章で始まっていた。「日本の憲法は主権が国民《ピープル》にあることを認めるべきである」。さらにこの後に国民主権を保障する立法・行政・司法の三権の規定が細かく定められていた[55]。これを読んだマッカーサーはこの決定が公表されたならば日本政府のみならず自己の面目は丸つぶれになると考え、さっそく八日付でつぎのような返書を送る。

……憲法草案は政府提案で目下国会で審議中であるが、それはここに示された基本原則とあらゆる点で一致しており、国会で最終的に採択される憲法がこれに反する条項をなんら含まないよう万全な注意が払われるであろう。しかしながらこの指令が現在公表されることは、決定的ではないとしても、深刻な誤りを犯すことになると思われる。(56)

ここでもマッカーサーは日本政府に救いの手を差しのべた。野党が勢いづくのを避けて、FEC決定が公表されることを抑え、ケーディスを首相官邸に送り込み、GHQの意向を伝えた。官邸では金森とともに入江法制局長官、佐藤達夫同次長が面会した。ケーディスは金森の国会での国体、天皇の地位に関する答弁の説明を求めた。金森はこれに応じ自分の意見を箇条書にして渡した。その内容は「従来の天皇中心の基本的政治機構は新憲法では根本的に変更されている。従来の天皇中心の根本的政治機構をもってわが国の国体と考える者があるが、これは政体 form of government であって、国体 character of nation-hood ではないと信ずる」(57)と、国会でくり返した答弁とくらべ新しいものはなにもなかった。しかし、七月二三日GHQは同一メンバーでの会合を再度持つよう申し入れた。入江はこの時の模様を手にとるように自著で再現している。

ケーディスは……次のように述べました。「主権の所在につき日本文の表現はきわめて不明確である。前文なり条文なりのどこかに主権が国民にあることを明示されたい。前文に『国民の総意が至高であることを宣言し』といったり……英文の文字をことさらに歪曲したものであるような気がする。それでは主権は国家にあるとも見え、また主権は天皇、内閣、国会、裁判所に分属するとも見え、またそれらの国家機関の共有であるとさえも見える。かかる二通りの意義に解されるような表現は一種の偽瞞である。……主権が国民にあることを明文化してもらいたい。」このケーディスの異常な熱弁に対して金森氏は次のように答えました。

「自分は議会であれでよいとたびたび説明をした。また、あれでよいと信じている。それゆえ、その点を要求されるなら自分がまず職を辞すほかはない。そして後任者が適当に扱うであろうことを期待するほかはない。」

これに対し、ケーディスはきわめて当惑の面持ちであつたが、再び前記の如きことを繰返し、金森氏に考慮を求めてやまないのであります。（中略）

かくて、以上のような、相当緊張した応答の末、金森氏もついに前文の「国民の総意が至高のものであると宣言し」のあたりを修正することについて考慮してみようということになり、話は打切られ……ました。(58)

同席した佐藤もこのことを記録に残しており、細部については異なるが、大枠においては異ならない。(59)その佐藤は後に「至高」という用語を使ったことについて「このソバレン・ウィルは、直訳すれば主権意思ということであろうが、当時の国体擁護の気分からいっても、あまり人民主権を露骨に出すことは望ましくない」(60)と考えたと述べている。

それにしても「至高」という用語を幣原はどこから借用したのであろうか。調べてみると枢密院官制の第八条に「枢密院ハ行政及立法ノ事ニ関シ天皇ノ至高ノ顧問タリト雖モ施政ニ干与スルコトナシ」とある。これによると「最高」というだけであってなんら権限にかかわらない概念である。その意味で「至高」が「主権」に変わることは憲法の総体にかかわる重要な変更であった。

さて政府レベルでやっと「主権」への変更を決めたことは、議会にどう提案されたであろうか。政府は提案をしなかった。提案は自由党が行った。それも特別委員会から秘密の小委員会に移った最初の七月二五日、つまりケーディスとの会談の二日後、かの北昤吉が進歩党との共同提案という形で行っている(61)。進歩党の犬養健が松本重治の書いた『民報』の論説を党の会合で読んだということであるから(62)、そういう影響のためとも思われるが、とにかく天皇制にいつまでも囚われていた保守党が社会党や共産党をだし抜いて提案し修正する結末となった。

このことを新聞で知ったケーディスは「死ぬほど嬉しかった」と政府に電話で伝えてきたという(63)。極東委員会と本国政府のあらゆる説得工作の嵐に立ちむかって、独自の制憲コースを進めてきたマッカーサーにとって、日本政府のこのしたたかな反乱を認めることは自己の地位を揺がすものになりかねないと考えたにちがいない。そのマッカーサーを支えるケーディスにとって、この修正がいかに大きな意味をもったか、喜びの電話の声が聞えてくるようである。

敗れた金森はそれでもしたたかさを失わず、貴族院では「〔衆議院が「至高」を「主権」と修正した〕此ノ意味ハ恐ラク同ジ意味デアリ、文字ガ変ツタダケデアルト思ヒマス」[64]と説明していたが、その一方では敗けたくやしさを隠しきれず、「相当ながく対抗したが、結局、世界の眼を尊重する意味で露骨な表現をとった」[65]といかにも「主権」という用語が悪い表現になったように述べている。それでも辞任もせず、首も切られなかった己を自嘲して、日曜日に出かけた畑で「ヘボ南瓜《かぼちゃ》、今日もまだもがれずに在り」[66]などと詠む余裕を忘れなかった。

ところでこのような重要な「主権」が挿入される間、憲法学者は、中村を除いて、一体なにをしていたのであろうか。憲法学者の中でいち早く「八月革命説」を唱えた宮沢俊義は、この「主権」問題を『東京新聞』紙上での座談会でこう述べている。「この憲法草案で主権の問題をどう決めてゐるかと言へば主権は国民にあるといふ主義を原理としてをることは、極めて明瞭だらうと思ふんです。しかし前文その他の条文の中では主権といふ言葉は用ひてをりません。私の考へでは起草者が意識的に用ひることを避けたんぢやないかと思ふのですが、その点について、さういふ言葉を用ひるのを避けることはいかん、ハッキリ普通の言葉で主権が国民にあるといふことを言へといふ有力な意見もあるのです。私としては、それはまあ言葉の問題で、いまのやうな国民至高の総意といつたやうな少しアイマイな表現でまあいゝと思ふんです[67]」。

宮沢は後年、この頃をふり返ってつぎのように回想している。「国民主権なんて、あの時は改正憲法の大則だということはあまりはっきりさせないようにしておいた方がいいんじゃないか、というような気持でしたね。ちょうど金森(徳次郎)さんが言ったのと同じで[68]」。

したがって当時の宮沢の関心は全く逆の方向にあったとみていいだろう。新聞の報ずるところによれば、宮沢は貴族院で佐々木惣一、南原繁ら「憲法に精通した議員三十数名」とともに憲法草案研究委員会を組織し、一〇項目に及ぶ修正案をまとめているが、その中にはつぎのような一項が含まれていた。「第一条の『象徴』を『元首』とし『この地位は』の下に『天皇を首長とする』を挿入[69]」。つまりこれによると憲法第一条は「天皇は、日本国の元首であり日本国民統合の元首であって、この地位は天皇を首長とする日本国民の至高の総意に基く」となる。もちろんこんな修正案は受け入れられなかった。もし議会が受け入れたとしたら、マッカーサーはケーディスを首相官邸にこっそり送り込むなどという生ぬるいことをやめて、貴族院をそっくり市ヶ谷に移していたにちがいない。

もちろん法学者が主権・国体問題に無関心であったわけではない。国体をめぐって佐々木惣一と和辻哲郎(哲学者)が、主権をめぐって宮沢俊義と尾高朝雄(法哲学者)が論争していたことはよく知られている。しかし現実の変革にこれらの論争がどれほど役に立ったのだろうか。国民主権主義を明確にした新憲法の誕生にはなんの役にも立っていない。役に立たなかったばかりではない。宮沢について言えば、ほんの数カ月前に「八月革命説」を唱え、政府案は「神権主義から国民主権主義」へ転換したことを意味すると述べていたのである。それが具体的権利規定では、「主権」より「至高」を、「象徴」より「元首」を選択したのである。こうなると宮沢の「八月革命説」の内実をともなわない思想の皮相性が、むしろ浮き彫りにならざるをえないのである。

長い道程であったが、これで国民に主権があることが明白となった。「至高」を「主権」にするという小さな修正であったが、そのもつ意味の大きさは計り知れないものがある。ただ第一条の議論がここに集中しすぎたためか、皇位継承や天皇の即位についてはほとんど議論がなされなかった。憲法草案作成の時点でかなり保守的な社会党も、政府案の審議にあたっては一変して進歩的となり、「〔天皇は〕即位に際しては国会の承認を経ることを要する」との修正案を提出していたが、今日でも一考に値すると思われるこのような案は、ほとんど議論されることなく終わった。

参議院をどうするか

第四章の「国会」の議院規定について、議会に上程された政府草案はつぎのようであった。

第三十八条　国会は、衆議院及び参議院の両議院でこれを構成する。

第三十九条　両議院は、全国民を代表する選挙された議員でこれを組織する。

しかし、ここに至るまでは、かなり紆余曲折を経た結果だった。そもそも、GHQ案は、「第四十一条　国会は、選挙された議員による一院で構成され」とあり、一院制であった。しかし、松本烝治はGHQ案が手交された時点から、この一院制案に強く反発していた。

そこで、閣議でも疑問点が出されたこともあり、手交直後の二月二二日に、GHQ案に対する疑問点を問いただすため、松本烝治、吉田茂、白洲次郎の三者が、ホイットニーを訪ねた。その際、松本らはホイットニーらに「二院制は絶対に認められざるや」と質したのに対し、「二院制は米国等と国情を異にする日本にては無用と考うるも強いて希望あれば両院共に民選議員を以て構成せらるる条件下に之を許すも可なり」との答えを引き出したという(70)。

その後、最初の政府案を書いた「三月二日案」では、二院制が初めて登場し、「国会は衆議院及参議院の両院を以て組織す」と改め、翌々日のGHQとの協議に向かう。そこで「両議院は国民に依り選挙せらる国民全体を代表する議員を以て組織す」と「三月二日案」よりさらに大きな修正がおこなわれる。

ところで「国民全体を代表する」の言葉が入った理由について、この言葉そのものを挿入した佐藤達夫は、「私の手記では『理由不明』と書いている」としている(71)。

続いて三月六日の「草案要綱」では、さらに条文が整備され「国会は衆議院及参議院の両院を以て成立す」、「両議院は国民に依り選挙せらる国民全体を代表する議員を以て組織す」となり、上記の政府草案となったのである。

さらに、政府草案が議会に上程される直前に、社会党が「憲法修正案」を発表している。ここで参議院の性格について、こう述べていた。「参議院の構成は職能代表制として、労農組織、文化団体、商工経済団体の代表をもってすることが妥当とおもう。その具体案は目下作成中である」(72)。

これを見た芦田委員長は、秘密会の小委員会で「職能代表と云うことは非常に興味のある制度」と述べる一方、「実際やる場合にどう云う方法でやるか、斯う云う点ですね、是がどうも一寸我々考えてみて、宜しい解決策がない」と社会党の鈴木義男に疑問を投げかける。それに対し鈴木は具体的にこう答えている。

無数ある職能の中、参議院法で選択して、若干の職能を選び出すより外なかろう、我が党で考えて居りまする其の代表的職能団体と云うものは、例えば大学の教授団――文科と理科系に分ける、教職員組合であるとか、商工会議所であるとか、労働組合、農民組合、漁民組合、農業会、農業協同組合、水産会、「ジャーナリスト」の聯合会、文芸家、芸術家、医師、弁護士、技術家、宗教家の団体……斯う云うものに所属して経験あるものが選ばれる、選挙する者は一般の選挙民である、一般の選挙民が選ぶ。

鈴木がこう説明した直後に、進歩党の犬養健が全く違った角度から発言し、議論の方向が大きく変わることになる。

○犬養委員　佐藤〔達夫〕さんに伺うのですが、是は関係方面は職能代表と云ふ観念をどんな風に見て居られますか。

○佐藤(達)政府委員　私共の今日までの接触に於きましては、それは困ると云ふことなのです。

○鈴木(義)委員　それは私共も関係方面と折衝した時に、之を話題に上せて、余り賛成出来ない、と云ふのは、少数代表になる、真の全国民代表と云ふことであるならば、さう云ふ風にしてやれるならば賛成する……

○犬養委員　投票者が全国民ならば宜いのですか。

○鈴木(義)委員　ええ、併し結果に於て二百かそこらで当選するのがあつたのでは好ましくないと言うのです(73)。

「関係方面」とは、当時のいわば「暗号」で、GHQのことである。こうして、「全国民の代表」という考え方に、職能制の選出方法が合致しないということで、それ以外の選出方法が考えられていなかったこともあり、衆参の「両議院は、全国民を代表する選挙された議員」(憲法四三条)ということになった。

ところで、そもそも一院制のGHQ案に強く反対したのは松本烝治国務大臣であった。しかし、社会党の修正案との関係で、鈴木義男は小委員会で職能制を主張していたが、それ以前の本会議では、一院制を主張していた。鈴木は、こう述べている。「一院だけで沢山である、現に第二院と云ふ屋上屋を架するやうな制度を作る必要はないと云ふ議論は有力であります、私の読んだ学者の書物でも、会つて話した学者でも、現在に於ては、一院を以て十分であると断ずる者ばかりでありまして、二院制度を採る者は一人もないと申しても過言ではないのであります」[74]と述べていた。

憲法研究会案をつくった鈴木安蔵自身も、かなり後に書いた書物のなかで、研究会案は二院制としたが、「世界のデモクラシーの大勢も、また理論的一貫性からも、一院制こそが最も適切であろう」[75]と論じていた。

最近の事例でも、一院制が増えている。たとえば北欧五カ国(デンマーク、スウェーデン、フィンランド、ノルウェー、アイスランド)は、二〇〇九年にノルウェーが一院制に移行し、いまやすべて一院制になった。一般に民族問題や連邦制が二院制の争点になるが、日本とともに民族問題を抱えていないポルトガルも韓国も一院制だ。「全国民の代表」でありつつ、法の下の平等を維持するためには、参議院は「一票の重み」に堪えかねる状況にある。

国会議員は「全国民の代表」

佐藤達夫は日本国憲法四三条の「全国民の代表」が、どうして途中から挿入されたかについて、「理由不明」と書いている。書いた本人が「理由不明」と書いているので、これ以上解明することは不可能であるが、「国民国家」において、選挙で代表である議員が有権者からでもなく、選挙区民からでもなく、「全国民」から選ばれることは当然のことだからである。

宮沢俊義は、こう解説している。「国民代表者が何人からも独立であることの結果として、ここで代表されるのは個々の国民ではなくて、全体としての国民だと考えられる。つまり、全体としての国民と国民代表者との関係がここに国民代表と呼ばれるものなのである(76)」。

あるいはまたフランス憲法を専門とする杉原泰雄によれば、「『国民《ナシオン》主権』・国民代表制の構造は、……フランスの一七九一年憲法の諸規定――とくに、『主権は、単一、不可分、不可譲で、時効にかかることがない。主権は、国民《ナシオン》に属する。人民《プープル》のいかなる部分も、またいかなる個人も主権の行使を簒奪することができない』(第三篇前文第一条)、『県において任命される代表は、各県の代表ではなく、全国民《ナシオン》(nation entiére)の代表である。県は、代表にいかなる委任をも与えることができない』(第三篇第一章第三節第七条)――によって、明らかにされていた(77)」。

こうした考え方は、必ずしも多くの国民に知られていないことではあるが、この数年、国民が関心を持たざるを得なくなった「定数是正」の訴訟においても、最高裁判決が、その時々の選挙定数の一定の数を超えた場合に、「軽かった選挙区」の選挙区民のみを対象として選挙をやり直すことはできないと述べているごとくである。「国会議員は、全国民を代表するものであって特定選挙区の住民の利益代表ではないのである」[78]と判示している。

こう考えてみると、日本国憲法が誕生した時点で、沖縄は完全に本土から分離され、「全体として国民」である憲法の下で、「沖縄県民は当然日本国民である」と公言していた政府の下で、憲法施行から沖縄返還直前まで沖縄県民を除いて選挙がどうしてできたのであろうか。そのとき、政治家や憲法学者はなにを考えていたのであろうか。

「日本国民」と「外国人」

ところで「国民主権」をはじめとしてこの憲法で用いられる「国民」とは一体なんであろうか。現行憲法をみれば第一〇条にこう書かれている。「日本国民たる要件は、法律でこれを定める」。しかしこの条項はGHQ案にも、政府草案にもなかったのである。だが明治憲法にはあった。「日本臣民タルノ要件ハ法律ノ定ムル所ニ依ル」(一八条)。明治憲法と日本国憲法とのちがいは「臣民」が「国民」になったにすぎない。

ではなぜこの一〇条が挿入されることになったのか。政府が衆議院への上程を前に作成した「想定問答集」をみても一〇条のような規定の挿入に政府は否定的であった。「国民といふ範疇は、本来法の規定を俟たずに、条理的・慣習的に定まるものであつて、現行

(明治)憲法の下においてすら、国籍法ではすべての場合をカヴアーして居らず、又条約によつて定まる場合もある。要するに国民といふ事実上の存在を、法律で規定することは、無理でもあり不適当でもある」。(79)

一〇条の挿入提案は小委員会が開かれ、各党が政府案に対する修正案を提案した際に自由党、進歩党、協同民主党の三保守政党から同時に出される。社会党など他の諸政党も修正案を提出したが、一〇条の挿入はふくまれていない。ところが審議に入った第四回小委員会(七月二九日)で三保守政党の一〇条の挿入案が提案された際、社会党の鈴木義男は「我ガ党ノ提案ニモソレガ入ツテ居リマス、是ハ殆ド各党ノ提案ニ入ツテ居リマス」と述べ、なんの議論もないままに小委員会での挿入が決められてしまう。(80)たしかに議員から見れば、それほど重要な条文とは思えなかったにちがいない。

しかしそこには重大な法技術が隠されていた。「日本国民たる要件は、法律でこれを定める」と定めた際の「法律」とはなにか。これは数年後に制定をみる「国籍法」(一九五〇年、法一四七)を意味する。つまり、これによって「日本国民」とは「日本国籍所有者」を意味することになった。ということは日本国憲法に無数に出てくる「日本国民」「国民」はその意に解されることになる。たとえば一一条の「国民は、すべての基本的人権の享有を妨げられない」との規定は、日本国籍を有しない外国人は基本的人権の享有を妨げられるとも読み替え可能となる。そんなおかしなことはあるまいと一般的には思われるかも知れないが、国民年金法が被保険者資格を「日本国内に住所を有する二十歳以上六十歳未満の日本国民」(同法旧第七条)と定めていたため、日本に一九一〇年以降在住し、一一年にわたって保険料を納付したにもかかわらず、「日本国民」でなかった在日韓国人が年金の給付を受けられなかった例があった[81]。その後一九八二年に法改正があり、「国籍」条項は「二五年以上の加入」と支給要件が変更された。

もちろんこんな反人権的規定をGHQが認めるはずがない。そもそもさきに触れたように政府案作成に際し、日本政府は Japanese people と日本国民は全く同義語だと、GHQの疑問にもかかわらず、主張してきたのであり、それで渋々、GHQも「日本国民」を認めたのであった。ところがGHQはこの一〇条の挿入をあっさり認めてしまったのである。というのも政府はこの一〇条につぎのような英訳文を付したからである。The Conditions necessary for being a Japanese national shall be determined by law.「日本国民」を、この条文だけは Japanese people とせず、Japanese national(日本国籍所有者)という英訳にしたのである。Japanese people と Japanese national が日本語では全く同一の言葉になっているとは、GHQは全く知る由もなかったにちがいない[82]。

これほどまでも深い読みをして、保守三党はさきの修正案を提案したのだろうか。どう考えてもこれは議員の発想とは思えない。推測する以外に、資料の手掛りはないのであるが、それはやはり法制局官僚の発想ではあるまいか。これは外国人の人権を巧みに削除したこととワンセットになっているように思える。しかし、「想定問答集」からも知ることができるように政府案で必要なしといっていたものを、自ら、つまり提案者が修正するわけにはゆかないので、保守三党から修正案を提出するようにしたのではあるまいか。たしかに今日では、学説上も「法の下の平等(一四条)や社会権(二五条)なども、可能なかぎり外国人にも享受できるようにするのが、憲法の人間尊重の原理からすれば、むしろ当然とみるべきであろう。条規の文言だけから、固定した結論を引き出すことは、余りにも形式主義的であって、条理にも合わない(83)」と解されている。しかし、憲法制定の過程において、外国人、とくにその当時九割近くを占めた在日朝鮮人の人権保障を除外する意図が立法者の側にあったことは否定できないだろう。

こうした経緯からであろうか。「外国人」の規定は「国民」の規定と較べて整合性に欠けている。「日本国民」は、国籍所有を意味し、「日本人」は、民族を現す。しかし、「外国人」という法律用語には「外国籍」という国籍とともに「外国人」という民族をも意味することになっている。

再び消えた女性の権利

ところでGHQ案の人権条項は米国憲法の流れを汲んだものであり、政府案も基本的にはこれを下敷にしたために、明治憲法よりもはるかに手厚い人権の保障が規定されることになったが、社会権については、第一次大戦後に制定されたワイマール憲法(一九一九年)やソ連憲法(一九三六年)と較べて、かなり見劣りする内容となっていた。

議会を通じて社会権の充実、なかでも生存権、労働権、女性の権利について、強く主張したのは社会党であった。その中心に加藤シヅエがいた。加藤は戦前から産児制限運動をすすめ、その後「無産運動家」加藤勘十と結婚、働く婦人に関心を持って夫とともに「無産運動」に入り、婦人参政権を認めた戦後最初の総選挙で衆議院議員となる。

このような経歴を持つ加藤から政府案をみれば、政府案の社会権規定はきわめて抽象的・一般的な規定にみえた。衆議院憲法改正案委員会が開かれると、加藤はその中でも長く関心を抱いてきた母性の保護と働く婦人の権利についてつぎのように質問した。

……女性ニ於キマシテハ、妊娠ト出産及ビ育児ト云フ特殊ニシテ重大ナ使命ヲ持ツテ居ルモノデゴザイマスカラ、法律的ニ平等ガ認メラレテ居ルト同時ニ母性ノ保護ト云フ此ノ思想ガ条文ノ中ニハツキリト認メラレテ居ラナケレバナラナイト私ハ考ヘマス、此ノコトヲ具体的ニ申シマスナラバ、第二十五条ニゴザイマス所ノ勤労ノ権利ニ関スル規定ノ中ニモドウシテモ女性ノ此ノ特殊性ヲ認メマシテ、妊娠、出産及ビ育児ノ諸問題ノ特別ノ保護ニ関スル条文ガ明記サレナケレバナラナイト存ジテ居リマス。(84)

実に具体的な権利主張であった。かりに婦人問題に理解のある男性議員がいたとしても、このような質問ができたであろうか。婦人参政権はみごとに生かされたといえよう。このあと加藤は「寡婦の生活権」についても質している。当時「寡婦」といえば、その多くは「戦争未亡人」を意味したのであるが、加藤は決して一時的なものとは考えず、それ以外の死別、さらには、「家」制度廃止後における「離別した婦人の生活権」の問題をふくめて考えていた。加藤は最後に政府案の男女平等規定が形式にすぎないところを衝いて「単ニ此ノ憲法ノ条文ノ上ニハ機械的ニ男女ガ平等デアルト云フ風ニ、書カレテ居リマスノデハ、本当ノ意味ニ於テ、実際ノ生活ニ於テ平等デアリ得ナイノデゴザイマス」(85)と主張した。

その後、小委員会が開かれると、社会党は政府案全般にたいする修正案を提案するが、生存権と労働権にかぎって紹介するとつぎのごとくである。

政府案二十三条　法律は、すべての生活部面について、社会の福祉、生活の保障、及び公衆衛生の向上及び増進のために立案されなければならない。

修正案　政府案二十三条第一項に「すべて国民は健康にして最小限度の文化的水準の生活を営む権利を有する」を挿入。

政府案二十五条　すべて国民は、勤労の権利を有する。

賃金、就業時間その他の勤労条件に関する基準は、法律でこれを定める。

児童はこれを酷使してはならない。

修正案　政府案二十五条を

「すべて健全なる国民は労働の義務と労働の権利を有する。

正当なる労働に対しては正当なる報酬を受ける権利を有する。

国は就業に於ける機会均等と失業防止の為め特に努力する。

賃銀・就業時間その他の労働条件に関する基準は、法律でこれを定める。児童はこれを酷使してはならない」と修正する。

政府案二十六条　勤労者の団結する権利及び団体交渉その他の団体行動をする権利は、これを保障する。

修正案　政府案二十六条の次に一条を設け「国民は休息の権利を有する。国は最高八時間労働、有給休暇制、療養所、社交教養時間の設定等に努力する」を規定する。

更にその次に一条を追加し「国民は老年、疾病、労働不能に陥った場合、生活の安全を保障される権利を有する。

右権利は社会保険の広汎なる発達、無料施設の給与、療養地の提供等により之を保障する。

戦災その他による寡婦の生活は特に保護される」を規定する。(86)


加藤が主張した働く母性の保護条項はどこにもみられないが、寡婦の生活権は盛り込まれた。加えて生活権の保障、休息権、八時間労働制などかなり具体的な社会権規定が定められた。これはワイマール憲法、ソ連憲法の影響を受け、すでに述べた憲法研究会案、高野岩三郎案、社会党案、共産党案などにも散見できるものであった。

生存権の追加修正

さて小委員会でこの修正案はどう扱われたであろうか。この部分の審議が行われたのは第七回小委員会である。社会党からは鈴木義男と森戸辰男が委員を務め、加藤は委員ではなかった。最初に政府案二三条へ第一項を挿入する修正案が審議された。

この条項を挿入することになった経緯を鈴木義男は、後にこう回想している。

（第二十三条一項は）これが原案になかったのでありますが、これは社会党の森戸辰男さんと私とで相談をいたしまして、ぜひこれを入れてもらいたい。これはドイツ憲法では、人間に値する生活、メンシェンヴュルディゲス・ダアザインという憲法の規定があって、実にわれわれをして感奮興起せしめたものでありますが、日本でも一つ、ああいう規定がなくちゃおもしろくないというので、人間に値する生存を保障するというような言葉にしたいと思って、それじゃあまり直訳外国語を聞いているような気がしますから、そこで考えた結果、「すべて国民は、健康で文化的な最低限度の生活を営む権利を有する。」こういう言葉に直したわけでありまするが、とにかくこれはわれわれが希望して入れていただいたわけであります。(87)

鈴木はすっかり安心したのか、それとも事前にシナリオができていたのか「サウスレバ（政府案二十三条一項の修正があれば）後《あと》ノ方ノ休息権モ、老年、其ノ他疾病トカ云フコトモ皆省イテ宜イコトニナル」[88]と、一大妥協に出てしまう。あとは「最小限度の文化的水準の生活」をめぐって、用語上の審議がつづき、結局「最低限度の文化的水準の生活」に落ちつき、それ以外の修正はすべて水に流してしまう。

思いおこせばGHQ案作成の場合も、これと全く同様であった。GHQ案の人権条項を起草した人権に関する委員会案には、「母性の保護」など社会権がきわめて具体的に規定されていた。これをつくるにあたり、そこには若い女性のベアテ・シロタがいた。ところが最終案作成の段階にいたり「憲法の関与するべきものではない」との理由で削除されたのであった。アメリカ人であれ日本人であれ、四、五〇代の働き盛りの男たちにとって、母性や幼児、高齢者の権利や休息権などといった人権は共通して遠い存在であったのである。

たしかにこの社会党修正案は尻つぼみになってしまったが、政府案二三条一項はのちに憲法二五条一項となり、これだけでも生活保護をめぐる訴訟にみられるごとく国民生活に大きな意義を持つことになる。[89]しかし働く婦人の権利、休息権、寡婦の権利、労働権などが修正案のように具体的に規定されていたならば、「結婚したら退職を」などという野蛮な思想はこれほどまでにはびこらず、また「福祉が人を殺す」こともなかったにちがいない[90](もちろんこれほどまでに「経済大国」になることもなく、またその一方少子化になることもなかったろうが)。

延長された義務教育

さてつぎにもうひとつの重要な社会権である教育権（憲法二六条）も議会の審議を通じてGHQ案、政府案よりもその規定内容が一層豊かになった。しかも憲法条文の修正・追加のほとんどすべてが少数の議員と官僚の頭の中からひねり出されたと言っても過言ではないが、この教育権規定は生活者としての国民の声が直接反映されて政府草案が修正された唯一の例である。議会に提出された政府案で国民の教育権規定はつぎのように定められていた（政府案二四条）。

すべて国民は、法律の定めるところにより、その能力に応じて、ひとしく教育を受ける権利を有する。

すべて国民は、その保護する児童に初等教育を受けさせる義務を負ふ。初等教育は、これを無償とする。

この条文は政府の「草案要綱」が三月六日に発表になった時点から実質的にほとんど変わっていない。右の政府案で傍点を付した第二項は草案要綱ではつぎのようになっていた。

国民ハ凡テ其ノ保護ニ係ル児童ヲシテ初等教育ヲ受ケシムルノ義務ヲ負フモノトシ其ノ教育ハ無償タルコト

この草案要綱を新聞で知って、これではまずいと修正運動にたち上った人々がいた。青年学校の教員たちである。青年学校とは一九三五(昭和一〇)年、実業補習学校と青年訓練所とを併合して勤労青年の教育機関としてつくられた。尋常小学校卒業後、中等学校へ行けなかった多数の青少年がその対象で、教練をはじめファシズム教育が最もはげしく行われた。教室などの施設も中等学校と較べてきわめて貧しかったが、一九三九年からは男子のみ義務制となった。中等学校と較べ差別されつづけてきた青年学校の教師や生徒が、平和を回復した戦後を迎えて無償の義務教育とともに中等学校との平等な教育(教育の機会均等)を望んでいたことはいうまでもない。こうした教師たちにとってさきの草案要綱は戦時下でつづけてきた教育の機会均等運動を無に帰するものでしかなかった。「児童ヲシテ初等教育ヲ受ケシムルノ義務」ということは、小学生(児童)に小学校教育(初等教育)を施すことを義務教育とすることに他ならない。この草案要綱はGHQ案を下敷にしたものであったが、それは官僚が巧みに義務教育年限を戦前と同様の小学校のみに限定するものであった。GHQ案は、Free, Universal and compulsory education shall be established. とあり、当時の外務省訳に従えば「無償、普遍的且強制的ナル教育ヲ設立スヘシ」となり、義務(強制)の年限を特定していなかった。

この草案要綱が発表された直後、東京・神田の日本教育会館で「全国青年教育振興大会」が開かれていた。この大会に参加した青年学校の教師たちは、この政府の草案要綱に反発し、さっそくその場でつぎのような修正案を決議し、「猛運動を開始する」ことになる。

スベテ国民ハ其ノ保護スル青少年ニ法律ノ定ムル年齢マデ教育ヲ受ケサセル義務ヲ負フ[91]

この運動については赤塚康雄『新制中学校成立史研究』に詳しいが、これはたしかに少数の、しかも社会的発言力がそれほどあるとは考えられない人々の「猛運動」であった。彼らは各地に陳情団を組織し、陳情書を携えて上京し、まず文部省を訪ねる。しかし文部省は「政党ソノ他関係ノ方面ニ運動シテ貰ヒタイ」[92]などと、いつもながらまともな回答はしなかったようだ。彼らの行先は自然とＧＨＱへ向かう。ＧＨＱでの担当は民間情報教育局(ＣＩＥ)教育課であった。ＣＩＥは、文部省(虎ノ門)の目と鼻の先のＮＨＫ放送会館(内幸町)の四階にあった[93]。一九四六年三月から、この陳情はくり返されていたが、衆議院で政府草案の審議がすでに始まっていた七月、鵜飼金八ら愛知県青年学校長会の代表が、市町村長、青年学校長、生徒の父母ら数百名が署名した政府案二四条修正請願書[94]を持って教育課を訪問した。対応に出たのはオズボーン少佐(Maj. M. L. Osborne)。オズボーンはミズーリ州の高校で社会科の教師をした経験をもち、教育課に中等教育担当官として配属されたばかりだった[95]。オズボーンはこの請願を正面から受けとめた。彼は社会科の創設にも熱心だったが[96]、その二週間後に黒田毅愛知県青年学校協会会長らの請願を受けた際、「適当な段階で決定をみたあと、憲法草案が最終的に採択される以前に憲法二四条の書き換えが行われるべきである[97]」との勧告をオアー(M. T. Orr)教育課長にたいして行い、オアー課長もこのオズボーンの勧告を承認する。

こうしてCIEが「初等教育の義務化」に修正を加える必要を感じていた頃、衆議院では憲法改正特別委員会で新光倶楽部の大島多蔵議員が、青年学校の教師たちの修正要求をとり上げ、「〔憲法二四条を〕児童トシナイデ、現在義務教育ノ範囲ニ入ツテ居ル所ノ青年ヲ含メテ戴ケナカツタダラウカ、此ノ事ガ我々教育者関係ノ者ガ非常ニ不満ニ感ジテ居ル所デアリマス、其ノ所ヲ何トカシテ訂正ヲシテ貰ヒタイト云フ要求ガ、毎日ノヤウニ数通電報デ来テ見マシタリ、手紙デ参リマシタリスルヤウナ次第デアリマス[98]」と、実情を訴えた。

大島多蔵は元佐賀県立鹿島中学校の教員で、戦後第一回の総選挙(一九四六年四月一〇日)で佐賀県青年学校関係者らの支援を受けて新光倶楽部という教育関係議員の政党から立候補して当選した。新光倶楽部はこの年の七月、無所属倶楽部の一部議員と新政会を結成する[99]。

憲法改正特別委員会の小委員会がつくられると大島はその委員となり修正案を提出するが、芦田委員長はあまり重要とは考えず「表現の訂正」としか考えていなかった。芦田にとって社会党の修正案の方がはるかに重大だった。社会党は二四条のあとに二項目の追加修正を提案していた。七月三〇日の第五回小委員会である。「才能あつて資力なき青年の高等教育は国費を以てする」「教育の根本方針はこの憲法の精神による」(100)。たしかにこの二つの条項は今日からみても重要であったが、ともに他党の合意を得られず、追加修正はされなかった。後者は教育基本法の前文に入れられているが、前者は一九七八年にいたって「国際人権規約」(A規約)に署名した際、日本は「高等教育における無償教育の漸進的導入」を留保し続け(101)、二〇一二年にいたって留保を撤廃した。

この日のこの議論はだいぶ長時間に及び、芦田委員長は社会党修正案がほぼ通らない見通しが出ると安心したのか、つぎの二五条に移ろうとした。「二四条ノ方ハマダ……(102)」と大島が発言してやっと大島の修正案が取り上げられたほどであった。大島の修正案は「すべて国民はその保護する青少年に法律の定める年齢まで教育を受けさせる義務を負ふ。義務教育はこれを無償とする」というものであった。委員の中に反対するものはなかった。みな議員たちは「言葉の問題」と考えていたようである。裏にいる官僚たちはつねにこの「言葉の問題」で重大な国民の権利を抑え込むのであるが、議員たちは鷹揚なものである。政府案に言う「児童」ではまずいのか、「子弟」「少年」ではどうか、修正案にいう「青少年」は適当か、そんな議論が続くなかで芦田はこんな言葉遊びをしている。

「カフェー通いをしている少年を児童と呼ぶのはまずいでしょう(笑いが起きる)。青年会には三十歳前後の者もいます。『子弟』の場合は、赤子を背負った人妻には当てはまりませんが、『青年』の場合は、三十歳や四十歳の人も『青年団』に入ることはできます。この言葉は広い意味をもっていて、老人以外は皆『青年』と呼ばれるほどです」[103]。笑いの渦がおさまった頃、大島が「子女」を提案し、どうやら修正案はまとまる。最終的には政府案二四条は二六条となり、小委員会案はつぎのようになり、その後修正はされず日本国憲法第二六条二項となる。

すべて国民は、法律の定めるところにより、その保護する子女に普通教育を受けさせる義務を負ふ。義務教育は、これを無償とする。

小さな修正であった。しかし、この修正によって義務教育が中学校まで延長されたことを考えるとき、この修正はきわめて大きな意味をもったといえる。それにしても、青年学校の教員より、はるかに社会的に強い発言力を持っていたであろう中等学校の教員が、政府案になんの反応も示さず、その一方で青年学校の教員が政府案が発表されて直ちに敏感に反応し「猛運動」をはじめたことは、権利とはそれを否定され、あるいは差別をされ続けてきたものが、はじめに発見するものであることを、あまりにもあざやかに証明しているといえないだろうか。

かくして議会での審議を通じて政府案は一層「日本化」されることになった。しかしこの「日本化」とはGHQ案を政府案へと日本化したほど単純なものではなかった。政府案作成までの過程は日本化というより「日本官僚化」に近いが、議会による修正はさらに複雑であった。国体解釈や「国民」規定はたしかにさらに一層の「日本官僚化」もしくは

「明治憲法化」といえようが、「国民主権」は米国の法思想の導入という意味での日本化であり、社会権にいたってはワイマール憲法などを受け継ぐものではあれ、ＧＨＱ案にないものの導入という意味での日本化であった。

XIV 「芦田修正」の残映

芦田修正

議会における政府案修正の中で、戦後最大の関心事となったものは、いうまでもなく第九条「戦争の放棄」の修正である。

戦争放棄条項は政府草案が発表された時点から注目の的であった。しかし枢密院、議会を通じてさほど多くの議論はなされていない。なによりも多い質問は自衛権であり、ついで治安問題であったといえよう。枢密院ではさきの野村吉三郎が「本案の中、本官の特に関心を有するものは、第二章戦争の放棄の第九条である」と述べ、「政策の具としての戦争放棄は、我が国が平和国家として立つ以上、当然のことと信ぜられる」と、五年後に再軍備を唱える旧軍人とは思えない発言をしつつも、「駐屯軍の撤収後において、我が国独力をもつて、治安維持し得るやうに只今から万全の準備をして置かなければならぬ」と「コースト・ガードの如きもの」による治安維持の必要を訴えた(1)。これに対して三笠宮崇仁は「日本国民から、武力を放逐することが、却つてその正義感の発達に役立つであらう」と憲法九条を高く評価し、治安維持についても「単に軍隊、警察の力のみに頼つては、その目的を達し得ない(2)」と否定的であった。こうした枢密院での審議を反映してか、政府が衆議院の開会を前に準備した「想定問答集」はつぎのようなものであった。

問　自衛権は、認められるか。

答　戦争抛棄に関する規定は、直接には自衛権を否認してゐないが、一切の軍備と国の交戦権を認めてゐないので、結果に於て自衛権の発動として、本格的な戦争は出来ないこととなる(3)。

ところが衆議院本会議における野坂参三の質問に対する吉田首相の答弁で政府は一歩踏み込むことになる。野坂は戦争を侵略戦争と「防衛的ナ戦争」とにわけ「此ノ憲法草案ニ戦争一般抛棄ト云フ形デナシニ、我々ハ之ヲ侵略戦争ノ抛棄、斯ウスルノガモット的確デハナイカ(4)」と迫った。これに対し吉田は共産党の質問にいささか興奮したのであろうか、つぎのように答えた。「私ハ斯クノ如キコト(国家正当防衛権に依る戦争)ヲ認ムルコトガ有害デアルト思フノデアリマス(拍手)近年ノ戦争ハ多クハ国家防衛権ノ名ニ於テ行ハレタルコトハ顕著ナル事実デアリマス、故ニ正当防衛権ヲ認ムルコトガ偶々戦争ヲ誘発スル所以デアルト思フノデアリマス(5)」。

今日から見れば、まるで攻守所を変えたような内容の皮肉な質問と答弁になっているが、この吉田の答弁は制憲時の政府の九条解釈の典型となり、「戦力」解釈を経て自衛隊創立時（一九五四年）に政府が自衛隊合憲の解釈を打ち出すまでの、政府解釈としてよく知られることとなった[6]。本会議はこの野坂の質問と政府の答弁をもって終わり、特別委員会から小委員会へと移る。ここでよく知られる「芦田修正」がされるのであるが、その前に政府提出の改正案と、それを修正した小委員会案（芦田修正を含む）とを掲げておこう。

（政府案）

国の主権の発動たる戦争と、武力による威嚇又は武力の行使は、他国との間の紛争の解決の手段としては、永久にこれを抛棄する。

陸海空軍その他の戦力の保持は許されない。国の交戦権は、認められない。

（委員会案）

日本国民は、正義と秩序を基調とする国際平和を誠実に希求し、国権の発動たる戦争と、武力による威嚇又は武力の行使は、国際紛争を解決する手段としては、永久にこれを放棄する。

前項の目的を達するため、陸海空軍その他の戦力は、これを保持しない。国の交戦権はこれを認めない。

（両案の傍線部分を変更）

議事録をみるかぎり、ここでもそれほどの大論議があったわけではない。まず委員会で「日本国民は、正義と秩序を基調とする国際平和を誠実に希求し」という部分が挿入されたが、その理由は、犬養健（進歩党）のつぎのような発言によっている。「九条前文ガ、事態斯クノ如クナツテハ(つまり「敗戦」のこと)万已ムヲ得ナイト云フヤウナ、読ンダ後味ガアルノデ、積極的ニ何カ入レタイト云フノガ抑々ノ私ノ発言ナンデス(7)」。

しかしなんといってもこれらの修正のうちで後日最大の関心を呼ぶのは芦田の提案になる「前項の目的を達するため」の部分であろう(いわゆる「芦田修正」)。というのは、この修正について朝鮮戦争勃発後の一九五一年一月、芦田自身がこう書いたからである。

……憲法第九条の二項には「前項の目的を達するため、陸海空軍その他の戦力はこれを保持しない」とある。前項の目的とは何をいうか。この場合には、国策遂行の具としての戦争、または国際紛争解決の手段としての戦争を行うことの目的を指すものである。自衛のための武力行使を禁じたものとは解釈することは出来ない。

……第九条の第二項の冒頭に「前項の目的を達するため」という文字を挿入したのは、私の提案した修正であって、これは両院でもそのまま採用された。従って戦力を保持しないというのは絶対にではなく、侵略戦争の場合に限る趣旨である。「国の交戦権はこれを認めない」と憲法第九条末尾に規定してあることは、自衛のための抗争を否認するのではない。現に国連軍は朝鮮において抗争しているが、これは警察行動であって、交戦権による戦争とは呼ばれていない。これは、疑いもなく、自衛もしくは侵略防止の抗争と交戦権とは不可分のものではないとの生きた実例である。われわれは、この種の行動を認められることによって国を侵略から護りうるのである。

私の主張は憲法草案の審議以来一貫して変っていない。新憲法はどこまでも平和世界の建設を目的とするものであるから、われわれが平和維持のために自衛力をもつことは、天賦の権利として認められているのである。(8)

この「芦田修正」の意図したものが、芦田が言うように「審議以来一貫して変っていない」かどうかは後で検討することにして、芦田がきわめて早い時期から修正の意図とその解釈に関して一貫していたことは事実である。芦田ははやくも憲法公布のその日(一九四六年一一月三日)にあわせて刊行した著書『新憲法解釈』(ダイヤモンド社)でつぎのように書いている。

「第九条の規定が戦争と武力行使と武力による威嚇を放棄したことは、国際紛争の解決手段たる場合であつて、これを実際の場合に適用すれば、侵略戦争といふことになる。従つて自衛のための戦争と武力行使はこの条項によつて放棄されたのではない(9)」。また芦田は憲法公布の当日、NHK第一放送で座談会をやっているがここでも「自衛権の問題は、この条文に於いて決して、戦争放棄の中には入つてゐない(10)」と述べている。

二大秘録の怪

ここまでの段階では、芦田はこのような修正の意図が憲法制定審議当時の記録に残されているとは言っていなかった。ところがその後しばらくして自由党が憲法改正に乗り出し、自由民主党になってそれが本格化し始めると、芦田の論調も、解釈を含めて変化を見せはじめる。自民党の憲法改正の主要目的が、できたばかりの自衛隊の合憲化にあったことはいうまでもない。憲法改正を目的として内閣に憲法調査会を設置する憲法調査会法が衆議院で可決された翌日の一九五六年三月三〇日、『東京新聞』は一面トップに芦田の寄稿文「憲法はこうして生れた――秘められた歴史的事実[11]」を掲載した。

たしかに元首相まで務めた人物の寄稿ともなれば特別な扱いをすることもわからぬではないが、寄稿文の前に社側のかなり長い紹介文(リード)が付けられた。当時にあって『東京新聞』としてはこの芦田修正の意図に史実としての重みを持たせようとしたのであろうが、それが今日からみるとナゾ解きの絶好のカギとなるのだから歴史とは皮肉なものである。全文を引用しておこう。

憲法制定にもっとも関係深かった幣原喜重郎、松本烝治両氏はすでに亡く、当時の閣僚だった人々も明確な記録を持たず、国会秘密会(憲法改正案小委員会)の記録も未だ公開になっていない。ただ一人当時の厚生大臣だった芦田均氏(現自由民主党顧問、外交調査会長)があのころの閣議の内容を正確に日記にとどめている。この日記はもとより個人的なもので、芦田氏はこれを公開する意図はないが、いまなお国会に封印保存されている秘密会の記録とともに、日本国憲法制定のイキサツを実証するに足る二大秘録といわなくてはならぬ。このたび本社の請を容れ、芦田氏は日記あるいはメモとして公開する代りに綿密なその日記に基く史実を発表した。

こう紹介された寄稿文の中で芦田はつぎのように書いている。「〔九条〕第二項については、武力および戦力の保持に制限を加えて、第九条の侵略戦争を行うための武力はこれを保持しない。しかし、自衛権の行使は別であると解釈する余地を残したいとの念慮から出たものであった。私は七月二十七日に第九条の修正案を小委員会に提出した。これは秘密会であったから速記録は公刊されていない。しかし国会に密封して保管してある速記録には全部記録されているはずである」。

芦田はほぼ同様の証言を翌年末に憲法調査会でも行った(12)。こうなってくると「前項の目的を達するため」を挿入した芦田修正によって、自衛権の行使は放棄していないとする芦田の解釈は、秘密会(小委員会)議事録と日記に裏付けられた立法事実から疑う余地のないもののように思えてくる。しかも芦田死後の一九七九年三月、『東京新聞』はその「芦田日記」の一部を公表した。三月一二日付朝刊一面で「『芦田日記』を初公開」と大きな活字が踊った。さきの『東京新聞』の寄稿文で芦田が「七月二十七日に第九条の修正案を小委員会に提出した」と書いた日の日記には期待どおりこう書かれていた。

〔一九四六年〕七月二十七日(土)晴

憲法改正特別委員会小委員会における逐条審議で、私は第九条の修正案を提出した。第九条一項の冒頭に「日本国民は、正義と秩序を基調とする国際平和を誠実に希求とである。

第一項の修正は、原文の字句が唐突なので戦争放棄を決意する日本国民の気持を表現するために、追加したものである。

第二項は、武力および戦力の保持に制限を加え、第九条の侵略戦争を行うための武力は、これを保持しない。しかし、自衛権の行使は別であると解釈する余地を残したい、との配慮からでたものである。小委員会で、この修正の真意についてとくに言及しなかった。字句修正にとどめた。(13)

この日記の公表は、芦田修正は第九条で自衛のための戦力保持を禁止しないためのものであった、とする再軍備論を理由づけるものとして広く知られることになった。

ところがである。本物の『芦田均日記』(岩波書店、一九八六年)が刊行されてみると、こんな記述はどこにも書かれていない。(14) その後の東京新聞社の内部調査に基づく報道によるとなんと記者の「作文」だったというのである。『東京新聞』は「おわび」の記事を掲げて「作文」部分を削除した。(15)

さて『東京新聞』が銘打った「二大秘録」の一方が「作文」であったわけだが、もう一方の小委員会(秘密会)議事録の方では「芦田修正」はどう書かれていたのであろうか。

ところがGHQ側には英訳された議事録が残されていた。その翻訳版が一九八三年に公刊された(森清監訳『憲法改正小委員会秘密議事録――米国公文書公開資料』第一法規出版)。ところが、ここでも当日(七月二九日。『東京新聞』で芦田が二七日と書いたのは記憶ちがい。従ってそれを信じてその日に合わせて『東京新聞』が「日記」を「作文」したのも誤り)の記録の中で「芦田修正」にあたり「自衛権の行使は放棄していない」などと発言している部分はどこにもない(16)。

ナゾはますます深くなるばかりである。というのは、『特別委員小委員会議事録』は「秘密」といわれるが、そのような扱いとなったのは『東京新聞』が芦田寄稿文にわざわざ紹介文を書き、その中で「封印保存されている秘密会の記録」と書いた二カ月後のことだからである。一九五六年五月一〇日、衆議院議員運営委員会は、小委員会速記録の閲覧を「国会議員に限り、議長においてこれを許可」し、「閲覧者は、速記録の複写、公表又は頒布してはならない」という事実上の秘密扱いにした(17)。しかしそれまでは「秘密」ではなく、一九五〇年ごろはだれでも見られたという(18)。ということは、憲法調査会がつくられ、憲法九条を中心として制定当時のことに関心が高まる中で、いままで公開してきたものを、わざわざ秘密扱いにしたのである。

その後、憲法調査会の高柳賢三会長が益谷秀次衆議院議長にたいして公開を申し入れた(一九五七年一〇月)が議長は憲法五七条(秘密会規定)を理由に公開を拒否した。これにたいし金森徳次郎(当時国会図書館長)と佐藤達夫(当時国会図書館専門調査員)は、秘密の理由はもはやなくなった、公開した方が利益があるなどの理由を挙げて議長の方針に反対した[19]。とくに金森は数日後、『朝日新聞』に「秘密会の速記は見せるがよい」との一文を寄稿したが、その中で金森は「ある議員が当時からかくかくの見解をもっていて発言したのだと言うルーマーまで飛ぶ」と書いた[20]。

この「ある議員」とは芦田以外の何者でもないであろう。芦田の発言で歴史が書きかえられることにたいし、真相を知る金森としてはやりきれない思いだったにちがいない。それでも議事録は公開されなかった。こうして芦田証言を中心に、芦田修正の意図は、再軍備、政府の解釈改憲に都合のいいように、事実から離れて、長くそのベールをはがされることなく神話となって、政治の渦の中を一人歩きしてきたのである。

そのなかで金森は芦田の「ルーマー」発言は許せなかったようだ。エコノミストとして知られる子息の久雄は「芦田氏は後に、これ(芦田修正)は自衛のためには軍隊が持てるという意味だと解釈して父を憤慨させた。芦田氏は本会議ではそのようなことは何もいっていない。父は戦力を持たないのはあらゆる場合にあてはまると解釈していた[21]」。

芦田日記の「作文」といい、小委員会議事録の秘密扱いといい、なにかそこには政府の九条解釈や憲法改正を押し通すための、底知れない巨大な政治力が働いていたと推測せざるを得ない。

公開された秘密議事録

とにかく、小委員会の秘密議事録は、議会での審議の中心をなすもので、それがいつまでも公開されないと言うことは、そもそも日本国憲法の理念に反する。結果的には一九九五年の「戦後五〇年」で公開されたが、それは情報公開法公布の四年前、しかも情報公開法は、「行政情報」であるから「立法情報」を含んでいないのであるが、日本における情報公開の後進性を象徴しているようだ。

公開された議事録の件《くだん》の部分は、芦田が長年主張してきた内容と異なっていたばかりか、いささか落胆させられる内容だった。つまり、九条二項に「前項の目的を達するため」と加筆する理由は、九条一項と同様に「日本国民は、正義と秩序を基調とする国際平和を誠実に希求し」と二項でも書くとくどいので一項との重複を避けるために「前項の目的を達するため」とした、とあるのみであった。

たしかに「前項の目的を達するため」をいかに解釈するべきであるかについて、様々な理由が考えられる。たとえば、自衛戦争を合憲にしたいが、議事録をGHQがチェックしているために多様な解釈が可能になる表現を選択した、との意見があった。

たしかに議事録はすべて翻訳され英文になっており、翻訳に際し、国会事務局の判断と考えられるが削除されている箇所はあった。議事録全体で、著者が調べた際には四一カ所であった。しかし、当該部分は削除されていなかった。

そもそも、ＧＨＱに自衛戦争が合憲であることが知られないように考えたとすると、日本文の原文の段階で、それに類する表現は避けたのではないか、との推論が成り立つが、議事録を読んでみると、実は芦田自身も小委員会段階ではいわゆる「芦田修正」で自衛戦争が合憲になるとは考えていなかったと思われるのである。

小委員会で九条の審議を始めたのは第三回(七月二七日)、それも終わりにさしかかった頃であった。政府案について全般的に意見が出されるが煮つまらないまま散会となる。そして第四回(七月二九日)の冒頭、前回の意見をまとめ、芦田がつぎのような提案を行う。(22)

第一項　日本国民は、正義と秩序とを基調とする国際平和を誠実に希求し、陸海空軍その他の戦力はこれを保持せず、国の交戦権を否認することを声明す。

第二項　前項の目的を達するため、国権の発動たる戦争と武力による威嚇又は武力の行使は、国際紛争を解決する手段としては、永久にこれを放棄する。

芦田提案は前回の議論を踏まえ、中一日おいて提案されており、熟慮の結果と思われる。この提案は政府案の一項、二項を入れ替えたものにほぼ等しい。つまり一項で戦力不保持、交戦権否認を定め、二項で戦争の放棄を定めたのである。もしこの提案が通っていれば、その後に芦田や政府が考え出した自衛戦争肯定論が生れる余地はなかったであろう。(23)この芦田提案にたいし、小委員会では一項と二項の順序に関しては全く問題とならず、これ以外の用語で時間を費やし、第四回は終わる。

この後この芦田提案に疑問をなげかけたのは金森国務大臣であった。第五回(七月三〇日)はほぼ第三章(人権)の審議に充てられていたが、途中で鈴木義男の質問に答える形でつぎのような答弁をする。

金森国務大臣　是ハ非常ニ「デリケート」ナ問題デアリマシテ、サウ軽々シク言ヘナイコトデアリマスケレドモ、第一項ハ「永久にこれを抛棄する」ト云フ言葉ヲ用ヒマシテ可ナリ強ク出テ居リマス、併シ第二項ノ方ハ永久ト云フ言葉ヲ使ヒマセヌデ、是ハ私自身ノ肚勘定ダケカモ知レマセヌガ、将来国際聯合等トノ関係ニ於キマシテ、第二項ノ戦力保持ナドト云フコトニ付キマシテハ色々考フベキ点ガ残ツテ居ルノデハナイカ、斯ウ云フ気ガ致シマシテ、ソコデ建前ヲ第一項ト第二項ニシテ、非常ニ永久性ノハツキリシテ居ル所ヲ第一項ニ持ツテ行ツタ、斯ウ云フ考ヘ方ニナツテ居リマス(24)

金森はかなり遠回しに、ぼかした表現を使っているが、自衛権放棄とならない解釈が可能な規定をかなり以前から考えていたことがわかる。しかしこの議論はこのあとすぐ打ち切りとなる。つぎに九条がとり上げられるのは第七回(八月一日)である。この段階では鈴木義男は金森の魂胆に気付いていたようである。しかし芦田はまだ気付いていない。鈴木が芦田提案の一項と二項の順序を変える案を持ち出すと、芦田は「順序ヲ変ヘルノハ其ノ人ノ趣味デ」とすら発言している(25)。その後議論はつづき、委員の大勢が芦田提案の一項と二項の順序をもう一度変え、政府原案のごとくする方向でかたまり始めた頃を見はからって進歩党の犬養健が発言する。

犬養委員　委員長ノ仰シヤッタ前掲ノ目的ヲ達スル為メト云フコトヲ入レテ、一項、二項ノ仕組ハ其ノ儘ニシテ、原委員ノ言ハレタヤウニ冒頭ニ日本国民ハ正義云々ト云フ字ヲ入レタラドウカトモ思フノデスガ、ソレデ何カ差障リガ起リマスカ

芦田委員長　前項ノト云フノハ、実ハ双方トモニ国際平和ト云フコトヲ念願シテ居ルト云フコトヲ書キタイケレドモ、重複スルヤウナ嫌ヒガアルカラ、前項ノ目的ヲ達スル為メト書イタノデ、詰リ両方共ニ日本国民ノ平和的希求ノ念慮カラ出テ居ルノダ、斯ウ云フ風ニ持ツテ行クニ過ギナカツタ(26)

芦田はこう述べて案はほぼまとまり、委員会案、つまり現憲法第九条を読み上げる。芦田にとって、この段階における「前項の目的を達するため」の挿入は、「日本国民ノ平和的希求ノ念慮」を表わすものであったのである。芦田が金森の言う意味に気付くのは小委員会が終了する八月二〇日以降のことのようである。というのは、佐藤達夫法制局次長がつぎのように述べているからである。

「私の個人的なこととして覚えておりますことは、いずれこれは修正として司令部に持ちこまなければなりません。そこで芦田先生に耳打ちをして申し上げたのですが、司令部は、こういう条文があると、前項の目的云々を手がかりとして、自衛のために再軍備をするという魂胆があっての修正ではないかというふうに誤解しやしませんか、ということを

芦田先生のところに耳打ちに私が参った覚えが一つあるのであります。芦田先生は笑ってお答えになりませんでした」[27]。

とにかく小委員会での審議・修正の過程で「前項の目的を達するため」を挿入したことで自衛戦争が認められることになったとか、さらには芦田がのちに言うようになった自衛のための戦力が認められるようになったと考えた者は、議事録をみる限り芦田委員長を含めて委員の中には誰一人いなかったのである。

さらに、先の金森国務大臣の発言は、英訳された議事録には全文削除されている。つまり、GHQに刺激を与えると思われる金森はじめ入江、佐藤達夫などの法制局官僚の発言は政府の判断で削除されていたのである。他にも削除された部分があり、全体四一カ所と述べたごとくかなりの数にのぼる。

ではこの芦田修正をGHQはどう解釈し承認したのであろうか。かなりの研究者やジャーナリストがケーディスはじめ、GHQ関係者に占領終了後にインタービューを試みている[28]。結論を先に言えば、いずれのインタービューでもケーディスは、修正によって自衛権が認められることになることを知っていた、日本は国連の平和維持軍への参加を将来考えているのだろうと推測していた、と答えている。

八〇年代におこなわれた晩年のケーディスへのインタービューを紹介するとつぎのごとくである。

「私たちは基本原則さえ守られていれば、ＧＨＱ案を日本語の条文にする際、憲法第九条を含め総ての条文の日本語訳を積極的に受け入れました。たとえば、いわゆる芦田修正をあまり問題にしなかったのもこのような理由からで、マッカーサー三原則の第二番目の『自己の安全を保持するための手段としての』を文中から削除しても、主権国家に内在する自己保存の権利を日本に認めるだけのことであると考えたからです[29]」

つまり、自己保存の権利＝自衛権を認めたと解することができる。

ＦＥＣ中国代表の指摘

では最後に極東委員会はこの「芦田修正」をどうみていたであろうか。一九四六年八月二四日、憲法改正案(政府案)の修正案が衆議院で可決され、この案がワシントンの極東委員会へ回付されると、そこでは意外な議論が展開されることとなった。

芦田修正問題、もちろん極東委員会ではこんな呼び方はしていない。「九条修正問題」がとり上げられたのは第二六回会議(九月二一日)で、極東委員会ではさきの七月二日の政策決定と衆議院で可決された憲法改正案とのちがいをめぐってソ連が修正案を提出していた[30]。七月二日の政策決定とは、さきに主権問題で触れた決定であるが、その中には同時につぎのような決定も含まれていた。「首相および国務大臣は、すべて文民であり、首相をふくむ過半数の大臣は国会より選出され、国会に対し連帯して責任をもつ内閣を構成する」。ところが衆議院で可決された憲法改正案は後半の部分は盛り込んであったが、文民条項の規定はなかった。ソ連修正案のひとつはこの文民条項の欠落を問題にしていた。

ところがこの修正案が議題にあがると、中国代表からこの文民条項にかかわって思いもかけない意見が出された。ここで言う中国代表とは、いうまでもなく中華民国政府代表である。

S・H・タン（中国代表）　中国代表は、衆議院において〔憲法第九条が〕修正され、〔九条二項が〕九条一項で特定された目的以外の目的で陸海空軍の保持を実質的に許すという解釈を認めていることを指摘したい。……われわれはいかなる政府であれ警察力を持つことが必要なことは認めますが、一般的に警察力は軍隊(armed force)と呼びません。もし日本がここに宣言している以外の軍隊を保持することが許されるならば危険であり、それは日本がなんらかの口実の下で、たとえば自衛という口実で軍隊を持つ可能性があることを意味します(31)。

つづいてマッコイ議長に促されて第三委員会（憲法・法制改革）の立場を説明したコリンズ(Ralph E. Collins)委員長（カナダ）は、七月二日に決定した文民条項が憲法改正案から除外されていることは重大問題だと述べたあと、

九条の軍隊保持問題については政府草案が適切にあるいは〔禁止が〕可能となるように規定していたものを取り除いてしまったように思えます。しかしながら現在見

ることができる日本案（衆議院可決のもの）には落し穴があり、きわめて曖昧でありま
す。ですから第三委員会の意見で憲法にこの〔文民〕条項が挿入されることが望まし
いと思います。

マッコイ議長　ソ連提案のようにですか。

コリンズ　はい。それは極東委員会の政策と完全に一致するものです。

マッコイ議長　この問題について第三委員会米国代表のボートン氏にコメントをしてもらいたいと思います。どうぞ。(32)

と、ボートンに発言を促す。ここにはかなり深い意味があったように思える。この日本問題の専門家は当時国務省日本課の課長代理であったが、日本国憲法の源流とまで言われ、すでに述べた米国政府の政策決定文書「日本の統治体制の改革」（SWNCC二二八）の起草グループの責任者であった。文民条項の必要性を盛り込んだ七月二日の極東委員会決定の原型もこの「SWNCC二二八」にあった。つまりボートンは文民条項の生みの親であったのである。

ボートン氏　……この〔文民〕条項は、日本政府の現在の活動、日本で現在も有効である〔明治〕憲法〔体制〕を考えると絶対に必要なものであったのです。しかしながら、新憲法の下では、それが米国政府の考えであるかどうかに関係なく、新憲法が先に中国代表が指摘されたごとく国内秩序維持のための限定的軍隊といったものを容認

するがごとく解釈しうるかどうか、その条文がそのように解しうるかどうか、さらには国内秩序大臣――その名はどう呼ばれようとかまわないのですが――そういう大臣になる軍人が現実にいるかどうか、そうしたことに関係なく、いまここにある憲法草案は責任内閣制、閣僚の首相と国会に対する責任をきわめて明確に定めていますので、我国政府はすべての閣僚は文民でなければならないという特別な規定を盛り込む十分な理由を見出さないのです。しかしながら九条解釈の問題がありそうに思われる限り、また私もそれに気付き、ワシントンで話した人々もそれに気付いておりましたが、私たちはなぜ九条の用語を中国代表が言われたように変えたのかわかりません。(33)

ボートンはこのように述べて、マッカーサーへの問い合せを提案する。これに対しタン中国代表は、この修正により日本は戦争をしても戦争といわず、憲法にも反しないというであろうと深い不信を表明するが、最終的にはボートンと同様、マッカーサーへの問い合せを提案する。さらにサンソム・イギリス代表は、多様な解釈が可能で曖昧だという点では最悪の事例と評し、やはりマッカーサーへの問い合せを提案する。パターソン・カナダ代表もマッカーサーへの問い合せに賛成するが同時に文民条項の必要性を強く主張し、とくに九条と文民条項との関係をきわめて明確に主張している。それは今日の憲法九条の解釈ともかかわる重要な側面を持っているので、少々長くなるが引用しておこう。

近い将来なんらかの方法で、日本人が憲法九条を削除するかも知れません。その際、すべての閣僚は文民とするとの条文以外になんら〔これにかかわる〕条文がなければ、この問題は無視されることになりましょう。しかしながらその際このだめ押し的条文(additional provision)があれば、日本人民はその問題に気付き、すべての閣僚は文民とするとの条文を残したままで置くかどうかの問題に直面する立場に立つことになりましょう。……それでも〔この条文は〕必要でないという議論はおこるでしょうが、私はどうしても望ましいものだと主張したい(34)。

オーストラリア代表(プリムソル)にいたっては対日不信は一層大きく、将来日本は憲法九条を改正して「軍隊を保持することを認める」ことになると信じており、その際は日本の伝統で現役武官が陸・海軍大臣に就くことになろうから「文民条項」挿入の方が有効だと説いた(35)。

だめ押しとしての文民条項

さまざまな意見が出されたが、とにかくマッカーサーに問い合せるということで意見は一致した。問い合せは翌日(九月二三日)のうちにペーターセン陸軍次官補からマッカーサーに電文で送られた。といってもペーターセンの電報は、すでに述べたような九条二項の修正の意味、大臣文民条項挿入の必要、さらに成年者による普通選挙制の条項の挿入について、極東委員会の審議の模様をくわしく伝えるものであった。(36) これを受けたマッカーサーは翌二三日午前にホイットニーとケーディスを吉田首相のもとに送り、これを口頭で伝えるが、吉田は文書を要求したため、午後、白洲終戦連絡中央事務局次長が吉田のもとにマッカーサーの文書を届ける。(37)

この文書を見た入江法制局長官によると「十五条に Universal adult suffrage is hereby guaranteed with regard to the election of public offcials を加えること、それから六十六条に Prime Minister and other Ministers of State shall be civilians の文言を加えること」と書かれていたという。(38) 当時の日本には civilian に対応する日本語はなく、政府はかなり迷ったようであるが、急ぎ「内閣総理大臣、その他の国務大臣は、武官の職歴を有しない者でなければならない」との案文をつくり、政府案として貴族院に提出した。

つまり問題の九条二項の芦田修正にともなう解釈問題についてはマッカーサーは吉田に全く伝えなかったのである。なぜこのようにしたのであろうか。この鍵を解く明確な記録はないが、マッカーサーが吉田に申し入れた翌々日の九月二五日、ペーターセン陸軍次官補に宛てたつぎの返信がその手がかりとなろう。

〔極東委員会の米国以外の〕他の諸国政府の見解を尊重して、本官は日本国政府にたいし、第一五条に「成人による普通選挙が保障される」、第六六条に「首相ならびに国務大臣は文民とする」との規定を、それぞれ追加することを受け入れるよう勧告した。

同時にこのような遅い時期に政府が修正案を提出することには扱いにくい点があることを考え、本官は日本政府にたいし、現在の草案に具現されている原則を変更しない限り、これ以上の修正を求めることはしないと約束した。(39)

たしかに常識的に考えればかなり「遅い時期」であり、修正や挿入の要求は出しにくかったであろう。そこで挿入だけを要求する方がやりやすいと考えたのではなかろうか。しかし極東委員会の要求の一部をマッカーサーが直ちに受け入れたことは、極東委員会を相当満足させる結果となり、政治的に成功であった。ボートンはその翌日の九月二六日、ヴィンセント国務省極東局長にたいし「GHQが〔文民条項と選挙権の二つの〕修正に応じたことは極東委員会の会議に好ましい雰囲気をつくり出した」(40)と伝えている。またV・K・ウエリントン・クー(V. K. Wellington Koo)中国代表は、九条についてはかなりの不満を残しつつも、マッカーサーの返信に「満足の意」を表してつぎのように述べている。

……憲法第九条の用語はわれわれにとって受け入れ難い意味を含んでいます。日本は過去において近隣に対する侵略に武力を度々行使し、しかも戦争を仕掛けていることを否定してきました。従って極東委員会は、この条文をそのまま残す一方、日本が戦争はもとより戦争類似行為もしくは侵略的行為に武力を再び誤って用いる危険性を絶対に見逃さないようにすることを明確に理解するべきだと考えます。(中略)

しかしながら中国代表は、首相ならびに全閣僚は文民とするとの条文が憲法草案に挿入されるとの確証を得たとの書簡を最高司令官から受けとったことに満足の意を表するものであります。この条文は私が先に申し述べたごとき反対の意味を排除するために一定程度の役割を果たすことになりましょう。[41]

一方、日本側は政府案を持って、九月二七日佐藤法制局次長がGHQを訪問した。相手はケーディスとリゾーだった。そのおり佐藤は「本来この修正申し入れは、第九条の趣旨からいってはなはだおかしいものである」と質問したところ、ケーディスはつぎのようなことを言ったという。

「現在はそうだが、衆議院による第九条の修正によって、第二項に『前項の目的を達するため』(For the above purpose)の語が加わったために、日本はそれ以外の目的でならば再軍備をすることができるという誤解が連合国の間に起こったのではないかと推測される。あるいはまた、将来日本が国際連合に加入し、国際警察軍に参加の義務を負うような場合を予想してのことかも知れない」

この言葉を聞いた佐藤はかなり面くらったようだ。「わたしは、このことばを聞いてさきの衆議院小委員会でこの修正が行われた際芦田委員長に耳打ちしたことを思い出し、内心ぎくりとするところがあった」[42]と回想している。その後政府が「civilian＝武官の職歴を有しない者」と訳した部分は貴族院の審議の中で「文民」という造語をあて六六条二項となる。

このようにみてくると、芦田修正から文民条項の挿入にいたる複雑な過程はほぼつぎのように言いうるであろう。つまり芦田修正によって後に芦田が主張するような自衛戦争もしくは自衛戦争を合憲とみる考え方は、政府にも議会にもなかった。少数の法制局官僚がひそかに心に抱いていたにすぎない。唯一極東委員会で芦田修正によって芦田が後に主張する解釈が出てくる可能性が議論された。そこで極東委員会はこの可能性を封じるためにだめ押しとして文民条項の挿入を日本側に要求したのである。日本側も当時そう考えて挿入を受け入れており、貴族院議員として審議にあたった宮沢俊義の言葉を借りれば、「この〔文民〕規定が、憲法第九条との対比において無用のものであることを予想していた(43)」ということになる。

したがって芦田修正によって自衛のための戦争または戦力は認められることになり、その歯止めとして文民条項が挿入されたとする、いわゆる「自衛戦争合憲論(44)」は、制憲過程にみる限り全く根拠を持たないといわざるをえないのである(45)。

それにしても法技術にたけた法制局官僚が思いつき、日本人の議員が一人として気付かなかった芦田修正の意図を、日本軍に侵略されつづけた中国の代表が見抜いたことの意味をあらためて考えてみる必要があるだろう。それは、さきの引用からも窺い知ることができるように、日本がかつて「自衛」の名による「侵略」を行ってきたことへの歴史体験にもとづいているのである。

中国ばかりでなくカナダ、オーストラリアなども、憲法九条によって日本が一挙に平和国家になるとは考えず、日本が必ず九条を修正して軍隊を保有することになるだろうと根強い対日不信感を表明していた。日本国内では、次章に述べるごとく、官民挙げて「平和憲法」の誕生を祝ったのであるが、この「戦後日本」への楽観的見方と対比して著しいちがいがある。当時の日本には長い戦時体制の抑圧から解放された平和へのよろこびがあったことは否定できないが、同時に侵略戦争を推進しあるいは支えた支配層がほぼ不変の形で残っている中で、昨日までの侵略戦争も沖縄もきれいさっぱりと忘れて、憲法のみに頼って「平和国家」へと一挙に衣替えできると考えた軟弱な憲法観・国家観があったことも見逃してはならないだろう。

しかも、あれから七〇年、日本は着々と軍事力を強化し、戦争放棄条約で問題となった「自衛権」による軍備拡張を進め、いまや集団的自衛権まで公認する国家に変貌したのであるから、FEC構成諸国の予測は見事に的中したと言わざるを得ない。もちろんその一方で、対日批判を続けてきた周辺諸国も自らを省みず自衛権による軍事化を相競い合って続けてきている現状は、平和の名に値しない「太平洋」(Pacific Ocean)を産み出している。

九条一項と二項

芦田が、芦田修正による「芦田修正の解釈」を自覚するのは、衆議院の小委員会終了前

のである。

後と推測される。考えてみれば、芦田が自衛戦争合憲論を書いた『新憲法解釈』を刊行したのは、一九四六年一一月三日であるから、当時の出版状況を考えると、八月頃から原稿を書き始めた頃になり、それは議会で「芦田修正」が行われた頃であり、ほぼ辻褄が合うのである。

といっても、芦田は一一月三日の刊行以降も、すでに述べたごとく九条に関して自衛戦争合憲論とはかけ離れた解釈をしているので、五〇年代に憲法改正を声高に論ずる以前は、時代の推移を窺って、天秤にかけていたのではないのだろうか。

ただし、その後は自衛隊が設置され(一九五四年)、再軍備が本格化するが、時の吉田内閣は、芦田の解釈である自衛戦争合憲説を採用しなかった。政府は、九条一項の「戦争」は、侵略戦争を否認したものであり、また二項で憲法が否認する「戦力」については、それに至らない「自衛のための実力」は認められるとの解釈を示したのである。従って自衛隊は、戦力ではなく「自衛のための実力」であるから、憲法に違反しない、との考えを示し、その解釈は今日でも有権的な解釈となっているのである。

こう考えてみると、GHQが「芦田修正」を黙認した、と思われるのは、これによって芦田の解する「芦田修正」が行われる可能性はないと考えたからではないのか。つまり、九条一項と二項を一体と解釈して、一項のみを独立しては解していなかったからではないのか。

それにしても、昨今の防衛大臣が「芦田修正」によって自衛隊が合憲になったと解してしまうほど「芦田修正の残映」の影響がいまだに残っており、その残した影響は極めて大きいように思えるのである。

「帝国議会」の終焉

議会での審議の経過について、まだまだ検討しなければならないことは少なくない。陪審制や土地国有化など、まさに今日の問題でもあるが、この辺で「帝国議会」に幕を下ろさざるをえない。会期四〇日で始まった第九〇回帝国議会は四回にわたる会期延長で一一四日間となり、一九四六年一〇月七日、日本国憲法は帝国議会を通過した(46)。

公布の日は一一月三日、明治節(明治天皇誕生日)と決まった。といっても、すんなりとこの日が公布日に決まったわけではない。吉田は当初八月一一日を考えていた。というのは施行日を翌年の二月一一日、つまり紀元節、今日の建国記念の日にしたいと考えていたからである。それはまた明治憲法が公布された日(一八八九年二月一一日)でもあった。ところが審議が長びいたため、八月一一日公布、六カ月後の翌年二月一一日施行は困難となった。そこで吉田は今度は公布日に意味を持たせて、一一月三日を決めたわけである。これを知ったホイットニー民政局長は、マッカーサーに疑問を呈したという。ところがそれ以前に日本政府はマッカーサーから承認を得てしまっていた。マッカーサーはホイットニーに「われわれは明治天皇誕生日をわれわれの民主的実質《コンテント》で満たしてやるのだ」と叫んだという(47)。ただこの時同時にマッカーサーは六カ月後の施行日が翌年の五月三日になることに気付いていたのではなかろうか。一九四七年五月三日、それは極東国際軍事裁判所(東京裁判)開廷一周年にあたる。侵略戦争の責任者たちの戦争責任が裁かれる法廷が開廷したちょうど一年後に平和憲法が施行される。これほどうまい歴史の文脈がまたとつくれようか、マッカーサーはそう考えて一一月三日の公布日を認めたにちがいない。

XV 「押しつけ」が残したもの

「押しつけ」の起源

日本国憲法の出生が問題になると、いつの間にか反射的に、「押しつけ」という言葉が跳ね返ってくるほど、憲法の「押しつけ」は一般的になっているようだ。しかし、最近ではその「起源」はすっかり忘れられてしまって、なんとなく「GHQの押しつけ」とか、ひどい場合には「アメリカの押しつけ」とすら言われている。

「アメリカの押しつけ」という指摘は、本書の第XII章を読んでくださった読者には明白なように、アメリカ国務省がコールグローブを東京に派遣した事実から考えても、米国政府が日本の憲法改正にはまったく介在しておらず、こうした指摘は論外である。

ここでは、本書ですでに指摘してきた「押しつけ」と言われてきた事実を整理し、その起源を明らかにし、その後に「押しつけ」と批判されてきた点も含めて、「押しつけ」が憲法制定過程、さらには憲法そのものに与えてきた意味をも検討したい。

そもそもの起源は、憲法問題調査委員会委員長の松本烝治による自由党憲法調査会(会長・岸信介)での証言(松本証言)に依っている。つまり、一九四六年に起きたことを、その八年後の自由党調査会で一九五四年に「押しつけ」と言われ、その後、自由民主党の憲法調査会などを通じて指摘され「自主憲法」制定の原動力となり続けてきた問題である。

それはGHQ憲法案が日本側に手交された時(本書一七七頁)とその後日本側の「三月二日案」を携えてGHQに赴いた時(本書二〇七頁)との場面での松本の体験である。

本書では、その二カ所に登場する場面について、すでに紹介してきているが、その一つが「天皇の身体」という表現である。それは、GHQが起草した憲法案が、一九四六年二月一三日に日本側に手交された際、GHQ側を代表して民政局長のホイットニー准将が松本らに伝えたなかで、ホイットニーがGHQ案を受け入れなければ「天皇の身体」が保障できないと述べたと、言われている点である。この点を自由党憲法調査会でおこなった松本の証言から再現してみることにする。

(ホイットニー少将〔原文のママ。准将〕は、松本につぎのように述べた)マッカーサー元帥はかねてから天皇の保持について深甚の考慮をめぐらしつつあったのであるが、日本国政府がこの自分の(ホイットニーが)出した対策のような憲法改正を提示することは、右の目的を達成するために必要である。これがなければ天皇の身体の保障をすることはできない。(1)

証言のなかで「天皇の身体」に触れている場面はここだけであり、その後の委員らとの討論でもこの点についてまったく触れていない。

ただ、「天皇の身体」は「エンペラーのパーソン」という言葉となって、知られることになる。この点を内閣法制局次長であった入江俊郎はつぎのように回想している。

ホイットニーはこの案については fundamental principles と basic form とは変更することは認めない。そして若しこの案を日本側が拒否するなら、エムペラーのパーソンについても重大な変更をしなければならなくなるのではないかと述べた。(註、この「エムペラーのパーソン」といつたホイットニーの言葉は、強く松本氏の胸を打つて、あとまでも忘れがたく、ひどく印象的であつたと松本氏は入江にも語り、又他の場所でもいつておられた。)(2)

ただし、この「エンペラーのパーソン」という「押しつけ」を象徴する表現は、先に本書で書いたように、その場に残されている議事録にも記載はなく、また他の出席者からのこうした表現がなされたとの記録もない。

あらためて、当時の状況に詳しい佐藤達夫の証言を聴いておきたい。

ホイットニーがこのように「天皇の身体」ということばを用いたということはもっぱら松本大臣によって述べられていることであり、後に憲法調査会の「憲法制定の経過に関する小委員会」の調査において、この日の会見に出席していた白洲次郎氏は「天皇の身体」の点については記憶がないと口述しており、また同じくこの日(二月一三日)の会見に出席していた当時の吉田外相、(外務省の)長谷川嘱託も、いずれもこの点についての記憶はないと考えている。(3)

さらに「身体＝パーソン」という、普段あまり使われない印象深い表現も一般に注目を浴びた理由にもなっているようだ。それについて松本もその意味するところを説明していないし、質問も出ていない。しかし、それは「肉体」とか「生命」を意味し、さらには言外に「死刑」を連想させる。しかもそれをホイットニーが英語で言ったとしたら、通訳が強い印象で記憶しいるにちがいない。「長谷川嘱託」は、通訳官であるが「記憶はない」という。

そんな推論をしていたなかで、実はこの二月一三日から少し前に松本自身がつぎのように述べていたことに出会ったのである。松本は、先の明治憲法改正のための松本案について、一九四六年二月四日の閣議において、つまり、GHQに松本案を提出した二月八日の四日前であり、GHQ案が手交された一三日の九日前のことであるが、つぎのように述べていたのである。

(明治憲法)第三条について、「天皇の一身は」または「天皇の身位は」というように書いてはという論があった。しかし、天皇の不可侵は天皇御一身だけのことではない。一身として、国王をギロチンにかけないというだけでは狭いのであるという論もあった。(4)

明治憲法の三条は、「天皇ハ神聖ニシテ侵スヘカラス」とあるが、これは「不可侵は天皇御一身だけのことではない」ということで、「ギロチンにかけないというだけでは狭い」という解釈で、絶対君主以外はありえないという考え方を示している。

さらに驚くことに、ここですでに「一身」、「身位」という言葉が、松本自身の言葉として、当時も今も一般には使われない表現を、しかもホイットニーが英語で言ったことを翻訳して、ここでは松本は「ギロチン」を連想しているが、自由党での表現は、いかにも「天皇の身の安全が保てない」というニュアンスで、使っているのである。

最後に、一九五六年に設置された政府の憲法調査会の『報告書』(一九六一年一月)がつぎのように結論付けていることも紹介しておきたい。

高柳賢三(憲法調査会)会長が、渡米調査の結果の報告の際に、「松本博士のいうように、向こうのいうことを、(GHQ案を)のめば(天皇を裁判に)出さぬ、のまねば出すというふうにホイットニー氏のことばを解釈すれば、通常の日本人にはこれを非常な脅迫と感ぜられるだろうと思う。……

私は直接の関係者ホイットニー氏への質問事項の中にこの問題を入れたのである。これに対してホイットニー氏は断然この松本氏の解釈を否定している。それだけでなく当時列席したラウエル、ハッシーらのこの点に関する陳述に照らしてみても、それは右に述べたような当時の冷厳な国際情勢を率直に、客観的に述べたもので、司令部の意思を表明したものではない。のめば出さぬ、のまねば出すという松本氏の解釈は全然誤解であったとすべきものであると考える。
松本博士のこの解釈は広く国民の間に伝わり、押しつけ憲法論の論拠の一つとなっていたようである。」

さらにまた、この『報告書』には、本書で既に何度か紹介してきた自由党の証言をまとめた、松本烝治口述「日本国憲法の草案について」について「誤解ないしは感情に捉われた発言がなされているように思う。この点について、これを読む人の注意を喚起しておくことが、歴史的真実のために妥当であると考えて、このことを付言しておく」とまで注釈が付けられている。(5)

缶詰にされた三〇時間

「押しつけ」の二番目は、GHQ案を基に政府案を作成して一九四六年三月四日から五日にかけてケーディスはじめGHQ民政局の、一説には一八人とも言われる、高官が、松本、佐藤達夫、白洲をGHQ本部の会議室に三〇時間にわたって缶詰状態にして日本政府の最終案を作成したことである。しかも日本側にGHQ案を手交した際には、GHQは、「三月一一日を期限として」日本政府案を作成するように命じていたにもかかわず、最終的には三月五日に日本政府案を提出させせられたのである。(6)

この事実を見れば、それはどう考えてもGHQのやり方は「強引」と考えざるを得ないだろう。しかし、考え直してみなければならないことは、長い間、憲法制定過程は、天皇制の処理、昭和天皇と東京裁判との関係や連合国、なかでもFEC（極東委員会）との関係を圏外において、憲法の制定過程という狭い世界だけを視野において論じてきたのである。

本書の二二九頁以下（「X　草案要綱の発表へ：侍従次長の日記から」）からもうかがえることであるが、日本政府の憲法案の骨格である「憲法改正草案要綱」を一日も早く決定し、FECに示すこと、より具体的に言えば、国政に関与しない象徴天皇の下で、二度と戦争をしない憲法を世界に示すことが喫緊の要であったのである。

従って、そこまではきわめて「強引」に完成を急いだのである。さらにまたこの場合昭和天皇がこの憲法で、どのような意思を表明しているかということも必須であった。そこですでに本書で紹介したように（「X　草案要綱の発表へ：『勅語』成立の怪」）、どう見ても急いでGHQが起草したとしか思えない勅語を、異例とも思える日本語を付して、まさに日本人のためではなくFEC向けに発表したのであった。楢橋渡書記官長（官房長官）によれば、草案要綱は「当日直ちに飛行機でアメリカの極東委員会に送」る由だ、といわれる。(7)つまり、「強引」なやり方には、それなりの理由があったのである。従って、FECに草案要綱を送付した後は、GHQは憲法制定の日程に関して干渉することはなく、「四月十七日という日に〔憲法〕草案〔の全文〕を発表するということは、全く日本政府側の自主的な

決定で」あったという。(8)

従って、草案要綱の作成のための三〇時間は、GHQが「急いだ」、「強引」といった視点からのみではなく、国際社会に受け入れられる憲法に求められる手続きの一環であった、と見るべきだろう。むしろ問題にすべきは、GHQが日本側に十分な説明をすることもなく結果を急いだ、それもいかにも軍人が結論を急ぐ所作で行い、しかも勝者の軍隊がよくするように敗者の気持ちを慮《おもんぱか》ることもなく事を進めたということだろう。

首相官邸に乗り込む

憲法の前文と第一条で、日本政府案は「国民至高の総意」とあり、現憲法の「主権の存する日本国民の総意」とは異なっていた。つまり、政府案では「主権」を用いず、「至高」を用いていたこと、それはケーディスが首相官邸に乗り込み、金森大臣との間でかなり厳しいやり取りがあったことは、本書三四九頁以下で紹介した。

これもまた、表面的には「押しつけ」と言われかねない。しかし、ここでのやり取りをあらためて見直してみると、その根底にはGHQと日本政府とには、憲法に対する考え方の違い、それはまた日本がポツダム宣言を受け入れたという事実、さらにはSWNCC二二八にもみられる日本が連合国に占領されたという事実、などの視点から見直すと、日本とアメリカとでは、ポツダム宣言とそれに基づく占領を受け入れたにもかかわらず、それは「敗戦」を「終戦」と言い換えてきたことに象徴されるように、政治理念において依然として大きな隔たりがあったことを感ぜずにはいられない。

この「主権」をめぐる「金森＝ケーディス会談」は、議会での審議が本会議から特別委員会に移っていた七月一七日のことであった。ここではその場に出席していた佐藤達夫による記録から再現してみる。

佐藤によるとケーディスは金森に向かって、こう述べている。「『主権は、天皇を含む国民にある』という答弁にしても、その天皇の意味は、裕仁個人としての天皇であるのか、あるいはcapital letterをもって書かれた天皇であるのか、もし後者とすれば、天皇と国民とが主権を相わかつものでないことは、その象徴たる地位に照らしてあきらかである。」

こうケーディスが述べたのに対し、金森はこう答えている。「自分はここにいうsovereigntyは、法律的内容をもつとは考えない。それはhighestという意味であり、自分はそれでいいと考え、また、議会でもその趣旨で説明してきたし、大部分の議員もその説明で満足している」。

そこでケーディスは、「(金森)大臣は『至高』と『主権』とは同じ意味だといわれるが、『至高』は英語ではsupremacyでありsovereigntyとは違う。したがって、日英両文の食いちがいはまことに大きいことになる」。しかし、金森はこれを認めず「自分が今まで議会で行ってきた説明に鑑みてもこれを今さら修正し兼ねる」と応じたという(9)。

それは金森の言う通り、日本国内ではなんら異議もなく支持されたことだろう。権威ある憲法学者もこの時点で「至高」を支持していたのであるから。しかし、当時は占領下であるばかりか、一種の「外交」の場であり、国内の合意のみで合意が成立する政治構造にはなかったのである。

結局、両者はこの場は物別れに終わったが、後に金森は修正を申し入れ、「至高」は「主権」と変わって憲法前文と第一条で「国民主権」が実現したのである。

金森は、この顚末を「押しつけ」と主張していない。しかし、この場面をかりに松本烝治から見れば、当然「押しつけ」となったに違いない。

自由を強要された

たしかに「押しつけ」論は、憲法をめぐって問題になったが、GHQが日本政府に法律等の改廃を強要した事例は、憲法に限ったことではない。ある意味では憲法の場合以上にGHQは有無を言わせずに法律等の改廃を、事実上「命じた」事例も少なくない。たとえば、大逆罪の廃止などはその好例であろう。

とは言え、「大逆罪」という刑罰の意味もいまや忘れ去られている時代である。辛うじて「大逆事件」で記憶に残っているのかもしれない。大逆罪は、刑法典のなかでこう示されている。

第七三条　天皇、太皇太后、皇太后、皇后、皇太子又ハ皇太孫ニ対シ危害ヲ加へ又ハ加ヘントシタル者ハ死刑ニ処ス

GHQはこの条文を、刑法のなかから廃止するよう憲法公布後日本政府に命じたのであった。これに対して吉田首相は、マッカーサーに手紙を送り、廃止を思い留まるように、こう主張した。

天皇の地位が「国家の象徴であり、国民統合の象徴」であることは日本の建国以来、日本民族によって堅持されてきた伝統的信条にかなうものであります。それはまことに崇高にして高遠なる地位であります。さらにまた、天皇は倫理的にみて国民の崇拝の中心にあることは否定できません。このような地位を占める天皇の身体にたいする暴力行為は国家を破壊するがごとき性格のものと見なされ、一般人の身体にたいする暴力行為よりも厳しい道徳的非難と厳しい刑罰に値するものであることは、日本民族の倫理観からしてきわめて自然のことであります。それは親または尊属にたいする暴力行為が一般人の身体にたいする暴力行為よりも厳しい刑罰に値するものと考えられるのと同様であります。

これに対して、マッカーサーも吉田に対して書簡で答えている。

国家の象徴であり国民統合の象徴として天皇に付与されている法的保護は、国家そのものを総体として構成する日本のすべての国民が当然に受ける法的保護に全く等しい。

それ以上の保護を与えようということは、新憲法において明快かつ明確に表明された、万人は法の前に平等であるという基本理念を侵すものである。……私は皇族にたいする特別な地位を合理化する根拠はより一層少ないと考える。皇族を法的により高い地位に置くことは、門地による差別と解されざるを得ない。そして門地による差別の本質は自由で民主的な社会を創り出すことと矛盾する。(10)

これもまた、最高司令官という占領権力による「押しつけ」といえば、その通りであろう。しかし、この場合単なる権力行使というだけでなく、「近代憲法」という視点から見れば、マッカーサーの主張は「法の下の平等」に合致した合理性があると言わざるを得ないだろう。つまり、吉田とマッカーサーとでは近代憲法観が全く違っていたということになる。

それは、同じ「押しつけ」でも、GHQによってforced to be free(自由になることを強制された)のであった。なんとも矛盾したことではあるが、ポツダム宣言に言う「民主主義的傾向ノ復活強化」、「基本的人権ノ尊重」とは、「軍国主義国家」から「民主主義国家」へと変貌を遂げる過程での「産みの苦しみ」でもあったと見ることができよう。

占領下でも憲法は改正はできた

このように「押しつけ」に該当する実態を見てくると、さまざまな理由がありつつも、それでも、「日本国国民ノ自由ニ表明セル意思」(ポツダム宣言)が尊重されていたとは言い難い。なかでも、連合国の代表による政策決定機関であるＦＥＣはじめ、米国国務省も、本書の「XII 米国政府対マッカーサー」の二八一頁以下で紹介したごとくマッカーサーの明治憲法の改正手続きには不満を持っていたのである。

こうしたＦＥＣの動向を知ったマッカーサーは、一九四七年一月三日、吉田首相に宛て、「憲法を国民自身が再検討してもいい」と、つぎのような書簡を送っている。「新憲法の現実の運用から得た経験に照らして、日本人民がそれに再検討を加え、審査し、必要と考えるならば改正する、全面的にしてかつ永続的な自由を保障するために、施行後の初年度と第二年度との間で、憲法は日本の人民ならびに国会の正式な審査に再度付されるべきであることを、連合国は決定した。もし日本人民がその時点で憲法改正を必要と考えるならば、彼らはこの点に関する自らの意見を直接に確認するため、国民投票もしくはなんらかの適切な手段をさらに必要とするであろう。換言すれば、将来における日本人民の自由の擁護者として、連合国は憲法が日本人民の自由にして熟慮された意思の表明であることに将来疑念が持たれてはならないと考えている(11)」。

これは日本国憲法が公布された日(一九四六年一一月三日)を過ぎてはいたが、施行された日(一九四七年五月三日)を過ぎてはいなかった。しかし、ここにもマッカーサーの戦略が隠されていたのである。この書簡で、この決定は「連合国の決定」と、決定機関が示されていないが、その決定機関はＦＥＣであった。

マッカーサーにとっては、自己の権威がＦＥＣに奪われたくはないし、かといって自己の上部組織の決定を無視することもできない。しかもＦＥＣがこの決定をしたのは、憲法公布前のなんと一〇月一七日であったのである。マッカーサーは、その決定を二カ月以上経った公布後に吉田首相に送ったことになる。

さて、このマッカーサーの書簡を受け取った吉田首相はじめ、日本の保守政治家はどんな反応を示したであろうか。結論を先に言えば、吉田首相は「内容を仔細に心に留めました」と連れ無い返事を出したにすぎず、保守政治家は、この時とばかり「憲法改正！」の「鬨《とき》の声」を上げたかと言えば、そうではなく、声一つ上げなかったのである。

新聞は、社説で「改正するとすれば、技術的な小問題」を挙げたにすぎず、憲法学者の佐藤功も「内閣総理大臣の指名の手続きの点だとか、解散権の要件」を挙げたに過ぎない(12)。

その後、「施行後の初年度と第二年度との間」の期間になったが、芦田政権の下で法務総裁(大臣)になっていた鈴木義男は、新聞につぎのような談話を掲載している。「憲法改正については総司令部から指令があったので、すでに衆、参両院議長にその旨を伝え憲法改正委員の人選を依頼してある。国会側ではまだ乗り気ではないようだ(13)」。

結局、この憲法再検討問題は、いつの間にか立ち消えとなってしまったのである。

「押しつけ」による民主化の犠牲者――知られざる鈴木義男

日本国憲法の制定にあたって活躍した日本人は、何人かいるが、議会開会中に政府案の改正のために活躍した筆頭に挙げられるのは、なんといっても鈴木義男であろう。

といっても、その名は、本書ではかなりの頻度で紹介してきたが、憲法制定過程で鈴木義男が登場する書籍はほとんどないように見受けられる。仙台にある東北学院の学院史資料センターは、鈴木が長年にわたって理事長を務めてきた縁と思われるが、鈴木に対する研究・調査・顕彰等を行っている。しかし、それはむしろ例外であって、それ以上に縁が深い社会党は、『日本社会党史』(日本社会党五〇年史編纂委員会編、一九九六年)という大著を編集しているにもかかわらず、鈴木のこうした活動にはまったく触れていない。

ここで改めて鈴木の略歴を紹介し、議会での活躍やそれが「押しつけ」論に関わる点をまとめておきたい。鈴木義男は、一八九四年福島県白河町(現白河市)に生まれる。若くして東北大学教授となり行政法を講じ、一九三〇年弁護士に転じて、敗戦後、四六年四月選挙で衆議院福島二区から社会党候補として立候補して当選。その後民社党に移り、一九六〇年まで七回当選。その間、法務大臣(総裁)、専修大学教授・理事長・大学長などを歴任。東北学院普通部(中学)に在籍した経験もあり、一九四七年から六三年まで東北学院理事長も務めた。一九六三年没。

鈴木の議会での活躍の一部は、本書でも縷々紹介してきた。憲法九条(戦争の放棄)、二五条(生存権)など、歴史に残る活躍だったと言えよう。

そればかりでなく、GHQ憲法案の起草に携わっていないが、アルフレッド・オプラー(Alfred C. Oppler)と親しい関係にあったことも知られていない。オプラーは、ワイマール時代の裁判官で、懲戒裁判所副長官であった。一九三三年、ナチスの迫害を恐れて米国に事実上の亡命をし、ここで初めて英語を学び、アメリカの法制度を身に着けた。一九四四年、連邦政府の対外経済局の職員となり、GHQ民政局に配属され、ドイツ法系である日本の法制度と英米法系の法制度の双方を知る立場から日本の法制度改革にあたる。GHQの憲法起草作業が終わった一九四六年二月二三日、GHQ法制司法課長となる。(14)

一方、鈴木もドイツ留学の経験があり、また弁護士として学者・代議士への弾圧事件である「人民戦線事件」の刑事弁護、法務総裁(大臣)の経験等を通じて、さらには、大陸法から英米法系への転換などさまざまな交流があったようである。

鈴木は、小冊子の中で当時の日本の政治家を批判し、なにかと明治憲法を基本に憲法を考えていると、つぎのように書いている。「今度の憲法で規定した政治のやり方は、英米仏のやり方と似て居る点が多いので、論ずる者のうちには、英米憲法の模倣であつてわが国独特のものではないとし、国の恥でもあるかのやうにいふ者もあるが、それは非常な間違いである(15)」。

オプラーは、鈴木との交流を、鈴木の死後の回想録に寄稿して、こう述べている。

> 新憲法の国会審議中、衆議院議員として、啓発的地位にあった彼に、私は心から敬服していました。主権の問題が討議され、ほとんどの演説者が、あいまいに真の提案をさけた時、鈴木氏は、次のことを明確にしました。それは新憲法下では、主権は、もはや天皇にでなく、人民に存するものであるし、またそうであるべきであるという点でした。しかしこの見解が、天皇に対する敬愛の情の欠除から導かれたものではない事は当然です。
>
> 　彼は、国民が自らめざめて、国家の最高の法律の制定、改正に自分たちも参加する権利があると、意識するようになる事を望んでいました。[16]

この回想記にオプラーは「歴史こそ充分な栄誉を酬《むくい》よう」とのタイトルを与えているが、じつはその後の日本の事態は、このタイトル以上の「酬い」を鈴木に与えたのであった。鈴木は、一九五〇年代半ばに始まる憲法「押しつけ」論が盛んになった頃、参議院が鈴木に憲法制定時の事情を口述するよう求めている。そもそも鈴木は公述人となる事情を心得ていたようで冒頭から「私にどういう意見を徴されるのでありまするか」と一見、むっとした様子が伺われる調子で口述を始めている。

　ここで鈴木は、自分は議会でいかに政府案を修正してきたかを具体的に述べている。五〇年代に沸き起こった「押しつけ」論を意識して、憲法をつくった時点の状況との違いをこう述べている。「(ＧＨＱは憲法条文の)一字一句といえども変えることを許さなかった。

泣きの涙でいやいやながら作った。――ほかの人はどうか存じませんが、私はきわめて自由な気分で、朗らかな気分でこの憲法制定に従事し、修正にも従事いたしたつもりでおるのであります。……これは幸いに自由党及び進歩党さんが当時賛成して下すって修正ができた」のである、と。(17)

あるいはまた、「押しつけ」、「翻訳」との批判に対して、こう述べる。「私は憲法を相当自由なる立場において作った、どうもハッタリをかける人は、銃剣を突きつけられて、やむを得ずこしらえた憲法であるなどということを、民衆を扇動するために言うのは御自由でありますけれども、少しうそが強すぎると私は思っておる。それにもかかわらず、それは見本を示されて作らされたということならば、それは私も納得いたしますが、悪いものを作ったという意識がなかったということを御了解を願いたい。……天皇を権力から離し、戦争を放棄し、軍隊をやめるということは、当時非常な歓呼かつさいをもってこれを迎えたものだということを、よく御記憶を願いたいのであります(18)」。

ここでの証言は、本書の憲法九条に「平和」を挿入した(本書三二九頁)ことに象徴されるように、少なくとも著者の知る限り、初めて知らされたことであった。従って、国会議員は誰にも増して耳を傾けていてもいいはずであったが、現実はつぎのようなものであった。

鈴木の証言が終わった後で質問者として登場したのは、自主憲法期成議員同盟の初代会長であり、戦前は内務官僚、厚生大臣となり、戦後は公職追放後、自由民主党所属の参議院議員・広瀬久忠(一八八九〜一九七四年)であった。広瀬は、鈴木証言の憲法制定時に知られていなかったことを聞き出す雅量などまったく持たず、鈴木に向かって冒頭からこう質問しているのである。

あなたは現行日本国憲法がマッカーサー草案のほとんど九〇%翻訳してできておるということはお認めになると思うが、それとともにマッカーサーがホイットニー准将に憲法制定の基本原則として与えた天皇及び軍備、それから貴族制度等に関する基本原則、これらのものはこの中に完全に順守されておる。そうしてマッカーサー草案のほとんど全部がこの中に入っておるということはお認めになると思うのです。その点からいうと、やはりこれは翻訳の憲法であり、マッカーサーの示唆によってできた憲法であるという点はお認めになると思う。

そこで一つお伺いしたいのですが、アメリカの初期の占領政策の第一にこういうことがあるはずであります。日本の占領政策は、日本をして再びアメリカの脅威になるようにさしてはならぬということが一番最初にある。私はその意味を一つあなたはどういう具合に御解釈になるかお伺いしたい。(19)

質問というより詰問調である。それが延々と続いたのであった。

鈴木の努力が生み出した、「平和宣言」は実現しなかったが、九条への「平和」の挿入、ワイマールの生存権。そうした日本国憲法が生み出した「平和と民主主義」の果実はことごとくもぎ取られてしまったのである。鈴木は「押しつけ」憲法論の犠牲者に他ならない。時にアメリカでは、マッカーシズムが頂点を過ぎた頃ではあったが、日本の民主主義のために努力を尽くしてきたＧＨＱの民政局員も帰国後その犠牲になったのであった。

遺恨試合

このように「押しつけ」の実態を洗い直してみるとさまざまであることがわかる。しかし、そもそも政治的につくられたものであるから、その起源は「松本証言」と言える。その信憑性はかなり疑問符がついているが、「松本証言」には、松本の私憤が根本にあるように思える。松本は、権威ある「自信家」で、そもそも他人の意見を受け入れるような性格ではなかったと言われている。

その松本に、松本の子供ほどに近い四〇歳そこそこの「若造」のケーディスが、しかも軍服を着て、カーネル(Colonel：陸軍大佐)と呼ばれていたので、本職は弁護士で、立派に法律の教育と訓練を受けており、ＧＨＱ内で多くの部下が憲法の起草にあたっていたとは、知る由もなかったのではなかったか。その「若造」が、近代憲法のイロハを「古希を迎えた」元帝大教授、大弁護士の松本に説教したのである。

しかも、松本の明治憲法を基本にすえた憲法論は、ＧＨＱからは、まったく相手にされなかったばかりでなく、若い日本の憲法学者からも受け入れられていなかったと考えられる。『昭和天皇実録』によれば、昭和天皇ですら「松本案」には首をかしげていた様子がうかがえる。そんななかで、松本自身は、自分はその後には憲法を見てもいないと回想しているほどである。「自信家」であるが故に、かなり孤立し、憔悴していた姿が浮かんでくる。

その松本に、憲法施行から一〇年ほど経って、世界は「非軍事化と民主化」の時代が終って「再軍備と経済復興」へと一変し、日本政治も「自主憲法」制定論者が大手を振って登場したときに、しかも自由党の憲法調査会から「お声」がかかったのである。そこで思いの丈を、「自主憲法」を掲げる後輩たちに囲まれて、後に「誤解ないしは感情に捉われた発言」(高柳・憲法調査会会長)と非難されても、話してしまいたくなる政治状況があったことは否定できないだろう。

それはまさに「私憤を語ることが公憤となる」ような雰囲気、否、そうであるからこそ、単なる「公憤」以上に全身から沸き起こる迫力があったに違いない。もちろん、すべての保守主義者が私憤を爆発させたわけではない。たしかに長年にわたって天皇制国家主義がすべてであった時代から何年も経っていない時に、頭を切り替えることは困難だったに違いない。

しかし、同じ保守主義者でも、自由党の衆議院議員の北昤吉のごとく、米国での教育を受けていたものから見れば、それはさして不思議なことではなく、衆議院本会議でGHQが介在していたことを指摘しつつ、政府の憲法案は「一歩進んだ憲法草案」と見なしながら、こう論じていたのである。

従来現はれた諸政党、諸団体の憲法改正案よりも遥かに急進的のものであることは、此の草案を一見すれば何人も疑ふ余地はないのであります(拍手)。社会党が此の草案発表に先だつて発表した草案でも是よりは稍々《しょうしょう》保守的であると看做《みな》さなければならぬのであります、そこで斯くの如く民間の諸政党、諸団体よりも一歩進んだ草案が、我々の期待せざる間に突如として発表されて、今日此処に議題となつて居るからには、恐らくは政府単独の意思ではなく、色々の国際関係から来たものと考へられますので、その経過を出来得る限り詳細に御報告願ひたいと思ひます(20)。

「色々の国際関係」などと表現する余裕をもって、GHQが起草したことを指摘できる政治家がいたことは事実であるが、それはまったく少数であった。

その多くは国体とそれを体現している明治憲法の正当性を誰しも疑わなかったのである。それとは別に、GHQに憲法草案を起草されたことばかりでなく、広瀬のように憲法制定過程に何ら関係を持っていなかった者も「押しつけ」を叫び、「自主憲法」を掲げたのである。そこには、憲法制定当時、戦犯容疑者となり、あるいは公職追放されていた者も多い。彼らは、自己の「屈辱」体験を基に、しかも戦前には高い地位にあったことから、その「夢」を「とり戻す」ことに賭けたと言っていいのではないか。

その際、ＧＨＱとともに「非軍事化・民主化」政策に勤《いそ》しんだ鈴木義男のごとき「連中」を、私憤とともに公憤も含めて復讐する「遺恨試合」。これこそが、「押しつけ」憲法論であったのではなかったのか。しかも、その試合が延長戦を重ねて長期間続いてきたのは、その背景に冷戦が、長い冷戦があったからに違いないと考えられるのである。

終章　みじかい春から七〇年

議会での審議を置き忘れた憲法制定

憲法の誕生は、長く続いた戦争という寒い冬の後に花開いたみじかい春であった。それは敗戦からわずか二年後に誕生した。憲法は、「非軍事化と民主化」政策のなかから生まれた。ところが、憲法が施行された直後から、世界が激変する中で、日本も「再軍備と経済復興」の政策へと急旋回した。それはアメリカの政策を通じてGHQから日本へと持ち込まれた。冷戦政策の始まりであった。

本書は、自身の旧書の反省も含めて昭和天皇の言動と議会の議事録を見直し、検討を加えてきた。もちろん、そこには『昭和天皇実録』と『第九十回帝国議会憲法改正特別委員小委員会議事録』(秘密議事録)が公刊されたことの意義が大きいが、それと同時に、われわれの「戦後史観」の在り様を教えられることでもあった。

その一つは昭和天皇に対してである。たしかに昭和天皇の言動に対して、憲法制定期にも大きく報道されてきている。それは日本国憲法が施行される以前は、八・一五以降も明治憲法下であったので、昭和天皇は「統治権の総攬者」であり、大きく報道されることは当然であった。

ところが、八・一五の詔書、あるいは一九四六年の新年の「人間宣言」と言われる詔書なども、当日は大きく報道され、あるいは学術書にも記載しているが、その後への影響・意義等はほとんど報道されることも、記載されることもなかったのである。

このことを痛感したのが「平和国家」への言及である。当日は、新聞等は大々的に報道したが、その後はまったく報道がなされていない。従って戦後七〇年、「平和国家」は、戦後すぐの九月に昭和天皇から出されているにもかかわらず、完全に無視され続けてきたのである。「平和国家」は、憲法に、否、戦後そのものに大きな影響を与えてきたにもかかわらず、である。

たしかに、戦後初期の段階では、天皇制は国民から信頼を失っていたので、多くのメディアにとって、さらには国民にとって天皇の地位などは意識の外にあったことは事実であったとしても、権力を握ったＧＨＱは、「天皇と日本政府」を通じて権力行使をし、昭和天皇と日本政府の動向を注視し、政策の立案と命令を出してきているのである。

また、「秘密議事録」に関しても、日本国憲法の成立過程にとって必須とも言い得る第一級の史料である。条文作成の過程が解明できる必須のものではなかったのか。こういう記録を五〇年近くも㊙のままにしてきた政治家は言うまでもなく、マスメディアも研究者も公開を促す努力をしてこなかったその責任は極めて大きいと言わなくてはならない。それでどうして「押しつけか否か」などという議論ができたのであろうか。

日本政府とGHQという、議会(国会)抜きの二項対立の政治へのあり方は、憲法制定過程から始まり、七〇年間の日米行政府による戦後体制そのものであるとも言えよう。なかでも「芦田修正」の誕生の過程を調べながら、その感を強くした。

当然のことながら、芦田修正は「秘密議事録」が公開される以前に芦田自らの解釈によって、芦田修正の中身はほぼ構築されていた。その後、八〇年代から九〇年代にかけて、『芦田均日記』の公刊、「秘密議事録」の公表があって、芦田の「修正」への「解釈」は、なんら根拠のないものであることが判明した。

しかし、「秘密議事録」への読み込みが不十分であったこともあり、「秘密議事録」の芦田修正の部分は、事の片面のみしか解されることなく今日に至っている、と言わざるを得ないだろう。あらためて「秘密議事録」をひもといて見ると、「片面」でしかないことを知ることが出来る。よく知られている如く憲法九条は、つぎのようである。

日本国民は、正義と秩序を基調とする国際平和を誠実に希求し、国権の発動たる戦争と、武力による威嚇又は武力の行使は、国際紛争を解決する手段としては、永久にこれを放棄する。

前項の目的を達するため、陸海空軍その他の戦力は、これを保持しない。国の交戦権は、これを認めない。

傍線の部分が、小委員会、特別委員会で修正された部分であり、それ全体が「芦田修正」とされてきた部分であるが、なかでも「芦田修正」の核となる部分は「前項の目的を達するため」であった。

しかし、「秘密議事録」を読み返してみると、GHQ案にも、政府案にもなかった「国際平和を誠実に希求し」の部分と、「前項の目的を達するため」の部分とがあって、前者は主として鈴木義男が、後者は主として芦田が主張し、修正されている。しかもこの両者は、同日(一九四六年八月一日)に審議されて一体のものとして修正が行われている。

ところが、再軍備が叫ばれるなかで芦田が強調したかったこともあり、いわゆる「芦田修正」のみが一人歩きして、一方の「国際平和を誠実に希求し」の修正は、今日に至るまでまったく顧みられることもなかったのである。

そうしたなかで、九条は「マッカーサーがつくった」とか、「押しつけられた」といった言辞が強調され、それと共に「自衛戦争合憲論」の「芦田修正」のみが伝搬されてきたことになる。まさに憲法九条は、長きにわたって「片肺飛行」を続けてきたことになるのである。

みじかい春の触媒効果

あらためて事実を検証してみると、日本国憲法の民主主義や平和主義に貢献したのは、やはりＧＨＱが草案を提出した点にあることは言うまでもないであろう。しかし、それと共に、鈴木安蔵などの少数の知識人の集団である憲法研究会、あるいは帝国議会での社会党所属の衆議院議員・鈴木義男や森戸辰男の活躍は、非常に大きかったと言わざるを得ない。

鈴木安蔵は、軍国主義の下にあって自由民権家が残した私擬憲法案の研究成果を基に、ＧＨＱ案に先んじて地下水のごとく湧き出た民主化案を公表し、ＧＨＱに対しても大きな影響を与えてきた。しかしその動機を与えたのはＧＨＱのハーバート・ノーマンであった。また鈴木義男と森戸辰男は、とくに議会を通じ平和主義、生存権といった重要な条文の修正を行っている。かれらは、社会党の所属議員であったが、最初に出した「社会党憲法案」から大きく飛躍して平和主義と民主主義の修正案を生み出したのであった。その後は社会党の憲法案やＧＨＱの政策を凌駕する内容を紡ぎ出した。それはまさに、占領軍としてやってきたＧＨＱの政策の触媒効果、あるいは啓発され、勇気づけられた結果としか言いようがない。

また、「日本化」された日本国憲法のハイライトとなる条文は、長年秘密扱いであった「秘密議事録」から判明した場合が多いが、それは衆議院が開会して一カ月ほどした七月末あたりから現れている。なにしろ、保守政党の自由党・進歩党は、長年天皇制に凝り固まった政治家が多く、公職追放を受けた議員が含まれたこともあり、片や社会党はその数カ月前に衆議院議員になったばかりの議員であったし、どちらも政府の憲法案の問題点が明らかになり、同時に率直に言えば多くの代議士も民主主義を学び始めたばかりであったので、理解するのに時間を要したのである。

政府案の条文、それはGHQの側も考えていなかった修正案が生まれたのであるが、代議士たち自身も自らの従来の考え方を「修正」する時でもあったのである。それは、憲法九条がGHQ案も政府案も「戦争の放棄」のみが規定され、「平和」が盛り込まれていなかったなかで、九条一項の「戦争と、武力による威嚇又は武力の行使」の放棄を規定した条文の冒頭に、「国際平和を誠実に希求し」を加えたのであった。

それは議会の小委員会の長い議論の末のことであったが、同時にGHQ案の前文にあった平和主義の精神の触媒効果だとしか言いようがないのである。

しかもその提案は、社会党の提案だとは言え、主としては鈴木義男や森戸辰男の個人の努力によっており、一方、芦田均も、自由党の議員とは言え特別委員会の小委員長として、彼らは互いに意気投合していたのである。その前後には、「国民至高」から「国民主権」へと前文と一条が修正され、あるいは二五条一項に生存権の新設がいずれもGHQとの間で行われている。それはまさに人と人が、勝者敗者を超えて織り成した成果であった。

短い期間ではあったが制定過程を俯瞰してみると、憲法議会が始まって一カ月後から、民主化条項は開花し始め、憲法が施行される頃までは持続したのであった。それは、確かに「みじかい春」であったが、「日本の青春」でもあった。

ＧＨＱ案を基にした政府案の重要な条文の修正に成功した鈴木義男は、「きわめて自由な気分で、朗らかな気分」であったと回想し、憲法の口語化を実現した裁判官の三宅正太郎は、一九四六年という年は、「ほかの事柄がなくとも、この(口語化を実現した)ことだけで永久に記念すべき年」だと歓喜の声を上げた。

憲法改正特別委員長の芦田均は、政府案の修正を成し遂げ、衆議院本会議での「特別委員会報告書」を読み上げる際には、いささか興奮気味に、かくのごとく宣言したのであった。「改正憲法の最大の特色は、大胆率直に戦争の放棄を宣言したことであります。是こそ数千万の人命を犠牲とした大戦争を体験して、万人の斉しく翹望する所であり、世界平和への大道であります」。

それはまた、ＧＨＱの側でも同様であった。たしかに厳しい対立関係にあったことは、本来「敵・味方」であるのであるから当然なことであるが、議論を重ねるなかで、互いの信頼関係が創られたことも忘れてはならないだろう。事実上の憲法改正の最高責任者であったケーディスが、かの「主権」問題という険しい対立のなかで、首相官邸を訪問した際に、居並ぶ金森大臣、入江法制局長官、佐藤次長を前に、こんな挨拶から議論を始めたという。「松本草案以来、自分は日本政府の人々と数ヶ月にわたり仕事を共にしてきて in one team にいるような気がしている。今日の訪問もまったくその spirit に出たものである。」（佐藤達夫著・佐藤功補訂『日本国憲法成立史　第四巻』〈有斐閣、一九九四年〉六八四頁）

そこには、リップ・サービスもあったことは間違いないが、それとともに、いかにもケーディスらしい、他のＧＨＱの高官とは違った、思慮深く如才のない言葉遣いを感ずるのである。

共に過ごした「みじかい春」は、お互いによりよき近代憲法を産み出したいという、国境を越えた「憲法制定の父《ファウンディングファーザーズ》」たらんとする改革の情熱を感ずるのである。

ところが、「みじかい春」は長続きしなかった。憲法施行からわずか一両年のうちに、冷戦の波はアメリカを通して日本を「平和と民主主義」から「再軍備と経済復興」へと激変させるのである。ある者は、再び節を変え、ある者は沈黙し、ある者は抵抗した。ケーディスは、アメリカの対日政策の転換とともに日本を離れ、陸軍省を去ったのであった。

少数派だった体制派

日本側の憲法改正案は、政府の、いわゆる松本案と言われ、これを中心に憲法制定過程は長い間論じられてきた。著者もその一人であった。しかし、それは根本的に間違っていたのではないのか。もちろん、体制史観を歴史だと見る人々はともかく、憲法制定にあたって松本案は、体制内部はもとより体制外にも多様な案があった。ただ最終的には「自信家」の松本のいう通りになったので外面的には松本が政府側の中心にいたと見えたに過ぎないのではないのか。

憲法研究会は、松本案がＧＨＱに提出されるよりもかなり早い段階で、憲法案を提出しており、天皇を「栄誉ノ淵源ニシテ国家的儀礼ヲ司ル」とその地位を定め、限定を一切つけない人権条項を定めた。この案はもちろん政府にも届けられたが、松本が参照した形跡はない。一方、ＧＨＱはＧＨＱ案起草にあたって参考にしていた。

また松本烝治は、一九四六年二月七日に閣議の承認を得ることなく昭和天皇に拝謁して提出しているが、「統治権の総攬者」たる天皇の意見を聞くこともなく、その翌日の八日にＧＨＱに松本案を提出している。ところが天皇が松本案を読んだのは九日のことであり、しかも疑問を呈している。天皇はポツダム宣言を意識して、憲法改正を考えていたことが窺えるが、記録を見る限り、統治権の総攬者たる天皇の意を体して政府案をＧＨＱに提出したとは言い難い。

その松本案が閣議に提出される以前に、陸軍は「軍規定条項」を明治憲法から削除することを幣原内閣に提起している。しかも、松本が委員長を務めた憲法問題調査委員会の委員である宮沢俊義らが起草した松本乙案も軍規定条項を削除しているのである。これは、軍規定＝戦争放棄を意味するわけではないが、松本案とは異なる。

このように政府の憲法案を見直せば、松本案が中心ではなく、さらにはＧＨＱ案の対極に松本の政府案があった訳でもなく、ＧＨＱに近い憲法案が存在していたことになる。

さらに、帝国議会での議論からは、当時は議員の数では多数であり体制側にあった自由・進歩の両党は、ほとんど憲法論義から遠く離れており、たいした意見を出した形跡もなく、いわんや議論を主導できる場にはいなかったのである。議論の中では「押し黙っていた」議員のなかから、一〇年後の冷戦期に入ってＧＨＱの「押しつけ」を言い出す構図がつくられてきたのである。

本土から無視され続けた沖縄

一九四八年五月にマグルーダー米陸軍次官にマッカーサーが答えた内容は、憲法に戦争放棄条項を盛り込んでも、沖縄を米軍の強固な要塞にすれば、本土が戦争放棄をしてもソ連の侵略から本土防衛は可能だ、というものであった。

本書は、このマッカーサー発言を一つの根拠として、九条論を構成した。この拙論に対して、肯定的な論は極めて少ない。もちろん、戦争放棄は幣原の発案だという論は、著者から見れば論外だが、このマッカーサー発言は、国際関係の文脈からのみ考察されているとの批判がある。

しかし、このマッカーサー発言は国内の政策から見ても符合するのである。衆議院議員選挙法の改正は、明治憲法を改正して男女平等の憲法を誕生させる意図をもった改正であったと考えられるが、それは一九四五年一二月という極めて早い時期に行われている。しかもなんとその一方で沖縄県民の選挙権が停止される措置がとられているという事実である。

日本側からも昭和天皇が、一九四七年九月に、宮内庁御用掛の寺崎英成を通じて米国務省に宛てて、沖縄を米国に長期貸与するメッセージを送った(いわゆる「天皇メッセージ」)ことはよく知られている通りである。

さらに、それとともに、本書では言及していないが、GHQは一九四六年二月段階で、本土在住の朝鮮人、台湾人と共に沖縄県民に対して住民登録を命じている(しかも「沖縄県民」という言葉は使用しておらず、原文では「琉球人(Ryukyuans)」を使用)。これぞ、沖縄県民と旧植民地住民とから「移動の自由」を奪うためであったことは明白である(この点に関しては、豊下楢彦・古関彰一著の近刊〈みすず書房〉を参照願いたい)。しかも、基地建設は、米軍の沖縄上陸と共に始まっている。

つぎに注目したいのは、「(衆参)両議院は、全国民を代表する選挙された議員」という憲法四三条は、そもそもGHQ案にはなく、日本政府との協議で、参議院の設置との関係で挿入されたのである。この際、GHQも日本政府も、さらには議会においても、「沖縄県民は全国民に含まれないのか」と誰一人として疑問を呈していない。

そもそも、憲法前文で「恐怖と欠乏から免かれ、平和のうちに生存する権利を有する」

と高らかに謳った時、沖縄県民は、憲法はじめ日本の法制度から完全に除外されて、基地の建設に「恐怖」を感じ、「欠乏」のなかでサトウキビをかじりながら生きていたのである。

たしかに昭和天皇が沖縄戦の敗北を知った段階で、「戦後」のあり方を考え、「平和国家の確立」を提起したが、著者が見るところでは、沖縄戦の敗北の結果が「戦争の終結」に繋がり、「平和国家」を生み出すことになったとは、どこにも表明していない。しかも、そうした問題を憲法問題だと考えもせずに戦後を歩んできた、著者も含めて本土の国民の責任は極めて大きいと言わざるを得ない。

日本国憲法の前文にも条文にも、「沖縄」という言葉はどこにも現れていないが、沖縄は日本国憲法の常に根元にあって呻吟し続けている。

戦間期が落とした戦後への影

憲法七〇年とは、憲法の制定にあたっていかなる制約の下で憲法が生まれたのかを解き明かす時でもある。

本書は、憲法九条にかなりの紙数を割いてきたが、「戦争の放棄」は、マッカーサー＝GHQの発案であることは間違いなく、かりに幣原の発案であり、GHQ案が発せられる以前にマッカーサーに進言していたとすれば、GHQ案で「戦争の放棄」が示された時、幣原は首相として閣議で真っ先にGHQ案に賛成したであろう。あるいは、GHQ案を基礎にした政府案が閣議にかけられ、議会に上程された際に、九条に「戦争の放棄」はあるが肝心な「平和」が書かれていないと言ったに違いない。しかし実際は、GHQ案が閣議に提出され、困惑している閣僚からの要請で幣原はわざわざGHQに出かけていって、マッカーサーに教えを請い、マッカーサーから「followersが無くても日本は失ふ処はない」などとなぜ諭されなくてはならなかったのか。加えて議会では九条についてなんの発言もしていないではないか。「九条の発案者は幣原だ」という発言をしているのは、日本が再軍備に踏み切った後のマッカーサーと幣原しかいない。あるいは、「マッカーサーが言った」、「幣原が言った」という回想記しか残っていないではないか。そういう陥穽に気づかないのであろうか。

憲法九条は、幣原の発案だと主張する人々は、それは心の底では日本人の発案であって欲しいのであろうか。しかし、願望では学問にはならないのだ。さらにそれ以上に「平和」に貢献するのであれば、何人《なにじん》であろうと関係ないではないか。平和に国境はないのだ。

そしてまた、幣原で想起しなければならないことは、幣原が外務大臣をしていた(一九二四〜二七、二九〜三一年)当時、戦争放棄条約(当時は通称「不戦条約」)が締結されているということである。

戦争放棄条約は、自衛権を締約国の解釈にまかせてきた。満州事変を阻止できなかったのもその結果だ。そのためGHQは、「戦争の放棄」でなく「戦争の廃止」としてきたが、その一方でGHQ案の第二章の表題を「戦争の放棄」と表現するなど、必ずしも熟慮の選択から「廃止」を選んだとは考えられない。

いわんや、日本側は、「戦争」と「紛争」を区別して考えられる準備も、conflictを「紛争」と訳す前には「争議」という労働争議のごとく訳していたほどであった。

さらには、第一次大戦(欧州戦争)における総力戦の悲惨な現状を国民は十分に伝えられず、従って反戦運動など違法であり、まったく限定的なものであった。それがアジア・太平洋戦争を可能にし、戦後も戦争の実相すらも国民が理解するために長い時間を要することになっている。

こう考えてみると、第二次大戦開始以前、つまり戦間期の自国民中心の戦争観、しかもあったとしても平和観が、戦後に影を落としていることを知らされるのである。それはまた「戦後」だけを見ていても「戦後」は見えてこないことを教えている。歴史を記憶し、歴史を忘れないことが、未来をよりよく生きるために、いかに大きな意味を持つのか、思い知らされるのである。

問われ続けてきた「警察力」

平和憲法の七〇年は、軍備強化の七〇年でもあった。とはいえ、その間にあって大きな声とはならなかったが、「警察力」が常に問われてきた。

そもそも日本国憲法を審議した第九〇回帝国議会に先立って、当時は枢密院が設置されていたが、そこでの審議にあたり、顧問官であった野村吉三郎は、「コースト・ガードのようなもの」の設置の必要性を述べている。「コースト・ガード」とは、「沿岸警備隊」とでも言ったらいいのだが、どこの国でも「警察」として設置されている。日本ではその後「海上保安庁」という名称となったが、英語名はCoast guardである。

日本の対外的な安全は「海」であるが、どういうわけか「陸」が侵略されたのは十三世紀の「元寇」に過ぎないのに「陸」が注目されている。陸についても軍が禁じられるなかで、「警」が検討されてきた。

貴族院の審議でも南原繁は主張してきたが、その後の憲法問題研究会の講演で、「私の意見は、新憲法における戦争否定と軍備廃止の精神はあくまで維持すると同時に、憲法制定のとき以来問題になっている厳密な意味の自衛のための最小限の武力の保持は警察という名分と機能の範囲において認めることである」(南原繁「第九条の問題」『南原繁著作集　第九巻』一三三頁)と主張してきた。

たしかに、憲法で戦力が否定されているので、それに代わる警察力の設置を構想したと考えられるが、衆議院で九条の政府案に「国際平和」を挿入させた鈴木義男は、さらに積極的に警察力の意義を位置づけていたようで、憲法施行直後の著書でこう論じている。

かりに、防衛の必要があるとしても、その防衛を各国の自力にだけ委せずに、集団の力によって保障しようというのが、国際連合の新使命である……今日の世界は団結の力をもって、戦争を弾圧し、平和を保障しようとしているのである。国家連合は将来……侵略戦争であると認定すれば、それをやめるように勧告するのである。それでもきかない場合には、国家連合が編成する国際警察軍というものをさし向ける。」(鈴木義男『新憲法読本』〈鱒書房、一九四八年〉三七～三九頁)

その後、日本は自衛隊を設置し、軍隊の再建を始めるが、国際舞台ではカナダの外務大臣レスター・ピアソンの提案で、一九五六年、それは日本が国連に加盟した年であるが、国連総会は「国連緊急軍」を設置する。ＰＫＯの始まりである。

日本では、三年後に政治学者の坂本義和が、論文「中立日本の防衛構想」(坂本義和「中立日本の防衛構想――日米安保体制に代るもの」『世界』一九五九年八月号、四二頁以下)で、「国連警察軍」構想を打ち出すが、現実政治からは受け入れられなかった。

しかし、冷戦の終結を受け、現実に国家対国家による国際法上の「戦争」が姿を消し、それ以外の「紛争」、「国際テロ」が続発する中で、国際社会から日本へＰＫＯの派遣が要請される時代を迎えることになった。

そうしたなかで坂本は、再び「国連警察軍」型の構想を提案している。それによれば、「日本はＰＫＯに参加すべきであるが、軍事的強制行動型のＰＫＯには参加すべきでない」

としつつ、「戦闘目的でなく、違った任務を負うものであるから、自衛隊の派兵はしない。PKOの目的に最も合致した別組織を、PKOの待機部隊として常設すべきである」とし、「警察機動隊の国連版ともいうべきもの」を構想していた(坂本義和「平和主義の逆説と構想」『世界』一九九四年七月号、三三〜三四頁)。

この坂本構想は、現実政治の下では再び受け入れられず、日本中心で軍隊組織の部隊派遣となった。さらに安全保障法制のなかで「自衛権の発動に至らない警察権の範囲」が問題になるなかで、「マイナー自衛権」などと言われ、自衛権と警察権の間が「グレーゾーン」とも言われてきたが、もはや警察権による安全の確保が否定できないにもかかわらず、すべてを「自衛権」の拡張につなげている現実がある。

つまり、現在の「戦争」は、かつてのそれとは異なり、軍事力を行使すること自体が困難で、行使しても現状が悪化するのみであり、平和の回復などまったく望めない時代を迎えたのである。かつて日本国憲法が誕生した時点では戦争を「放棄」したことを消極的に支持し、警察で補おうとした構想は遥か遠い昔の構想となり、いまや警察が主体となって平和構築をすることが、武力行使などよりも政治の上で遥かに現実的となったのである。

二〇〇五年、世界から専門家がスペインに集まって国連緊急平和隊(UNEPS: United Nations Emergency Peace Service)の「提案」がなされている。それによると、「大量虐殺、戦争犯罪、人道に対する罪を防止する」ことを目的とし、組織は機動性のある常設機関とし、隊員は「自由意志に基づく個人」からなり、発足時は最大一万五〇〇〇人を想定し、「専門的かつ言語能力」を有し、活動は「人権、ジェンダー、治安(police)、軍務(military service)、人道支援、司法手続き並びに刑罰問題、紛争構造の転換と環境保護」にわたるという。まさに少数の専門家が、かつての軍隊のように大部隊で、「力」を誇示する組織には縁遠い。「平和隊」といっても軍事に関わるが、その軍事は、旧来の軍隊(army, armed forces)、日本の場合は自衛隊(self-defense forces)だが、そうではなく、ここでの「平和隊」や「軍務」の原語は service である。つまり、「力」(force)の時代ではなくなったことを意味しているといえよう(Annie Herro, *UN Emergency Peace Service and the Responsibility to Protect*, Routledge, 2015, p. 4)。

日本でも、対外的に「海」では、警察組織の海上保安庁が、「陸」では、あまり知られていないが、テロ対策を目的としてSATが編成されている。

SATとは、Special Assault Team、つまり「特殊急襲部隊」である。一九九六年四月に警察庁の通達によって編成され、警視庁を中心に総員約三〇〇名と言われる。いまや、人々の安全を軍隊で守れる時代ではない。これこそ現実である。重装歩兵が遠い昔になったように。その意味で、日本国憲法は、「みじかい春」に生まれた「遅咲きの春」なのかもしれない。ただし、「平和」の準備は未だ出来ていない「平和国家」なのであるが。

「戦争の放棄」から「戦争の廃止」へ

「戦争の廃止」はGHQ案のなかで現れ、瞬時に消え去り、日本国民に知られる機会はなかった。しかも、それはまた憲法施行七〇年まで知られることはなかった。

たしかにその動機は、日本が二度と戦争ができない国にしたいというマッカーサー＝GHQの決意からきていることは、間違いないであろう。なにしろ、有史以来人類は平和を求め平和に裏切られ、戦争に訴えその悲惨さを知って生きてきたのである。それだけに「総力戦」という「皆殺し」が可能になった時代から、戦争違法化の法的合意を求めてきたことになる。

第一次大戦後に、自衛権を議論の外に置いた戦争放棄条約を、あるいはその後の国連憲章は、「武力攻撃」という広い概念を用いて、発生した場合は、国連が「必要な措置」を執るまでの間、「個別的又は集団的自衛の固有の権利」を有する(五一条)と戦争をしにくくしてきたが、いまや逆にこの条文を最大の根拠に各国は軍事化を合理化し推進している有様である。

こうして人類はほぼ一世紀に亘って戦争の違法化を求めてきたがそのたびに戦争は、簡単にはできなくはなったが、なくならなくなった。しかし、はっきりしてきたことは、いまの戦争、あるいは「恐怖と欠乏」に対して法的に問われていることは、自衛権である。自衛権のために多くの生命が奪われている。

昭和天皇による「平和国家」は、その後、宮沢俊義によって「国是」とも言われてきているが、「国是」とは、政治規範に過ぎず、法規範ではない。憲法九条を前文で定めようとしていた考えは、憲法制定時にGHQにも日本政府にもあったが、それは、政治的な宣言、プログラムにしてしまうことだ。九条という法規範があったからこそ、なかでも九条一項の「戦争の放棄」だけではなく、二項の「軍備不保持」が一体化されているから、われわれの平和は辛うじて護られてきたのではないのか。

しかし、戦争放棄条約の経験、その後の日本国憲法の「九条一項はいいが、二項は全面削除」という憲法改正の主張を考えれば明白なように、いまや「戦争の放棄」ではなく「戦争の廃止」が、「全面的廃止」が求められているのである。著者は、本書でGHQが「廃止」を定めた背景には「奴隷制の廃止」の発想があったと書いた。ここには人類が世紀を超えて渇望してきた願望が込められているのではないのか。

奴隷制廃止以来、人類が渇望してきた願いには、「死刑の廃止」があり、二十世紀後半からは「核(兵器)の廃止(あるいは廃絶)」がある。いずれも人類の生命にかかわっており、生き残り(survive)をかけての「廃止」である。

従って、この「廃止」には、さまざまな形の反対がある。奴隷制の廃止は、長い年月がかかって米国などでは憲法で禁じられているが、「奴隷」類似の労働などは未だ多くの国でなくなっていない。「死刑」の場合も、世界的には死刑廃止国は多数を形成しているとはいえ、それにかわるのが終身刑という重い刑であるし、さらには犯罪被害者からの反対が強く死刑が残っている国もある。日本の場合は、日本弁護士連合会が二〇一六年に「死刑廃止宣言」を出しているに過ぎない。

「核(兵器)の廃止」は、日本の場合は被爆体験をもとに被団協(日本原水爆被害者団体協議会)が「核兵器廃絶」を訴えており、福島の原発事故以降「核廃止」を叫ぶ人々も出てきている。しかし、「戦争の廃止」は、誰も言わない。

戦争を「政治の手段」や「戦略」と考えている限り、戦争は永遠になくならないであろう。いまや「戦争」、広くは「武力行使」は、人類の問題を超えて、動植物を含む「生ける生物とともに生命の問題」になってきている。自然環境の問題でもある。

奴隷制、死刑、核(兵器)の廃止も長い議論と時間をかけて、紆余曲折を経て困難のなかで徐々に広がりを見せている。この三つの「文明への挑戦」に、戦争を加えて、「戦争の放棄」から「戦争の廃止」へと向かうこと、それは日本国憲法が制定過程を通じて「発見」した新しい人類の課題ではないのか。

注

I

（1）宮内庁編『昭和天皇実録　第九』（東京書籍、二〇一六年）七〇五〜七〇六頁。
（2）大田昌秀編著『これが沖縄戦だ　改訂版』（那覇出版社、二〇〇二年、二一一頁）を基本に、沖縄県教育庁文化財課史料編集班編『沖縄県史　資料編23　沖縄戦日本軍史料　沖縄戦6』（二〇一二年）により補正した。
（3）河辺虎四郎『河辺虎四郎回想録』（毎日新聞社、一九七九年）一五八頁。
（4）迫水久常『大日本帝国最後の四か月』（オリエント書房、一九七三年）一九七〜一九八頁。
（5）防衛庁防衛研修所戦史室編『大本営陸軍部10』（朝雲新聞社、一九七五年）五一二〜五一三頁。
（6）第八九回帝国議会衆議院本会議録第二号、一一頁、一九四五年一一月一八日。

II

（1）豊下楢彦『昭和天皇の戦後日本』（岩波書店、二〇一五年）六三頁以下。
（2）松尾尊兊「昭和天皇は真珠湾攻撃の責任を東条元首相に転嫁した」『論座』（二〇〇七年二月）一三五頁。

（3）竹前栄治『ＧＨＱ』(岩波新書、一九八三年)四五〜四六頁。

（4）憲法調査会『憲法制定の経過に関する小委員会　第九回議事録』一九五八年(以下『憲調小委・第九回録』と略記)三頁。

（5）座談会「憲法は二週間で出来たか？」『改造』一九五二年四月増刊号における岩淵発言。一四頁。

（6）住本利男『占領秘録』(毎日新聞社、一九六五年)七八頁。

（7）岡義武『近衛文麿』(岩波新書、一九七二年)二〇頁以下。

（8）奥村勝蔵「近衛公爵とマッカーサー元帥」林正義編『秘められた昭和史』(鹿島研究所出版会、一九六五年)二六八頁。

（9）奥村勝蔵、前掲書、二七二頁。

（10）奥村勝蔵、前掲書、二七六頁。

（11）「近衛国務相、マッカーサー元帥会談録」外務省外交文書、マイクロフィルム・リール番号A′〇〇九二、外交史料館所蔵。

（12）The Acting Political Adviser in Japan (Atcheson) to the Secretary of State, 10 Oct. 1945, Foreign Relations of the United States, *FRUS, 1945*, Vol. VI, p. 739

（13）奥村勝蔵、前掲書、二七九頁。

（14）The Acting Political Adviser in Japan (Atcheson) to the Secretary of State, 4 Oct. 1945, *FRUS, 1945*, Vol. VI, p. 736

（15）高木八尺著、根岸富二郎訳「日本の憲法改正に対して一九四五年に近衛公がなした寄与に関す

る覚書」(憲法調査会事務局『憲資・総第三十六号』一九五九年)二〜三頁。

(16) The Acting Political Adviser in Japan (Atcheson) to the Secretary of State, 10 Oct. 1945, *FRUS, 1945*, Vol. VI, p. 739

(17) 斎藤眞他編『アメリカ精神を求めて——高木八尺の生涯』(東京大学出版会、一九八五年)一〇〇頁。

(18) 『朝日新聞』一九四五年一〇月一三日。

(19) 憲法調査会『憲調小委・第九回録』四五頁。

(20) 松本烝治口述「日本国憲法の草案について」(憲法調査会事務局『憲資・総第二十八号』一九五八年)四頁。

(21) 『毎日新聞』一九四五年一〇月一六日。

(22) 『毎日新聞』一九四五年一〇月一六日。

(23) 佐藤功『憲法改正の経過』(日本評論社、一九四七年)二〇〜二一頁。

(24) 佐藤功、前掲書、二三頁。

(25) *New York Herald Tribune*, 26 Oct. 1945. フランク・ケリー(Frank Kelley)記者はこの記事で従軍記者の立場からであろうが、マッカーサーを非難してはいない。むしろ近衛が戦後民主化を促進することとなることを望んでいる、と報じている。

(26) 袖井林二郎『マッカーサーの二千日』(中央公論社、一九七四年)一六四頁。

(27) 稲田正次『明治憲法成立史の研究』(有斐閣、一九七九年)二四九頁。

(28) 憲法調査会『憲調小委・第九回録』三七頁。

(29) エマーソン著、宮地健次郎訳『嵐の中の外交官』(朝日新聞社、一九七九年)二二七頁。
(30) The Secretary of State to the Acting Political Adviser in Japan (Atcheson), 16 Oct. 1945, *FRUS, 1945*, Vol. VI, p. 757
(31) 憲法調査会『憲調小委・第九回録』一九頁。
(32) 『朝日新聞』一九四五年一一月三日。
(33) 『朝日新聞』一九四五年一一月三日。
(34) 憲法調査会『憲調小委・第九回録』三九頁。
(35) 馬場伸也「占領とノーマン」『思想』六三四号(一九七七年四月)五八頁。
(36) 『ハーバート・ノーマン全集』第二巻(岩波書店、一九七七年)三四五頁。
(37) トーマス・A・ビッソン著、中村政則、三浦陽一訳『日本占領回想記』(三省堂、一九八三年)。二〇八頁以下に調書の概要が付されている。
(38) 高橋紘、鈴木邦彦『天皇家の密使たち』(現代史出版会、一九八一年)二〇頁。
(39) H・E・ワイルズ著、井上勇訳『東京旋風』(時事通信社、一九五四年)五三〜五四頁。
(40) The Acting Political Adviser in Japan (Atcheson) to President Truman, 5 Nov. 1945, *FRUS, 1945*, Vol. VI, p. 827
(41) 佐藤達夫『日本国憲法成立史』第一巻(有斐閣、一九六二年)二一二〜二一三頁。
(42) 田畑忍編『佐々木憲法学の研究』(法律文化社、一九七五年)三一一頁。
(43) 外務省外交文書、マイクロフィルム・リール番号A'〇〇九二。
(44) 田畑忍『佐々木博士の憲法学』(一粒社、一九六四年)一六一頁。

(45) The Acting Political Adviser in Japan (Atcheson) to the Secretary of State, 7 Nov. 1945, *FRUS, 1945*, Vol. VI, p. 837

III

(1) 色川大吉「自由民権運動と鈴木安蔵」鈴木安蔵博士追悼論集刊行会編『日本憲法科学の曙光』（勁草書房、一九八七年）二一頁。なお色川大吉『自由民権』（岩波新書、一九八一年）では四十数種とある（一〇五頁）から、その後数年で多数発見されたことになる。

(2) 寒川道夫『人間教師として生きる』（新評論、一九七八年）二九〇頁。

(3) 大島清『高野岩三郎伝』（岩波書店、一九六八年）。

(4) 『朝日新聞』一九四五年一〇月二六日。

(5) 鈴木安蔵『憲法学三十年』（評論社、一九六七年）二二四頁。

(6) 憲法調査会『憲調小委・第二一回録』三頁。

(7) 『新生』のみならず、『新生活』『新警察』などと、なにかと「新」のつく誌名の多い時代であった。奥泉栄三郎編『占領軍検閲雑誌目録・解題』（雄松堂書店、一九八二年）。

(8) 鈴木安蔵「憲法改正の根本論点」『新生』一巻二号（一九四五年一二月）二三頁。

(9) 一九八一年七月二〇日、東京・世田谷の鈴木教授宅でのインタービュー。当日鈴木教授は日記を見ながら話された。

(10) 鈴木安蔵「憲法改正の根本論点」前掲誌、二四頁。

(11) 鈴木安蔵「憲法改正の根本問題」一九四五年一〇月。『民主憲法の構想』光文新書、一九四六年、三二頁。
(12) 鈴木安蔵「憲法改正の根本論点」前掲誌、二四頁。
(13) 鈴木安蔵『憲法制定前後』(青木書店、一九七七年)七三頁。
(14) 永井憲一作成「鈴木安蔵教授の略歴および著作目録」有倉遼吉等編『憲法調査会総批判』(日本評論社、一九六四年)三六一頁以下。金子勝「鈴木安蔵先生の思想と学問」『法と民主主義』一八七号(一九八四年五月)一八〜一九頁。
(15) 山領健二「ジャーナリストの転向」『思想の科学』一九六二年七月号。
(16) 座談会「憲法は二週間で出来たか?」前掲誌、一六頁。
(17) 井伊玄太郎「杉森孝次郎と日本文化の近代化への貢献」『早稲田政治経済学雑誌』一七七号(一九六二年一〇月)一六二頁。
(18) 室伏高信「杉森孝次郎と河合栄治郎」『理想』第八年第七冊(一九三五年一月)五七頁。
(19) 杉森孝次郎『世界人権の原則』(研進社、一九四七年)六八頁以下。
(20) 鈴木安蔵『憲法制定前後』七七頁。
(21) 鈴木安蔵「憲法改正の根本論点」前掲誌、二五頁。
(22) 宮本三郎『陪審裁判』(イクォリティ、一九八七年)四六頁。
(23) 鈴木安蔵『憲法制定前後』八五頁。
(24) 憲法調査会『憲調小委・第二一回録』における鈴木証言。一五頁。
(25) 鈴木安蔵『憲法制定前後』一〇一〜一〇二頁。
(26) 鈴木安蔵『憲法学三十年』二五九頁。

(27)　たとえば『日本近代総合年表　第四版』(岩波書店、二〇〇一年)から「一二月二六日」としている。
(28)　Hussey Papers, Reel No. 6. 国会図書館所蔵。
(29)　原秀成『日本国憲法制定の系譜　Ⅲ』(日本評論社、二〇〇六年)八七七頁。
(30)　塩田純『日本国憲法誕生』(日本放送出版協会、二〇〇八年)五六頁。
(31)　高柳賢三ほか編著『日本国憲法制定の過程Ⅰ』(有斐閣、一九七二年)二七〜三五頁。
(32)　塩田純『日本国憲法誕生』五六〜五九頁。
(33)　鈴木安蔵『憲法制定前後』九〇頁。
(34)　『新生』一九四六年二月号に公表したときにはこの「参考」部分は省略された。
(35)　高野岩三郎「囚はれたる民衆」『新生』二巻二号(一九四六年二月)二頁。
(36)　高野、前掲論文、三頁。
(37)　鈴木安蔵『憲法制定前後』九三頁。
(38)　高野、前掲論文、六頁。
(39)　『毎日新聞』一九四六年一月一九日。
(40)　『朝日新聞』一九四六年二月二四日。
(41)　『民報』一九四六年二月一六日。
(42)　加藤勘十「政治論としての憲法論」『時論』一九四六年一月号、三七頁。
(43)　『朝日新聞』一九四五年一一月一二日。
(44)　外務省外交文書、マイクロフィルム・リール番号A′〇〇九一。

(45) Draft Constitution Proposed by the Japan Communist Party, 9 Jul., 1946, U.S. National Archives, 894. 011/7-946
(46) 高木八尺、末延三次、宮沢俊義編『人権宣言集』(岩波書店、一九五七年)二九四〜二九五頁。
(47) 『毎日新聞』一九四六年一月二二日。
(48) 『毎日新聞』一九四六年一月二三日。
(49) 憲法調査会事務局『浅井清氏に聞く』(一九六一年七月)二頁。
(50) 『朝日新聞』一九四六年二月一五日。
(51) 第八九回帝国議会衆議院本会議録、一九四五年一一月二九日、六頁。
(52) 稲田正次「戦後憲法試案起草の経過」『富士論叢』(富士短期大学学術研究会誌)二四巻二号(一九七九年一一月)一〜二頁。
(53) 稲田、前掲論文、一九頁。

Ⅳ

(1) 『毎日新聞』一九四五年一〇月二六日。
(2) 佐藤達夫『日本国憲法成立史』第二巻(有斐閣、一九六四年)二五二頁。なお佐藤によれば「設置についての閣議文書は見あたらない」という。二五三頁。
(3) 田畑忍『佐々木博士の憲法学』、前掲書、一二四頁。なお松本も佐々木に「お断わりされた」と述べている。松本烝治口述「日本国憲法の草案について」(憲法調査会事務局『憲資・総第二十八号』一九五八年一〇月)五頁。

（4）松本烝治口述、前掲書、二〜四頁。
（5）阿部真之助編『現代日本人物論』（河出書房、一九五二年）一六四頁。
（6）鈴木竹雄「松本烝治先生の思い出」『法律時報』二六巻一一号（一九五四年一一月）八〇頁。
（7）佐藤功「松本先生と日本国憲法」『時の法令』一五一号（一九五四年一一月）一六〜一七頁。
（8）『朝日新聞』一九四五年一〇月二〇日、二一日、二二日。引用部分は二〇日。
（9）『毎日新聞』一九四五年一〇月二五日、二六日、二七日。
（10）外務省外交文書、マイクロフィルム・リール番号A′〇〇九二。
（11）『毎日新聞』一九四五年一〇月一九日。
（12）調査委員会の活動、議事録などは、すべて佐藤達夫、前掲書、第一巻（一九六二年）と第二巻（一九六四年）によった。
（13）佐藤達夫、前掲書、第一巻、二六四頁。
（14）佐藤達夫、前掲書、第一巻、二九六頁。
（15）佐藤達夫、前掲書、第一巻、三三五頁以下に全文掲載。
（16）佐藤達夫、前掲書、第一巻、四二三〜四二四頁。
（17）憲法調査会事務局『松本烝治氏に聞く』一二頁。
（18）入江俊郎『憲法成立の経緯と憲法上の諸問題』（第一法規出版、一九七六年）に全文が収録されており、田中聖「『野村意見書』の存在意義をめぐって」（現代憲法学研究会編『現代国家と憲法の原理』有斐閣、一九八三年所収）がその概要を整理している。
（19）佐藤達夫、前掲書、第一巻、三二六頁。

(20) 松本烝治口述、前掲書、五頁。
(21) 佐藤功ほか「座談会・宮沢俊義先生の人と学問」における佐藤の発言。『ジュリスト』六三四号(一九七七年三月二六日、臨時増刊)。
(22) 佐藤達夫、前掲書、第二巻、六二九頁以下。
(23) 『毎日新聞』一九四六年二月一日。
(24) 児島襄『史録 日本国憲法』(文藝春秋、一九七二年)二三九頁。
(25) 『毎日新聞』一九九七年五月三日。
(26) Dale M. Hellegers, *We the Japanese People*, World War II and the Origins of the Japanese Constitution, Vol. 2, Stanford University Press, 2002, pp. 515-516
(27) 憲法調査会事務局「高木八尺名誉教授談話録」(『憲資・総第二十五号』一九五八年七月)八頁。
(28) 高木八尺「日本の憲法改正に対して一九四五年に近衛公がなした寄与に関する覚書」(憲法調査会事務局『憲資・総第三十六号』)九頁。
(29) 白洲次郎「『占領秘話』を知り過ぎた男の回想」『週刊新潮』一九七五年八月二一日号からの転載、『文藝別冊・白洲次郎』(河出書房新社、二〇一六年)四五頁。
(30) 大島清『高野岩三郎伝』、前掲書、四二四頁。
(31) 佐藤達夫、前掲書、第二巻、五二三頁。
(32) 入江俊郎、前掲書、一一九〜一九〇頁。
(33) 佐藤功「旧き憲法と新しき憲法」『時論』一九四六年一月号。なお文末に「十一月十日」と記されている。

(34) 一月一九日付で「憲法改正審議会案」が作成された。全文は佐藤達夫、前掲書、第二巻、五九〇頁。
(35) 佐藤達夫、前掲書、第二巻、六四四頁。入江俊郎、前掲書、八五頁。
(36) 宮内庁編『昭和天皇実録　第十』(東京書籍、二〇一七年刊行予定)。
(37) 入江俊郎、前掲書、九二頁。
(38) 邱静『憲法と知識人』(岩波書店、二〇一四年)。
(39) 家永三郎「憲法問題研究会記録」第二冊、第一一回例会、一九五九年五月九日。
(40) 森戸辰男「平和国家の建設」『改造』一九四六年一月号、四～七頁。
(41) 高柳賢三ほか編著、前掲書、I、七五頁。
(42) 楢橋渡「新憲法製造記」『文藝春秋』一九五二年六月号。
(43) 憲法調査会編『憲法制定の経過に関する小委員会　第二六回議事録』一九五九年、七頁。

V

(1) 極東諮問委員会付託条項。外務省特別資料部編『日本占領及び管理重要文書集』第一巻(東洋経済新報社、一九四九年)二四頁。
(2) The Secretary of State to the Chairman of the Far Eastern Advisory Commission (McCoy), 27 Nov. 1945, *FRUS, 1945*, Vol. VI, p. 870
(3) 外務省特別資料部編、前掲書、第一巻、一七二～一七四頁。
(4) Hussey Papers, Reel No. 5. 国会図書館所蔵。

(5) The Acting Political Adviser in Japan (Atcheson) to the Secretary of State, 29 Nov. 1945, *FRUS, 1945*, Vol. VI, p. 870

(6) Translation of Draft Constitution Prepared by a Private Study Group known as the Constitution Investigation Association, as published Dec. 28, 1945, Hussey Papers, Reel No. 5

(7) 高柳賢三ほか編著、前掲書、I、二六頁以下に全訳収録。

(8) 高柳賢三ほか編著、前掲書、I、二頁以下に全訳収録。

(9) 高柳賢三ほか編著、前掲書、I、四一二頁以下に全訳収録。

(10) 高柳賢三ほか編著、前掲書、I、一三一頁。

(11) 大森実『戦後秘史5』(講談社、一九七五年)三二一頁。

(12) 粟屋憲太郎『東京裁判への道』上(講談社、二〇〇六年)一五三頁。

(13) R・E・ウォード著、大田昌秀訳「戦時中の対日占領計画」坂本義和、R・E・ウォード編『日本占領の研究』(東京大学出版会、一九八七年)六五頁。

(14) General of the Army Douglas MacArthur to the Chief of Staff, United States Army (Eisenhower), *FRUS, 1946*, Vol. VIII, p. 396

(15) "Planning Group"—Public Administration Branch; Memorandum by Courtney Whitney, 28 Jan. 1946. GHQ/SCAP文書、国会図書館所蔵、マイクロフィッシュ番号GS(B)〇〇五七六。

(16) 外務省特別資料部編、前掲書、第一巻、一一一頁以下。

(17) Frank E. Hays; Memorandum for the Chief, Government Section にある付表。GHQ/SCAP文書、国会図書館所蔵、マイクロフィッシュ番号GS(B)〇〇五七六。

(18) Hussey Papers, Reel No. 5

(19) 田中英夫『憲法制定過程覚え書』(有斐閣、一九七九年)五五頁の訳による。

(20) ダグラス・マッカーサー著、津島一夫訳『マッカーサー回想記』上(朝日新聞社、一九六四年)三四六〜三五一頁。Courtney Whitney, *MacArthur; his rendezvous with history*, 1956, pp. 130 & 136. Charles A. Willoughby & John Chamberlain, *MacArthur, 1941-1951*, 1954, p. 213

(21) The New Zealand Minister, Washington, to the Minister of External Affairs, 29 Jan., 1946, R. Kay ed., *Documents on New Zealand External Relations*, Vol. II, Wellington, 1982, p. 324

(22) Memorandum by Secretary General of the Far Eastern Advisory Commission (Johnson), 30 Jan., 1946, *FRUS, 1946*, Vol. VIII, pp. 124-125

(23) The New Zealand Minister, Washington, to the Minister of External Affairs, 29 Jan., 1946, op. cit. pp. 324-327

(24) 高柳賢三ほか編著、前掲書、Ⅰ、九一頁。

(25) C. Whitney; Memorandum for the Record. ＧＨＱ／ＳＣＡＰ文書、国会図書館所蔵、マイクロフィッシュ番号ＧＳ(Ｂ)〇〇五七六。

(26) C. Kades; Memorandum for the Chief, Government Section. ＧＨＱ／ＳＣＡＰ文書、国会図書館所蔵、マイクロフィッシュ番号ＧＳ(Ｂ)〇〇五七六。

(27) 高柳賢三ほか編著、前掲書、Ⅰ、四三頁。

(28) 高柳賢三ほか編著、前掲書、Ⅰ、九九頁。

(29) 高柳賢三ほか編著、前掲書、Ⅰ、一〇一頁。

(30) 高橋紘『昭和天皇 1945–1948』(岩波現代文庫、二〇〇八年)三三二頁以下。
(31) 連合国最高司令部民政局編「日本の新憲法」(憲法調査会事務局『憲資・総第一号』)四七頁。
(32) 高柳賢三ほか編著、前掲書、I、一二九頁。
(33) 宮沢俊義編『世界憲法集』(岩波文庫、一九八三年)六九頁以下。
(34) 宮沢俊義編、前掲書、六六頁、ベルギー憲法にたいする清宮四郎の「解説」。
(35) 連合国最高司令部民政局、前掲書、二九頁。
(36) 連合国最高司令部民政局、前掲書、一九頁。
(37) 連合国最高司令部民政局、前掲書、二〇頁。
(38) 古川純「憲法史の論点——日本国憲法成立史を中心に」『ジュリスト』七三一号(一九八一年一月一日)三三頁。
(39) 高柳賢三ほか編著、前掲書、I、九七頁。
(40) 芦部信喜『憲法講義ノートI』(有斐閣、一九八六年)九一頁。
(41) 連合国最高司令部民政局、前掲書、二九頁。
(42) 高柳賢三ほか編著、前掲書、I、一一一〜一一二頁。
(43) 田中英夫、前掲書、七〇〜七三頁。人名、地名は田中訳による読み方を変えて引用したところもある。なお原文は Hussev Papers, Reel No. 5

(44) 週刊新潮編集部編『マッカーサーの日本』(新潮社、一九七〇年)一一六頁。

VI

（1）　袖井林二郎、福島鋳郎編『マッカーサー』(日本放送出版協会、一九八二年)二四六頁。

（2）　ダグラス・マッカーサー著、津島一夫訳『マッカーサー回想記』下(朝日新聞社、一九六四年)一六四頁上段。

（3）　『朝日新聞』一九六四年二月一五日。『南原繁著作集』第九巻(岩波書店、一九七三年)一四〇頁。

（4）　憲法調査会『憲法制定の経過に関する小委員会　第四七回議事録』(大蔵省印刷局、一九六二年)三二六頁。

（5）　たとえば、深瀬忠一『戦争放棄と平和的生存権』(岩波書店、一九八七年)、芦部信喜著・高橋和之補訂『憲法・第四版』(岩波書店、二〇〇七年)など。

（6）　松本烝治口述、前掲書、八頁。

（7）　『芦田均日記』第一巻(岩波書店、一九八六年)七七頁。

（8）　佐藤達夫著・佐藤功補訂『日本国憲法成立史』第三巻(有斐閣、一九九四年)六二〜六三頁。

（9）　憲法調査会編「憲法制定の経過に関する小委員会報告書案(第一分冊)」一九六一年七月、三六二頁。

（10）　鈴木安蔵『憲法制定前後』二一二頁。

（11）　Encyclopedia Americana, International edition, Scholastic Library Publishing, 2004, Vol. 1, p. 42

（12）　George W. Van Cleve, A slaveholder's union; Slavery, politics, and the constitution in the early American Republic, The University of Chicago Press, 2010, pp. 50ff

（13）　ジェームス・ブリューワー・スチュワート著、真下剛訳『アメリカ黒人解放前史――奴隷制廃止運動(アボリショニズム)』(明石書店、一九九四年)一八頁以下。

(14) 三牧聖子『戦争違法化運動の時代』(名古屋大学出版会、二〇一四年)一二一頁以下。

(15) 西嶋美智子「戦間期の『戦争の違法化』と自衛権」『九大法学』一〇三号、二〇一一年、六三頁。

(16) 田中義一首相の答弁。第五六回帝国議会貴族院議事速記録第六号、一九二九年一月二九日、一一五頁。

(17) 信夫淳平「不戦条約と満蒙自衛権」『外交時報』一九二九年七月一五日、四頁。

(18) 松原一雄『満洲事変と不戦条約・国際聯盟』(丸善、一九三二年)一二三頁。

(19) 山室信一『複合戦争と総力戦の断層』(人文書院、二〇一一年)一一頁。

(20) 我部政明『日米関係のなかの沖縄』(三一書房、一九九六年)三九頁。

(21) 豊下楢彦・古関彰一、みすず書房、二〇一七年の近刊。

(22) 米国統合参謀本部文書・Limited Rearmament for Japan, JCS 1380/48, 1948. この文書の意義については、古関彰一『「平和国家」日本の再検討』(岩波現代文庫、二〇一三年)二一頁。

Ⅶ

(1) 日暮吉延『東京裁判の国際関係』(木鐸社、二〇〇二年)七八頁以下。

(2) 高柳賢三ほか編著、前掲書、Ⅰ、四一五頁。

(3) 高柳賢三ほか編著、前掲書、Ⅰ、一三三頁。

(4) 高柳賢三ほか編著、前掲書、Ⅰ、二四九頁。

（5）中村政則『象徴天皇制への道―米国大使グルーとその周辺―』（岩波新書、一九八九年）一七七頁。
（6）田中英夫、前掲書、七三、一三二頁以下。
（7）高柳賢三ほか編著、前掲書、Ⅰ、二一九、二二一頁。
（8）高柳賢三ほか編著、前掲書、Ⅰ、四一三頁。
（9）高柳賢三ほか編著、前掲書、Ⅰ、二二三頁以下。
（10）スーザン・J・ファー著、坂本喜久子訳「女性の権利をめぐる政治」坂本義和、R・E・ウォード編、前掲書、四七二頁。
（11）高木八尺、末延三次、宮沢俊義編『人権宣言集』二一五頁。
（12）高柳賢三ほか編著、前掲書、Ⅰ、二〇五頁。
（13）田中英夫、前掲書、一三四頁。
（14）高柳賢三ほか編著、前掲書、Ⅰ、二〇七頁。
（15）ベアテ・シロタ・ゴードン著、平岡磨紀子構成・文『1945年のクリスマス』（柏書房、一九九五年）一八五頁。
（16）田畑忍『佐々木博士の憲法学』、前掲書、一四六頁以下に全文収録。
（17）田中英夫、前掲書、七三〜七四頁。
（18）自治大学校『戦後自治史Ⅱ』（一九六一年）一〇頁。
（19）田中二郎口述「連合国総司令部と地方制度の改革について」自治大学校、前掲書、二三九頁。一九五九年七月六日の口述。

(20) 高柳賢三ほか編著、前掲書、I、二三九頁。
(21) 高柳賢三ほか編著、前掲書、I、二三七頁。
(22) 田中英夫、前掲書、一六七頁。
(23) 高柳賢三ほか編著、前掲書、I、三〇一頁。
(24) 連合国最高司令部民政局、前掲書、五〇頁。
(25) 高柳賢三ほか編著、前掲書、I、一二一頁。
(26) 高柳賢三ほか編著、前掲書、I、一二一頁。

Ⅷ

(1) 高柳賢三ほか編著、前掲書、I、七九頁。
(2) ケーディスの個人ファイル C. L. Kades, *Japaness Constitution—Formation during Diet Debate and Preliminary Proposal* による。メリーランド大学マッケルディン図書館蔵。A4判で厚さ約六センチ。日本政府から入手した「憲法改正要綱」(松本甲案)の上には「極秘」の印が押され、「三〇部の内の二八号」と印され「乞御返却」のはり紙がしてある。松本甲案のタイトルはつぎのように英訳されている。Tentative Revision of the Meiji Constitution by Joji Matsumoto, 4 January, 1946. いつ日本側から入手したかは不明。
(3) 高柳賢三ほか編著、前掲書、I、八一~八九頁。
(4) 佐藤達夫「日本国憲法成立史——〝マッカーサー草案〟から〝日本国憲法〟まで」〔2〕『ジュリスト』八二号(一九五五年五月一五日)一三頁。

(5) 外務省外交文書、マイクロフィルム・リール番号A′〇〇九二。
(6) 高柳賢三ほか編著、前掲書、Ⅰ、三二三〜三二五頁。
(7) 外務省外交文書、マイクロフィルム・リール番号A′〇〇九二。
(8) ケーディス・ファイル、前掲所蔵。
(9) 高柳賢三ほか編著、前掲書、Ⅰ、三二三頁。
(10) 外務省外交文書、マイクロフィルム・リール番号A′〇〇九二。
(11) 高柳賢三ほか編著、前掲書、Ⅰ、三二七〜三二九頁。
(12) 荒垣秀雄『現代人物論』(河出書房、一九五〇年)二七八頁。
(13) 竹前栄治、前掲書、九三頁。
(14) 高柳賢三ほか編著、前掲書、Ⅰ、三三七〜三四一頁。
(15) ポツダム宣言の受諾に関する八月一〇日付日本政府の連合国への申し入れ電報。外務省特別資料部編、前掲書、第一巻、一四頁。
(16) 高柳賢三ほか編著、前掲書、Ⅰ、三四七頁。
(17) 松本烝治口述、前掲書、一一〜一二頁。
(18) 松本烝治口述、前掲書、一二頁。
(19) 松本烝治口述、前掲書、一二〜一三頁。
(20) 外務省外交文書、マイクロフィルム・リール番号A′〇〇九二。
(21) 高柳賢三ほか編著、前掲書、Ⅰ、三六九頁。
(22) 『芦田均日記』第一巻、七五頁。

(23)『芦田均日記』第一巻、七七頁。
(24)『芦田均日記』第一巻、七五～七六頁。
(25)松本烝治口述、前掲書、一〇頁。
(26)入江俊郎、前掲書、一九九頁。
(27)高柳賢三ほか編著『日本国憲法制定の過程Ⅱ』(有斐閣、一九七二年)五八頁。
(28)高柳賢三ほか編著、前掲書、Ⅰ、三七三頁。
(29)貴族院における吉田の憲法改正案提案理由説明。第九〇回帝国議会貴族院議事速記録第二号(一九四六年六月二三日)一七頁。
(30)『芦田均日記』第一巻、七八～七九頁。
(31)入江俊郎、前掲書、二〇三頁。
(32)外務省外交文書、マイクロフィルム・リール番号A′〇〇九二。
(33)佐藤達夫「マ草案の番号」『ジュリスト』四七二号(一九七一年二月一五日)一〇頁。
(34)入江俊郎、前掲書、二〇四頁。

Ⅸ

(1)入江俊郎、前掲書、二〇五頁。
(2)佐藤達夫著・佐藤功補訂・前掲書、第三巻、七一頁。
(3)佐藤達夫著・佐藤功補訂・前掲書、第三巻、七二頁。
(4)外務省外交文書、マイクロフィルム・リール番号A′〇〇九二。

(5) 高柳賢三ほか編著、前掲書、I、二六七〜三〇三頁。
(6) 「日本案」はすべて前掲外務省外交文書。
(7) 佐藤達夫著・佐藤功補訂・前掲書、第三巻、三三頁。
(8) 佐藤達夫著・佐藤功補訂・前掲書、第三巻、六九頁。
(9) 佐藤達夫著・佐藤功補訂・前掲書、第三巻、七四頁。
(10) 高柳賢三ほか編著、前掲書、I、三九二〜三九三頁。
(11) 佐藤達夫著・佐藤功補訂・前掲書、第三巻、八九頁。
(12) 佐藤達夫「憲法第八章覚書――その成立経過を中心として」自治庁記念論文編集部編『地方自治論文集』（地方財務協会、一九五四年）四〇頁。そのもつ意味については天川晃「地方自治法の構造」中村隆英編『占領期日本の経済と政治』（東京大学出版会、一九七九年）二二四頁以下。
(13) 佐藤達夫著・佐藤功補訂・前掲書、第三巻、一〇五頁。
(14) 福島鋳郎編『GHQの組織と人事・一九四六年九月現在』（巌南堂書店、一九八四年）所収の「GHQ電話帳」による。
(15) 松本烝治口述、前掲書、二一頁。
(16) 憲法調査会『憲法制定の経過に関する小委員会　第二五回議事録』二頁。佐藤達夫参考人の証言。
(17) 佐藤達夫著・佐藤功補訂・前掲書、第三巻、一一一頁。
(18) 松本烝治口述、前掲書、二二〜二三頁。
(19) 佐藤達夫著・佐藤功補訂・前掲書、第三巻、一〇六頁。

(20) 松本烝治口述、前掲書、二三頁。
(21) 佐藤達夫著・佐藤功補訂・前掲書、第三巻、一〇七頁。
(22) 佐藤達夫著・佐藤功補訂・前掲書、第三巻、一〇六頁。
(23) 佐藤達夫関係文書(国会図書館憲政資料室所蔵)による。
(24) 佐藤達夫著・佐藤功補訂・前掲書、第三巻、一一〇頁。
(25) Robert E. Ward, The Origins of the Present Japanese Constitution, *American Political Science Review*, Jan. 1957, pp. 1001-1002 & 1010
(26) 佐藤達夫著・佐藤功補訂・前掲書、第三巻、一一五頁。
(27) 佐藤達夫著・佐藤功補訂・前掲書、第三巻、一一六頁。
(28) 入江俊郎、前掲書、二〇九〜二一〇頁。
(29) 佐藤達夫著・佐藤功補訂・前掲書、第三巻、一一八頁。
(30) 佐藤達夫著・佐藤功補訂・前掲書、第三巻、一一九頁。
(31) 佐藤達夫著・佐藤功補訂・前掲書、第三巻、一二二頁。
(32) 金森徳次郎『日本憲法民主化の焦点』協同書房、一九四六年、二四頁。
(33) 佐藤達夫著・佐藤功補訂・前掲書、第三巻、一三八頁。
(34) 佐藤達夫関係文書(国会図書館憲政資料室所蔵)による。
(35) 佐藤達夫著・佐藤功補訂・前掲書、第三巻、一五一、一五二頁。
(36) T・A・ビッソン、前掲書、二四四〜二四五頁。
(37) 松本烝治口述、前掲書、二九頁。

(38) 田中耕太郎『私の履歴書』（春秋社、一九六一年）二五九、二六三頁。
(39) 宮沢俊義「新生日本の道標」三国一朗編『昭和史探訪5〔終戦前夜〕』（番町書房、一九七五年）一六一頁。
(40) たとえば『毎日新聞』（一九四六年二月四日）に発表された輿論調査研究所の世論調査結果。（調査対象五〇〇〇人、回答数約二四〇〇人）

天皇制

現状のまま支持　三八一（一六％）

政治の圏外に去り民族の総家長、道義的中心として支持　一〇八四（四五％）

君民一体の見地から政権を議会とともに共有する体制において支持　六八〇（二八％）

(41) 佐藤達夫著・佐藤功補訂・前掲書、第三巻、一七六頁。
憲法調査会『憲法制定の経過に関する小委員会　第四七回議事録』一八九頁。
(42) 大沼保昭『単一民族社会の神話を超えて――在日韓国・朝鮮人と出入国管理体制』（東信堂、一九八七年）二五九頁以下。

X

(1) 『東京新聞』一九四六年三月一二日。
(2) 佐藤功、前掲書、一〇五頁より再引用。
(3) 佐藤功、前掲書、「付録」二七三頁。
(4) 『芦田均日記』第一巻、九〇頁。

(5) 入江俊郎、前掲書、二一七頁。
(6) 高橋紘・鈴木邦彦『天皇家の密使たち』七五頁以下。
(7) 木下道雄『側近日誌』(文藝春秋、一九九〇年)、一六三、一六四頁。
(8) 粟屋憲太郎『東京裁判への道』(上)六六、六七頁、(下)二六〜二八頁。
(9) 寺崎英成、マリコ・テラサキ・ミラー編著『昭和天皇独白録』(文藝春秋、一九九一年)二〇五頁。
(10) 入江俊郎、前掲書、二二一頁。
(11) 鈴木安蔵『明治憲法と新憲法』所収の論文(世界書院、一九四七年四月)二一八頁。
(12) 鈴木安蔵『民主憲法の構想』一六二頁。
(13) 鈴木安蔵『憲法学三十年』二八二頁。
(14) ジェームズ・ボーマン等編、紺野茂樹等訳『カントと永遠平和』(未来社、二〇〇六年)一一六頁。
(15) 鈴木安蔵『明治憲法と新憲法』(世界書院、一九四七年四月)一六〇頁。
(16) 鈴木安蔵『新憲法の解説と批判』(新文芸社、一九四七年)二六〜二八頁。
(17) 外務省外交文書、マイクロフィルム・リール番号A′〇〇九二。
(18) 『毎日新聞』一九四六年三月八日。
(19) 『毎日新聞』一九四六年三月八日。
(20) 『毎日新聞』一九四六年三月八日。
(21) この新聞連載は鈴木安蔵『民主憲法の構想』に「憲法改正政府案に対する意見」と題して収め

られている(一五七〜一七六頁)。ここではこれによった。
(22) 鈴木安蔵『憲法制定前後』二三〇頁。
(23) 『毎日新聞』一九四六年三月七日。
(24) 憲法調査会『憲法制定の経過に関する小委員会　第四七回議事録』四四九〜四五〇頁。
(25) 『日本社会党二〇年の記録』(機関紙出版局、一九六五年)二八〜二九頁。
(26) 写楽編集部編『日本国憲法』(小学館、一九八二年)。
(27) 丸谷才一『文章読本』(中央公論社、一九七七年)五九頁。
(28) 入江俊郎文書(国会図書館憲政資料室所蔵)による。
(29) 佐藤達夫著・佐藤功補訂・前掲書、第三巻、二七四頁。
(30) 『三宅正太郎全集』第三巻(好学社、一九五〇年)二三一頁。
(31) 入江俊郎「憲法草案余録」『法曹』五六号(一九五五年)八頁。
(32) 入江俊郎「憲法草案余録」、前掲誌、八頁。
(33) 『三宅正太郎全集』第三巻、二四八頁。
(34) 横田喜三郎「憲法のひらかな口語」林大、碧海純一編『法と日本語』(有斐閣、一九八一年)二六七頁。
(35) 横田、前掲論文、二六七頁。
(36) 横田、前掲論文、二六八〜二六九頁。
(37) 佐藤達夫関係文書(国会図書館憲政資料室所蔵)による。
(38) 渡辺佳英「法制局回想」内閣法制局百年史編集委員会編『証言・近代法制の軌跡』(ぎょうせい、

一九八五年)一〇二頁。
(39) 横田、前掲論文、二七二頁。
(40) 『三宅正太郎全集』第三巻、二三一頁。

XI

(1) 江藤淳編『占領史録　第三巻(憲法制定経過)』(講談社、一九八二年)七六〜八〇頁。
(2) 鈴木安蔵『民主憲法の構想』六〜七頁。
(3) 鈴木安蔵『憲法制定前後』二六頁。
(4) 『ジュリスト』六三四号(一九七七年三月二六日、臨時増刊)一四一頁。
(5) 佐藤功ほか「座談会・宮沢俊義先生の人と学問」、『ジュリスト』六三四号、一四一頁。
(6) 『昭和思想史への証言』(毎日新聞社、一九六八年)一六九頁。
(7) 宮沢俊義『憲法と天皇』(東京大学出版会、一九六九年)一〜五頁。
(8) 佐藤達夫、前掲書、第二巻、九二七頁。
(9) 宮沢俊義、前掲書、二〜四頁、括弧内は著者古関の引用。
(10) 宮沢俊義「憲法改正について」『改造』一九四六年三月号、二三、二五頁。
(11) 江藤淳「解説」、江藤淳編、前掲書、四〇〇頁。
(12) 『南原繁著作集』第九巻、一二四〜一二五頁。
(13) 我妻栄「知られざる憲法討議——制定時における東京帝国大学憲法研究委員会報告書をめぐって」『世界』一九六二年八月号。

（14）我妻栄、前掲論文、五〇頁。
（15）宮沢俊義、前掲書、三頁。
（16）ＧＨＱの日本政府との会談記録。
（17）我妻栄、前掲論文、六三頁。
（18）我妻栄、前掲論文、六八頁。
（19）我妻栄「憲法を国民のものに」『世界』一九六三年七月号、一八三〜一八四頁。
（20）我妻栄、前掲論文「知られざる憲法討議」、五一頁。
（19）我妻栄「日本国憲法の成立・構造・理念」憲法問題研究会編『憲法読本　上』（岩波新書、一九六五年）二一〜三三頁。
（20）家永三郎「憲法問題研究会記録」第五冊、第四十三回例会、一九六二年四月一四日。
（21）『ジュリスト』、前掲論文、一九九頁。
（22）宮沢俊義「新憲法の概観」国家学会編『新憲法の研究』（有斐閣、一九四七年）三頁。
（23）高見勝利『宮沢俊義の憲法学史的研究』（有斐閣、二〇〇〇年）。
（24）『ジュリスト』、前掲論文、一五四頁。
（25）宮沢俊義「憲法改正について」、前掲誌、二五〜二六頁。
（26）宮沢俊義「憲法改正について」、前掲誌、二九頁。
（27）我妻、前掲論文「知られざる憲法討議」、六三頁。

(1) コールグローブ文書を解説したタイプ稿 Katherine H. Giese, *Kenneth Wallace Colegrove Papers*, 1977 による(ノースウェスタン大学〈Northwestern University〉デアリング図書館大学文書部〈Deering Library, University Archives〉所蔵)。このコールグローブ文書は以下 Colegrove Papers, NWU と略記する。

(2) たとえば著書に *Militarism in Japan*, World Peace Foundation, 1936 があり、論文に The Japanese Emperor, *The American Political Science Review*, Vol. XXVI, No. 4 (Aug., 1932) & No. 5 (Oct., 1932), The Japanese Constitution, *The American Political Science Review*, Vol. XXXI, No. 6 (Dec., 1937) などがある。

(3) まとまった著書として *Democracy Versus Communism*, the Institute of Fiscal and Political Education, 1957 がある。

(4) Katherine H. Giese, op. cit. 蜷川譲編「大山郁夫年譜」丸山真男他『大山郁夫〔評伝・回想〕』(新評論、一九八〇年)。なお蜷川の年譜では大山の肩書が「研究嘱託(Research Associate)」とある(二五七頁)が、ここでは一応ギーゼ論文に従った。

(5) 柳子夫人の回想によれば、その数年前に「労農党の資料を送ってほしいとたのまれ、その手紙に一ドル入っていた」が資料が送れなかったので返却しようと思ってシカゴから手紙を出したのが、きっかけという。「大山郁夫の思い出」㈢『大山会々報』(一九六六年八月二〇日)。

(6) 五百旗頭真『米国の日本占領政策』上(中央公論社、一九八五年)一九六頁。

（7）*Who was Who in America with World Notables*, 1977–1981, Vol. VII, 1981

（8）Colegrove to T. A. Bisson, 22 Nov., 1938, Colegrove Papers, NWU.

（9）一九四六年七月執筆のケネス・コールグローブ「在米大山郁夫教授の生活について」『大山郁夫全集』第五巻（中央公論社、一九四九年）の中で「翻訳は目下着々として完成に近づきつつある」と書かれている。

（10）Colegrove Papers, NWU.

（11）Katherine H. Giese, op. cit.

（12）Colegrove Papers, NWU.

（13）Hugh Borton, *Japan's Modern Century*, 1970, p. 424

（14）Mr. Max W. Bishop, of the Office of the Political Adviser in Japan, to the Secretary of State, *FRUS, 1946*, Vol. VIII, p. 173

（15）ＦＥＣ文書、国会図書館所蔵、マイクロフィッシュ番号ＦＥＣＡ一二四五。

（16）Colegrove Papers, NWU.

（17）Colegrove Papers, NWU.

（18）*Activities of the Far Eastern Commission, Reported by the Secretary General*, 1947, pp. 58–59

（19）op. cit. pp. 59–63

（20）*Current Biography*, 1954, p. 428

（21）Personal Message to MacArthur from McCoy, Colegrove Papers, NWU.

（22）Personal Cable to MacArthur from McCoy, 22 Mar., 1946, Colegrove Papers, NWU.

(23) Personal Cable to McCoy from MacArthur, W 81600, 24 Mar., 1946, Colegrove Papers, NWU.

(24) 鈴木安蔵『憲法制定前後』一三八頁。

(25) 調査対象五〇〇〇人、回答数二四〇〇人。憲法調査会『憲法制定の経過に関する小委員会　第四七回議事録』一八八〜一八九頁。

(26) 入江俊郎、前掲書、二五八頁。

(27) 入江俊郎、前掲書、三〇二〜三〇四頁。

(28) 入江俊郎、前掲書、二五九〜二六〇頁。

(29) 村川一郎編著『帝国憲法改正案議事録——枢密院帝国憲法改正案審査委員会議事録』(国書刊行会、一九八六年)四九〜五〇頁。

(30) Washington(McCoy)to CINCAFPAC(MacArthur), W 83719, 9 Apr., 1946, Colegrove Papers, NWU.

(31) Memorandum by the State Department Members of the State-War-Navy Coordinating Committee(Hilldring)to the Committee, 12 Apr., 1946, *FRUS, 1946*, Vol. VIII, pp. 195-196

(32) General of the Army Douglas MacArthur to the Joint Chiefs of Staff, 4 May, 1946, *FRUS, 1946*, Vol. VIII, p. 220

(33) Memorandum from the State Department Member of SWNCC(J. H. Hilldring), Proposed telegram to General MacArthur from United States of Government, 8 May, 1946, National Archives, 894. 011/5-946

(34)　Depertment of State, *The Far Eastern Commission*, 1953の第五章の全訳。土屋正三訳『日本の新憲法と極東委員会』(憲法調査会事務局、一九五六年)一三頁。

(35)　同右、一三頁。

(36)　Personal Radio of Assistant Secretary Petersen to General MacArthur, (W 87958) 15 May, 1946, Colegrove Papers, NWU.

(37)　From CINCAFPAC (MacArthur) to WARCOS (Assistant Secretary Petersen), (C 61134) 18 May, 1946, Colegrove Papers, NWU.

(38)　Memorandum by the Director of the Office of Far Eastern Affairs (Vincent) to the Secretary of State, 19 Apr., 1946, *FRUS, 1946*, Vol. VIII, p. 211

(39)　Criteria for the Adoption of a New Constitution. 外務省特別資料部編『日本占領及び管理重要文書集』(東洋経済新報社、一九四九年)八九〜九〇頁。

(40)　*GHQ, Tokyo Telephone Directory, Sep. 1946*. 福島鋳郎編『GHQの組織と人事』所収による確認。

(41)　T・A・ビッソン、前掲書、三三〇頁。訳者中村政則の解説。

(42)　Peake's Curriculumn vitae, Colegrove Papers, NWU.

(43)　竹前栄治「米占領政策の意図」『中央公論』一九八七年五月号、二〇一頁。

(44)　コールグローブは加藤勘十が芦田内閣の労相に就任した際にはお祝いの手紙を出しており(一九四八年三月一八日付)、かなり親しい仲にあったようだ。Colegrove Papers, NWU.

(45)　佐々木惣一より大山あての手紙、佐々木惣一『疎林』(甲文社、一九四七年)一八三頁。

(46) 高野は一九四六年七月二日付で東京にいたコールグローブに、志賀と徳田は八月二日付の連名で大山あて書簡を同封してコールグローブに礼状を出している。Colegrove Papers, NWU.

(47) 入江俊郎、前掲書、四〇三頁。

(48) Check Sheet from General Whitney to C-in-C, 24 Apr., 1946, MacArthur Memorial Archives

(49) Letter from Colegrove to General Frank R. McCoy, 26 Apr., 1946, MacArthur Memorial Archives

(50) Letter from Colegrove to Professor George H. Blakeslee, 17 May, 1946, Colegrove Papers, NWU.

(51) Letter from Nelson T. Johnson to Colegrove, 27 May, 1946, Colegrove Papers, NWU.

(52) United States Policy in Regard to the Adoption of a New Japanese Constitution, SWNCC 228/3, 11 Jun., 1946, National Archives, Microfilm, T 1205 Roll 8

(53) Appendix "D" of SWNCC 228/3, National Archives, Microfilm, T 1205 Roll 8

(54) Footnote 14 of SWNCC 228/3, FRUS, 1946, Vol. VIII, p. 247

(55) 『朝日新聞』一九四六年六月二二日。

(56) 村川一郎編著、前掲書、六二頁。

(57) 村川一郎編著、前掲書、一二六頁。

(58) Letter from Colegrove to Nelson T. Johnson, 15 Jun., 1946. FEC文書、国会図書館所蔵、マイクロフィッシュ番号FECA一〇七五。

(59) たとえばマッカーサーにあてた日本人の手紙を編集・分析した袖井林二郎『拝啓マッカーサー

元帥様』(大月書店、一九八五年)は、その信頼の厚さをよく教えてくれる。
(60)『朝日新聞』一九四六年七月一七日。
(61)『芦田均日記』第一巻、一一九頁。英文で全文が書かれている。
(62)『芦田均日記』第一巻、一一九頁。
(63) Colegrove Papers, NWU. コールグローブに関する部分に傍線が引いてある。
(64) *Christian Science Monitor*, 25 Jun., 1946
(65) Letter from Colegrove to President Truman, 29 Jul., 1946, Truman Presidential Library. 山極晃・横浜市立大学名誉教授のコピーによる。
(66) Letter from Colegrove to General C. Whitney, 10 Aug., 1946, Colegrove Papers, NWU.
(67) Letter from Colegrove to General C. Whitney, 10 Aug., 1946, Colegrove Papers, NWU.

XIII

(1) 大江志乃夫『日本の歴史』三一巻〈戦後変革〉(小学館、一九七六年)一五〇頁。
(2) 村川一郎編著、前掲書、一四〜一五頁。
(3) 第九〇回帝国議会貴族院議事速記録第二号(六月二三日)一七頁。
(4) 佐藤功『憲法改正の経過』一三六頁。
(5) 金森徳次郎『帝国憲法要綱』(巌松堂書店、一九二七年)一七九頁。
(6) 金森徳次郎他『私の履歴書・文化人15』(日本経済新聞社、一九八四年)八〇頁。
(7) 金森徳次郎「憲法生れし日の思い出にひたる」『国会』一九五二年五月号、九頁。

（8）金森徳次郎『憲法遺言』（学陽書房、一九五九年）の編者（入江俊郎他五名）による「あとがき」二二一頁。
（9）金森久雄『エコノミストの腕前――私の履歴書』日本経済新聞社、二〇〇五年、五〇頁。
（10）佐藤功「新憲法をめぐる人々の思い出」『郵政』二巻五号（一九五二年）一三頁。
（11）鳩山一郎『鳩山一郎回顧録』（文藝春秋新社、一九五七年）二三頁以下。
（12）『芦田均日記』第一巻、一一八頁。
（13）佐藤功「制憲過程における芦田さんの思い出」『図書』一九八六年二月号、三三頁。
（14）『芦田均日記』第一巻、一六七頁。
（15）内田健三「保守三党の成立と変容」坂本義和、R・E・ウォード編『日本占領の研究』二一二頁。なお内田はその根拠として *Japanese Political Parties*, Vol. I に書かれた Political Parties Branch, Government Section, GHQ "Liberal Party", 20 Jun., 1946 の報告書を用いている。
（16）第九〇回帝国議会衆議院議事速記録第五号（六月二六日）七一頁。
（17）第九〇回帝国議会衆議院議事速記録第五号（六月二六日）七五頁。
（18）第九〇回帝国議会衆議院議事速記録第五号（六月二六日）八三頁。
（19）第九〇回帝国議会衆議院議事速記録第八号（六月二九日）一二二頁。
（20）第九〇回帝国議会衆議院帝国憲法改正案特別委員会議録（速記）第一〇回（七月一二日）一六六頁。
（21）第九〇回帝国議会衆議院帝国憲法改正案特別委員会議録（速記）第一〇回（七月一二日）一六六頁。
（22）宮沢については、第九〇回帝国議会貴族院議事速記録第二三号（八月二七日）二四一頁以下。南原については、同二四号（八月二八日）二四五頁以下。

(23)第九〇回帝国議会貴族院議事速記録第二三号(八月二七日)二四一頁。
(24)金森徳次郎「憲法生れし日の思い出にひたる」『国会』一九五二年五月号、一一頁。
(25)第九〇回帝国議会衆議院議事速記録第三五号(八月二五日)五〇一頁。
(26)第九〇回帝国議会衆議院本会議議事速記録第二号(六月二二日)一〇頁。
(27)第九〇回帝国議会衆議院本会議議事速記録第三号(六月二二日)一六頁。
(28)第九〇回帝国議会衆議院本会議議事速記録第三号(六月二二日)一六頁。
(29)『朝日新聞』一九四六年六月二七日。
(30)第九〇回帝国議会衆議院本会議議事速記録第六号(六月二七日)九一頁。
(31)第九〇回帝国議会衆議院帝国憲法改正案特別委員会(速記)第二回(七月一日)四頁。
(32)第九〇回帝国議会衆議院帝国憲法改正案特別委員会(速記)第二〇回の質疑終了の(七月二三日)三八九頁。
(33)『第九十回帝国議会衆議院帝国憲法改正案委員小委員会速記録(復刻版)』(現代史料出版、二〇〇五年)七八〜八二頁。以下、本書を「小委員会速記録」と表記する。
(34)佐藤達夫著・佐藤功補訂・前掲書、第三巻、二六八頁。
(35)鈴木義男口述「私の記憶に存する憲法改正の際の修正点」第二四回国会参議院内閣委員会会議録第三八号、一九五六年、引用は憲法調査会事務局による一九五八年の復刻版、一〇〜一一頁。
(36)第九〇回帝国議会衆議院本会議速記録第三五号(八月二五日)五〇五頁。
(37)佐藤達夫著・佐藤功補訂・前掲書、第三巻、一〇六頁。
(38)星野安三郎「平和的生存権序論」小林孝輔他編『日本国憲法史考』(法律文化社、一九六二年)、

星野『平和に生きる権利』(法律文化社、一九七四年)。
(39) 丸山真男「憲法第九条をめぐる若干の考察」『世界』一九六五年六月号、三三五頁。
(40) 高柳賢三ほか編著、前掲書、I、二四五頁。
(41) 高橋紘による「解説」、木下道雄『側近日誌』三三六頁以下。
(42) 『民主主義科学』創刊号、八七頁以下(米・メリーランド大学マッケルディン図書館所蔵)。
(43) 中村哲『新憲法ノート』(共和出版社、一九四七年)四九頁以下。
(44) 中村哲は前掲書で英文声明を巻末に付したと書いているが、掲載されていない。
(45) 第九〇回帝国議会衆議院議事速記録第八号(六月二九日)一二一頁。
(46) 第九〇回帝国議会衆議院帝国憲法改正案委員会議録第三回(七月二日)二二頁。
(47) 村川一郎編著、前掲書、五六頁。
(48) 佐藤達夫著・佐藤功補訂・前掲書、第三巻、四五三頁。
(49) 『民報』一九四六年七月七日(法政大学大原社会問題研究所所蔵)。
(50) 松本重治『昭和史への一証言』(毎日新聞社、一九八六年)一七七頁。
(51) English Translation of the Points at Issue in the Constituion Editorial by Juji Mastumoto in the Mimpo, 7 Jul. 1946, Colegrove Papers, NWU. なお英訳の日付は不明。
(52) T・A・ビッソン、前掲書、二六三頁。
(53) T・A・ビッソン、前掲書、一一三頁。
(54) FEC文書、国会図書館所蔵、マイクロフィッシュ番号FEC(A)一二四四。
(55) T・A・ビッソン、前掲書、二六〇頁以下。

(56) From MacArthur to War Department for WDSCA, 8 Jul. 1946. ＦＥＣ文書、国会図書館蔵、マイクロフィッシュ番号ＦＥＣ(A)一二四四。
(57) 入江俊郎、前掲書、三六四頁。
(58) 入江俊郎、前掲書、三六六〜三六七頁。
(59) 佐藤達夫著・佐藤功補訂『日本国憲法成立史』第四巻(有斐閣、一九九四年)六八七頁。
(60) 憲法調査会『憲法制定の経過に関する小委員会報告書』(一九六一年)三七六頁。
(61) 小委員会速記録、八頁上段。
(62) 松本重治、前掲書、一八二頁。
(63) 入江俊郎、前掲書、三六八頁。
(64) 第九〇回帝国議会貴族院議事速記録第二三号(八月二七日)二四一頁。
(65) 佐藤達夫著・佐藤功補訂・前掲書、第四巻、九九〇頁。
(66) 金森徳次郎『憲法うらおもて』(学陽書房、一九六二年)三九頁。
(67) 『東京新聞』一九四六年七月二二日、中村哲、風早八十二との座談会。
(68) 宮沢俊義「新生日本の道標『新憲法』」三国一朗編『昭和史探訪５』一六一頁。
(69) 『朝日新聞』一九四六年六月二八日。
(70) 佐藤達夫著・佐藤功補訂・前掲書、第三巻、六三頁。
(71) 佐藤達夫著・佐藤功補訂・前掲書、第三巻、一三三頁。
(72) 『読売報知新聞』一九四六年五月二七日。
(73) 小委員会速記録、一六〇頁下段。

(74) 第九〇回帝国議会衆議院本会議議事速記録第六号(一九四六年六月二七日)九二頁。
(75) 鈴木安蔵『憲法制定前後』二四〇頁。
(76) 宮沢俊義『憲法の原理』(岩波書店、一九六七年)一九〇頁。
(77) 杉原泰雄『国民代表の政治責任』(岩波新書、一九七七年)一二四頁。
(78) 最高裁昭和五一年四月一四日大法廷判決、民集第三〇巻三号二二三頁以下、選挙無効請求事件。
(79) 佐藤達夫著・佐藤功補訂・前掲書、第三巻、四七〇頁。
(80) 小委員会速記録、九一頁下段。
(81) この金鉉釣氏の場合、この処分を不服として訴訟を起した。一審(東京地裁)で敗訴(一九八二年)したが、控訴審で勝訴(一九八三年)した。なおこの間の一九八二年に国民年金法は国籍条項を廃止し、被保険者資格を「日本国内に住所を有する二十歳以上六十歳未満の者」と改めた。吉岡増雄、山本冬彦、金英達『在日外国人と日本社会』(社会評論社、一九八四年)一四一頁以下。
(82) この英訳はそのまま日本国憲法の公式英訳文となり、今日まで変わっていない。
(83) 小林直樹『新版・憲法講義』上(東京大学出版会、一九八〇年)二八六頁。
(84) 第九〇回帝国議会衆議院帝国憲法改正案委員会議録第七回(一九四六年七月七日)一〇三頁。
(85) 第九〇回帝国議会衆議院帝国憲法改正案委員会議録第七回(一九四六年七月七日)一〇四頁。
(86) 佐藤達夫著・佐藤功補訂・前掲書、第四巻、七二二頁。
(87) 鈴木義男口述「私の記憶に存する憲法改正の際の修正点」一二頁。
(88) 小委員会速記録、二〇〇頁上段。
(89) たとえば生活保護法にもとづく生活保護基準などが憲法二五条に違反すると訴えた「朝日訴

訟」など。朝日訴訟最高裁判決は『判例時報』四八一号(一九六七年)。
(90) 生活保護の申請を拒否された札幌の母子家庭で親子三人が餓死(一九八七年一月)、生活保護を辞退させられた東京・荒川の老母が自殺(同年一〇月)などが相ついでいる。寺久保光良『「福祉」が人を殺すとき』(あけび書房、一九八八年)。
(91) 赤塚康雄『新制中学校成立史研究』(明治図書出版、一九七八年)一二一頁。
(92) 赤塚康雄、前掲書、一〇九頁。
(93) 福島鋳郎『GHQの組織と人事』収録の「GHQ電話帳」によるとオズボーンの部屋は放送会館四一三号室にあった。
(94) 英文の請願書がCIE教育課に提出されている。GHQ/SCAP文書、国会図書館所蔵、マイクロフィッシュ番号CIE(A)〇六五九。
(95) 鈴木英一『日本占領と教育改革』(勁草書房、一九八三年)五九頁。
(96) 久保義三『対日占領政策と戦後教育改革』(三省堂、一九八四年)二四六頁。
(97) Monta L. Osborne, Report of Conference (24 Jul., 1946). GHQ/SCAP文書、国会図書館所蔵、マイクロフィッシュ番号CIE(A)〇六六〇。
(98) 第九〇回帝国議会衆議院帝国憲法改正案委員会議録第四回(一九四六年七月三日)五五頁。
(99) 赤塚康雄、前掲書、一一五頁。
(100) 小委員会速記録、一二五頁上段。
(101) 久保義三「高等教育の多様性と改革」日本教育学会『教育改革の課題』(教育制度研究委員会報告第六集。一九八八年九月)三三頁。

(102) 小委員会速記録、一三一頁下段。
(103) 小委員会速記録、一三三頁上段。

XIV

(1) 村川一郎編著、前掲書、一八八〜一八九頁。
(2) 村川一郎編著、前掲書、一九〇頁。
(3) 佐藤達夫著・佐藤功補訂・前掲書、第三巻、四六八頁。
(4) 第九〇回帝国議会衆議院議事速記録第八号(六月二九日)一二三頁。
(5) 第九〇回帝国議会衆議院議事速記録第八号(六月二九日)一二三頁。
(6) 有斐閣編集部編『憲法第九条』(有斐閣、一九八三年)
(7) 小委員会速記録、一九三頁下段。
(8) 『毎日新聞』一九五一年一月一四日。
(9) 『芦田均日記』第七巻(岩波書店、一九八六年)所収の「新憲法解釈(抜粋)」より引用。三一九頁。
(10) 放送原稿は、「座談会・改正憲法をめぐって」『放送』第七巻一号(一九四七年一月号)。出席者は芦田のほか、犬養健、宮沢俊義、鈴木義男、霜山精一。
(11) 『東京新聞』一九五六年三月三〇日。
(12) 憲法調査会第七回総会における口述。同議事録、九〇頁以下。
(13) 『東京新聞』一九七九年三月一二日。

(14)『東京新聞』が「芦田修正」が行われたのは七月二七日としているのは誤りであり、実際は八月一日。「芦田日記」の七月二七日の部分に当該部分の記述がないのは当然であるが、二九日の部分にもない。なお「日記」が刊行されたあと『東京新聞』は当初「日記の一部を補足し報道した」としていた(一九八六年四月一六日)。これにたいし『朝日新聞』が翌日付で「七五行つけ加えられた」と報道し、問題化した。
(15)『東京新聞』(一九八六年五月三一日)は「日記原本にはない憲法審議の部分など七五行を取材記者がつけ加えていたことが判明しました」とし、七五行を「削除いたします」と「おわび」を掲載した。
(16) この点は同書の監訳者である森清(衆議院議員・自由民主党憲法調査会主査)も同書の「解説」で認めている。五九四頁。
(17) 森清監訳、前掲書、四八五頁。
(18) 森清は前掲書で入江が一九五〇年に速記録を見たことを指摘している。五〇二頁。
(19)『読売新聞』一九五七年一〇月二〇日夕刊。
(20)『朝日新聞』一九五七年一〇月二四日。
(21) 金森久雄『エコノミストの腕前――私の履歴書』日本経済新聞社、二〇〇五年、五一頁。
(22) 小委員会速記録、八五頁上段。
(23) 入江俊郎、前掲書、三八三頁。また入江は「芦田氏は当時は、あくまで正論を唱え、侵略はもとより、自衛のためにも一切の戦争をしないという建前をはつきりさせようと主張していたように解されます」と述べている。三八七頁。

(24) 小委員会速記録、一四四頁上段。
(25) 小委員会速記録、一九二頁上段。
(26) 小委員会速記録、一九六頁上段。
(27) 憲法調査会第七回総会議事録、一〇九頁。
(28) たとえば大森実『戦後秘史5』二五六頁。田中英夫、前掲書、一〇六頁。古森義久「憲法第九条の成立について」江藤淳編、前掲書、三四頁。西修『日本国憲法の誕生を検証する』(学陽書房、一九八六年)一五七頁。竹前栄治"Kades Memoir on Occupation of Japan"『東京経大学会誌』第一四八号(一九八六年一一月)二三〇頁。竹前栄治『日本占領――GHQ高官の証言』(中央公論社、一九八八年)。
(29) 竹前栄治「米占領政策の意図」、前掲誌、一九七頁。
(30) 極東委員会の憲法審議については播磨信義の一連の研究がある。『山口大学教育学部研究論叢』第二七巻第一部、第三〇巻第一部、第三二巻第一部、第三三巻第一部、第三四巻第一部、第三五巻第一部。このうちこのソ連提案にかかわる部分は「極東委員会における日本国憲法草案審議(その2)――第三委員会報告、ソヴェト提案を中心に」第三五巻第一部(一九八五年一二月)四三頁以下。
(31) Transcript of Twenty-Seventh Meeting of the Far Eastern Commission, Saturday, Sep. 21, 1946, pp. 18-19. FEC文書、国会図書館所蔵、マイクロフィッシュ番号FEC(A)〇〇八五。なおここではFEC文書(議事録)により「S・H・タン(Tan)」と表記したが、鶴見俊輔氏によると中国名は「顧維鈞」とのこと。河合隼雄・鶴見俊輔『時代を読む』(潮出版社、一九九一年)一〇四頁。
(32) op. cit. p. 27

(33)　op. cit. pp. 27-28

(34)　op. cit. pp. 33-34

(35)　op. cit. pp. 35-36

(36)　Washington (Assit. Sec. War Petersen) to CINCAFPAC (Personal to MacArthur) W 81154, 22 Sept. 1946, MacArthur Memorial. 天川晃・横浜国大名誉教授所蔵の文書からのコピーによる。

(37)　なお佐藤達夫はこれを「二四日」と記している。佐藤達夫著・佐藤功補訂・前掲書、第四巻、九一八頁。

(38)　入江俊郎、前掲書、四二〇頁。

(39)　Transcript of Twenty-Eighth Meeting of the Far Eastern Commission, Wednesday, Sep. 25, 1946, pp. 2-3. ＦＥＣ文書、国会図書館所蔵、マイクロフィッシュ番号ＦＥＣ(A)〇〇八六。

(40)　Borton to Vincent, 26 Sep., 1946, National Archives 740. 00119, FEAC/9-2646

(41)　Transcript of Twenty-Eighth Meeting of the Far Eastern Commission, pp. 8-9, op. cit.

(42)　佐藤達夫著・佐藤功補訂・前掲書、第四巻、九二五頁。

(43)　宮沢俊義「文民誕生の由来」『コンメンタール・日本国憲法・別冊附録』(日本評論社、一九五五年)三三二頁。

(44)　たとえば西修『日本国憲法の誕生を検証する』、とくに「憲法九条成立経緯のすべて」一〇四〜一八一頁参照。

(45)　このような解釈をする研究については、山内敏弘「戦争放棄・平和的生存権」山内敏弘他共著『現代憲法講座』下(日本評論社、一九八五年)。

(46) 佐藤達夫著・佐藤功補訂・前掲書、第四巻、九八二頁。
(47) T・A・ビッソン、前掲書、二五八〜二五九頁。

XV

(1) 松本烝治口述、前掲書、一〇、一一頁。
(2) 入江俊郎、前掲書、一九九頁。
(3) 佐藤達夫著・佐藤功補訂・前掲書、第三巻、五一頁。
(4) 憲法調査会編「憲法制定の経過に関する小委員会報告書案(第一分冊)」(一九六一年七月)二一七頁。
(5) 憲法調査会編、前掲書、三五一頁。
(6) 佐藤達夫著・佐藤功補訂・前掲書、第三巻、六八頁。
(7) 入江俊郎、前掲書、二二一頁。
(8) 入江俊郎、前掲書、二八六頁。
(9) 佐藤達夫著・佐藤功補訂・前掲書、第四巻、六八六〜六八八頁。
(10) 袖井林二郎編訳『吉田茂=マッカーサー往復書簡集』(法政大学出版局、二〇〇〇年)一六五頁以下。
(11) 袖井林二郎編訳、前掲書、一六七頁。
(12) 佐藤功などの座談会「憲法を国民のものへ」『中央公論』一九四九年五月、三五頁。
(13) 『読売新聞』一九四八年八月一二日。

(14) アルフレッド・C・オプラー、内藤頼博他訳『日本占領と法制改革——GHQ担当者の回想』（日本評論社、一九九〇年）一五頁。
(15) 鈴木義男『新憲法読本』（鱒書房、一九四八年）一四頁。
(16) 鈴木義男伝記刊行会編『鈴木義男』（刊行会刊、一九六四年）二一二頁。
(17) 鈴木義男『私の記憶に存する憲法改正の際の修正点』（憲法調査会事務局、一九五八年）一五、一六頁）。
(18) 鈴木義男、前掲書、一九、二〇頁。
(19) 鈴木義男、前掲書、二四頁。
(20) 第九〇回帝国議会衆議院議事速記録第五号、一九四六年六月二六日、六九頁。

あとがき――増補改訂にあたって

本書は、『日本国憲法の誕生』(岩波現代文庫、二〇〇九年、以下「旧版」)を改訂しています。とはいえ、旧版をほぼそのまま収録しているのは、「Ⅻ　米国政府対マッカーサー」のみです。ほかには旧著『平和憲法の深層』(ちくま新書、二〇一五年)の一部を「Ⅺ　東京帝国大学『憲法研究委員会』の役割」に収録させていただきました。それ以外の章は加除した部分と、まったく新しく加えた章です。「年表」や「索引」もあらためました。とくに「索引」は重要と思われる箇処にしぼったものであることは旧版と同じですが、項目の出し方で工夫を加えたところがあります。

未だに不明な点は多々ありながら、とにかく多くの時間を費やし、非才を嘆きつつ、何度か改訂をお願いし、逡巡をつづけながら自分としては一定程度納得のゆく答えが出せたことをありがたく思っています。

これも偏に先人・友人諸氏のお陰です。そもそも著者が占領研究を始めたのは、七〇年代の半ばのことです。それは「戦後三〇年」にあたる頃であり、米国では情報の自由法(FOIA)によって日本の占領文書が解禁され始めた時でもあったのです。

そうしたなかで創立まもない占領史研究会に入れていただけたのが、なによりの幸いでした。お顔を思い出しつつ、故竹前栄治先生、故中村政則先生、共同通信の故高橋紘氏、国会図書館の故星健一氏のご冥福を祈りあげます。また入会以来、楽しくご指導いただいた袖井林二郎先生、天川晃先生、古川純先生には、感謝と御礼を申し上げます。研究会が解散して二十余年になりますが、いまだに研究会で教えを受けたことが思い出されます。占領史研究会は、「私の大学」でした。感謝しています。

その後、あるいは占領史研究会を通じて、本書を、旧版の段階からご援助いただいた方は数多いのですが、なかでも豊下楢彦氏、ロバート・リケット氏、ローラ・ハインさん、トモヨ・マスダさん、本庄未佳さんには、さまざまな形でお世話になりました。ありがたく思っております。

さらに、旧版の英語版はレイ・モアー氏の、韓国語版は金昌禄氏のご努力のお陰です。遠い海の向こうで読み継がれていることを思いますと、心温まる思いです。

この間に図書や文書を求めて司書、文書掛の方々にお世話になってきました。国立国会図書館、米国議会図書館、獨協大学図書館、米国ノースウェスタン大学デアリング図書館、カナダ・ビクトリア大学マックファーソン図書館の皆さんに御礼申し上げなければなりません。

最後に、本書の旧版以来中央公論社の故岩田堯氏、中公文庫の宇和川準一氏、岩波現代文庫の大塚茂樹氏、ちくま新書の松本良次氏にお世話いただき、そして今回、岩波書店編集部の柿原寛氏に担当いただくことができました。心底から御礼申し上げます。

二〇一七年二月　日本国憲法施行七〇年を前に

古関彰一

岩波現代文庫［学術］

G435

宗教と科学の接点

河合隼雄

「たましい」「死」「意識」など、近代科学から取り残されてきた、人間が生きていくために大切な問題を心理療法の視点から考察する。〈解説〉河合俊雄

G436

増補 軍隊と地域
―郷土部隊と民衆意識のゆくえ―

荒川章二

一八八〇年代から敗戦までの静岡を舞台に、矛盾を孕みつつ地域に根づいていった軍が、民衆生活を破壊するに至る過程を描き出す。

G437

歴史が後ずさりするとき
―熱い戦争とメディア―

ウンベルト・エーコ
リッカルド・アマディ訳

歴史があたかも進歩をやめて後ずさりしはじめたかに見える二十一世紀初めの政治・社会の現実を鋭く批判した稀代の知識人の発言集。

G438

増補 女が学者になるとき
―インドネシア研究奮闘記―

倉沢愛子

インドネシア研究の第一人者として知られる著者の原点とも言える日々を綴った半生記。「補章 女は学者をやめられない」を収録。

2021.10

G430
被差別部落認識の歴史
―異化と同化の間―
黒川みどり

差別する側、差別を受ける側の双方は部落差別をどのように認識してきたのか――明治から現代に至る軌跡をたどった初めての通史。

G431
文化としての科学／技術
村上陽一郎

近現代に大きく変貌した科学／技術。その質的な変遷を科学史の泰斗がわかりやすく解説、望ましい科学研究や教育のあり方を提言する。

G432
方法としての史学史
―歴史論集1―
成田龍一

歴史学は「なにを」「いかに」論じてきたのか。史学史的な視点から、歴史学のアイデンティティを確認し、可能性を問い直す。現代文庫オリジナル版。〈解説〉戸邉秀明

G433
〈戦後知〉を歴史化する
―歴史論集2―
成田龍一

〈戦後知〉を体現する文学・思想の読解を通じて、歴史学を専門知の閉域から解き放つ試み。現代文庫オリジナル版。〈解説〉戸邉秀明

G434
危機の時代の歴史学のために
―歴史論集3―
成田龍一

時代の危機に立ち向かいながら、自己変革を続ける歴史学。その社会との関係を改めて問い直す「歴史批評」を集成する。〈解説〉戸邉秀明

2021.10

G425
岡本太郎の見た日本
赤坂憲雄

東北、沖縄、そして韓国へ。旅する太郎が見出した日本とは。その道行きを鮮やかに読み解き、思想家としての本質に迫る。

G426
政治と複数性
―民主的な公共性にむけて―
齋藤純一

「余計者」を見棄てようとする脱-実在化の暴力に抗し、一人ひとりの現われを保障する。開かれた社会統合の可能性を探究する書。

G427
増補 エル・チチョンの怒り
―メキシコ近代とインディオの村―
清水透

メキシコ南端のインディオの村に生きる人びとにとって、国家とは、近代とは何だったのか。近現代メキシコの激動をマヤの末裔たちの視点に寄り添いながら描き出す。

G428
哲おじさんと学くん
―世の中では隠されているいちばん大切なことについて―
永井均

自分は今、なぜこの世に存在しているのか？友だちや先生にわかってもらえない学くんの疑問に哲おじさんが答え、哲学的議論へと発展していく、対話形式の哲学入門。

G429
マインド・タイム
―脳と意識の時間―
ベンジャミン・リベット
下條信輔
安納令奈 訳

実験に裏づけられた驚愕の発見を提示し、脳と心や意識をめぐる深い洞察を展開する。脳神経科学の歴史に残る研究をまとめた一冊。〈解説〉下條信輔

岩波現代文庫[学術]

G419
新編 つぶやきの政治思想
李静和
秘められた悲しみにまなざしを向け、声にならないつぶやきに耳を澄ます。記憶と忘却、証言と沈黙、ともに生きることをめぐるエッセイ集。鵜飼哲・金石範・崎山多美の応答も。

G420-421
ロールズ 政治哲学史講義(I・II)
ジョン・ロールズ
サミュエル・フリーマン編
齋藤純一ほか訳
ロールズがハーバードで行ってきた「近代政治哲学」講座の講義録。リベラリズムの伝統をつくった八人の理論家について論じる。

G422
企業中心社会を超えて
―現代日本を〈ジェンダー〉で読む―
大沢真理
長時間労働、過労死、福祉の貧困……。大企業中心の社会が作り出す歪みと痛みをジェンダーの視点から捉え直した先駆的著作。

G423
増補「戦争経験」の戦後史
―語られた体験/証言/記憶―
成田龍一
社会状況に応じて変容してゆく戦争についての語り。その変遷を通して、戦後日本社会の特質を浮き彫りにする。〈解説〉平野啓一郎

G424
定本 酒呑童子の誕生
―もうひとつの日本文化―
髙橋昌明
酒呑童子は都に疫病をはやらすケガレた疫鬼だった――緻密な考証と大胆な推論によって物語の成り立ちを解き明かす。〈解説〉永井路子

2021.10

岩波現代文庫［学術］

G414
『キング』の時代
—国民大衆雑誌の公共性—
佐藤卓己

伝説的雑誌『キング』——この国民大衆誌を分析し、「雑誌王」と「講談社文化」が果たした役割を解き明かした雄編がついに文庫化。〈解説〉與那覇 潤

G415
近代家族の成立と終焉 新版
上野千鶴子

ファミリィ・アイデンティティの視点から家族の現実を浮き彫りにし、家族が家族であるための条件を追究した名著、待望の文庫化。「戦後批評の正嫡 江藤淳」他を新たに収録。

G416
兵士たちの戦後史
—戦後日本社会を支えた人びと—
吉田 裕

戦友会に集う者、黙して往時を語らない者……戦後日本の政治文化を支えた人びとの意識のありようを「兵士たちの戦後」の中にさぐる。〈解説〉大串潤児

G417
貨幣システムの世界史
黒田明伸

貨幣の価値は一定であるという我々の常識に反する、貨幣の価値が多元的であるという事例は、歴史上、事欠かない。謎に満ちた貨幣現象を根本から問い直す。

G418
公正としての正義 再説
ジョン・ロールズ
エリン・ケリー編
田中成明
亀本 洋訳
平井亮輔

『正義論』で有名な著者が自らの理論的到達点を、批判にも応えつつ簡潔に示した好著。文庫版には「訳者解説」を付す。

2021.10

岩波現代文庫[学術]

G409
普遍の再生
―リベラリズムの現代世界論―
井上達夫

平和・人権などの普遍的原理は、米国の自国中心主義や欧州の排他的ナショナリズムにより、いまや危機に瀕している。ラディカルなリベラリズムの立場から普遍再生の道を説く。

G410
人権としての教育
堀尾輝久

『人権としての教育』(一九九一年)に「『国民の教育権と教育の自由』論再考」と「憲法と新・旧教育基本法」を追補。その理論の新しさを提示する。〈解説〉世取山洋介

G411
増補版 民衆の教育経験
―戦前・戦中の子どもたち―
大門正克

子どもが教育を受容してゆく過程を、国民国家による統合と、民衆による捉え返しとの間の反復関係(教育経験)として捉え直す。
〈解説〉安田常雄・沢山美果子

G412
「鎖国」を見直す
荒野泰典

江戸時代の日本は「鎖国」ではなく「四つの口」で世界につながり、開かれていた――「海禁・華夷秩序」論のエッセンスをまとめる。

G413
哲学の起源
柄谷行人

アテネの直接民主制は、古代イオニアのイソノミア(無支配)再建の企てであった。社会構成体の歴史を刷新する野心的試み。

2021.10

岩波現代文庫創刊二〇年に際して

二一世紀が始まってからすでに二〇年が経とうとしています。この間のグローバル化の急激な進行は世界のあり方を大きく変えました。世界規模で経済や情報の結びつきが強まるとともに、国境を越えた人の移動は日常の光景となり、今やどこに住んでいても、私たちの暮らしは世界中の様々な出来事と無関係ではいられません。しかし、グローバル化の中で否応なくもたらされる「他者」との出会いや交流は、新たな文化や価値観だけではなく、摩擦や衝突、そしてしばしば憎悪までをも生み出しています。グローバル化にともなう副作用は、その恩恵を遥かにこえていると言わざるを得ません。

今私たちに求められているのは、国内、国外にかかわらず、異なる歴史や経験、文化を持つ「他者」と向き合い、よりよい関係を結び直してゆくための想像力、構想力ではないでしょうか。

新世紀の到来を目前にした二〇〇〇年一月に創刊された岩波現代文庫は、この二〇年を通して、哲学や歴史、経済、自然科学から、小説やエッセイ、ルポルタージュにいたるまで幅広いジャンルの書目を刊行してきました。一〇〇〇点を超える書目には、人類が直面してきた様々な課題と、試行錯誤の営みが刻まれています。読書を通した過去の「他者」との出会いから得られる知識や経験は、私たちがよりよい社会を作り上げてゆくために大きな示唆を与えてくれるはずです。

一冊の本が世界を変える大きな力を持つことを信じ、岩波現代文庫はこれからもさらなるラインナップの充実をめざしてゆきます。

（二〇二〇年一月）

日本国憲法の誕生 増補改訂版

2017年 4 月 14 日 第 1 刷発行
2021年 11 月 5 日 第 4 刷発行

著 者 古関《こせき》 彰一《しょういち》

発行者 坂本政謙

発行所 株式会社 岩波書店
〒101-8002 東京都千代田区一ツ橋 2-5-5

案内 03-5210-4000 営業部 03-5210-4111
https://www.iwanami.co.jp/

印刷・精興社 製本・中永製本

ISBN 978-4-00-600361-6 Printed in Japan

索　引

ア 行

カ 行

サ 行

タ 行

ナ 行

ハ 行

マ 行

ヤ 行

ラ 行

ワ 行

憲法制定年表

1945年

6月18日	沖縄軍牛島満司令官，陸軍参謀本部に「決別電報」を打電
20日	最高戦争指導会議開催．会議で牛島司令官の電報を紹介
22日	天皇，戦争終結の実現に努力するよう下問
7月26日	連合国，ポツダム宣言を発する
28日	鈴木貫太郎首相，ポツダム宣言を「黙殺する」と発表
8月 6日	米軍，広島に原子爆弾投下
8日	ソ連，日本に対し宣戦を布告
9日	米軍，長崎に原子爆弾投下
10日	日本政府，天皇統治の大権を変更しないことを条件にポツダム宣言を受諾する旨，連合国に打電．12日，バーンズ米国務長官，降伏後は天皇と日本政府は連合国最高司令官の従属の下に入ると回答
15日	天皇，戦争終結の詔書を放送
17日	東久邇宮稔彦内閣成立
26日	終戦連絡中央事務局官制公布
30日	連合国最高司令官(SCAP)ダグラス・マッカーサー，厚木飛行場に到着
9月 2日	天皇並びに日本政府，連合国最高司令官に対し，降伏文書に調印
4日	天皇，臨時議会の開院式で「平和国家を確立」との勅語を発表

13日　近衛文麿＝マッカーサー，最初の会談
17日　GHQ 本部，東京・日比谷の第一生命ビルに移転
22日　E. H. ノーマン(GHQ 対敵諜報部で日本近代史家)，鈴木安蔵宅を訪問
25日　ニューヨーク・タイムズ太平洋方面支局長・クルックホーン，天皇と会見
27日　天皇，マッカーサーを訪問
28日　宮沢俊義，外務省で講演．明治憲法の改正を否定する
10月 2日　連合国最高司令官総司令部(GHQ/SCAP)を設置
鈴木安蔵，日記に「憲法改正の原稿を書く」とある
4日　近衛文麿＝マッカーサー，2回目の会談．マッカーサー，近衛に憲法改正を示唆．GHQ，政治犯釈放など人権指令を発する
9日　幣原喜重郎内閣成立(閣僚に吉田茂外相，松本烝治国務大臣など)
11日　天皇，近衛を内大臣府御用掛に任命
幣原，マッカーサーを訪問．マッカーサー，幣原に婦人の解放，労働組合の奨励などの五大改革指令を発する
25日　政府，憲法問題調査委員会(委員長に松本国務大臣)を設置
近衛に親しい牛場友彦，高木八尺が，エマーソン，フィアリーと会談
26日　米紙『ニューヨーク・ヘラルド・トリビューン』は，マッカーサーが近衛を新憲法の「起草者」に選んだことを批判
27日　憲法問題調査委員会，第1回総会を開催

29日　日本文化人連盟設立準備会の席上で高野岩三郎，鈴木安蔵に憲法改正に向け草案起草を促す

11月 1日　GHQ，近衛の憲法改正の仕事はGHQと無関係と声明を発す．3日，新聞各紙で公表

5日　憲法研究会，東京・千代田区内幸町の「新生社」(出版社)で初会合

GHQのE. H. ノーマン，近衛の戦争犯罪に関する調査報告をアチソン政治顧問に提出

8日　共産党，「新憲法の骨子」を発表

14日　憲法研究会，第2回会合

21日　憲法研究会，第3回会合．その後，第一案を作成

22日　近衛，「帝国憲法改正要綱」を天皇に上奏

24日　佐々木惣一京大教授，憲法案につき天皇に進講

29日　米統合参謀本部，マッカーサーに対し天皇の戦争犯罪行為の有無につき調査するよう指示

12月 6日　GHQ，近衛を戦争犯罪人に指名．16日，近衛，自宅で服毒して自害する

8日　松本国務大臣，衆議院で答弁し，いわゆる「松本四原則」を示す

10日　高野岩三郎，その頃「日本共和国憲法私案要綱」を完成．雑誌『新生』の翌年2月号に掲載される

16日　モスクワ外相会談で極東諮問委員会(FEAC)を改組し，極東委員会(FEC)を設置することに合意し，翌年1月27日に，FEC設置

17日　婦人(女性)参政権などを定めた衆議院議員選挙法の改正法公布．沖縄県民の選挙権は停止．22日，労働組合法公布

26日　憲法研究会，「憲法草案要綱」を発表．政府，GHQ

に提出．28 日，新聞等が報道

31日　松本国務大臣，鎌倉の別荘で「憲法改正私案」の起草を始める．翌月 4 日，脱稿

憲法研究会案，GHQ の ATIS(翻訳・通訳部)で翻訳完成

1946 年

1月 1日　天皇，神格否定(人間宣言)の詔書

2日　政治顧問部のフィアリー，バーンズ国務長官に，憲法研究会案が提出された旨，書簡を送る

4日　松本烝治，「憲法改正私案」を完成．後に「憲法改正要綱」(松本甲案)となる

7日　米国政府，「日本の統治体制の改革」(SWNCC-228 文書)を決定．11 日，GHQ に情報として送付

9日　極東諮問委員会(FEAC)訪日団来日．11 日，マッカーサーと会見．17 日，GHQ 高官と会合．2 月 1 日，離日

11日　GHQ ラウエル中佐，憲法研究会案に対する「所見」を起草

19日　マッカーサー，極東国際軍事裁判所憲章を承認，裁判所の設置を命令

21日　自由党，「憲法改正要綱」発表

24日　幣原＝マッカーサー会談．幣原，マッカーサーにペニシリンの礼を述べ，戦争放棄を提案した，とされる

25日　マッカーサー，米統合参謀本部に「天皇に戦争責任の証拠なし」と返書を送る

26日　憲法問題調査委員会，第 15 回調査会をもって最終

回となる

29日　松本烝治，松本甲案を閣議に提出．30 日から 2 月 1 日 2 日にかけて閣議で審議．閣議決定とはならず

2月 1日　『毎日新聞』，憲法改正につき「憲法問題調査委員会試案」を報道

2日　憲法問題調査委員会，第 7 回(最終回)総会を開催

3日　マッカーサー，GHQ で憲法改正作業をするための「三原則」をホイットニー民政局長に示す

4日　ホイットニー民政局長，民政局の憲法起草委員に「三原則」を示し，「今後，憲法制定会議の役を務める」と指示

6日　GHQ 民政局，SWNCC-228 を GHQ 案の起草にあたり拘束力のある文書に指定する

7日　松本国務相，天皇に拝謁し，憲法改正要綱を提出．天皇，この時点で要綱に対する返答なし

8日　松本国務相，GHQ に「憲法改正要綱」を提出．GHQ，13 日に回答すると返答

9日　天皇，「憲法改正要綱」への意見を述べる

10日　GHQ 民政局，GHQ 憲法草案を完成

13日　ホイットニー民政局長，ケーディス次長らを同行し，外務大臣官邸で吉田外相，松本国務大臣らに松本から提出された「憲法改正要綱」を拒否して，GHQ 案を手交

14日　東京帝国大学憲法研究委員会を設置．委員長に宮沢俊義

進歩党，憲法改正案「要綱」を決定

18日　松本国務大臣，GHQ に政府の憲法改正案の「説明補充」を提出

19日 松本委員長ら閣議で，GHQの憲法案が手交されたことを初めて表明．席上，安倍能成文部大臣，松本が閣議決定を経ずに「要綱」をGHQに提出したことに不満を述べる．GHQ案の受け入れにつき結論が出ず，白洲次郎がGHQを訪問し，22日まで回答を延期するよう要請

21日 幣原＝マッカーサー，3時間にわたり会談．幣原が戦争放棄をしても誰もfollowerとならないと主張したのに対し，マッカーサーはfollowersがなくても日本は失う処はないと，戦争放棄を受け入れるよう説得

22日 松本国務大臣，吉田外相，白洲終連次長を伴い，ホイットニー准将と1時間半にわたり会談．午前，幣原は吉田外相と楢橋書記官長を伴い拝謁．天皇は躊躇せず改革を支持．午後，閣議でGHQ案の受け入れを決定

23日 社会党，「新憲法要綱」を発表

25日 閣議，総選挙投票日を4月10日に決定

26日 GHQ案の外務省仮訳，初めて閣議で配布される．閣議，期限は3月11日までとすることがGHQと了解済みと報告

極東委員会(於・ワシントン)第1回総会開催．この頃，コールグローブGHQ憲法問題担当政治顧問，ワシントンを経て東京に向かう

27日 松本国務大臣，入江俊郎法制局次長，佐藤達夫法制局第一部長などが，GHQ案を参考に新たな政府案(日本案)の起草にあたる．その後，GHQから督促され，3月2日，日本案完成

3月 4日　松本国務大臣・佐藤法制局第一部長，日本案を携えて朝10時にGHQ本部に出頭．ケーディス民政局次長らと日本案につき逐条審議．審議は翌5日午後4時まで30時間に及ぶ
極東国際軍事裁判所(東京裁判)，各国検事・副検事からなる執行委員会の初会議が開催される
憲法懇談会，日本国憲法草案を発表
5日　政府，夕方の閣議で日本案を「憲法改正草案要綱」として発表．勅語を出すことにし，夜，天皇に拝謁する
6日　憲法改正草案要綱に天皇の勅語，幣原首相の謹話，マッカーサーの声明を付して発表．翌7日，新聞等に公表される
12日　バーンズ米国務長官，日本が憲法草案を発表したことにつき，「聞いていない」と記者団に語る
18日　宮内省御用掛寺崎英成，天皇から戦争とのかかわりなどの聞き取りを始める(いわゆる「独白録」)．以後4月8日まで4日間，5回行う
26日　作家の山本有三ら，松本国務相に新憲法の口語化実現を要請
29日　FEC，日本の衆議院議員選挙の延期をマッカーサーに要請し，拒否される
4月 5日　閣議，憲法改正案を口語化することを決定
10日　衆議院議員総選挙投票日．婦人参政権が付与され，戦後初の選挙となる．選挙結果は，自由党141議席，進歩党94議席，社会党93議席など
17日　政府，帝国憲法改正草案正文を公表
26日　コールグローブGHQ憲法問題担当政治顧問，マッ

コイFEC議長に，書簡を送り，日本でマッカーサーの評価は高く，国民は憲法案を歓迎している旨伝える

5月 3日　東京裁判を開廷

13日　FEC，憲法採択の三原則(十分な審議時間，明治憲法との法的継続性，国民の自由な意思表明)を決定

22日　第一次吉田茂内閣成立(外相・首相兼務，司法・木村篤太郎，憲法担当・金森徳次郎)

6月21日　マッカーサー，声明で憲法審議には「十分な時間が与えられる」と述べる

25日　政府憲法草案，衆議院に上程

米紙『クリスチャン・サイエンス・モニター』，「いやがる日本人，マッカーサーの書いた憲法を受け入れる」と報じる

28日　憲法草案，衆議院本会議から特別委員会(芦田均委員長)に付託

共産党，人民共和国憲法草案を決定

7月17日　金森＝ケーディス会談，首相官邸でケーディス大佐，金森大臣に憲法条文の「国民至高の総意」の「至高」を「主権」に修正するよう求める．金森，拒否．後に修正

25日　特別委員会のもとに「小委員会」(芦田委員長)を設置し，共同修正案作成のため，懇談形式で秘密会として組織される

29日　コールグローブ，トルーマン大統領に対し，マッカーサーによる憲法の起草は賢明だ，と書簡を送る

8月 1日　小委員会で，芦田委員長，9条2項に1項の重複を避けるため「前項の目的を達するため」を付加する

と提案してまとまる(芦田修正)．鈴木義男委員らは，9条に「国際平和を誠実に希求し」を挿入するよう提案し，修正した．さらに，森戸辰男委員らは，25条1項に「生存権」規定を付加するよう提案し，修正される

20日　小委員会を終了し，21日，特別委員会で小委員会の修正案可決

24日　衆議院，帝国憲法改正案を修正可決

26日　貴族院，帝国憲法改正案を上程，30日　特別委員会(安倍能成委員長)に付託，9月28日，小委員会開催，10月6日，可決成立

9月21日　FECの会議で，日本の議会で憲法9条の修正が問題となり，マッカーサーに問い合わせることになる

23日　GHQ，日本政府に対し憲法の文民条項(66条2項)などの修正を求める
その後，貴族院，衆議院で66条2項の再修正を経て可決成立をみる

10月 7日　日本国憲法，帝国議会を通過

11月 3日　日本国憲法公布

12月 1日　憲法普及会が設立される

1947年

1月 3日　マッカーサー，吉田首相に書簡を送り，憲法施行1年度から2年度の間に憲法の自由な改正を認める，と述べる．吉田首相，6日付でマッカーサーに内容を心に留めた，と返書を送る

2月15日　憲法普及会，東京の国家公務員約700名を東大に集め4日間にわたり研修を行う

3月31日　第92回帝国議会解散．帝国議会が終幕
5月 3日　日本国憲法施行．皇居前広場での記念式典で新憲法施行記念国民歌「われらの日本」が歌われる．小冊子・憲法普及会編『新しい憲法　明るい生活』を全所帯に2000万部を配布

本書は、二〇〇九年四月に岩波現代文庫版として刊行された同名書をもとに、大幅な増補を行いながら、全面的に改訂したものである。